开福年鉴

KAIFU NIANJIAN

2023

《开福年鉴》编纂委员会
开 福 区 档 案 馆 编

方志出版社
Publishing House of Local Records

图书在版编目(CIP)数据

开福年鉴. 2023 /《开福年鉴》编纂委员会,开福区档案馆编. — 北京 : 方志出版社, 2023.12
ISBN978-7-5144-6032-2

Ⅰ. ①开… Ⅱ. ①开… ②开… Ⅲ. ①区(城市)— 长沙—2023— 年鉴 Ⅳ. ① Z526.44

中国国家版本馆 CIP 数据核字 (2023) 第 253039 号

责任编辑: 齐笑
责任校对: 张玉霞
责任印制: 梅中英
出 版 者: 方志出版社
地　　址: 北京市朝阳区潘家园东里 9 号(国家方志馆 4 层)
邮　　编: 100021
网　　址: http://www.zgfzcb.cn
发　　行: 方志出版社图书营销中心(010-67110500)
印　　刷: 长沙市精宏印务有限公司
开　　本: 889 毫米 ×1194 毫米 1/16
印　　张: 21
字　　数: 617 千字
版　　次: 2023 年 12 月第 1 版
印　　次: 2023 年 12 月第 1 次印刷
定　　价: 258.00 元

《开福年鉴2023》编纂委员会

《开福年鉴2023》编辑部

编辑说明

一、《开福年鉴（2023）》以马克思列宁主义、毛泽东思想、邓小平理论、“三个代表”重要思想、科学发展观、习近平新时代中国特色社会主义思想为指导，坚持辩证唯物主义和历史唯物主义的立场、观点和方法，记述全区自然、政治、经济、文化、社会等方面概貌和发展情况。

二、《开福年鉴》是开福区人民政府主办、开福区地方志编纂委员会承办的地方综合年鉴。该鉴是系统记述开福区行政区域政治、经济、文化、社会、生态等方面情况的年度资料性文献，为机关企事业单位等组织及外来投资者和社会各界人士了解开福、研究开福、建设开福提供丰富翔实的地情资料。

三、《开福年鉴（2023）》采用分类编辑法，设类目、分目、条目 3 个层次。正文采用语体文记述形式，照片、图表分类作为必要的补充。以条目为主体，书中插排彩色专版，全书设有 30 个类目。全书以不同字体、字号区别不同层次，条目标题均加【 】表示。为方便读检索，《开福年鉴（2023）》正文前设置中文目录；正文后设置主题词索引，主题词索引标目按汉语拼音声母音序分类排列。

四、《开福年鉴（2023）》所载内容均由各部门、各单位专人撰写、领导审核，年鉴编辑部工作人员加工整理后再反馈原单位核对，最后由年鉴编纂委员会和出版社审核定稿。记述时限为 2022 年 1 月 1 日至 12 月 31 日。

五、《开福年鉴（2023）》统计数据由区统计局提供，个别单位有些数据由于统计口径和统计时间等原因，与统计公布的数据不完全一致，引用时请以开福统计公报为准。

六、《开福年鉴（2023）》所列机构领导名录包括各街镇、区直机关、事业单位副科级以上（含副科级）实职领导干部，部分单位内设二级机构、民主党派负责人，均以 2022 年 12 月 31 日前任职为准，有任免的分别予以注明，名录最终由开福区委组织部审定。

七、《开福年鉴（2023）》中插排的图片均由区委宣传部和各相关部门提供并审核。

八、《开福年鉴（2023）》卷中数字用法、标点符号用法分别采用国家标准《出版物上数字用法》（GB/T 15835—2011）、《标点符号用法》（GB/T 15834—2011）、，计量单位采用国家技术监督局 1993 年 12 月发布的《量和单位》系列国家标准。

开福区行政区划图

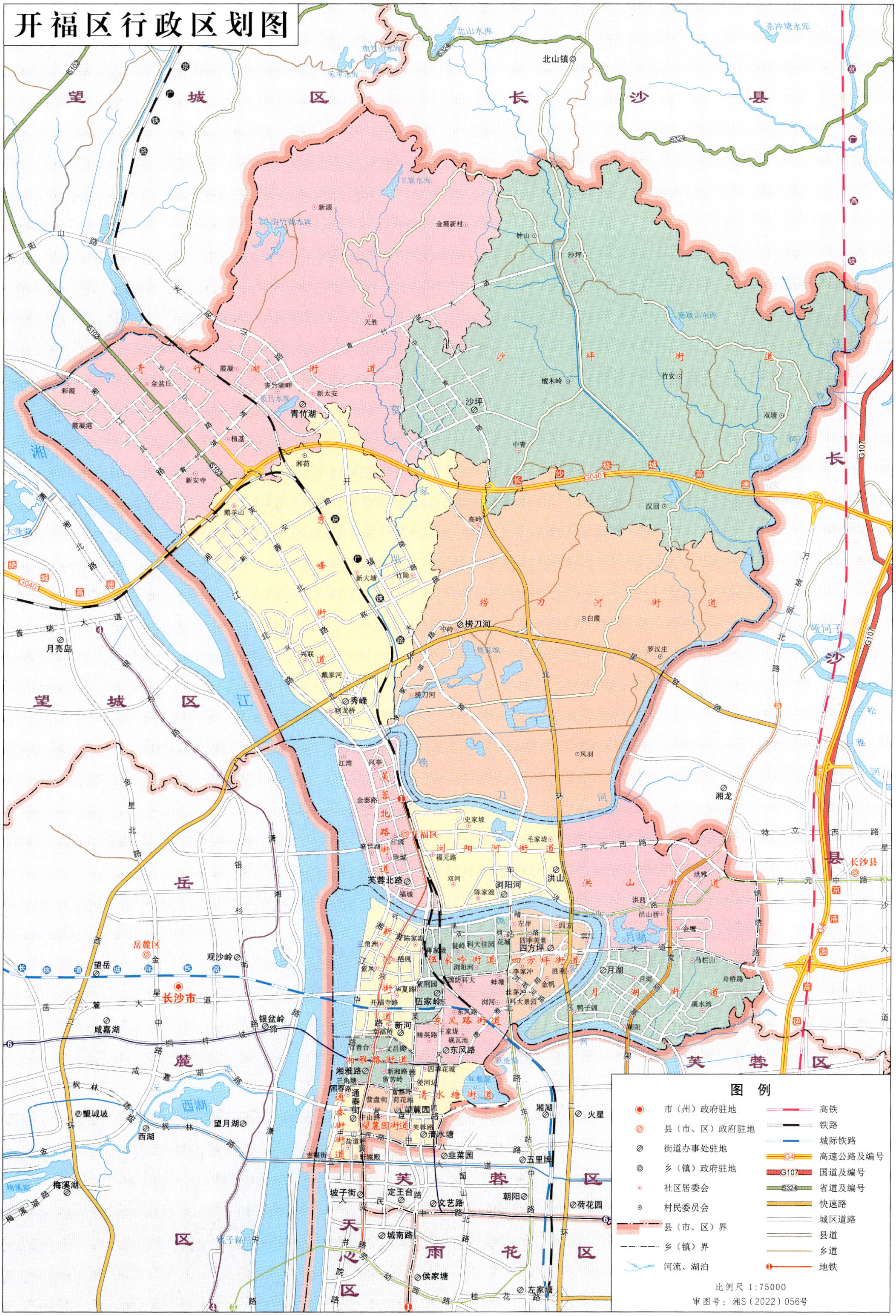

望城区
长沙县
芙蓉区
天心区
雨花区
岳麓区
长沙市
青竹湖街道
沙坪街道
秀峰街道
捞刀河街道
浏阳河街道
洪山街道
芙蓉北路街道
新河街道
伍家岭街道
四方坪街道
月湖街道
东风路街道
湘雅路街道
清水塘街道
通泰街街道
望麓园街道
开福区
北山镇
青竹湖
沙坪
秀峰
捞刀河
洪山
四方坪
月湖
芙蓉北路
浏阳河
伍家岭
新河
东风路
湘雅路
通泰街
望麓园
清水塘
湘江
捞刀河
浏阳河
绕城高速
G0401
京广铁路
S102
S324
G107
北山水库
青竹湖水库
图例
市（州）政府驻地
县（市、区）政府驻地
街道办事处驻地
乡（镇）政府驻地
社区居委会
村民委员会
县（市、区）界
乡（镇）界
河流、湖泊
高铁
铁路
城际铁路
高速公路及编号
国道及编号
省道及编号
快速路
城区道路
县道
乡道
地铁
比例尺 1:75000
审图号：湘S（2022）056号

2022·开福数字

一、区域总面积：188.3 平方千米
城区面积：105.3 平方千米
年末常住人口总数：87.48 万人
城区人口总数：84.51 万人
年末户籍人口总数：55.06 万人
全年新增城镇就业人员 12586 人

二、全区地区生产总值：1180 亿元
第一产业增加值：1.1 亿元
第二产业增加值：159.4 亿元
第三产业增加值：1019.5 亿元
人均地区生产总值：134888 元

三、全区地方一般公共预算收入：64.1 亿元
全区本级一般公共预算支出：82.33 亿元

四、全区农牧渔业增加值：1.2 亿元
全年粮食种植面积：1200 公顷

五、全区社会消费品零售总额：605.86 亿元
全年进出口总额：316.5 亿元

六、区属公办中学：13 所
在校学生：1.57 万人
区属公办小学：54 所
在校学生：5.8 万人
幼儿园：180 所
在园幼儿：3.79 万人

七、全区公共图书馆：25 家
公共体育健身场地：38 个
卫生机构数：554 个

八、全区接待国内外游客：1450 万人次
国内和入境旅游收入：150 亿元

九、全区城镇居民人均可支配收入：68748 元
城镇居民人均消费性支出：39587 元

学习宣传中共二十大精神

5 月 17 日，开福区举行喜迎二十大艺韵“炬”万家专场活动（区委宣传部 供图）

9 月 28 日，芙蓉北路街道江湾社区举行“党群心向党·喜迎二十大”庆双节暨志愿者表彰文艺晚会（芙蓉北路街道 供图）

10 月 14 日，开福交警大队党总支组织干警收看党的二十大开幕式

（开福交警大队 供图）

11 月 3 日，中央宣讲团成员、湖南省委书记、省人大常委会主任张庆伟（前右一）到开福区清水塘街道清水塘社区宣讲党的二十大精神

（区委宣传部 供图）

11 月 17 日，马栏山视频文创产业园举办学习贯彻党的二十大精神习近平总书记考察湖南足迹特色专题宣讲活动，园区企业代表、基层党员、青年人才等结合各自工作实际交流学习体会、踊跃提问　（区委宣传部 供图）

10 月 31 日，开福区举办学习贯彻党的二十大全力推动高质量发展重大项目开竣工活动

（区委宣传部 供图）

12 月 14 日，开福区举办学习贯彻党的二十大精神专题培训班开班

（区委宣传部 供图）

产业项目建设

4 月 13 日，湖南省委副书记、省长毛伟明（前左二），省委常委、长沙市委书记吴桂英（前右三）考察中国商飞大飞机地面动力学试验平台项目

（长沙金霞经开区 供图）

5 月 28 日，2022 年长沙市开福区重点片区（优质地块）招商推介大会暨集中签约仪式在北辰国际会议中心举办

（区商务局 供图）

11 月 30 日，“一带一路”（长沙）中小企业合作区授牌仪式暨新闻通气会在通程国际大酒店举行

（长沙金霞保税物流中心 供图）

5月17日，中欧班列（长沙）山河智能专列首发仪式在金霞经开区举行

（长沙金霞经开区 供图）

7月，金霞发展集团自营的北城·戴斯温德姆酒店试营业，为金霞经开区第一家四星级酒店　　（金霞发展集团 供图）

7月，比亚迪集团落户长沙消费电子产业集聚区1.1期，并投产运营

（金霞发展集团 供图）

9月26日，长沙银行新金融产业园举行开工仪式　　（区金融服务中心 供图）

优化营商环境

5月10日，开福区集中启动“走流程、解难题、优服务”行动

（区委宣传部 供图）

6月24日，开福区望麓园街道2022年首场“政企联心 共话发展”晚餐会

（望麓园街道 供图）

7月7日，开福区与西安市长安区、温州市苍南县、南阳市卧龙区、遂宁市船山区、吉林市磐石市、宁德市福鼎市、重庆市潼南区“跨省通办”联合政务服务事项战略合作协议签订仪式通过视频连线方式举行

（区政务服务中心 供图）

9月6日，开福区工商联班子成员走访基层商业协会（区工商联 供图）

7月12日，“聚力强省会 共创新高地”开福区开放型经济“政企联心 共话发展”晚餐会在金霞经开区举行（长沙金霞保税物流中心 供图）

8月24日，开福区税务局干部走进企业指导纳税人进行电子税务操作（区税务局 供图）

4月29日，开福区润和彩虹PARK开业（浏阳河街道 供图）

保障民生福祉

开福区举办“花儿朵朵开”乡村振兴专场演出（区文旅体局 供图）

8 月 16 日，开福区园林中心开展战高温抗旱保苗工作（区园林中心 供图）

2022 开福区“非遗进校园”剪纸培训课上学生展示自己的作品（区文旅体局 供图）

2022 年，开福区开展百街千巷环境综合整治提升工程。图为提质改造后的四方坪夜市（区城管局 供图）

2月7日，开福交警大队民警雪中值守银盆岭大桥保畅通　（区交警大队 供图）

3月15日，开福区市场监管局开展“3·15”消费者权益保护日宣传活动　（区市场监督管理局 供图）

4月29日，开福区环卫工人在马栏山路进行大清扫（区市场监管局 供图）

12月10日，“奋进新征程 建功新时代”2022“薪火传承·中国健康跑”沙坪站暨开福区“幸福向北”全民跑开赛（区文旅体局 供图）

筑牢安全生产防线

2022年5月，开福区开展房屋安全隐患专项整治行动。图为拆违现场

（区资源规化局供图）

8月29日，开福区市场监管局组织开展2022年秋季校园及周边食品安全专项检查

（区市场监管局 供图）

2022年，开福区交警大队加强摩托车驾驶员安全教育，图为交警劝导驾驶员正确佩戴头盔

（区交警大队 供图）

11月24日，开福区城市管理和综合执法局在江滨社区十号重建地举行供气事故应急演练（区城管局 供图）

2022 年，开福区工会系统举办“安全生产和打击治理电信网络诈骗犯罪”劳动技能竞赛，表彰开福区“安全卫士”“反诈之星”，弘扬“生命至上、安全第一”意识，助推经济社会全面发展。

6 月 10 日，开福区举办安全生产和打击治理电信网络诈骗犯罪劳动技能比武竞赛　　（区总工会 供图）

安全生产应急救援技能比武现场

（区总工会 供图）

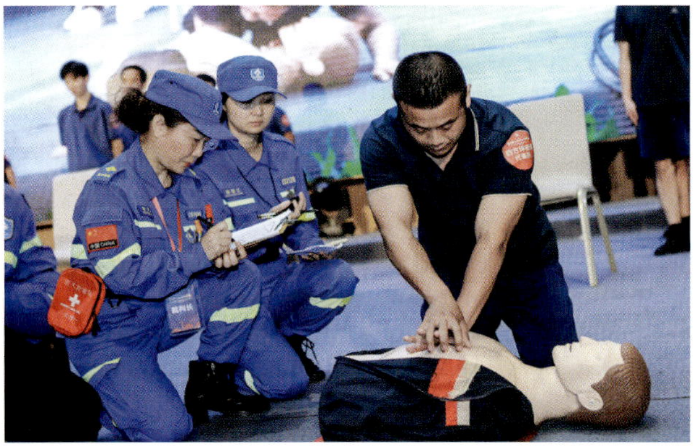

安全生产应急救援技能比武现场

（区总工会 供图）

反电信诈骗主题创意海报展示与宣讲

（区总工会 供图）

区消防大队表演《冲吧，火焰蓝》

（区总工会 供图）

总　目

目　录

长沙市开福区人民政府

政协长沙市开福区委员会

群众团体

法治

农业

工业与信息化建设

商贸

金融

交通·公路

园区建设

生态环境

教育

科学技术

文化·旅游·体育

卫生

人民生活

应急管理

街道

附录

长沙市开福区人民政府
中国人民政治协商会议长沙市开福区委员会
中国共产党长沙市开福区纪律检查委员会
中国共产党长沙市开福区委员会
长沙市开福区人民代表大会常务委员会

特　载

开福区绿色完整社区创建工作纪实

开福区从2018年开始，以“四化”（系统化提升、精细化改造、市场化运维、长效化治理）为抓手，做好要素保障，创建绿色完整社区，推动城市更新。截至2022年底，开福区经过5年实践，补强基础设施短板，提升人居环境品质，全区基层治理能力得到巩固提升。

一、着力科学统筹，强调系统化提升。开福区坚持“无体检不项目”原则，紧盯“宜居城市”短板指标，以地域位置相近，老旧小区、老旧厂区、老旧街区、棚户区等相对集中的原则划定一批重点更新单元，开展深度城市安全体检，以片区更新思路生成各类项目。开福区以城市更新为工作重点，以“系统化、集约化”为目标，同步推进老旧小区改造、棚户区改造、城中村改造、轨道交通建设、商业开发等项目建设，让老旧社区基本实现“四态”（业态、形态、文态、生态）合一，打造城市功能聚合体和城市生活共同体，构建“生活圈”“交通圈”“商业圈”相互支撑的城市建设新格局。同时，按照现代宜居社区要求，增加公共绿色、公共空间、支路网密度等，科学布局专业市场、中小学校、幼儿园、医院、文化服务中心等“15分钟生活圈”公共服务配套，最优配置公共资源，为全区高质量发展奠定坚实的基础。

二、着力闭环管理，聚焦精细化改造。开福区结合为民办实事，强化“微更新、微改造”工作方法，成效显著。“微更新”遵照“生活宜居、风貌完整、历史原真、地域文化、街区活力”五项原则，采取“补短、精点、优线、活片”四大举措，不改街巷格局、不改空间尺度、不改历史记忆，推进老城区有机更新。西园北里、潮宗老街、文昌阁、吉祥巷和望麓园等老街实现新生，成为网红长沙的文化旅游新名片。采用“修旧如旧、修新如旧、修旧如新”的手法，截至2022年年底，全区完成历史建筑修缮9处，2022年启动历史建筑修缮工作2处。“微改造”盯紧基层治理的痛点、难点，聚焦人民群众身边最关心的“急难愁盼”问题，按照“先地下后地上、先里子后面子”的工作步骤，推动多个领域流程再造、制度重构，运用“微改造”理念有序推进街区更新改造。重点治理农贸市场及背街小巷，加强地铁公交接驳、风雨连廊等人性化公共设施建设，2022年，完成“微改造”项目10个，投资2000万元，铺排“微改造”项目14个。

三、着力多元共建，加大市场化运维。开福区创新资金运作模式，建立政府、市场、社会和居民“四位一体”的市场化投入机制。全区立足现有资源，整合优质资源，盘活闲置资产，有效利用闲置的民房、学校、厂区、市场、旧公馆等进行公益化改造，打造成公共停车场、健身房、文娱活动中心、市民文化场馆等便民设施，充分释放既有资源最大经济效用。开福区注重引入创客空间、文化创意等高价值产业，让老旧社区通过改造后实现可持续性运营。

四、着力共同缔造，促进长效化治理。开福区通过优化治理主体、搭建参与平台、培育治理能力、构建回应机制等举措，推进城镇老旧小区多元共治。针对老旧小区居民反映管理滞后的焦点问题，开福区将改造后的老旧小区纳入社区管理体系中，积极探索、全面推行由社区党组织领导下的居委会、业主委员会、物业服务企业的“三位一体”的社区管理新机制。同时，充分运用大数据、云计算、5G等现代信息技术，搭建智慧社区的综合信息服务平台，整合社区治理、小区管理、公共便民服务等基础数据，把智慧环卫、智慧停车、智慧警务、智慧消防、智慧物业等应用到社区治理。2022年，全区老旧小区改造居民意愿入户调查工作涉及12个街道、居民3.36万户，收回有效问卷3万余份。针对居民合理化意见形成清单，设计单位完善设计方案，由区、街道、社区及业主代表等组建工作专班，推进项目改造和监管。开福区按照“菜食住行购、科教文体卫、老幼站厕园”要求和绿色完整社区理念，以老旧小区改造为契机，探索智慧社区建设，重点打造枫林小区“智慧温馨家园”、四方小区“亲子友好型”社区、广福园小区“完整宜居社区”等一批示范社区。

（区人居环境局）

长沙金霞经开区“五好”园区建设工作纪实

2022年，长沙金霞经济开发区（以下简称“金霞经开区”）全面落实湖南省“三高四新”战略定位和使命任务，奋力实施“强省会”战略，坚持高起点谋划、高效率推进、高标准落实，全力以赴打造“五好”园区，各项工作取得良好进展。

一、加快产城融合，规划定位好。金霞新城稳步推进，长沙市委明确提出打造以金霞新城为核心的城市北中心，金霞经开区作为金霞新城的核心区域，迎来重大发展机遇。在市级层面成立专项领导小组和指挥部，新城空间发展战略和产业发展规划上报市资规局，金霞、高岭、沙坪、白霞组团控规修编成果通过专家审查，新城起步区城市设计完成招标，进入实质性开发阶段。主特产业深耕细作，园区主导产业聚焦先进技术产品转化及应用，入驻世界500强中国兵器集团华南光电、国家航空战略中国商飞航空产业基地等重点企业，新引进三安光电第三代半导体产业园、湖南超精密制造产业园和比亚迪新能源汽车高压线束等重大项目；特色产业围绕医疗器械及医药物流精准发力，有医疗器械企业506家，拥有二类注册证890个，全年实现产值65亿元，同比增长38.3%；全国医药流通十强中的国控湖南、九州通、老百姓医药、海王医药、瑞康医药等企业相继落户，全年医药流通销售额完成366.49亿元，同比增长8.78%。

二、注重内外联动，创新平台好。对外开放水平更高，工信部批复同意设立以金霞经济开发区为核心承载区的“一带一路”（长沙）中小企业合作区，这是中西部地区省会城市设立的首个中小企业合作区；湖南自贸试验区金霞协同联动区建设有序推进，中欧班列（长沙）全年发运1012列，长沙新港（三期）铁路专用线顺利接入中国国家铁路集团序列，园区多式联运实现无缝对接。平台建设成效明显，全年新增新亚胜、中建西部、科美洁3家省级企业技术中心，新增迪英康祥医疗1家省级众创空间。截至2022年年底，园区有市级以上科技创新平台41个。

三、突出量质齐升，产业项目好。招商来势较好，全年引进产业项目109个，新增供地面积155公顷，累计合同引资229.1亿元；被省商务厅认定引进的500强项目4个，列长沙市省级园区第一。项目建设提速，全年园区铺排产业项目155个，年度完成投资117.6亿元；新开工10亿元级项目2个，完工10亿元级项目1个；中国商飞项目整体建设完成91%；天创精工一期实现当年开工、当年投产。产业亮点纷呈，新亚胜、长重2家企业获评国家级专精特新“小巨人”企业；蓝怡科技糖化血红蛋白分析系统成为同类产品国内唯一进口替代商；德荣医疗获评省级“上云上平台”标杆企业；摩铠智能入选湖南省第四批智能制造系统解决方案供应商拟推荐目录；雷邦环保入选湖南省制造业数字化转型“三化”重点项目。

四、坚持改革为先，体制机制好。区园融合不断完善，结合区情园情，开福区出台《关于深化大城北体制改革加快推动区园深度融合发展的实施意见》，理顺园区“内外之间”“条块之间”等各方关系，构建“区委领导、园区统筹、街道协同、部门支持、高效有序”的融合发展体系。工作机制不断优化，通过创新探索，湖南金霞发展集团成为湖南省级园区首个获得国内主流评级机构AA+信用评级的平台；医疗器械金霞创新服务站全面运营服务；开福高新区JMRH示范基地成功更名为金霞高技术转化应用产业示范基地。

五、聚焦企业为上，发展形象好。2022年，金霞经开区被评为长沙市打造内陆地区改革开放高地先进单位。做实企业服务，全年全员下企纾困，收集企业诉求和问题118个，办结率98%；兑现政策资金1.35亿元，其中产业扶持资金9784万元；316家企业获得惠企政策资金2746.53万元；129家企业通过“免申即享”获得资金1044.65万元；为210家企业减免租金1013.85万元。相关工作经验在全省“五好”园区建设第四期推介，相关案例成为全市优化营商环境创新示范案例。抓牢发展底线，全力以赴营造安全稳定的发展氛围，金霞经开区连续三年被评为长沙市安全生产和消防工作考核先进单位，连续两年获评省级“环保诚信”园区。2022年，金霞经开区获评省级“绿色园区”，信用体系建设各项指标均居全市各区县前列。

（长沙金霞经开区）

开福区自建房整治工作纪实

2022 年，开福区开展自建房安全专项整治工作，先后实施自建房安全整治“百日攻坚”行动和自建房“四性”隐患整治专项行动，守牢“人不住危房，危房不进人”工作底线，完成自建房安全隐患整治阶段性任务。

2022 年，开福区累计排查自建房 22418 栋，其中经营性自建房 7569 栋，存在结构安全性隐患的有 682 栋，完成整治 682 栋，完成率 100%；存在建设合法性隐患 14685 栋，完成整治 548 栋，完成率 3.73%；存在地质灾害性隐患 111 栋，完成整治 1 栋，完成率 0.90%；存在经营安全性隐患 7260 栋，完成整治 5839 栋，完成率 80.43%；存在消防安全性隐患 5045 栋，完成整治 5037 栋，完成率 99.84%。

一、高位推进，统筹谋划打好“攻坚战”。开福区委、区政府高度重视自建房安全整治工作，成立由区委书记任政委、区长任指挥长的专项行动指挥部，所有街道第一指挥长均由县级领导担任。召开区委常委会、区政府常务会等各类会议 34 次研究工作、推进落实。全区县级领导下沉联点街道，指导调度工作，深入一线督导，加力落实。区指挥部实行常态化督查调度，坚持“一天一调度、一天一下达、一天一上报、一天一对比、一天一排名”，有序地推动工作落实。

二、齐心协力，多方联动打好“整体战”。2022 年，开福区累计投入排查整治人员 6500余人，发动建安企业、鉴定机构 53 家，专业技术力量 685 人，组建技术专家服务团队 360 余人，投入机械设备 950 余台（套），组织培训 7500 人次。全面完成检测鉴定，数据录入 C、D 级危房整治等“百日攻坚”工作任务，实现房屋安全整治全范围、全领域、全覆盖。转入“四性”隐患整治阶段后，资规、住建、消防、市监四个部门协同推进全区 22418 栋自建房“四性”隐患全部完成排查，初判存在结构性安全隐患的 9683 栋自建房全部完成检测鉴定，682 栋存在结构安全隐患的自建房全部整治到位。

三、全力保障，分类施策打好“整治战”。一是财政保障到位。开福区财政先后投入资金 4000 余万元，实现 D 级危房搬迁补助、房屋拆违拆危、房屋检测及信息录入补贴等经费保障全覆盖。二是技术支持到位。组织全区建筑公司 170 余名专业技术人员支持信息采集录入工作；定期调度 26 家房屋检测鉴定公司，制定检测鉴定报告抽检制度，确保检测鉴定快速、真实、规范；区级复查采取政府购买服务方式，确保排查整改真实准确。三是综合施策到位。守住“危房不住人，人不进危房”“经营不带险，带险不经营”的安全底线，坚持疏堵结合，推动“改、停、封、拆”分类有序处置，确保全区居民经营性自建房基本分类处置到位。2022 年拆除 382 处，拆除面积 51693.37 平方米。四是宣传引导到位。组织全区干部深入一线，通过召开居民沟通座谈会、持续高频次刊播自建房安全整治工作公益宣传内容、向辖区居民发放致居民群众的公开信等方式，多渠道、多形式、全方位开展宣传，营造良好氛围。2022 年各级主流媒体对开福区自建房安全整治“百日攻坚”专项行动刊发新闻报道共 439 篇，其中央媒 7 篇、省媒 47 篇。开福区打造的长沙学院周边自建房安全整治示范工程，多次获得华声在线、《长沙晚报》等省、市媒体报道。

四、尽心尽责，全力以赴打好“阻击战”。在国家、省、市多轮考评和检查中，区委书记、区长统筹调度，区委常委、副区长牵头抓总、精准调度，四大家县级领导联点包片，区纪委监委、政法、宣传及两办督查全程指导与督查，资规、城管、市监、消防、人居等成员单位尽心尽责，通力协作，各街道主要负责人和分管负责人带领工作队伍夜以继日甚至通宵达旦，以问题为导向，奔着隐患查，盯着问题改，以超常规的态度、力度、强度、进度系统联动，确保整治工作取得实效。在全省自建房安全专项整治第一、二阶段考评工作中名列前茅，打赢了一场自建房安全整治的“阻击战”。（开福区住建局）

开福概览

自然地理

【区域位置】长沙市开福区位于长沙市区北部，傍湘江下游东岸，处浏阳河、捞刀河汇合之东南部，地域范围为北纬 28°11'55"~ 28°23'35"，东经 112°54'07"~113°04'39"。东部由北向南，与长沙市长沙县、芙蓉区相邻，南部由东向西，依次与长沙市芙蓉区、天心区接壤，西部濒湘江，由南向北，依次与长沙市岳麓区、望城区隔江遥对，北部由西向东，依次与长沙市望城区、长沙县搭界。辖区东西直线距离 17.2 千米，南北直线距离 21.5 千米。2022 年，全区总面积 188.3 平方千米，其中农村面积 83 平方千米，建成区面积 105.3 平方千米。

【地质地貌】开福区总体地质特征是地层出露齐全，花岗岩、变质岩、红岩、红土广布，地质构造复杂。各个地质历史时期的地层与其所属的长沙市及相邻搭界的区县地层紧密相关，最古老的地层形成于元古代约 10 亿年前。开福区总体地貌特征地势较为平缓，地貌类型有岗地、丘陵、平原三大类型，地表水系发达。开福区处于湘中丘陵向洞庭湖平原过渡地带，西濒湘江，地势南高北低，由东南向西北倾斜。地形岗丘绵延，谷地起伏、丘陵、丘地与农田相间，地形破碎，切割强烈。东北部为平原岗地，地势平缓，高差小。丘陵分布于捞刀河街道、秀峰街道一带，平原主要分布于浏阳河、捞刀河及其支流两岸。境内最高峰三宫殿，位于青竹湖街道新源社区，海拔 234.8 米；最低点山窑潭西北，位于捞刀河街道凤羽村，海拔 28 米。

【水文】开福区境内河道属长江流域。境内最大的河流为湘江，从南至北流经境内通泰街街道、湘雅路街道、新河街道、芙蓉北路街道、秀峰街道、青竹湖街道，流域面积 180 平方千米，主要支流有浏阳河、捞刀河、沙河、白沙河。主要河道有一级河湘江，流经开福区长度 19.67 千米；二级河浏阳河、捞刀河、沙河 3 条，流经开福区总长度 29.7 千米；三级河白沙河，流经开福区总长度 11.29 千米。全区河流总长度 60.66 千米，河网密度 0.32 千米 / 平方千米，总水面积 23.5 平方千米。境内河涧纵横，湖塘密布，有年嘉湖、青竹湖、楚家湖、月湖等 10 湖，最大为年嘉湖，面积 47.85 公顷。全区有小(2)型以上水库 4 座，小微水处 464 处。全区水域面积 2000 公顷，蓄水总量 4000 万立方米。开福区境内防洪大堤 75 千米，有千亩以上堤垸 11 个，其中万亩堤垸 3 个。

【气候】开福区属亚热带季风性湿润气候，其特点是气候温和、四季分明、热量充足、雨水集中、春温多变、严寒期短、暑热期长。主要气象灾害有洪涝、高温、干旱、低温阴雨、冰雹、大风、寒潮、雷暴等。2022 年，平均气温 18.2℃，年内最高气温 40℃，最低气温 -3℃，年均降水量 1338.8 毫米。

【自然资源】开福区境内地下矿藏主要有非金属矿磷和石英砂。磷矿储量未探明，矿区位于青竹湖街道金霞新村；石英砂，主要分布于沙河流域一带。区域内土壤成土母质多样，以第四纪红土、河流冲积物为主；土壤种类多样，以红壤、水稻土为主。土壤多属酸性或中性，土质疏松肥沃，适宜多种农作物生长。区域内动物属亚热带林灌、草地—农田动物群，野生动物多为适应耕地和居民点的类群，林栖鸟类较为少见，田间捕食昆虫、鼠类和两栖爬行动物丰富。植被以亚热带常绿阔叶林为主，区域内有树种资源 80 科、421 种，新培育的绿化树种有 36 科、80 余种。主要林木有松、杉、香樟、楠木、茶、油茶、柑橘、桂、银杏、玉兰等。

历史文化

【传统文化】开福区因千年古刹开福寺而得名，是“楚汉名城”和湖湘文化重要发祥地，也是中国四大名绣之一—— 湘绣的发源地。境内主要以湘菜为主，过汉族的所有节日。开福寺每年都举行新春祈福庙会，市民和游客能在开福寺庙会看戏、赏灯、猜灯谜、舞龙狮、品美食、玩杂耍。汉回村回族民俗文化是开福区境内一大特色，它是长沙市唯一的汉族和回族居民混居的自然村落，有数百年的历史，形成特殊的“村落文化”，其回族的文化特征依然鲜明。回族人结婚一般要经过做媒、订婚、结婚、回门 4 个程序，要对“八字”，不办酒席，不收礼金，不择吉日。结婚仪式，必须男女双方自愿，父母不得包办。回族有开斋节、古尔邦节、圣纪节三大节日。湘绣起源于民间刺绣，吸取苏绣和粤绣的优点发展起来，有2000余年的历史。湘绣针法以参针为特色，着色富于层次，绣品若画，可表现物象的立体形态和晕染效果。全球湘绣作品《伟人毛泽东》《中国第二次载人航天飞行标志》《中国航天员中心标志》《福》搭乘“神六”，伊飞湘绣作品《飞天绣》搭乘“神九”，伊飞湘绣作品《伟人的梦想》搭乘“神十”宇宙飞船飞天并顺利返回。

【史迹遗存】开福区历史悠久，文物古迹众多。截至2022年年底，开福区有不可移动文物点124处，其中全国重点文物保护单位2个6处、湖南省文物保护单位15处、长沙市文物保护单位50处，一般不可移动文物53处。具有代表性的有开福寺、湘雅医院早期建筑群、潮宗古街、船山学社、清水塘中共湘区委员会旧址等。

【风景名胜】开福区是文化旅游大区，风景名胜较多。2022年，全区有A级景区8家、星级酒店8家、星级农庄6家、旅行社91家。其中国家AAAA级旅游景区5家（世界之窗、海底世界、湖南博物院、滨江文化园、长沙园林生态园），国家AAA级旅游景区3家（沙坪湘绣小镇、汉回民俗文化景区、潮宗街历史文化街区），五星级农庄6家（和道源、大明、河村非洲文化园、良家庄、海天、山鹰潭）。

湖南博物院是湖南省最大的综合性历史艺术博物馆，国家AAAA级旅游景点，陈列有长沙马王堆汉墓出土被称为“世界第八大奇观”的西汉女尸。长沙世界之窗是华中地区最大的文化主题公园，也是首批全国AAAA级旅游景区之一。长沙海底世界集观赏、休闲、娱乐、科普于一体，国家AAAA级旅游景区。清水塘中共湘区委员会旧址暨毛泽东、杨开慧故居，1921年10月，毛泽东在此建立中共湖南支部，1922年5月，成立中共湘区委员会，国家红色旅游经典景区之一。

【方言】开福区地处长沙城区北部及北郊，境内使用方言属长沙方言。长沙方言是汉语七大方言之一的湘方言中的次方言新湘方言的代表。与现代汉语普通话比较，语言方面有着自己独成系统的声母、韵母和声调系统，其主要特点是有阴平、阳平、上声、阴去、阳去、入声6个声调。

（易厚德）

建置·区划

【建置沿革】1951年9月，成立城北区人民政府。1960年，全市实行人民公社化，北区改称清水塘人民公社，辖上大垅、炮队坪、三公里、红色及伍黑路分社。1961年，复名城北区。1968年，改为区革命委员会，各街道相应改为革命领导小组。1980年11月，恢复区人民政府。截至1995年年底，北区面积14.3平方千米，辖民主东街、望麓园、清水塘、北站路、上大垅、伍家岭、新河、黑石渡8个街道办事处及胜利村，114个居民委员会。1996年4月，长沙市区划调整，在原北区基础上，划入长沙县、原望城县、原郊区所属的大片农村地区及原西区所属的部分街道，成立开福区人民政府，面积扩至188.3平方千米。全区辖11个街道142个居民委员会、1个镇和2个乡48个村、2个农（渔）场11个分场。

1998年4月，福安乡、红色渔场合并为四方坪街道。1999年3月，马厂分场从综合农场划出，设置为金霞路街道。2000年9月，霞凝乡更名为新港镇，撤销如意街、西长街2个街道合并设置西长街街道。2003年6月，捞刀河镇划出5个村，新港镇划出2个村，设置青竹湖镇。2006年3月，长沙国营综合农场划入原黑石渡街道2个居民组，更名为洪山街道。2006年9月，撤并西长街、通泰街新成立通泰街街道办事处；撤并民主东街、望麓园新成立望麓园街道办事处；撤并上大垅、黑石渡新成立东风路街道办事处，该次区划调整后，开福区辖10个街道、3个镇。2013年9月，原捞刀河镇撤销，新成立捞刀河街道和沙坪街道；原新港镇撤销，新成立新港街道和秀峰街道；原洪山街道析置为洪山、浏阳河、月湖3个街道。本次区划调整后，开福区辖16个街道、1个镇。2015年11月，开福区乡镇区划调整，撤销青竹湖镇和新港街道，合并成立青竹湖街道。

【行政区域】2022年，开福区辖2区（金霞经济开发区、开福高新技术产业开发区）3园（马栏山视频文化产业园、青竹湖生态科技产业园、长沙园林生态园）1局（长沙市洪山管理局）1中心（金霞保税物流中心）16个街道，16个街道分别为望麓园街道、清水塘街道、湘雅路街道、伍家岭街道、新河街道、东风路街道、通泰街街道、四方坪街道、芙蓉北路街道、洪山街道、月湖街道、浏阳河街道、秀峰街道、捞刀河街道、沙坪街道、青竹湖街道。各街道辖社区居委会105个，村民委员会9个。

（易厚德）

人口·民族

【人口】2022年，全区年末常住人口为87.48万人，其中城镇人口84.51万人，占总人口比重（常住人口城镇化率）为96.6%。年末户籍人口总数55.06万人，其中男性人口26.17万人，女性人口28.89万人。

【民族】2022年，开福区境内人口以汉族为主，有土家族、苗族、回族、侗族、瑶族、满族、白族、蒙古族、维吾尔族、土族、壮族、布依族、佤族、朝鲜族、彝族、畲族、黎族、拉祜族、藏族、傣族、仡佬族、锡伯族、普米族、高山族、纳西族、达斡尔族、赫哲族、哈尼族、哈萨克族、羌族、独龙族、撒拉族32个少数民族；其中超过300人的有土家族、苗族、回族、侗族、瑶族5个民族。

【宗教】2022年，开福区有佛教、道教、天主教、基督教四大宗教，登记赋码的宗教活动场所8处，分别为佛教的开福寺、洪山寺、铁炉寺；道教的东岳宫；天主教的长沙市天主堂；基督教的城北堂、北正街教堂、潮宗街聚会点。

（易厚德）

经济社会发展

【概况】2022年，开福区全年实现地区生产总值1180亿元，同比增长4.1%。其中，第一产业增加值1.1亿元，同比下降1.2%；第二产业增加值159.4亿元，同比增长4.9%；第三产业增加值1019.5亿元，同比增长4.0%。全区三次产业结构为0.1∶13.5∶86.4。在地区生产总值累计增幅中，第一、二、三次产业分别拉动0、0.7、3.4个百分点；三次产业对地区生产总值增长的贡献率分别为0%、16.4%、83.6%。全区实现一般公共预算收入150.2亿元，同比增长4.2%。完成地方一般公共预算收入64.1亿元，同比下降3.8%。其中，完成区级税收45.2亿元，非税收入18.9亿元，区级税收占地方一般公共预算收入的比重为70.5%。截至2022年年底，开福区先后入选全国高质量发展百强区、全国幸福百强区、全国投资竞争力百强区、全国旅游综合实力百强区、中国楼宇经济（总部经济）标杆城区30强。

【农业和农村经济】2022年，开福区全年实现农林牧渔业增加值1.2亿元，同比增长1.2%。全年粮食种植面积1200公顷，生猪出栏1.37万头，家禽出笼6.11万羽。

【工业和建筑业】2022年，开福区全年规模以上工业增加值同比增长3.8%，其中，高新技术增加值增长13.8%。

全区具有资质以上等级的总承包和专业承包建筑企业88家，全年完成建筑业总产值465.5亿元，同比增长3.4%；房屋竣工面积215.2万平方米，同比下降23.1%。

【固定资产投资】2022年，开福区全年固定资产投资同比下降14.9%，其中，民间投资同比下降23.8%。按投资方向分，工业投资同比增长59.5%；基础设施投资同比下降12.5%；高新技术产业投资同比增长26.3%。

全年房地产开发投资316.2亿元，同比增长9.7%；实现商品房销售面积169.4万平方米，同比下降25.8%，其中，实现住宅销售面积151.8万平方米，同比下降26.7%；实现商品房销售额221.7亿元，同比下降22.4%。

【国内贸易】2022年，开福区全年社会消费品零售总额605.86亿元，同比增长3.7%。按经营单位所在地分，城镇消费品零售额596亿元，同比增长3.8%；乡村消费品零售额9.9亿元，同比下降0.7%。按消费类型分，餐饮收入54.9亿元，同比增长0.9%；商品零售额551亿元，同比增长3.4%。

限额以上单位商品零售额318.7亿元，同比增长8.8%。居前四位的类别为石油制品、汽车、医药、粮油类，分别实现零售额166.7亿元、40.2 亿元、39.9 亿元和 23.8 亿元，增速分别为 12.8%、25.5%、14.7%、–23.4%。

【对外经济】2022 年，开福区全年进出口总额（海关口径）47.52 亿美元，同比增长 13%。

全年实施内联引资项目 179 个，其中新投产项目 150 个，新审批外资项目 21 个，协助办理外资项目 8 个。全年实际到位省外境内资金 279.6 亿元，同比增长 10.5%。

【旅游】2022 年，开福区全年接待国内外旅游者 1450 万人次，同比增长 6.32%；完成旅游总收入 150 亿元，同比增长 6.31%。

【金融】2022 年，开福区金融业实现增加值 162.4 亿元，同比增长 7%，占全区 GDP 比重 13.8%；完成金融业税收 20.87 亿元，同比增长 1.48%，占全区税收总收入比重 15.9%。全区引进金融区域性总部机构 6 家，截至 2022 年年底，汇聚金融总部机构、分支机构和新型金融机构 300 余家，其中税收规模 50 万元以上的金融机构 69 家，涵盖银行、保险、证券、期货、基金、融资租赁、融资担保、小额贷款、资产管理、企业集团财务、金融中介服务、消费金融等 10 余种金融业态。

【教育和科学技术】2022 年，开福区年末全区有区属公办中小学 67 所，在校中小学生 7.37 万人；其中，区属公办中学 13 所，在校学生 1.57 万人；区属公办小学 54 所，在校学生 5.8 万人。全区有注册幼儿园 180 所，幼儿总人数 3.79 万人；其中，公办幼儿园 70 所，幼儿 2.18 万人；普惠性民办幼儿园 84 所，幼儿 1.24 万人；非普惠性民办幼儿园 26 所，幼儿 3859 人。小学适龄儿童入学率 100%，小学升初中入学率 100%。全区投入学生免费入学和资助经费 9246.13 万元，全区所有义务教育阶段 14.72 万人次学生全部享受免杂费入学，执行公办教育收费标准的 14.25 万人次学生全部享受“一费制”（含课本费、教辅资料费和作业本费）全免入学。全年接收外来务工人员子女 11029 名，占全区中小学生人数的 14.97%，全部享受免杂费、免“一费制”入学。全年补助 2246 人次义务教育家庭经济困难学生生活费。全区适龄残疾儿童义务教育入学率 97.3%。全年新改扩建公办小学 5 所、完成幼儿园新建项目 5 所，扩充基础教育优质学位 6570 个、优质园位 1295 个，并对 35 所中小学进行运动场提质建设、校园文化建设和维修改建。

全年签订技术合同 1096 项，成交金额 36.7 亿元，同比增长 91.9%；有效高新技术企业 532 家，高新技术产业增加值同比增长 7.3%。

【文化、体育和卫生】2022 年，开福区年末全区拥有群众艺术表演团队 89 个，文化馆 1 个，街道文化站 16 个，标准化村（社区）综合文化服务中心 114 个。全区有晨晚练点 82 处，全年开展全民健身项目 100 余次，全民健身运动参加人数 10 万余人次。全区有公共图书馆 25 家，含 1 家市图书馆，1 家区图书馆，13 家图书分馆（精英路分馆、科大景园分馆、江湾分馆、富雅分馆、百善台分馆、科大佳园分馆、福元分馆、胜利分馆、檀木岭分馆、汉回分馆、一中广雅中学分馆、左岸分馆、武装部分馆），7 家 24 小时自助图书馆（烈士公园南门馆、万达广场馆、湘江世纪城馆、月湖公园馆、秀峰山公园馆、东风路馆、马栏山馆），3 个流通服务站（烈士公园阳光草坪流通服务站、烈士公园文化广场流通服务站、秀峰街道湘民社区流通服务站）。

年末全区有各类医疗卫生机构 554 个，新增 35 个，其中一级及以上医院 28 个，疾病预防控制机构 1 个，床位 10658 张。

【人民生活和社会保障】2022 年，开福区全年城镇居民人均可支配收入 68748 元，同比增长 5.1%。居民人均消费支出 39587 元，同比增长 4.2%。在居民消费分类中，食品烟酒类人均消费 12326 元，同比增长 3.7%；衣着人均消费 2353 元，同比增长 1.1%；居住人均消费 7368 元，同比增长 2.2%；生活用品及服务人均消费 2491 元，同比增长 4.1%；交通通信人均消费 2800 元，同比增长 8.6%；教育文化娱乐人均消费 8137 元，同比增长 6.2%；医疗保健人均消费 3655 元，同比增长 4.7%；其他用品和服务人均消费 456 元，同比增长 3.2%。

全年新增城镇就业人员 12586 人，失业人员再就业 16887 人，就业困难人员就业2416人，新增农村劳动力转移就业361人；城镇零就业家庭实现动态就业援助率100%。参加企业职工基本养老保险人数22.14万人，基本养老金社会化发放率100%；参加城乡居民养老保险人数4.55万人。

年末全区有养老机构13家，新增1家；居家养老服务中心（站）86家，新增32家；社区（村）公共服务中心115个。全年发放城乡居民最低生活保障金3646.82万元，居民得到政府最低生活保障5.97万人次，其中城市居民最低生活保障4.4万人次，农村居民最低生活保障1.57万人次。城市和农村低保对象月人均发放保障金分别为588.36元和519.95元。全年发放各类养老服务补贴1834万元，接收社会捐赠179.88万元。

（易厚德）

说明：

1. 部分数据因四舍五入的原因，存在与分项合计不等的情况。

2. 地区生产总值、三次产业及相关行业增加值绝对值按现价计算，增加速度按不变价计算。

大事记

1 月

4 日 首台套试验设备储气罐进入中国商飞长沙航空产业及研发基地项目一期工程大飞机地面动力学试验平台施工进场，标志着湖南省与中国商飞合作共建的大飞机地面动力学试验平台进入设备安装准备阶段。

10 日 中南国家数字出版基地马栏山园区开工奠基仪式在马栏山视频文创产业园举行。

是日 湖南烈士公园游客服务驿站开放启用，市民、游客可以在此休息、阅读、听音乐。

是日 全市“强省会 兴产业”项目建设现场观摩活动举行。省委常委、市委书记吴桂英率各区县（市）、园区、市直部门等负责人到开福区，观摩马栏山创意设计总部大厦项目和德荣医疗智慧物流产业园项目。

13 日 开福区联合世界地产顾问五大行之一的戴德梁行，发布湖南首个商务楼宇“平米效益”评价标准，根据社会效益、经济效益和产业带动三大评分体系考评，为长沙楼宇经济由“高速增长”转型“高质量发展”制定规范标准。

13 日 湖南省住房和城乡建设厅公布 2019—2020 年湖南省“建筑强企”名单，开福区 3 家企业入选，分别为湖南省沙坪建设有限公司、湖南高岭建设集团股份有限公司、湖南顺天建设集团有限公司。

18 日 开福区年度首场“党建引领 助力千企”银商企对接会在芙蓉中路金融商务区核心区望麓园街道举行，6 家银行为 30 家小微企业量身定制金融产品，帮助企业解决融资难。

是日 开福区实验教育集团、开福区北城教育集团、开福区清湘教育集团成立授牌，这是继 2018 年成立清水塘教育集团后，开福区基础教育集团“朋友圈”又添了三名新成员。此举标志着开福区教育强区建设征程中开启了新的里程碑。

19—20 日 市开福区对口帮扶湘西州龙山县内溪乡工作队联合乡党委、乡政府，对内溪乡 12 个村 20 名家境贫寒的孤儿开展“迎春献爱心，开福暖冬行”慰问活动。

24 日 金霞经开区医疗器械产业政策发布暨湖南省药品审评与不良反应监测中心金霞创新服务站揭牌仪式在金霞未来科技城举行。

27 日 长沙地铁 2 号线通道和万达公馆地下车库实现无缝接驳，阻塞多年的“最后一米”打通。

28 日 长沙金霞经开区出台《2022 年春节期间支持企业稳工稳产工作方案》，方案提出 6 条稳企稳岗措施，支持企业春节期间抓生产、促增长。

2 月

7 日 2022 年全市重大项目集中开工活动（开福分会场）在长沙金霞经开区举行，26 个重大项目集中开工，总投资 129.2 亿元。

14 日 开福区首个智创生活小区在秀峰街道湘民社区钱隆世家小区试点进驻。电梯故障、生活垃圾等如何迅速解决，业主登录 U 享家 App，“一键报事”一一解决。

16 日 开福区首个快递外卖员红色之家在通泰街街道万达商圈党群服务中心一楼启用。快递小哥、外卖骑手在写字楼里有了随时可歇脚喝茶，享受休闲、阅读、热餐、充电等一系列暖心服务的家。

是日，开福区汽车消费节“十万油卡”促销活动兑现大奖，10 名在区购车的消费者，每人获得价值 1 万元的加油卡，颁奖活动也拉开了开福区政府 2022 年促消费系列活动序幕。

18 日 2022 年全省重大项目集中开工活动（长沙市马栏山及城发集团分会场）在马栏山国际新媒体中心现场举行，6 个重大项目集中开工。

是日 开福区捞刀河街道养老服务中心投入使用。

27 日 马栏山头部企业乐田智作与中国电信长沙分公司就 5G 战略合作签约，马栏山 800 平方米全国最大的智慧演播厅将插上 5G 翅膀，5G 和视频导摄技术深度融合，将改变超高清视频的生产模式，“批发式”的超高清节目导摄、采集制播、传输分发和节目供给可轻松实现。

3 月

18 日 “湖南商品走进中东线上博览会”开福专场推介活动——2022 开福区优品产业线上推介会在湖南企业国际化经营服务平台上展播，《湖南日报》《湘报》严选电商平台、新湖南云快手号、华声在线新闻网同步直播，线上打卡、互动观众超过 10 万人次。

28 日 开福区民政局婚姻登记处搬迁至区政府大院二办公楼一楼大厅。

29 日 开福区青竹湖湘一教育集团揭牌仪式在青竹湖湘一外国语学校举行。

30 日 长沙首家养老机构返（入）院老人集中隔离观察点在开福区启用。设 20 个留观床位，提供护理、医疗、康复、社工、餐饮全套服务。

31 日 秀峰山站、鹅羊山站车站主体最后一仓顶板砼完成浇筑，长沙地铁 1 号线北延一期工程全线 5 座车站完成主体封顶。

4 月

1 日《马栏山视频文创产业园支持引进人才租住人才公寓的若干措施（试行）》通知发布，人才公寓主要针对在园区工作的智库专家、业界导师、工程技术人员等中高端人才。

19 日 开福区第一家由旧厂房改造而成的文化产业园、国内首家青少年红色视频产业园——马栏山二九创演园启动运营。

20 日 开福区出台《长沙市开福区进一步纾困暖企稳定经济运行若干措施》，“纾困暖企 17 条”，减租及直接扶持资金预计达 8000 余万元。

23 日 长沙市“强省会”战略重大项目集中开工开福分会场活动在金霞经开区举行，19 个重大项目集中开工，总投资 81.8 亿元。

是日 位于长沙城北的“方舱医院”长沙仲景医院项目完成建设并通过竣工验收。

24 日 开福区召开全区负责干部会议，长沙市委常委、市委组织部部长罗缵吉出席并宣布省委决定：罗玉环任中共开福区区委书记。

26 日“强产兴城 金融助力”2022 年开福区金企对接会在富兴世界金融中心成功举办。

29 日 开福区 2022 长沙北中心商圈四季主题消费节暨“春之约”汽车消费节活动启动仪式在高岭商贸城举办。

5 月

11 日 开福区教育局德雅幼儿园启动招生，9 月开园投入使用。

13 日 贵州省贵阳市观山湖区委书记罗杨一行到开福区参观学习并开展座谈交流。

14 日 市委副书记、市长郑建新检查督导自建房安全整治“百日攻坚”专项行动推进情况。

17 日 长沙博物馆举办文物捐赠仪式暨库房开放活动。此次开放为国内文博界面向社会开放全后台的首创。

24 日 全国学前教育宣传月启动仪式暨长沙市幼小科学衔接工作推进会在开福区举行。

是日 在 2022 年科技活动周暨科技工作者日主会场活动上，开福区政府宣布今年将兑现科技创新奖励逾 2200 万元，对公众开放飞腾软件等 5 家产业科普馆。

是日 罗玉环任开福区人武部党委第一书记。

27 日 开福区居民自建房整治工作推进暨安全生产大检查“百日攻坚”行动部署会召开。

是日 长沙学院与马栏山视频文创产业园达成战略合作协议，双方将强化政产学研用合作，深度融入马栏山视频文创产业园建设，共建共享一批科研平台。

28 日 开福区重点片区 11 个项目集中签约仪式举行，总投资 103 亿元。

29 日 中国人民政治协商会议长沙市开福区第六届委员会第二次全体会议开幕。

30 日 长沙市开福区第六届人民代表大会第二次会议开幕。

是日 长沙市开福区第六届人民代表大会第二次会议闭幕。

31 日 开福区发放首批退役军人、其他优抚对象优待证，持证者除可享受面向全国通用优待服务外，还能享受长沙肯德基、长沙生态动物园等 149 家商户和景区的优惠礼遇。

6 月

8 日 开福区作家协会成立暨第一次会员代表大会大会召开。王彦珊当选为主席，吴小军、邵龙江、张光宇、杨巧、李祖安、谢拥华、蔡虹、廖茗当选为副主席，杨静当选为秘书长。

10 日 开福区人民法院、区人民检察院人大代表联络站揭牌。

是日 长沙首场打击治理电信网络诈骗犯罪劳动技能竞赛在开福区举行，16个街道代表队在反电诈知识抢答、短视频案例分析、反电诈新媒体海报设计宣讲等三大环节展开角逐。

21日 中欧班列（长沙）发运首列至蒙古乌兰巴托班列。

22日 开福区实验教育集团·广润小学签约仪式在开福区实验小学举行。

24日 湖南省2022年未成年人“传承红色基因·童心向党”主题教育实践活动在开福区少年宫举行。

是日 作为中欧班列（长沙）配套项目的中南国际陆港集装箱拼箱基地完成验收，投入运营。

26日 马栏山视频文创产业园交通主轴——鸭子铺路全线通车。鸭子铺路东至栏山路，西接东二环，全长1.5公里，路幅宽46米，双向8车道，设计车速每小时60公里。

28日 长沙市轨道交通6号线（谢家桥站至黄花机场T1T2站）开通载客。地铁6号线途经开福区设文昌阁、湘雅医院、烈士公园南三个站点。

30日 壹城经济咨询中心（壹城智库）发布《中国市辖区高质量发展报告2022》，开福区列第23位，较2021年前进4位。

7月

4—5日 当代著名书画家、国学研究员余德水等智库专家一行到开福区走访调研。

6日 开福区召开区委人才工作会议，发布“开福合伙人”倍增计划，向各方英才发出邀约。同时配套发布人才政策领航行动、科创项目孵化行动等“十项行动”和“加快人才集聚20条”等10个实施办法。

7日 开福区与陕西省西安市长安区、浙江省温州市苍南县、河南省南阳市卧龙区、四川省遂宁市船山区、吉林省吉林市磐石市、福建省宁德市福鼎市、重庆市潼南区签订联合开展政务服务事项“跨省通办”框架合作协议，就自然人生育、医疗、社保、就业、残疾和市场主体工商、税务等高频民生事项跨区域办理达成一致，推进企业、群众“只进一扇门，办成多地事”。

是日 长沙内五区首批社区（村）医保服务示范点在开福区伍家岭街道科大佳园社区和沙坪街道汉回村启用，形成区、街道、社区（村）三级医保示范服务网，居民可就近享受9项医保经办服务。

15日 V福马栏山行——我们在e起·开创新幸福主题活动在月湖文创小镇举行。

17日 第十四届全国见义勇为英雄模范表彰大会在北京召开。因救人牺牲的开福区退役军人谭刚毅被追授“全国见义勇为模范”称号。

22日 占地258亩，总投资约1.21亿元，地处开福区长沙园林生态园的长沙动趣王国项目，是一家通过打造陆地和海洋的明星萌宠IP主题形象，将人与萌宠动物的沉浸式互动体验、动物主题的无动力游乐及餐饮体验、萌宠主题的人文演艺、星空夜游、研学旅行等，涵盖吃、住、行、游、购、娱多个文旅要素和业态复合型的主题乐园。

22日 开福区望麓园街道“政企联心·共话发展”晚餐会第二期在运达酒店举行。中国人民财产保险股份有限公司长沙市开福支公司、湖南日报新媒体发展有限公司等9家辖区重点企业参加。

是日 喜迎二十大——艺韵“炬”万家之老街赋新“秀探”潮宗街走进互动情景剧在开福区潮宗街上演。作为湖南省首个原创沉浸式老街互动情景剧，在长沙文艺青年打卡地的潮宗街，重现百年历史，微缩长沙城，共同沉浸演艺梦回百年，创造性地将和谐景观、厚重文化、震撼表演、新颖设计融为一体，带来一场视听盛宴与文旅新体验。

24日“芙蓉实验室（精准医学）”在开福区揭牌。芙蓉实验室是湖南省重大创新平台，由中南大学牵头组建，第一期建设投资达20亿元。

是日，湖南省“四大实验室”之一的芙蓉实验室在开福区揭牌。芙蓉实验室是湖南省重大创新平台，由中南大学牵头组建。

26日 开福区新就业形态、户外劳动者服务月启动，为户外劳动者免费理发、体检义诊和发放关爱礼包外，同时21处服务站点开放冷气，迎接烈日下户外劳动者纳凉休憩。

27日“政企联心话发展·东风助力增动能”东风路街道“政企联心·共话发展”晚餐会在东风路街道好来登酒店举行。湖南富兴时代商业管理有限公司等15家辖区重点餐饮、商贸企业负责人与相关职能部门负责人交流。

28 日 市“一府两院”向市人大代表开福联组通报上半年工作情况。

8 月

9 日 由长沙泰和医院 30 名医护人员组成的援琼抗击新冠疫情医疗队出征海南。

25 日 位于马栏山视频文创产业园的两块地标性户外景观雕塑媒体广告屏点亮，该处屏幕分别采用裸眼 3D 特效屏和 360 度环幕屏，为长沙首块 360 度环幕屏。

是日 第八届鲁迅文学奖获奖名单公布，开福区作协监事长龚盛辉《中国北斗》获报告文学奖。

28 日 由开福区委宣传部、开福区文学艺术界联合会主办，开福区书法家协会、望城区书法家协会、宁乡市书法家协会承办的“喜迎二十大 魅力新开福”长沙市三市（区）书法小品展联展在开福区政府办公楼大厅开展。

9 月

1 日 开福区星城热炼健身会所违规改建的游泳池启动拆除。

是日 12 大重点招商项目和马栏山视频文创产业园管委会签约，中国时尚期刊《瑞丽》旗下的瑞丽中科虚拟经济产业园、21 世纪经济研究院视频文创产业研究中心等著名媒体产业集团文创项目入驻马栏山。

6 日 喜迎党的二十大——艺韵“炬”万家之“创享幸福”开福音乐人创作沙龙专场活动在潮宗街晨曦咖啡举办。

7 日 金霞经开区德荣医疗智慧物流产业园德荣智仓开始试运营。

7—8 日 开福区委副书记、区长高伟带队到北京开展招商考察对接活动。

7—9 日 省社科院（省政府发展研究中心）院长（主任）钟君一行到开福区调研，

13 日 华为湖南子公司注册成立，落户马栏山。

是日 长沙市根治拖欠农民工工资工作开福现场推进会在马栏山创意中心举行，交流推广开福区推进根治欠薪工作做法和经验。

是日 湖南省委常委、市委书记吴桂英调研马栏山视频文创产业园。

14 日 长沙市打造内陆地区改革开放高地推进大会举行。开福区获评长沙市打造内陆地区改革开放高地先进单位。

16 日 马栏山视频文创产业园举行重大产业项目封顶暨中国 V 链 2.0 焕新仪式。

21 日马栏山人才公寓正式启用。马栏山人才公寓位于开福区滨河路与栏山路交会处，周边学校、市场、公交、图书馆等配套齐全，总建筑面积 3.6 万平方米，998 套房。

22 日“喜迎二十大 振兴看沙坪”主题采风创作活动在开福区沙坪街道湘绣博物馆启动。

26 日 位于开福区金霞片区核心的长沙银行新金融产业园举行开工仪式。该项目定位为省内一流、中部领先的金融产业园。

10 月

8 日“喜迎二十大 奋进新百年”沙坪街道首届湘绣大赛作品巡展揭幕仪式在开福区政府一办公楼大厅举行。

10 日 长沙交通集团长沙新港（三期）铁路专用线项目完成合龙轨安装铺设，实现长沙市首条“水铁联运”铁路专用线全线铺轨贯通。

11 日 湖南省委常委、市委书记吴桂英到开福区、检查调度新冠疫情防控工作。

19 日 金霞污水处理厂扩容提标工程一期工程完成管道接驳，实现通水。

26 日 中华老字号粤菜餐饮广州酒家湖南首店和洲际酒店集团旗下的假日酒店在马栏山视频文创产业园两店齐开。

27 日 经过改造后湖南烈士公园芳草园向市民开放。芳草园曾为“潇湘奇石馆”位于公园西大门左侧，2022 年 8 月开始对这座小园进行提质改造并将其命名为芳草园。

31 日“奋进新时代 创意聚开福”开福区首届“金霞杯”文创产品设计大赛全网启动。大赛面向全国各院校设计专业师生、创意设计机构专业人士、文创产品开发生产专业机构、企业，以及对文创产品开发、IP 原创开发有兴趣的社会各界人士征集作品。

11 月

1 日 开福区养老服务行业协会成立，32 家养老服务单位加入，服务 12.6 万老人。

2 日 长沙市政协主席会议成员到开福区视察科教与人才工作。

2—4 日，开福区委副书记、区长高伟带队到上海开展经贸洽谈和招商活动，考察和对接鸿云数据、徕木电子、中国商飞、识局控股等企业或项目。

3 日 中央宣讲团成员、中共湖南省委书记、省人大常委会主任张庆伟到开福区清水塘街道清水塘社区宣讲党的二十大精神。

是日 马栏山国际新媒体中心项目主体结构“双封顶”。马栏山国际新媒体中心项目总用地 35 亩，总建筑面积约 5.5 万平方米。

7 日 开福区伍家岭小学二年级 1 班教师李媛在清点班级人数时发现学生小宇（化名）未到校，联系其父母未果，委托其他家长上门查看，发现小宇一家三口煤气中毒，被送至医院救治获救。

是日 开福区文化旅游体育局在马栏山鸭嘴公园举办“开心福地 奇妙星空”帐篷节暨长沙市首届浏阳河文化旅游节开福分会场活动。

15 日 开福区试点实施医保异地就医承诺制备案，在开福区参保的异地长期居住人员，无法及时提供异地居住（工作）证明材料的，只需签署一纸承诺，不用提交相关材料，即可完成异地就医备案。

17 日 开福区作为湖南省唯一一个区县获评全国 2021 年度网络学习空间应用普及活动优秀区域。长沙师范附属创远小学和开福区清水塘溪泉湾小学获评优秀学校。

19 日 作为开福区唯一医养结合公建民营养老项目，开福区社会福利中心和智慧养老服务平台启用，首批开放医养床位 338 张。

22 日 长沙市首个“儿童友好工作站”在马栏山成立，儿童友好公园、气象站、水位雨量观测站等一系列适儿设施同步开放。

27 日 “献礼二十大 魅力新开福”摄影作品展览在开福区政府办公楼大厅开幕。

30 日 全国首个运用超算技术的影视级 XR 虚拟影棚，在马栏山乐田智作文创园 2 号演播厅开棚。影棚采用 360 平方米弧形超轻薄 LED 显示屏及虚拟引擎定制场景，专为影视制作、综艺节目、网红直播、虚拟演播室等领域的客户打造“所拍即所得”的 XR 沉浸式场景，带来影视行业的技术变革。

是日 “一带一路”（长沙）中小企业合作区授牌仪式在举行，长沙金霞经济开发区被授予“‘一带一路’（长沙）中小企业合作区”牌匾。

12 月

4 日 位于金霞经开区内的天创精工超精密加工制造基地投产，预计实现年营业收入 10 亿元。

10 日 “奋进新征程 建功新时代” 2022 “薪火传承·中国健康跑”沙坪站暨开福区“幸福向北”全民跑在开福区沙坪湘绣文化广场开跑，近 900 名跑步爱好者报名参赛。

13 日 金霞经开区出台加快推进医疗器械产业高质量发展细化举措（简称“金霞 13 条”），从支持企业招大引强、做大做强、创新研发、市场拓展和平台建设五大方面，推进园区医疗器械产业高质量发展。

14 日 沉积 30 年的原胜利村村级集体经济组织财产启动算大账分配，总额 3400 万元的财产分配给 3000 余村民。

15 日 开福区浏阳河社区电动车集中停放充电场所建设工程完工，社区新增 1250 个停车位，其中 1122 个充电位，成为开福区停车位增设数量全区第一的社区。

16 日 全省首个临地铁“顺路办”政务服务驿站在马栏山视频文创产业园众创园开通，企业、市民和周边高校创业大学生可就近或利用交通换乘间隙，方便快捷办理各项政务服务。

是日 由长沙市开福区人民政府、马栏山（长沙）视频文创园管理委员会、长沙金霞经济开发区、城步苗族自治县人民政府、龙山县人民政府主办的“逐梦前行 共赴振兴”消费帮扶活动举行。这场“以购代捐、以买代帮”线上线下齐发力的消费帮扶活动进行 3 小时，销售城步县、龙山县两地农产品 60 余万元。

（张晓阳）

中共长沙市开福区委员会

综 述

【概况】2022 年，开福区完成地区生产总值1180亿元、同比增长4.1%，规模工业增加值同比增长 3.8%，社会消费品零售总额同比增长 3.7%，新增“四上”企业 147 家，入选全国高质量发展百强区、全国投资竞争力百强区、全国旅游综合实力百强区、全国幸福百强区、中国楼宇经济（总部经济）标杆城区 30 强。

2922 年 11 月 1 日，开福区召开学习贯彻中共二十大精神推进经济社会高质量发展部署会

（区委宣传部 供图）

【经济建设】2022 年，开福区铺排重大项目 307 个，完成投资 420 亿元，5 个省重点项目、11 个“强省会”战略项目超额完成年度任务。三安光电第三代半导体开福金霞产业园项目成功引进，超精密制造产业园、大飞机地面动力学试验平台等项目加快推进，天创精工实现当年开工、当年投产。

完成国有土地征收项目 10 个、腾地 18.73 公顷，集体土地征拆项目 81 个、腾地 211 公顷。马栏山视频文创产业园实现营业收入 600 亿元、同比增长 15%，引进华为等头部企业 30 家，获评国家文化和科技融合示范基地。金霞经开区实现规模工业总产值 653.29 亿元、同比增长 17.27%，签约引进项目 109 个。物流业营业收入突破 800 亿元，医药物流营业收入突破 365 亿元，继续领跑三湘。全区新引进金融区域性总部机构 6 家，税收过亿元楼宇增至 18 栋。完善“大招商”机制，举办重点片区招商推介大会，新引进重点产业项目 91 个，总投资超 290 亿元，其中过亿元项目 17 个，过 10 亿元项目 6 个，“三类 500 强”企业 10 家。出台《进一步纾困暖企稳定经济运行若干措施》等政策文件，开展“百名干部联千企”活动，举办“政企联心·共话发展”晚餐会 46 场，落实区四大家班子成员联点重点企业等机制，解决企业各类问题 740 个，市场主体净增 1.93 万户、总量 14.93 万户。举办中国品牌节年会、中国城市夜经济峰会等重大活动，潮宗街、四方商贸城等街区入选全省改造提升试点步行街，17 处消费场所入选全市夜间消费示范点。国企改革三年行动完成，财税金融、应急体制等改革推进。“放管服”“一件事一次办”“三集中三到位”等政务服务改革成效明显。湖南省四大重点实验室之一的芙蓉实验室正式获批并启动建设；获批国家第一批知识产权强国建设试点区。新增高新技术企业 123 家、总量 532 家。发布“开福合伙人”倍增计划及人才新政 20 条，聘任“引才大使”“人才链链长”，市级以上高层次人才总量排全市各区（县、市）第一。获批“一带一路”（长沙）中小企业合作区，自贸区金霞联动区加快推进，陆港型国家物流枢纽核心区加快建设。中欧班列连续两年发运量超千列，居全国第一方阵。全市首条“水铁联运”铁路专用线全线铺轨贯通。

【社会建设】2022 年，开福区 29 个省市重点民生实事项目全面完成，新增学位 6570 个、床位 520 个、车位 1.87 万个、厕位 180 个、电梯位 190 台。新增各类就业 3 万人，根治欠薪工作获得全省表彰，经验在全国推介。实施“卓越工程”，新改建中小学及幼儿园 9 所、靓化提质 35 所，“双减”工作经验在全国推介。推进健康开福建设，实施基层卫生服务“十大提升行动”，月湖、清水塘街道社区卫生服务中心建成投入使用。5 个标准化村（社区）综合文化服务中心、3 个图书流通服务站建成投入使用。实施党建引领物业管理三年行动，落实“吹哨报到”机制，抽调退出现职干部成立工作专班，加强群众诉求源头治理。开展反恐防暴、扫黑除恶斗争，铁腕整治网络电信诈骗、传销等非法活动，连续18年保持全省“平安区县”称号。深入开展积案化解“百日攻坚”行动，制定8个领域信访矛盾源头治理工作机制，处置盛大金禧、君悦香邸等群访事件，信访总量和重复信访案件实现大幅度的双下降，完成“五个不发生”和“三零”目标。开展安全生产大检查和自建房、燃气及消防等领域“百日攻坚”行动，对长沙学院周边隐患重重的自建房予以全面整治，安全生产事故起数、死亡人数实现双降。优化调整新冠疫情防控工作部署，建立完善防控体系机制，成功应对多轮散发性新冠疫情。

【生态建设】2022年，开福区坚持“四精五有”理念标准，塑造现代化都市新风貌。地铁1号线北延一期、湘雅路过江隧道等重点工程加快建设。实施重点区域交通组织优化项目69个，拥堵延迟指数全市最低。新改建农村道路10.7千米，城区农村公交实现全覆盖。华夏路、文昌阁等城市更新项目有序实施，启动118个老旧小区提质改造，完成“百街千巷”环境综合整治164条，空气质量优良率稳定在80%以上，创建美丽宜居村庄10个。全域文旅示范区建设加快推进，金霞新城进入实质性开发建设阶段，全年铺排项目158个、完成投资117.6亿元。

【党的建设】2022年，开福区实施“党建聚合力”工程，配合完成中组部调研组关于农村发展党员专项调研，万达、富兴楼宇党建工作得到省委组织部肯定，卫健领域区域化党建做法在全市推介，第一湾小区入选“全国美好家园典型案例”。坚持党管干部原则和“好干部”标准，出台《关于进一步激励基层干部新时代新担当新作为的十条措施》等系列文件，推进干部能上能下，调整干部5批次284人次。制定出台《坚决维护党中央集中统一领导的规定》等系列文件，深入开展“强省会、勇担当”作风建设年活动和纪检监察“显性”行动，“清廉开福”建设稳步推进，风清气正的政治生态持续巩固。充分发挥巡察利剑作用，推进六届区委巡察全覆盖。

2022年，开福区经济总量不够大，产业发展基础依然薄弱，亩均产出、平米税收等高质效指标还存在短板，缺少大项目、好项目引领带动，综合竞争力横向比较还有差距；金霞新城推进还不够有力，城北配套不足、人气不旺，产城融合还存在差距；优质服务供给还不能充分满足群众期盼；意识形态管理特别是互联网舆论引导有待加强。

（吴振东）

重要会议

【区委常委会议】2022年，开福区委召开常委会27次。

1月18日，传达学习习近平总书记在中央政治局专题民主生活会上的重要讲话精神；传达学习全市“强省会兴产业”项目建设现场观摩会议精神；听取《2022年开福区重大项目投资计划申报表》起草情况的汇报；听取关于出席中共二十大代表候选人推荐提名工作有关情况汇报；听取区人大常委会、政府、政协、法院、检察院党组工作情况汇报；听取《2022年开福区防范化解债务风险工作任务清单》起草情况汇报；研究2022年预算编制工作；听取《开福区“十四五”法治建设规划（2021—2025年）》和《开福区法治政府建设示范创建工作方案》起草情况汇报。

1月24日，传达学习中共中央办公厅、国务院办公厅印发《关于更加有效发挥统计监督职能作用的意见》；传达学习省十三届人大五次会议、省政协十二届五次会议会议精神；审议开福区2021年度重点工作总结大会会议方案、2021年度开福区重点工作考核评先评优方案；研究干部人事工作。

1月25日，研究干部人事工作。

2月7日，传达学习“聚焦‘三高四新’战略定位和使命任务大力实施‘强省会’战略推动长沙高质量发展工作会议”精神；传达学习《关于加强新一届市委班子建设的决定》和《中共长沙市委常委会关于进一步贯彻落实中央八项规定及其实施细则精神的实施意见》文件精神；审议《中共长沙市开福区委关于加强新一届区委班子建设的决定》。

2月17日，传达学习市级领导及县处级主要领导干部学习贯彻中共十九届六中全会精神专题读书班精神；听取区六届人大二次会议、区政协六届二次会议筹备工作情况报告；传达学习中央、省、市纪委全会精神，审议区六届纪委二次全会方案、报告及相关材料；审议《中共长沙市开福区委常委会关于进一步贯彻落实中央八项规定及其实施细则精神的实施意见（审议稿）》；听取《开福区2021年国民经济和社会发展计划执行情况与2022年国民经济和社会发展计划草案（审议稿）》的起草情况报告；研究干部人事工作。

3月3日，研究干部人事工作。

3月9日，传达学习习近平总书记在中央全面深化改革委员会第二十四次会议上的重要讲话精神；传达学习《中共湖南省委办公厅关于领导干部违规插手干预工程建设项目典型案例剖析情况的通报》；听取全区党建工作情况汇报；审议区人大常委会2022年工作要点，听取区人大常委会联工委委员配备情况的汇报；审议区政协六届常务委员会2022年履职动员工作报告；研究区第六届政协委员增补人选建议名单；研究干部人事工作。

4月12日，传达学习习近平总书记在3月31日中共中央政治局常务委员会会议上的重要讲话精神及全国、全省、全市安全生产电视电话会议精神，研究部署全区安全生产工作，并听取森林防灭火和防汛抗旱工作机构调整相关情况汇报；审议《关于进一步加强和改进紧急信息报送和处置工作的通知》文件；听取全区一季度信访维稳工作情况汇报并审议《关于进一步预防和化解信访问题的实施方案》文件；听取《区委宣传部、区司法局关于开展法治宣传教育的第八个五年规划（2021—2025年）》《长沙市开福区人民政府重大行政决策事项目录》情况报告；听取全区新冠疫情防控工作情况汇报；听取青竹湖湘一外国语学校转办相关工作的情况汇报；听取开福区2022年真抓实干督查激励实施方案情况报告；审议《长沙市开福区区属国有企业违规经营投资责任追究暂行办法》《区委加强和改进新时代思想政治工作责任清单》《2021年度区委主要领导向市委述职基层党建和意识形态工作中有关问题整改方案》《开福区贯彻落实〈2021年度市委主要领导向省委述职基层党建工作有关问题整改方案〉的方案》文件；传达学习《中共湖南省纪委办公厅关于深化整治领导干部违规收送红包礼金问题的通知》文件精神。

4月29日，传达学习习近平总书记对“三农”工作重要指示和中央、省、市一号文件精神，审议《关于做好2022年“三农”重点工作全面推进乡村振兴的实施方案》《长沙市开福区2022年美丽宜居村庄建设实施方案》文件；传达学习中共中央政治局常委、中央纪委书记赵乐际在湖南调研时的讲话精神及省纪委信访工作会议精神；听取全区一季度经济运行情况汇报，研究部署下阶段经济工作；审议《关于贯彻落实强省会战略的行动方案（2022—2026年）》《关于成立开福区贯彻落实强省会战略领导小组及其专项工作组的通知》文件；听取全区一季度环保、城市管理、“12345”政务热线、食品安全工作情况汇报；审议《开福区贯彻落实第二轮中央生态环境保护督察报告整改方案》《开福区贯彻落实第二轮中央生态环境保护督察排水问题的整改方案》《区级层面2022年度整治形式主义为基层减负工作方案》《开福区“强省会、勇担当”作风建设年活动实施方案》《关于2021年度领导班子和领导干部绩效考核结果的通报》文件；研究干部人事工作。

5月1日，传达学习市委常委会会议精神并部署相关工作。

5月13日，传达学习习近平总书记在中国人民大学考察时的重要讲话精神、致首届中国工匠创新交流大会的贺信精神、在中国共产主义青年团成立100周年大会上的重要讲话精神；传达省、市深化整治领导干部违规收送红包礼金相关文件和会议精神，听取全区深化整治违规收送红包礼金工作情况汇报；听取全区防汛备汛工作情况汇报；审议《关于深化全区应急管理综合行政执法改革的实施方案（审议稿）》。

5月27日，传达学习省、市关于“4·29”居民自建房倒塌事故总结暨安全生产大检查“百日攻坚”行动部署会议精神，并听取全区安全生产大检查“百日攻坚”情况、区第六届人大二次会议、区政协第六届二次会议筹备工作情况汇报，并研究区第六届政协委员、政协常委增补人选事项；传达学习省、市纪委违规举债和虚假化债专项监督推进会及全市巡视巡察整改工作专题调度会会议精神，听取全区巡视巡察整改相关工作情况汇报；审议《关于开展基层党组织整建提质专项行动的工作方案（审议稿）》《区委常委党支部联系点工作方案（审议稿）》；研究干部人事工作。

6月14日，传达学习习近平总书记关于安全生产工作的重要论述、讲话、指示批示精神；传达学习市委办公厅、市政府办公厅《关于深入学习贯彻〈关于更加有效发挥统计监督职能作用的意见〉的通知》文件精神，并审议《开福区关于深入学习贯彻〈关于更加有效发挥统计监督职能作用的意见〉的通知（审议稿）》；宣布刘建元任职及分工，明确区消防工作分管领导的调整；传达学习中共长沙市委《关于加强对“一把手”和领导班子监督的责任清单》文件精神；传达学习《信访工作条例》文件精神，并研究全区进一步优化信访工作机制，推进化解信访积案“百日攻坚”工作；审议《开福区优化营商环境三年行动计划（审议稿）》《开福区优化营商环境三年行动计划 2022 年度重点任务工作方案（审议稿）》；听取全区巡察工作部署情况汇报，并审议《区委巡察工作规划（2022—2026 年）（审议稿）》；听取全区人才工作相关情况汇报，并审议《开福区“开福合伙人”倍增计划》及配套文件。

6 月 16 日，研究三安光电 SIC（碳化硅）车规级芯片制造项目入驻相关工作。

6 月 27 日，传达学习习近平总书记在中央政治局第三十九次集体学习关于深化中华文明探源工程的重要讲话精神；传达学习习近平同志在四川考察时的重要讲话精神；传达学习习近平总书记在 6 月 17 日中共中央政治局会议（金融单位巡视整改）、中央政治局第四十次集体学习（一体推进不敢腐、不能腐、不想腐）上的重要讲话精神；传达学习《中共中央关于加强新时代检察机关法律监督工作的意见》《中共湖南省委关于加强新时代检察机关法律监督工作的实施意见》《关于进一步加强新时代湖南检察队伍建设的指导意见》《长沙市加强新时代检察机关法律监督工作责任清单》文件精神；传达学习中央、省委、市委全面深化改革委员会会议精神，并审议《中共长沙市开福区委全面深化改革委员会 2022 年工作要点（审议稿）》《中共长沙市开福区委全面深化改革委员会“两规则一细则一名单”（审议稿）》。

7 月 6 日，传达学习《关于进一步发挥改革效能，有力推进纪检监察监督巡视巡察监督与审计监督贯通协同高效的指导意见》文件精神；传达学习中央、省、市关于巩固拓展脱贫攻坚成果同乡村振兴有效衔接会议精神，并听取《开福区 2021 年度巩固拓展脱贫攻坚成果同乡村振兴有效衔接突出问题整改方案》《开福区 2022 年对口帮扶城步苗族自治县乡村振兴工作专项行动计划》《开福区 2022 年对口帮扶龙山县内溪乡乡村振兴专项行动计划》《开福区 2022 年乡村振兴对口帮扶考核任务责任分解表》文件起草情况汇报；传达学习第九次全国信访工作会议精神，并听取全区维稳安保工作、信访工作情况、全区反邪教工作、全区防范化解债务风险工作、全区 2021 年度经济发展奖励集中兑现工作情况、投资三安电子公司股权及出资缴款事宜情况汇报；审议《长沙市开福区贯彻落实国家统计督察反馈意见整改方案》。

7 月 23 日，传达学习习近平总书记在新疆考察时的重要讲话精神；传达学习习近平同志关于统计工作重要讲话指示批示精神和中央、省关于统计工作的相关重要文件精神；传达学习全市半年度经济形势分析暨重点工作拉练点评会议精神，并听取全区上半年度经济运行、全区安全生产工作、信访工作情况汇报；审议《开福区信访矛盾源头治理工作机制（审议稿）》；听取全区二季度城市管理、“12345”政务热线、食品安全、生态环境工作情况汇报；听取《开福区绩效考核暂行办法》及配套文件、《开福区 2022 年度各单位工作目标绩效考核体系》起草情况汇报；听取《关于加强开福区网络舆情信息员、网络评论员、网络阅评员队伍建设的实施方案（试行）》文件起草情况汇报；研究干部人事工作。

8 月 18 日，传达学习中共中央办公厅印发《纪检监察机关派驻机构工作规则》及省委办公厅有关文件精神，并听取全区 2022 年半年度纪检监察工作情况汇报；传达学习《中共湖南省委关于贯彻落实〈中国共产党机要密码工作条例〉的若干措施》文件精神；传达学习全省组织系统遏制公职人员涉毒吸毒工作视频会议精神；学习统计违纪违法案例（岳阳案件、长沙案件）；听取全区档案工作情况汇报；审议《中共长沙市开福区委关于开展“奋力强省会 喜迎二十大”主题活动的工作方案》。

9 月 2 日，传达学习习近平总书记在中央政治局第四十一次集体学习时的重要讲话精神以及向世界职业技术教育发展大会、第五届中非媒体合作论坛致贺信精神；传达学习习近平总书记在辽宁考察时的重要讲话精神；传达学习长沙市委常委、组织部部长罗缵吉在全市组织工作重点任务推进会上的讲话精神；听取全区扫黑除恶工作、关于邀请省部级领导干部来区授课的、全区宣传思想文化暨意识形态工作和全区文明创建工作的情况汇报；审议《长沙市开福区规范公务员工资津贴补贴实施办法》《长沙市开福区事业单位规范工资津贴补贴实施办法》文件；研究"创新实干、担当有为"领导班子和领导干部推荐人选名单。

9月15日，传达学习《关于深入贯彻落实省委省政府主要领导批示精神切实抓好当前安全防范工作的通知》和新修订《湖南省安全生产条例》精神，并听取全区安全生产情况汇报；审议《驻京及沿途维稳劝返工作要点（审议稿）》和《关于开展党的二十大特护期专项督查信访保障工作内容（审议稿）》；审议《关于全面推行田长制严格耕地保护的实施方案（审议稿）》。

9月16日，研究干部人事工作。

10月21日，传达学习《湖南省安全生产委员会关于印发〈毛伟明同志在全省安全生产电视电话会议暨省安委会第四次全体成员（扩大）会议上讲话〉的通知》《关于2021年度省保障农民工工资支付工作第七核查组在邵阳市实地核查中违纪问题的通报》《关于5地接待服务机构违规接待典型问题的通报》文件精神；审议《2022年度开福区污染防治项目清单》《关于落实"艰苦奋斗、勤俭节约"和"过紧日子"要求的通知》；听取区残联换届工作情况汇报；研究干部人事工作。

10月28日，审议《关于认真学习宣传贯彻党的二十大精神的通知》《关于党的二十大精神学习宣传的工作方案》；听取全区三季度生态环境保护、信访、城市管理、"12345"政务热线、食品安全工作汇报；审议《长沙市开福区政策性专项借款统借统还方案》《开福区"保交楼"政策性专项借款资金使用细则》；研究面向社区（村）党组织书记考核招聘街道事业编人员有关工作。

11月7日，研究干部人事工作；研究"创新实干，担当有为"单位和个人推荐事项。

11月17日，传达学习习近平总书记在中央政治局第一次集体学习时的讲话、关于社会保障的重要论述；听取全区社会保险基金监管工作情况汇报；审议《开福区深化国防动员体制改革实施方案》《开福区推进国防动员体制改革工作方案》；研究开福区2022年产业中、初级骨干人才认定工作；听取2022年预算调整及2023年预算编制工作情况汇报；传达学习习近平总书记关于疫情防控工作的有关指示精神和国家、省、市疫情防控工作会议精神，听取全区疫情防控工作情况汇报，并审议《长沙市开福区应对新冠病毒本地疫情指挥体系方案》。

11月25日，传达学习《中共湖南省委印发〈中共湖南省委常委会关于坚决维护党中央集中统一领导的规定〉的通知》和《中共长沙市委印发〈中共长沙市委常委会关于坚决维护党中央集中统一领导的规定〉的通知》精神；传达学习习近平总书记对河南安阳市凯信达商贸有限公司火灾事故作出的指示精神，听取全区贯彻落实情况书面汇报；听取关于拟参与三安光电定向增发投资的情况汇报；听取长沙市开福区第六届人民代表大会第三次会议、政协长沙市开福区第六届委员会第三次全体会议筹备工作情况汇报，并研究补选长沙市开福区第六届人大代表有关事项；研究学习贯彻中共二十大精神培训工作；研究干部人事工作；传达省委、市委关于湖南盛大金禧金融服务有限公司重大涉稳风险问题的会议精神，并听取相关情况汇报。

12月25日，传达学习《中共长沙市委关于深入学习宣传贯彻中共二十大精神为全面建设社会主义现代化新长沙而团结奋斗的决定》文件精神，审议《中共长沙市开福区委关于全面深入学习宣传贯彻中共二十大精神以中国式现代化加快建设现代化新开福的实施意见》和《区委全会暨经济工作报告》《区委全会暨经济工作会议方案》；传达学习《中共湖南省委印发〈中共湖南省委常委会关于进一步贯彻落实中央八项规定及其实施细则精神的实施意见〉的通知》、审议《中共长沙市开福区委关于进一步贯彻落实中央八项规定及其实施细则精神的实施意见》；传达学习中纪委《关于贯彻党的二十大部署要求锲而不舍落实中央八项规定精神深化纠治"四风"工作的意见》、省纪委《关于锲而不舍落实中央八项规定精神深化纠治"四风"工作的若干措施》文件精神，及省纪委监委关于损害营商环境案例、违反中央八项规定精神问题的通报；听取禁毒工作、创建国家卫生城市工作、2023年度全区财政预算编制工作、2022年国民经济和社会发展计划执行情况与2023年国民经济和社会发展计划草案的报告起草情况汇报；审议《开福区持续壮大农村集体经济行动方案（2022—2025年）》；审议《长沙市开福区全域文旅示范区建设总体规划（2022—2030年）》《长沙市开福区全域文旅示范区建设三年行动计划（2022—2024年）》《中共长沙市开福区委贯彻落实中央人大工作会议和省委推进会议精神具体实施方案》；听取区六届人大常委会工作、区政协六届常委会工作、区政协六届一次全会以来提案工作以及区“两会”筹备工作情况汇报；听取区六届人民政府工作报告、区人民法院工作报告、区人民检察院工作报告；听取关于参加三安电子股权增资的工作情况汇报；研究干部人事议题。

【中共开福区委六届四次全体会议暨经济工作会议】2022年12月26日，中共长沙市开福区委六届四次全体会议暨经济工作会议召开。区委书记罗玉环出席会议并讲话。会议传达学习中共二十大精神、习近平总书记对湖南重要讲话重要指示批示精神，全面落实中央、省委、市委经济工作会议精神，总结2022年经济工作，分析经济形势，部署2023年经济工作。区委副书记、区长高伟对2023年经济工作进行具体部署。

（吴振东）

政研·督查

【概况】2022年，开福区委办公室组织大学习、大调研、大实践系列活动，开展“喜迎二十大·奋力向北强”学习增动力知识竞赛，全年集中学习22次，开展主题党日活动12次。区委办公室充分发挥党办“总枢纽”作用，全年收办上级文件1735份，区本级单位签呈621份，确保各类政令上下畅通；统筹各类会议及发文，组织区委各类会议202场。全年完成各类接待任务90批次，接待中央、省部级和市级领导及全国各地来访代表团6330余人次。2022年，区委办公室被评为省市党委信息工作先进单位、市委网络问政留言办理工作优秀单位。

【政研工作】2022年，开福区委办公室围绕学习贯彻中共二十大精神和落实区委重大决策部署，在产业发展、科技创新、金霞新城建设等方面开展系列调研，撰写稿件240余篇，《聚焦“五强”精准发力，以开福之强助推省会之强》《当好农民工“护薪人”》等20篇经验推介、理论文章在中央、省、市平台发表，“大力实施科技创新，加快推进新兴产业发展”等一批调研报告纳入党委政府决策。网络问政和党委信息均排名全市第二，网络问政在市委办公厅业务通报中获得表扬肯定12次，党委信息获得市领导肯定性批示2次，其中《开福区精准发力促进消费持续回暖》获得市政府主要领导批示。

【督查工作】2022年，开福区委办公室宣传贯彻落实中共二十大精神、习近平总书记重要指示批示和省、市、区主要领导指示批示，聚焦疫情防控、安全生产、自建房排查整治等重点工作，开展督查300余次，交办问题400余个。梳理汇总区委主要领导批示落实情况清单，做到事事有回音、件件抓落实。特别是面对三轮散发疫情，每天进行实地督查，下发督查通报15期；组织“改非”干部和志愿者成立6个联合暗访督查组，开展自建房整治暗访，覆盖全区所有社区。做好群众来信来访工作，定期梳理汇总办理情况，累计办理群众来信45件，接访群众40余批次。

【改革工作】2022年，开福区委办公室完成国防动员体制改革、园区体制机制改革等重点改革任务。加强文件审查，严把公文质量，全年提供文件审核意见107余条，向市委办公厅备案党内规范性文件10件，确保规范性文件零差错。

【对台服务】2022年，开福区完善《开福区涉外突发事件应急预案》，加强台胞台属台资企业情况摸排走访。接待来访台胞台属40余批次，深入台商台企调研座谈，不断优化台胞台属服务。

【档案管理】2022年，开福区开展档案检查指导，促进全区档案管理水平提升，完成《开福年鉴（2021）》编纂发行工作，扶贫攻坚口述史等党史编纂工作获得省、市党史部门的充分肯定，完成《长沙乡镇简志》开福卷的编纂工作。

（吴振东）

组 织

【概况】2022年，开福区全年抽调干部1700人次参加新冠疫情防控突击队，到街道社区一线参与新冠疫情防控工作；抽调108名干部参加“百名干部联千企行动”，服务企业发展；选派15名干部参加“强省会战略推进攻坚队”“招商攻坚队”“居民自建房大排查大整治工作专班”，助力开福发展；抽调6名干部参加疫情防控和居民自建房排查整治督查工作；选派6名干部参与街道源头治理工作督查专班，抽调街道28人参与源头治理工作专班。全年调整干部5批次、284人次。

【人才工作】022年，开福区打造开福合伙人IP、开福人才地图“开开”“福福”引才大使文创吉祥物，推出开福合伙人、科学的星火、开福她力量等系列典型人才宣传，扩大人才工作影响。组织召开区委人才工作会议，发布“开福合伙人”倍增计划和“开福求贤令”，制定2022年开福区紧缺急需人才目录，出台开福区人才政策“升级版20条”，评定8名引才大使、6名人才链链长协助开展人才工作。制定区级人才认定政策，评定区级人才1515名，全区人才总量19万人，市级及以上高层次人才总量202人，居长沙市各区县首位。全年兑现各类奖补资金1020万元。推进人才兴区“五五工程”,2021—2025年，全区重点培育、引进党政人才500名，产业领军人才50名，创新型高层次人才500名，实用型骨干人才5000名，技能型青年人才5万名。开展“金霞一起向未来”“党旗下话成长”等系列活动、构建人才管理服务系统，举办人才研修班等措施，培养和引进人才。

【基层党建】2022年，开福区推进“党建聚合力”工程，开展政治领航、培根铸魂、强基赋能、和谐善治、同心聚力、清廉开福“六大行动”，召开“党建聚合力”工程推进会。坚持党建引领小区治理，全区405个小区成立党组织，230个小区搭建居民议事平台，麓园亭、王家垅社区“共享事业”等成为深受居民群众欢迎的品牌，第一湾小区入选“全国美好家园典型案例”，荷花池、陈家湖等小区治理经验获得中央及省、市主流媒体宣传推介。开展“两新”党组织“组建攻坚”行动，覆盖率75%以上，成立7家行业党委和16个街道两新综合党委，建成快递外卖小哥红色之家13家、货车司机红色之家1家，新业态、新就业群体党建工作迎接中组部、省委组织部调研并获得肯定。卫健领域区域化党建工作迎接中组部、省委组织部调研并获得高度肯定。卫健领域区域化党建做法在全市推介。开展流动党员管理试点工作。组织全区114个社区（村）党组织开展换届“回头看”，连续8年公开招聘专职党务工作者，保持队伍在100人左右，开展集中培训5次，完成第六批区级专业党建指导员派驻工作。

【干部管理】2022年，开福区坚持党管干部原则和“好干部”标准，出台激励基层干部新时代、新担当、新作为的措施文件，调整交流、提拔重用干部5批次、284人次。做好教育系统人才引进、民转公教师配备、接收安置随军随调家属、区内外公务员和事业编制人员流动调配等工作。举办学习贯彻中共十九

2022年6月24日，开福区“党建聚合力”工程推进会召开（区委组织部 供图）

届六中全会精神专题读书班、学习贯彻中共十九届六中全会精神暨新时代基层干部提升履职能力研修班，开展“开福大讲堂”，推广“领导干部上讲台”模式，提升领导干部能力素质。开展干部基础信息、档案等清查，建立完善年轻干部、急难险重一线干部等多维度立体数据库。规范干部队伍管理，建立健全开福区县级领导干部绩效考核自评制度、科级领导干部绩效考核细则、机关事业单位借调（抽调）人员管理办法、机关事业单位人员区内流动管理实施办法、机关事业单位人员跨区流动管理操作办法等政策文件。

【绩效考核】2023年，开福区制定市对区绩效考核工作目标责任分解体系等文件，实行“一个区直部门一张考卷、十六个街道一套体系”，考核目标更加精准、明确。推行“以考制考”，以满意度反向测评的方式，年底由街道考评市考指标牵头部门，改变以往部门单向考评街道的方式。创新实施全员绩效考核，出台全员绩效考核“1+4”制度体系，分类管理科级领导干部、科级以下非领导职务及一般工作人员、编外聘用人员、社区员额管理人员，考核采用量化计分，将个人奖金与单位、个人的考核等次“双挂钩”，调动干部队伍干事创业的积极性。以绩效办统筹“月反馈、季通报”，各牵头部门落实“周安排、月调度”的方式，强化日常考核督导，及时研判预警市考指标运行情况，确保完成全年目标任务。

【老干工作】2022年，开福区强化政治引领，依托老干部（老年）大学、老干部活动中心，“学习强国”App、微信交流群等载体，开展学习讲座、座谈交流、讲演比赛、征文比赛、书画作品展等活动10余次，组织“五老”（老干部、老模范、老教师、老战士、老专家）讲师团深入基层开展中共二十大精神主题宣讲活动37场次。搭建赋能平台，打造10余个“美在金秋”老党员之家，提质升级8个离退休干部党建阵地，依托关工委、老年保健协会、老干部书画及诗词楹联协会等涉老组织，开展书画作品展、诗词采风等大型活动20场次。组织“五老”参与矛盾调解、乡村振兴等基层治理，开展形势政策、党史国史、革命故事等主题宣讲活动77场次，召开离退休干部区情通报会2次。5人获评全市最美“五老”金牌讲师、5人获评全市最美“五老红”志愿者、3支志愿服务队获评为全市最佳“五老红”志愿服务组织。

【“党建聚合力”工程推进会召开】6月24日，开福区组织召开“党建聚合力”工程推进会。会上，开福区委向辖区15名“光荣在党50年”纪念章获得者代表颁发纪念章，向第六批39名区派党建指导员颁发聘书，向15家区级“标杆引领”两新党组织（第一批）授牌，接受16个街道党工委书记递交的“为民办实事”目标责任状，并与45家驻区单位、企业组成开福区区域化党建联盟。湖南省委组织部组织指导处处长章清，长沙市委组织部副部长、市委基层办主任、市绩效办主任王妍等领导出席会议，区委书记罗玉环致辞，会议由区委副书记、区长高伟主持。全区各街道党工委书记、分管负责人及区直行业系统党组（工委）、区直机关单位党组（党委）负责人，社区（村）党组织书记代表参会。

【“开福合伙人”倍增计划实施】7月6日，开福区组织召开区委人才工作会议。会上发布“开福合伙人”倍增计划和“开福求贤令”，为开福区2022年度评定人才和引才大使、人才链链长颁发证书或聘书。倍增计划包含人才政策领航、科创项目孵化、王牌呵护、“智汇潇湘·逐梦开福”引才、“青年火炬手”储备、星火燎原、英才赋能、标杆领跑、“开福人才官”培育、人才暖心等十大行动。同时，配套推出“加快人才集聚20条”等10个实施办法，包含努力造就产业帅才、大力集聚青年俊才、激励乡村振兴人才、树培民生事业人才、加大创新创业支持、优化人才服务保障等六大类20条激励措施。“开福求贤令”（2022年紧缺急需人才目录）面向社会提供533个中高端岗位，招引各类专业和技术人才1696人。大会还对省委、市委新认定的47名开福区高层次人才和区委、区政府2022年度新认定的353名区级产业领军人才、创新型高层次人才和视频文创产业中、初级骨干人才进行表彰奖励，奖励金额686.65万元。

【“区域化党建联盟”成立】2022年，开福区联合湖南省政协、湖南省委统战部、湖南日报社等45家驻区单位成立区域化党建联盟。驻区单位党组织与所在街道社区党组织班子成员交叉任职或挂职，确定一批共建共治共享项目，建立资源、需求、项目“三张清单”，实现党群服务中心、党员活动场所、红色教育基地等资源双向开放共享，打造“15分钟党建生活圈”。联盟由区委书记担任总召集人，区委副书记和区委常委、组织部部长担任召集人，定期召开联席会议，落实日常联动议事处事和应急处突工作机制。全年解决群众“急难愁盼”问题500余个，开福区连续17年保持全省“平安区县”称号。

【“开福红·行走的党课”路线打造】2022年，开福区整合辖区湖南博物院、中共湘区委员会旧址、中国共产党长沙历史馆等红色资源，精选15处红色党性教育点，形成一条“行走的党课”“大路线”，构建起“1+15”“行走的党课”路线体系。依托每一处区级点位，以街道社区为主导，将周边的红色旧址、党建示范点、党员教育阵地等串连起来，形成各具特色的“行走的党课”“小路线”。主打“印初心”“话古今”“创幸福”3条主题线路：寻访船山学社、望麓园故址等红色革命活动足迹，成立全国首个以“自修学习”为主的线上线下理论平台——湖南自修大学湘江理论讲习所；打卡湖南博物院、中共湘区委员会旧址、中国共产党长沙历史馆等地标，形成“大美清水塘”“红街夜校”宣讲品牌路线；依托捞刀河刀剪制作技艺、湘绣博物馆，设置非遗传承“沉浸式”游学小路线。结合不同研学需求，设置不同时长的路线，既有“开福一日游学课堂”，也有“大美清水塘”半天学习路线，还有潮宗街、西园北里等2小时以内的特色小路线。

【全员绩效考核办法创新】2022年，开福区制定出台《开福区绩效考核暂行办法》及《开福区县级领导干部绩效考核自评制度》《开福区科级领导干部绩效考核细则》《开福区机关事业单位科级以下非领导职务工作人员绩效考核实施细则》《开福区社区员额管理人员绩效考核实施细则（试行）》等“1+4”制度体系。首次将“县级领导干部、科级领导干部、机关事业单位工作人员、聘用人员和社区员额管理人员”全部纳入区级层面绩效考核，根据工作实绩，采用量化计分，将考人与考事相结合，个人奖金与单位、个人的考核等次“双挂钩”，突出考核定等次、奖金发放差别化，并将考核结果作为选拔任用、培养教育、管理监督、激励约束、问责追责的重要依据，调动干部队伍干事创业的积极性。

（黄　婷）

宣　传

【概况】2022年，开福区宣传工作围绕“举旗帜、聚民心、育新人、兴文化、展形象”的使命任务，突出学习宣传贯彻中共二十大工作主线，围绕中心、服务大局、立足职能、主动作为，为全区“奋力强省会、建设大城北”贡献宣传思想文化力量。2022年，区委宣传部获得2022年长沙市《就认这个理》理论微宣讲“优秀组织奖”，“微开福”公众号被评为2022年度“长沙市最具影响力政务微信”，区委宣传部被评为长沙市“光影湘村”微电影大赛优秀组织奖、长沙市第十四届精神文明建设“五个一工程”组织工作奖。

【理论教育】2022年，开福区围绕习近平新时代中国特色社会主义思想、中共十九届六中全会、中共二十大精神等主题，举办区委理论学习中心组学习12次。发放《党的二十大报告》单行本、《习近平谈治国理政》第四卷等各类理论书籍10万余册，满足全区全体党员的学习需求。压紧压实基层中心组学习，用党的创新理论凝聚各级班子，全年累计举办中心组学习1000场次。选拔成立100人的区级宣讲团，组建4支具有开福特色的宣讲队伍，对宣讲队员开展点对点培训260余人次，在全区开展学习宣传贯彻中共二十大精神宣讲600余场。在全市率先开展“强国复兴有我”音乐主题党课，创新拍摄“萱草花”“潮宗街上涌动的青年故事”“清水塘——时光中的红色印记”等宣讲视频，形成具有开福特色的“艺术党课”“艺术思政课”等品牌。区社科联完成换届工作，开福区社科联获得“长沙市先进基层社科联”和“献策新时代、一起向未来”微建议征集优秀组织单位等荣誉称号，2个案例获评“学用新思想、奋进新征程”十大典型案例及十二大优秀案例，社科普及基地潇湘诗会文学艺术发展中心、新河街道三角洲社区获评2022年长沙市优秀社会科学普及基地称号。

【意识形态工作】2022年，推进巡视巡察整改工作，抓实体制机制建设，完善出台全区意识形态风险隐患排查整治工作方案，丰富和发展定期排查汇总制度、季度通报制度、分析研判制度，确保整改成果规范化、常态化、长效化。全年开展意识形态专题学习培训2次，召开意识形态分析研判联席会4次，会同有关部门常态化开展专项检查2轮次，检查10家单位，对各街道、重点部门意识形态工作进行专项督查，组织各街道、重点部门开展风险隐患排查整治12批次。

【新闻宣传】2022年，开福区新闻中心围绕全区中心工作和重点工作，全年在各级媒体上稿1.58万余条，其中中央媒体上稿252条，《湖南日报》头版28条、专版9个，《长沙晚报》头版19条、专版14个，中央电视台新闻联播、东方时空、《瞭望》新闻周刊等先后对开福区进行报道。特别是围绕学习宣传贯彻中共二十大精神，推出“奋力强省会、喜迎二十大”专题，策划开福区“非凡十年”主题报道，在中共二十大开幕前和开幕当天，先后在《湖南日报》推出整版报道《奋进新时代、开福谱华章”》在长沙晚报推出整版报道《十年大城北进 开福逐富致强》，在《香港经济导报》推出专题报道《暖心实招，长沙开福区打造营商环境靓丽风景线》，以优异成绩向中共二十大献礼。中共二十大召开期间和闭幕后，推出图文系列报道，宣

2022年3月，开福区举办好人文化节暨“崇德开福”系列活动

（区委宣传部 供图）

传全区各级、各部门通过各种形式学习贯彻中共二十大精神的行动举措、心得体会；在香港《文汇报》推出“五色斑斓绣天下，开心福地润古今”专版报道。并先后围绕疫情防控、安全生产、自建房整治、文化文旅等内容，发布区委、区政府的重要指令和公告，以动画、短视频、专题报道等形式推出报道。“微开福”公众号多篇推文阅读量超10万人次。

【精神文明建设】2022年，开福区围绕长沙市建设全国文明典范城市目标，举办开福“好人文化节”系列活动，开展第三届开福区道德模范评选，打造10个好人工作室，运营好开福好人馆，常态化开展系列社会实践活动600余场次。全年获评全国最美志愿者1人、获评湖南好人1人、获评“长沙好人”9人。按照“一所一特、一站一品”的要求，提质全区新时代文明实践所站，在开福区政府地铁站打造“新时代文明实践厅”和“和谐福地”号专列，用好专职雷锋志愿者队伍，开展“我们的节日”“强国复兴有我”等系列新时代文明实践活动2800余场次，开福区新时代文明实践中心接受全省新时代文明实践年中评估得到好评。针对全区文明创建重点部位和薄弱环节，开展14大专项整治行动，下发区级督查通报30期，通报问题2981条，整改率达90%，在省检和全市双月测评中均取得优异成绩。推动“崇德开福”进校园，建好用好沙坪实验小学复兴少年宫、檀木岭村复兴少年宫，推动校校联动交流，组织活动60余场次。坚持开展好“扣好人生第一粒扣子”“童心向党”等主题教育实践活动。做好“新时代好少年”评选宣传，全年获评全省“新时代好少年”1人，获评全市“新时代好少年”4人。

【文化事业】2022年，开福区全年以“大师面对面”“开福艺术季”和“艺

韵‘炬’万家”为主题，组织区内文艺工作者创作精品力作，8项作品获长沙市“五个一”工程奖，在各级各类阵地开展群众文艺活动40余场。全区10余支群众文艺团队创作优秀文艺作品50余部。开展“戏曲进校园”等活动，累计培养800余名“开福小戏骨”，编排打造《少年毛泽东》等花鼓音乐剧，在各地巡演20场。区文联2022年新成立区诗歌学会、区作家协会、区音乐家协会3个协会，区美协召开换届大会，代碧武连任主席。区作协龚盛辉作品《中国北斗》获得第八届鲁迅文学奖，其图书和广播剧同时获得中宣部“五个一工程奖”。区作协杨巧、区音协马卓明荣获“2020—2021长沙文艺新人”奖。制作文旅宣传歌曲《湘·绣》《幸福向北》，分别获评省文联“喜迎二十大 讴歌新时代”第八届潇湘好歌优秀作品（全省10首）、“湘约长株潭 融城梦扬帆”长株潭群众文艺团队作品大赛优秀作品。

【区诗歌学会成立】2022年2月20日，开福区诗歌学会成立大会在诺贝尔摇篮湘江新园三楼会议室召开。开福区诗歌学会首批会员、相关领导、嘉宾100余人出席会议。会议通过开福区诗歌学会章程，选举理事会、监事会、委员会成员。湖南省政协原副主席欧阳斌，中国诗歌学会副会长、湖南省诗歌学会创会会长、湖南省人大教科文卫委原主任梁尔源，开福区委常委、宣传部部长张红民出席会议并讲话。邓世謇当选为开福区诗歌学会首任会长，郭超、史丹、王振华、李君、刘晓燕当选为副会长，陈振华任秘书长。

【区召开文明委全体（扩大）会议】2022年5月19日，开福区委书记罗玉环主持召开全区文明委全体（扩大）会议，传达学习习近平总书记关于精神文明建设工作的重要指示重要论述精神以及全国、全省文明办主任会议和市文明委2022年全体会议精神。区委、区政府领导及相关单位负责人参会。会议汇报全区精神文明建设工作情况，并就2022年开福区精神文明建设及创建全国文明典范城市工作安排、开福区创建全国文明典范城市常态长效测评办法、开福区深化拓展新时代文明实践中心建设实施方案、开福区创建全国文明典范城市专项整治行动方案、调整区领导和区文明委成员单位联系文明创建工作点做说明，与会人员分别对各项文件提出审议意见。

【区作家协会成立】2022年6月8日，开福区作家协会第一次会员代表大会暨成立大会在湖南宾馆召开。长沙市文联党组书记、副主席彭勇，区委书记罗玉环，长沙市文联党组成员、副主席、长沙市作协主席唐樱及区领导等出席。大会选举产生开福区作家协会第一届领导班子，为开福区作家协会授牌。罗玉环为专家顾问和名誉主席颁发聘书。唐樱代表市文联、市作协致贺词。

【湖南省未成年人“传承红色基因·童心向党”主题教育实践活动在开福区举行】2022年6月24日，湖南省2022年未成年人“传承红色基因·童心向党”主题教育实践活动在开福区少年宫举行。湖南省委宣传部副部长、湖南省文明办主任肖凌之，长沙市委宣传部副部长、长沙市文明办主任彭娟，开福区委书记罗玉环及区领导等参加活动。活动旨在加强青少年爱国主义教育、传承红色基因，引导未成年人积极培育和践行社会主义核心价值观，培养心向党、跟党走的情感信念，扣好人生第一粒扣子。活动邀请全省14个市州各级新时代好少年，以一

2022年6月24日，全省未成年人“童心向党”活动在开福区少年宫举办
（区委宣传部 供图）

句话的方式祝贺党的生日，表达爱党、敬党、心向党的真挚情感。活动现场，湖南省第十四届少儿书信绘画征集活动同步启动。

【区美术家协会换届大会召开】2022年8月16日，开福区美术家协会在区政府一办902会议室召开第二次会员代表大会。区美术协会会员代表40余人参会。会议邀请中国工笔画学会理事、著名画家未君，湖南省画院创研部副主任、书画理论家、策展人李辉武，湖南省湘楚书画社社长、省工艺美术大师谭演湘，长沙市美术家协会副主席、秘书长易衡卫，长沙市美术家协会副主席柳玉、杨泽琦，湖南省“长沙童谣”非遗传承人、区美协监事长蔡颖强等嘉宾到会指导，区书法家协会、作家协会、黄兴文化交流中心、曲艺家协会代表到会祝贺。

【区音乐家协会挂牌成立】2022年8月23日，开福区音乐家协会成立大会暨第一次会员代表大会在开福区政府一办901会议室召开。长沙市文联、市作协、开福区委区政府领导和相关部门负责人、区音乐家协会会员50余人参会。江华当选为开福区音乐家协会首届主席，冯玉娟、罗帆、马卓明和夏蕴宁当选为副主席，何萌任秘书长。

【龚盛辉获得第八届鲁迅文学奖】2022年8月25日，第八届鲁迅文学奖获奖名单公布，开福区作协监事长龚盛辉作品《中国北斗》获得报告文学奖。《中国北斗》是龚盛辉创作的长篇报告文学，首次出版于2022年1月。《中国北斗》以北斗系统建设时间为横线、以各分系统团队攻坚克难为纵线，讲述中国北斗人始终秉承航天报国、科技强国的使命情怀，探索出一条从无到有、从有到优、从有源到无源、从区域到全球的中国特色发展道路，从而使中国成为世界上第三个拥有自主全球卫星导航系统的国家。其作品立意高远，在深厚的历史回望中，展示北斗儿女昂扬坚韧的精神，人物形象鲜活感人。

【“喜迎二十大，振兴看沙坪”主题采风创作活动启动】2022年9月22日，“喜迎二十大，振兴看沙坪”主题采风创作活动在开福区沙坪街道湘绣博物馆正式启动。活动由开福区委宣传部主办，开福区文学艺术界联合会、沙坪街道党工委承办。活动特邀国家一级作家、享受国务院特殊津贴专家汤素兰，长沙市文联网络文艺发展中心《创作》杂志编辑、国家二级作家、中国作协会员、长沙市作协理事、开福区作协主席王彦珊等一行到开福区沙坪湘绣小镇、茶子山村、双塘村、八家冲村、汉回村等美丽乡村进行采风，感受沙坪当代“山乡巨变”的魅力，通过文艺的视角展示开福区乡村振兴的美丽画卷。

【张庆伟到开福区清水塘社区宣讲】2022年11月3日，中央宣讲团成员、湖南省委书记、湖南省人大常委会主任张庆伟到开福区清水塘街道清水塘社区宣讲中共二十大精神。他指出，要认真学习宣传贯彻好中共二十大精神，发扬革命传统、传承红色基因，在全省社区学习宣传贯彻中共二十大精神上走在前、做表率，让中共二十大精神“飞入寻常百姓家”。宣讲现场气氛热烈、互动积极，社区老党员、青年志愿者、居民群众代表踊跃发言，结合各自工作、学习、生活实际等，畅谈学习中共二十大精神的收获和体会，并就关心的问题向张庆伟提问。认真听取大家发言后，张庆伟逐一回答基层代表关于“三个务必”“共同富裕”“增进民生福祉”等方面的提问。张庆伟强调，全省各地社区要牢牢把握增强党组织政治功能和组织功能的要求，坚持党的一切工作到支部，进一步增强政治领导力、思想引领力、贯彻执行力、群众组织力、社会号召力，把社区基层党组织打造成为宣传党的主张、贯彻党的决定、领导基层治理、团结动员群众、推动改革发展的坚强战斗堡垒。

（赵旭东）

统 战

【概况】2022年，开福区统一战线结合统一战线历史、统战理论政策及业务知识，全年举办“同心大讲堂”10次，指导各界别开展专题研讨80余次，组织开展全区各民主党派负责人暑期谈心谈话、非公有制企业负责人高级研修班、宗教中国化大讲堂等主题活动，实现统战成员学习全覆盖。区委统一战线领导小组印发关于党外代表人士、基层商协会、“四同建设”等统战工作文件，全年召开统战工作专题部署会

12次，完成“无党派人士”身份认定52人、非公经济人士综合评价21人，构建大统战工作格局。成立马栏山网络人士联谊会、马栏山创新创业新侨服务中心、涉侨纠纷多元化解工作站、区总商会人民调解委员会，增强工作协调联动。承办省侨联“2022海外巾帼湖南行”活动，申报市级“侨胞之家”2个、省华侨文化交流基地1个。申报省级新的社会阶层人士统战工作实践创新基地3个、申报市级民族团结进步示范点2个，网络人士统战工作“1+2+5”模式得到中央、省、市肯定。

【经济统战】2022年，开福区统一战线抓实民营经济发展“123工程”，打造“服务经济发展示范基地”，构建“企业吹哨、部门报道”服务体系，完善政企沟通、素质提升、权益维护三大服务平台，优化营商环境。31名区领导联点144家民营企业、31名民营企业家和26家基层商协会，协调解决项目建设问题70余个。编印《长沙市开福区惠企政策办事指南汇编》《“开福区纾困暖企十七条”兑现实施细则》，推送公益信息3000余条，发放“法律服务爱心包”价值3000万元。制定开福区劳动争议多元化解实施细则，配备商事调解员10名，全年调处企业纠纷14起。开展“迎老乡、回故乡、建家乡”专项行动，制定开福区“万企兴万村”行动实施方案，弘扬光彩精神，助力乡村振兴。

【多党合作】2022年，开福区统一战线围绕中心开展区域重点课题调研大调研，报送调研报告15篇。发动党外人士建言献策，全年提交社情民意、提案议案280余篇，部分优质稿件被各级人大、政协采用并交办相关部门。推选14名党外代表人士担任区检察院“益心为公”志愿者，履职民主监督职责。发动统战成员联合社会公益组织、爱心企业，慰问、援助全区环卫工人、高龄老人、困难党员、困境未成年人、自闭症儿童、计划生育特殊家庭、残疾人等社会服务活动70余次。在传统节日组织老归侨侨眷开展联谊活动50余次，打造甜蜜荟“侨胞之家”“火树银侨”主题活动品牌。发动统一战线成员参与疫情防控，全年累计捐资捐物1000万余元。推广“同心圆桌议事会”基层协商民主模式，发动党外代表人士参与社区圆桌议事，解决基层治理疑难，指导民主党派在社区开展《中华人民共和国民事强制执行法（草案）》基层立法协商研讨会，收集意见建议80余项并报立法部门。

【民族宗教】2022年，开福区深化民族团结进步创建，铸牢中华民族共同体意识，加强少数民族管理服务，开展大走访、大排查、大宣讲，举办民族团结进步创建宣传月和普通话推广周活动，印发宣传手册1万份，办理少数民族务工经商子女入学26人，创建新湘路社区等市级民族团结进步示范点3个。在宗教界开展“国好法大”宣传和爱国主义教育，举办宗教中国化实践讲堂（演讲）系列活动，召开全区宗教界“五进五好”实践活动暨民族团结进步创建表彰大会。全面落实宗教工作三级网络两级责任制，将宗教事务治理纳入基层网格管理体系，常态化开展宗教领域风险隐患排查，持续抓好非法宗教活动专项摸排整治工作，形成齐抓共管格局。

【侨海服务】2022年，开福区组织侨界人士学习落实中共二十大精神，开展“一起向未来”海外青年庆祝建团100周年活动，承办省侨联“2022

2022年7月14日，2022年度开福区党外代表人士谈心谈话活动在大寨村举行
（区委统战部 供图）

海外巾帼湖南行”。完善马栏山视频文创园“中国侨联新侨创新创业基地”平台建设，指导中国共产党长沙历史馆成功申报省华侨文化交流基地，指导成立马栏山创新创业新侨服务中心，在区人社局劳动人事争议仲裁院、区信访局人民来访接待中心和区人民法院立案庭分别成立涉侨纠纷多元化解工作站，构建为侨服务长效工作机制。成立马栏山文创园、水风井社区“侨胞之家”，打造“火树银侨”主题活动品牌，在传统佳节组织侨胞侨眷开展联谊联络活动50余次，全年走访慰问侨界人士120余人。开展《中华人民共和国归侨侨眷权益保护法》宣传“五进”活动，联动省市侨联开展文化活动，服务侨界人士1000余人次。

【新的社会阶层人士统战工作】2022年，开福区组织新的社会阶层代表人士召开中共二十大会议精神专题研讨会。联合马栏山视频文创产业园管委会指导成立马栏山网络人士联谊会，发展首批会员51名。打造省级新的社会阶层人士统战工作实践创新基地3个，市级2个。创新开展网络人士统战工作“1+2+5”模式，“1”即建立1支网络人士统战队伍，“2”即构建线上线下两个同心圆，“5”即打造5个实践创新基地工作示范点，网络人士统战工作获得中央、省、市肯定，并作为省、市新的社会阶层工作示范点，接待中央及省、市领导多次调研指导。

【助力乡村振兴】2022年，开福区组织全区统一战线代表人士到湖南省邵阳市城步苗族自治县，开展“魅力潇湘·巨变乡村”主题调研活动，通过开展统一战线党史教育、捐资助学、文学分享、谈心谈话等活动，助力城步苗族自治县乡村振兴。以开福区竹安村、茶子山村为重点，建设“同心美丽乡村”，指导民主党派、无党派人士以教育联村、智力扶村、公益帮村等形式开展乡村志愿服务，邀请党外专家学者为乡村景观改造、产业振兴等设计相关方案，鼓励企业以“万企兴万村”行动为契机发展有机蔬菜、有机养殖、民宿旅游产业，参与乡村振兴。

【党外知联会】2022年，开福区党外知识分子联谊会（以下简称“区知联会”）有理事72名，其中市政协委员1名、区人大代表8人、区政协委员8人。区知联会组织理事学习中共二十大精神，参与制作献礼中共二十大公益短片《粒粒皆青春》，联合区直部门制作“喜迎二十大，永远跟党走”宣讲视频。强化理事担当，撰写并提交议案提案8篇，其中1篇列入区重点提案，6项提案得到立案办理。

2022年7月13—15日，开福区委统战部赴邵阳市城步苗族自治县开展“魅力潇湘·巨变乡村”主题调研活动（区委统战部 供图）

参与协商自建房拆迁、区城投与步云宾馆经济纠纷等基层治理难题，并获得群众肯定。参与“知联护花开，一起向未来”困境未成年人系列帮扶活动，累计投入帮扶资金3万余元。开展“女神节，我们为美丽保驾护航”妇女节公益直播，邀请湖南文旅振兴乡村研究会专家、五号山谷民宿品牌集团参与沙坪街道竹安村“同心美丽乡村”建设。指导湘绣领域传承人江再红工作室创建。

（魏 楚）

机关党建

【概况】2022年，开福区直机关党组织63个，其中机关党委5个、党总支部4个、党支部47个、直属退休党支部7个，管理党员2180人。2022年，中共预备党员转正43人，发展中共预备党员15人，收缴党费62万元。

【机关政治建设】2022年，开福区直机关工委将政治建设摆在首位，教育和引导区直机关基层党组织和广大党员增强“四个意识”，坚定“四个自信”，做到“两个维护”。组织区直机关63个基层党组织、2180名党员干部开展党史学习教育活动，学习贯彻习近平新时代中国特色社会主义思想、中共二十大精神。开展基层党组织委员中共二十大精神集中培训。出台区直机关党组织学习宣传贯彻中共二十大精神行动方案，组织开展支部书记学习心得大交流和支部书记上专题党课活动，指导各基层组织将中共二十大精神学习纳入党组（党委）会议“第一议题”和支部“三会一课”“主题党日”、阵地建设重要内容，组织全体党员开展大学习、大讨论、大交流。组织机关各单位成立党员宣讲队，开展集体备课，结合“一课一片一实践”活动，鼓励每名党员上台宣讲，采取学习教育、检视反思、整改落实的方法，引导机关党员干部读原著、学原文、悟原理，坚定理想信念，增强历史使命感。

【机关文化建设】2022年，开福区直机关工委以“先锋大课堂”“学习强国”“银发讲堂”等为载体，加强对党员干部和退休党员的政治思想教育和意识形态培训。开展“喜迎二十大·奋力向北强”开福区党办系统和区直机关学习增动力知识竞赛，历时两个月，全区83个单位372名党员干部职工参与初赛、半决赛、决赛三轮竞赛，以赛促学，以学促行，激发奋进合力；组织区直机关基层党组织结合“观影铸魂”电影党课活动，开展爱国主义教育，传承红色基因；组织区直机关退休党员观看爱国主义题材的主旋律电影《万里归途》；将社会主义核心价值观教育、廉政教育、“平安开福”、“扫黑除恶”等融入党员干部的日常学习教育内容，将廉政文化、家风家训、普法教育融入机关文化建设。

【机关基层党建】2022年，开福区直属机关工委加强机关基层党组织队伍建设和业务培训。以夯实基层基础、提升组织能力为目标，推进“党建聚合力”工程，督促和指导区直机关单位落实党建工作责任，督促各支部落实“三会一课”“主题党日”等制度。全年完成40个机关党组织换届，新发展机关中共预备党员15人。实地走访24个区直机关党支部，开展机关支部领头雁队伍建设调研和党建工作指导，探索党建品牌打造。组织60名区直机关基层党组织委员进行“喜迎二十大，建功新时代”提升履职能力培训，增强政治定力，培塑专业能力，凝聚干事合力。加强常态性工作指导，确保各项制度有效落实。运用全国党员信息管理系统、长沙智慧党建系统进行科学管理，区直机关党建工作科学化、规范化水平进一步提升，基层党组织的战斗堡垒作用和党员的先锋模范作用在产业发展、项目建设、污染防治、疫情防控、文明创建等一线工作中充分发挥。

【区直机关“喜迎二十大·奋力向北强”学习增动力知识竞赛】2022年6月28日，开福区党办系统和区直机关“喜迎二十大·奋力向北强”学习增动力知识竞赛总决赛在开福区少年宫报告厅举行。长沙市直机关工委常务副书记梁敏出席，区委书记罗玉环出席并讲话。全区有83个单位参赛，经过两个月的初赛、半决赛，选出48名党员干部组织的12支队伍参加总决赛。总决赛分为共答、抢答、速答挑战赛三个环节，最终，区工信局代表队获得一等奖，区人大代表队和区委党校代表队获得二等奖。

（廖 柯）

2022年6月28日，开福区举办党办系统和区直机关“喜迎二十大·奋力向北强”学习增动力知识竞赛活动

（区直机关工委 供图）

机构编制

【概况】2022年，开福区全年召开机构编制委员会议2次，优化调整机构16个，调剂划转编制768名（含教职工编制），办理事业单位设立变更109家，办理事业单位年审194家。相关工作经验“党建引领创新体制机制，推动开发区高质量发展”“开福区委编办念好‘三字诀’，推动开发区高质量发展”“开福区委编办‘三个转变’，推进应急管理体系建设”“开福区委编办着力锻造高素质干部队伍”等在省市媒体推介。

【编制管理】2022年，开福区以《中国共产党机构编制工作条例》为基本遵循，提升机构编制规范化法制化水平。组织开展机构编制清理整治，制定并下发《开福区机构编制违规违纪违法问题清理整治工作实施方案》，收集整理各单位上报问题100余条，对六类问题开展联合审查，做到底子清、情况明。组成督查组，建立问题台账，分析原因，源头治理，开展清理整治和整改。开展行政编制超编问题专项整治，制定《开福区行政编制超编消化工作方案》，建立行政超编消化工作台账，通过自然消化、干部调配、人员流动、使用周转编制等方式，解决行政编制超编问题。健全机构编制相关制度体系，重新修订各项内部管理制度，如《公文处理制度》《信息宣传工作管理办法》《实名制平台使用管理规定》等10项内部管理制度，建立《人员编制管理台账》《周转编制使用台账》《空编情况明细表》等多项业务台账，确保机构编制各项业务底子清、业务熟。梳理全区历年机构编制文件，以部门为单位形成台账，展现全区各单位机构编制发展脉络，为各部门机构编制调整提供参考依据。加强机构编制与巡察、组织、人社、财政、审计等部门的联合管控，将机构编制工作情况、纪律要求执行情况和“三定”规定执行情况纳入巡察、审计等监督范围，并将相关情况作为机构编制事项审批、机构编制资源配置的重要依据，强化机构编制刚性约束。

【人才引进】2022年，开福区开展人才引进储备三年行动计划，2020—2022年引进行政编制人员15名和机关事业单位工作人员200名。使用编制500名，其中事业单位公开招聘34人、省委选调生2名、省公务员考录2名、接收政策性安置38名。2022年，向上级争取中小学教师编制413名，科学统筹教育编制资源，协助教育招聘引进中小学、幼儿园、名优教师、公费师范生等392名，并办理入编手续；科学核定2022年秋季全区编外教职工控制总数，配合国家“双减”政策，做好区教育局相应内设科室调整。做好学校成立、撤销、“民转公”等相关机构编制工作。

【事业单位登记服务】2022年，开福区实施事业单位登记管理服务标准化建设，规范程序，严格审查，提高服务质量和水平，开展督促核查，按规定时间完成2021年度事业单位法人登记年审工作，全区登记的194家事业单位全部参加年审。经梳理，与主管部门沟通共同把关，将全部年审单位予以公开，公开率100%。办理事业单位设立、变更、注销登记事项，在不违背政策精神的前提下，简化办事程序，缩短工作时限，实行办事程序公开和一次性告知，只要提供材料齐全即“马上办”，不让来办事的跑第二趟。全年办理设立登记4家、变更登记105家。对所有档案进行整理归档，实行一单位一册，保证档案资料准确完整。通过核对中央编办网上赋码和事业单位网上登记管理系统中机构设立、变更、注销等事项，全面梳理党政机构和事业单位域名调整变化，对机构名称变更以及域名注册信息不全的单位进行摸排核对，建立网上名称管理工作电子台账，摸清底数，查明情况，做好中文域名注册、变更和注销等工作，确保单位中文域名注册不漏一个、网上名称不错一个，政务公益域名注册率100%，得到中央编办发文表扬。

【机构改革】2022年，开福区推进大城北体制改革和金霞新城建设，持续推进园区改革，重新制定长沙金霞经济开发区、金霞保税物流中心“三定”规定，新设金霞经开区企业服务中心并核增科级职数3名（1正2副）。青竹湖生态科技（产业）园管委会撤销后，原有编制用于金霞经开区和金霞保税物流中心，确保力量不减。深化“放管服”改革，支持申请园区相对集中行政许可权改革试点，打造区园深度融合的发展格局。改革经验获有关领导和部门的肯定，《长沙组工通讯》2022年第一期“以党建引领创新体制机制，推动开发区高质量发展”为题进行推介。探索街道综合执法改革。落实省委“1+5”文件精神，开展执法联动工作。由区领导带队，区委改革办、区委编办、区司法局、区市场监管局、区城管局、区应急局等单位共同参与，到街道调研基层综合行政执法现状和执法联动工作机制，研究制定《开福区推行基层执法联动工作机制实施方案（草案）》，对街道执法力量整合、工作分工、联动流程等进行探索，完善指挥协调、议事会商、信息共享等工作机制，为基层减负增效。开展应急管理体制改革。在汛期前将防汛抗旱职能职责由区农业农村局移交到区应急管理局，并推进职责、机构、编制划转工作；开展应急管理综合行政执法改革，组建应急管理综合行政执法大队，编制由原9名核增至18名，推动执法能力提升。

【服务民生发展】2022年，贯彻落实“强省会”战略，为区域经济社会发展给出意见建议，提供体制机制保障。为提升区域快速响应突发公共卫生事件的能力，完善疾病预防控制改革，区卫健局机关加挂“区疾病预防控制局”牌子，调整局机关内设机构，理顺区卫健局机关、区疾控局、区疾控中心、区卫生计生综合监督执法局的管理体制，区疾控中心引进7名专业技术人才，保障卫健系统用编需求。加强文物考古队伍建设，设立区文物保护与考古研究中心（非物质文化遗产保护中心），增强编制配备，助推开福区文旅融合高质量发展。全面梳理区住建局机构编制情况，就房屋安全事项进行研究，成立区房屋安全管理事务中心，确保房屋安全管理常态长效、长管长严。

（黄 意）

党校教育

【概况】2022年，全年举办科级干部班、基层党员轮训班、“两新”党组织书记培训班、纪检监察干部能力提升班、“清廉开福”建设宣讲培训班、意识形态专题培训班、党务工作者培训班、政法系统政治轮训班、团干班等培训班35期，培训党员干部3000余人次。全年主体班开设的教学专题总数为80余个，理论教学专题70个（其中学习习近平新时代中国特色社会主义思想专题60个），党性教学专题10个。开发“空谈误国实干兴邦——建党初期毛泽东在清水塘的革命实干及启示”“跨越时空的历史对话——中国共产党人对船山思想的吸收与运用”“弘扬好人精神、共筑厚德开福”等现场教学课程，其中“马栏山上崛起中国V谷”获得市委党校教育三等奖。

【分校工作】2022年，开福区为加强基层党员培训力度，实现党校工作重心下移，更好地方便全区党员就近入学，更好地解决工学矛盾，先后在芙蓉北路街道福城社区、通泰街街道万达商圈、沙坪街道沙坪社区和东风路街道王家垅社区设立区委党校分校，在学员调训、教学计划和师资力量方面实现“三同步”，提升培训的辐射力和影响力，全年轮训党员2000人次，实现全区党员轮训全覆盖。“开福区委党校‘1+4’模式宣讲中共党的二十大精神”在《湖南日报》报道。

【教学科研】2022年，开福区委党校教育深入基层开展调查研究，为党委政府提供有价值的决策咨政成果，服务好开福区经济社会发展。为激

2022年11月14日，长沙市委党校到开福区委党校进行办学质量评估

（区委党校 供图）

励教师做好科研工作，将教学成果及时转化为科研成果，制定《开福区委党校（区行政学校）科研教学成果奖励、资助管理办法》。全年教职工申报科研课题2项，完成科研课题1项，撰写调研报告或理论文章10篇，在相关刊物发表论文10篇。区委党校结合区情和党校办班特色工作，编印《党校视窗》4期，累计30期。

【意识形态工作】2022年，开福区委党校教育严格执行中共中央印发《党委（党组）意识形态工作责任制实施办法》，成立意识形态工作领导小组，建立健全意识形态各项工作制度。根据工作实际，制定《新课试讲制度》《集体备课制度》《教师外出授课管理规定》，规范和加强课堂教学、外出授课、外请教学、异地教学管理等，严把意识形态工作“内容关”“入口关”“出口关”，推动党校教育意识形态领域工作管理的科学化、规范化、制度化。

【办学质量评估】2022年，开福区根据长沙市委党校工作部署和办学质量评估要求，传达学习办学质量评估会议精神，成立领导小组及工作机构，明确工作标准和要求。区委党校全体教职工对照体系内容开展自评，逐条逐项整理2017—2021年各类资料。11月14日，长沙市党校教育办学质量评估工作以听取汇报、查阅资料、课堂观摩、现场查看、座谈交流等方式开展，通过了长沙市党校教育办学质量评估核查验收。

（王鹏飞）

网络安全和信息化

【概况】2022年，开福区政务类网络平台64个（包括网站、微信公众号、微博、头条号、抖音号等）。ICP备案网站6100余个，其中公安、工信双备案网站1208个，非交互式网站830个。从地域来看，网站注册地主要分布在芙蓉路、车站北路、三一大道等主干道及万达广场、北辰三角洲等主要商圈；从行业来看，主要分布在卫生、制造、建筑、房地产、文娱、教育、互联网服务等领域。纳入2022年“净网行动”的重点排查单位59家，集中在文娱、互联网信息服务等行业，重点排查系统160余个，类型主要为OA系统、综合信息平台、多媒体信息发布系统等。2022年，开福区委网信办被评为全省“一刊一号”信息报送工作先进单位、长沙市网络文明传播先进单位、长沙市网络监管与执法工作先进单位、长沙市网络安全工作优秀单位、长沙市网络舆情信息工作先进单位。

【网络舆情处置】2022年，开福区建立舆情直报、需评报告、巡查监看三个机制，形成多元化网上工作格局。按照“四个第一时间”的要求，将信息均在第一时间交办至相关单位。以“关键少数”为突破口，运用“三函两报一办法”（风险提示函、交办函、督促整改函，专报、日报，网络舆情风险评估工作办法），压实主体责任。做好“自建房整治”“防范养老诈骗”等20余个重点专题专班舆情应对保障。以网为媒深化“我为群众办实事”系列工作，完善群众线上反映的问题，从“发现—交办—处置—反馈”的流程，多件问题从网络发帖到线下处置妥当都在1小时内，被网络大V多次发帖点赞为民服务的“开福效率”。落实“指尖上的形式主义”专项整治工作要求，对全区48个移动互联网应用程序和政务新媒体账号实行审批报备管理，对1032个基层政务群组实行台账管理，清理撤并零频低频使用群组96个，巩固专项整治成果，形成常态化机制。

【网络安全和信息化】2022年，开福区聚焦201家重点网站开展月度安全检测，督促51家单位修复120个安全漏洞。第一时间发现并指导修复小程序“老百姓钱包”存在的支付高危漏洞，护航企业规避重大经济损失风险。有效处置月湖街道聚丰网络科技公司“PC6网”下载站因借高速下载暗藏捆绑软件安装陷阱被央视“3·15”晚会点名的事件。深入开展“清朗”“净网”等专项行动，指导当当快递网等5个网站运营主体进行网站信息内容与账号清查，处置无互联网新闻许可大量发布时政新闻的网站两家，指导网站注销ICP备案6家，关闭网站1家，对“名字吧”网站进行行政处罚，开出全省区县级网信部门首张“罚单”。

【网络宣传】2022年，开福区贯彻落实“中共二十大精神”等网络主题宣传。策划开福区“非凡十年”主题宣传，推出《非凡十年——奋进新时代开福谱华章》等文章；开展《湖南省网络安全和信息化条例》专题宣传，学习贯彻条例《推动开福网信

2022年9月8日，开福区V福金霞行——“网络安全进园区”文化沙龙活动在湖南新亚胜光电产业园举行　　（区委网信办 供图）

事业高质量发展》等评论综述文章。护航政务账号运行，对各平台运营情况进行动态把控和通报整改，整理编发“常见涉政类不规范表述”，通过安全邮、工作群等渠道先后4次督促政务账号责任单位开展自查整改，点对点督促开福区政府门户网站、开福新闻网等官方网站和公众号第一时间落实整改并建立长效机制，确保全区政务新媒体健康有序运维。开展“V福马栏山行”“V福金霞行”系列活动，得到80余家网媒及知名自媒体推介。引领互联网企业参与乡村振兴、就业帮扶等工作，联合区软件和信息产业服务中心动员30余家互联网企业提供就业岗位200余个。

【V福行·E起幸福系列活动】7月15日，开福区V福马栏山行——“我们在e起·开创新幸福”主题活动在月湖文创小镇举行。市区领导、媒体平台、新媒体、互联网企业、网络文明志愿者代表参加。湖南省超能机器人技术有限公司受邀参加并现场演示超能健康陪伴机器人相关功能，获得好评。活动现场，市区领导为网络文明志愿者代表颁发聘书，号召网络新媒体人士发出“文明好声音”，成为清网净网护网和宣传推介开福的中坚力量。

9月8日，开福区V福金霞行——“网络安全进园区”文化沙龙活动在新亚胜光电产业园举行。驻湘央媒负责人、网络安全领域专家、企业信息化负责人、网络大V、互联网行业企业代表、区直相关部门及街道分管负责人出席活动。嘉宾分享从公安、信息技术企业、新媒体等多个视角解读网络安全，活动现场为网络安全评审专家库专家代表颁发聘书，并推出《开福新网红》主题微视频。

【全省县级网信部门首张“罚单”开出】3月14日，开福区委网信办依法对“名字吧”网站传播违法有害信息的行为作出行政处罚。这是全省县级网信部门开出的首张“罚单”。“名字吧”网站对法律禁止的信息未采取有效措施停止传输，违反《中华人民共和国网络安全法》第四十七条规定。依据《中华人民共和国网络安全法》第六十八条第一款规定，开福区委网信办对该网站予以警告，责令整改，并没收违法所得1.2万元。

（张萃纯）

长沙市开福区人民代表大会

综　述

【概况】2022年，开福区第六届人民代表大会代表245名，常委会组成人员35名，市人大代表47名，省人大代表8名。区人大常委会履行宪法和法律赋予的各项职权，全年召开区人民代表大会1次，常委会会议9次，主任会议24次；听取和审议“一府一委两院”专项工作报告21项，作出决议、决定7项；组织常委会组成人员和人大代表开展视察、调研28次；依法补选市十六届人大代表1名，区六届人大代表24名。截至2022年年底，开福区第六届人民代表大会实有代表244名，常委会组成人员29名、市人大代表47名、省人大代表8名。

【党的领导】2022年，开福区人大常委会把政治学习、理论武装放在首位，落实“第一议题”制度，学习习近平新时代中国特色社会主义思想，学习贯彻中共二十大精神、习近平总书记关于坚持和完善人民代表大会制度的重要思想、关于做好地方人大及其常委会工作的重要指示精神以及中央和省、市、区委人大工作会议精神，以实际行动忠诚拥护“两个确立”、坚决做到“两个维护”，推动学习成果转化为做好新时代人大工作的强劲动力。坚持党对人大工作的全面领导，落实重大事项向区委请示报告制度，全年就人民代表大会的召开、年度监督工作计划的确定、代表学习培训、代表补选等，及时主动向区委请示报告28次。

2022年5月30日，开福区第六届人民代表大会第二次会议召开

（区人大办 供图）

【服务大局】2022年，开福区人大常委会坚持党委决策部署到哪里，人大力量就汇聚到哪里。坚持用“高质量”标定监督方向，围绕市场主体培育、高端服务业发展、全域文旅示范区创建、房地产领域风险防范化解等开展视察调研，支持和督促政府在产业提质、项目支撑、招商引资上持续用力。按照区委安排部署，区人大常委会领导班子和机关干部主动投身疫情防控和复工复产一线，全体班子成员在四个征拆指挥部担任政委、副指挥长等职务，同时，参与疫情防控、自建房安全整治、安全生产、信访维稳等重点工作，以实际行动彰显人大担当，做出人大贡献。

【强基固本】2022年，开福区人大常委会把握“四个机关”定位，落实从严治党主体责任，坚持每周工作例会、重大事项集体决策等制度。加强党风廉政建设，执行中央八项规定，以“清廉开福”建设为契机，规范视察调研、执法检查、专题询问等履职行为，强化机关日常管理，力戒形式主义、官僚主义。引导机关党员干部在服务大局、服务大会、服务代表上精诚团结、密切协作。加强与上级人大对接，加强对街道人大工作的指导，展示人大良好形象。

【依法决策】2022年，开福区人大常委会坚持区委决策、人大决定的有机统一，增强贯彻中央大政方针和省、市、区委决策部署的自觉性、主动性和坚定性，围绕审查批准计划和预算、加强民主法治建设等重大举措依法作出决议、决定，把区委的意志主张通过法定程序转化为全区人民的共同行动。

【人事任免】2022年，开福区人大常委会坚持党管干部原则与人大依法任免有机统一，严格任命程序，形成涵盖考察考核、法律知识考试、任前陈词、常委会组成人员审议票决、宣誓就职、任后监督等完备的干部选任全程监督机制。全年对1名区人民政府副区长、32名政府工作部门局长（主任）、2名监察委员会委员、3名人大系统干部以及8名法、检两院法律职务人员进行任命。

重要会议

【区第六届人大常委会第二次会议】2月18日，开福区第六届人大常委会第二次会议举行。会议表决通过有关人事任免事项，任命骆炬为区市场监督管理局（知识产权局）局长、彭超为区交通运输局局长、潘格为区民族宗教事务局局长、黄巍为芙蓉北路街道人大工委主任、余松柏为望麓园街道人大工委主任、袁灿为区人大常委会联工委副主任；表决通过关于设立代表资格审查委员会的决定、有关代表辞去职务和补选代表的议案；审议通过关于召开区六届人大二次会议的决定草案以及常委会议事规则、主任会议议事规则；听取和审议区人民政府关于2021年国民经济和社会发展计划执行情况与2022年计划（草案）的报告、重大项目投资计划和重大产业项目计划的工作报告及2021年财政预算执行情况和2022年财政预算（草案）的报告。

【区第六届人大常委会第三次会议】3月18日，开福区第六届人大常委会第三次会议举行。审议通过区人大常委会关于延期召开开福区第六届人民代表大会第二次会议的决定（草案）。

【区第六届人大常委会第四次会议】4月29日，开福区第六届人大常委会第四次会议举行。任命区人大常委会联工委委员，通过有关代表辞去职务以及补选代表的议案，决定接受谢伟峰、汤纶、阳鄂湘辞去开福区第六届人民代表大会代表职务；听取和审议2020年度审计查出问题整改情况的专项工作报告，对审计查出问题整改情况开展满意度测评。

【区第六届人大常委会第五次会议】5月25日，开福区第六届人大常委会第五次会议举行。会议表决通过有关代表辞去职务的决定和有关人事任免事项，决定任命杨柳艳为区人力资源和社会保障局局长；会议听取和审议区六届人大代表异动、代表补选的资格审查报告，同意代表资格审查委员会关于补选开福区第六届人民代表大会代表的资格审查报告，确定罗玉环、黎明、黄雅晖、余松柏、黄巍开福区第六届人民代表大会代表资格有效。

【区第六届人民代表大会第二次会议】5月30日，开福区第六届人民代表大会第二次会议举行。会议听取和审议关于开福区2021年国民经济和社会发展计划执行情况与2022年国民经济和社会发展计划（草案）的报告、关于2021年财政预算执行情况和2022年财政预算（草案）的报告；表决通过开福区第六届人民代表大会第二次会议关于开福区2021年国民经济和社会发展计划执行情况与2022年国民经济和社会发展计划的决议、开福区第六届人民代表大会第二次会议关于开福区2021年财政预算执行情况和2022年财政预算的决议。

【区第六届人大常委会第六次会议】6月16日，开福区第六届人大常委会第六次会议举行。会议任命区人民法院审判委员会部分委员，表决通过有关代表辞去市人大代表职务的决定和有关补选市第十六届人大代表的议案；听取和审议区人民政府关于高端服务业发展情况、促进就业工作情况的专项工作报告。

【区第六届人大常委会第七次会议】8月30日，区第六届人大常委会第七次会议举行。会议传达学习习近平总书记在省部级主要领导干部“学习习近平总书记重要讲话精神，迎接党的二十大”专题研讨班上的讲话精神；听取和审议区人民政府关于2022年上半年财政预算执行情况的专项工作报告，审查和批准2021年区本级财政决算（草案）；听取和审议区人民政府关于国有资产管理综合情况的报告。

【区第六届人大常委会第八次会议】10月27日，开福区第六届人大常委会第八次会议举行。会议传达学习中共二十大精神，表决通过有关人事任免事项，决定任命江璜为区人民政府副区长（挂职），会议还对检察院部分检察员进行任命。听取和审议区人民政府关于环境状况和环境保护目标完成情况的报告以及开福区贯彻实施《中华人民共和国禁毒法》执法检查情况的报告。

【区第六届人大常委会第九次会议】11月26日，开福区第六届人大常委会第九次会议举行。听取和审议区监委专项工作报告，对区人民政府工作部门部分局长职务进行任免，决定任命樊思源为区发展和改革局局长，王开文为区城市人居环境局局长；表决通过有关代表辞去代表职务的议案，决定接受梅文辉、周朝旭、周砾、陈国辉、杨玲、梁静、李炜、陈静、喻燕姣、李小平、蔡纯、欧阳华娟、董后上、刘丽文、李孟常、罗胜华辞去开福区第六届人民代表大会代表职务。表决通过补选区第六届人大代表的议案、区人大常委会关于召开区六届人大三次会议的决定（草案）、区人民法院关于申请增补人民陪审员的议案，审查和批准区人民政府2022年预算调整方案；听取和审议区人民政府关于2021年财政预算执行情况的审计工作报告，区人大常委会执法检查组关于开福区贯彻实施《中华人民共和国城市绿化条例》执法检查情况的报告，并书面审议区人民政府教育卓越工程建设情况，社保基金收支、管理、投资运营和监督检查情况的报告以及区人大法制委备案审查工作情况的报告。

【区第六届人大常委会第十次会议】12月26日，开福区第六届人大常委会第十次会议举行。对区人民法院部分人民陪审员、审判委员会委员、审判员职务进行任免，听取和审议有关代表辞去专委会委员职务的议案、区人大常委会工作报告草案，区人民政府关于议案及建议、批评、意见办理情况的报告以及区人大常委会联工委的调查报告，表决通过关于表彰“争当北强火炬手，跨越赶超我建功”主题活动优秀人大代表的决定草案。会议确定刘景诗、伍慎、刘斌、方云南、肖杨、曾银辉、张顺新、骆文辉、王瀚琨、吴浩、张谷、程婧、许根、刘进华、廖宏伟、黄颖、曾锋、陈拓、彭泽民开福区第六届人民代表大会代表资格有效。会议听取和审议区人民政府关于2022年国民经济和社会发展计划执行情况与2023年计划草案的报告、2022年财政预算执行情况和2023年财政预算草案的报告。

（吴雅倩）

依法履职

【建议办理】2022年，开福区人大常委会收到建议169件，含区六届人大第一、二次会议期间收到的建议、批评和意见167件，闭会期间收到的建议2件。169件建议涉及城市建设方面（含规划、建设、棚改、征拆）55件，城市管理方面（含市政、园林、环卫、交通、交警）42件，民本民生方面（含教育、医疗、社保、民政、农林水利）45件，经济建设方面（含产业发展、片区开发、招商引资）18件，其他方面9件。分别交由30个区属部门及街道负责办理，办复率为100%，见面率为100%，代表满意率100%；办结落实110件（A类），占总数65.5%，开展或纳入计划办理49件（B类），占总数29.2%，暂不具备条件办理10件（C类），占总数5.3%。

【服务代表履职】2022年，开福区人大常委会强化履职保障、完善履职机制、畅通履职渠道、加强建议督办，提升代表履职能力和水平。开展学习教育和实践活动，办好“开福人大”微信公众号、《开福代表工作》刊物，及时反映工作动态和工

2022年11月16日，开福区区人大常委会主任会议成员调研保障农民工工资支付工作

（区人大办 供图）

作成效。保障代表活动小组、代表联络站工作经费，落实无固定工资收入代表履职补贴，为代表履职创造良好条件。建立健全代表联络机制，出台“双联”工作方案。全年全区各级人大代表接待、走访选民群众3500余人次，为百姓解决日常问题370余个。以特色典型为辐射带动，加强街道代表联络站“一站一品牌”建设，促进代表联络站服务功能提升。丰富代表闭会期间活动，全年邀请50余名人大代表列席常委会会议，80余名人大代表参与常委会视察、调研等活动。深化“聚力强省会、代表新作为”“争当北强火炬手、跨越赶超我建功”等主题活动，代表在疫情防控、自建房整治等工作中发挥作用。听取和审议区人民政府关于代表建议、批评和意见办理情况的报告，对区六届人大一次会议提出的《关于加快推进金安大道（兴联东路）建设的议案》进行重点督办。

【人事任免】2022年，开福区人大常委会坚持党管干部和人大依法任免相结合的原则，完善人事任免程序，健全人事任免制度，坚持任前法律考试、任时拟任发言、任后颁发任命书等制度，全年对1名区人民政府副区长、32名政府工作部门局长（主任）、2名监察委员会委员、3名人大系统干部以及8名法、检“两院”法律职务人员进行任命。

依法监督

【经济运行监督】2022年，开福区人大常委会牢牢把握稳中求进工作总基调，聚焦疫情对区域经济运行带来的冲击和影响，听取和审议国民经济和社会发展计划执行、重大项目投资计划和重大产业项目计划情况报告，组织“一府两院”半年度工作情况通报会，对涉及的经济指标和安排的重点项目开展视察调研，支持帮助政府克服疫情影响，全完成年度任务。根据区委安排部署，深入开展“金霞新城”建设调研，邀请长沙市社科联第三方专家参加，形成调研成果供区委、政府参考。严格落实《湖南省预算审查监督条例》，加强财政预算审查监督，推进预算联网监督平台建设和运用，审议预算执行情况报告，审查批准决算报告和预算调整方案，逐步实现对财政资金使用绩效和政策实施效果的全过程监督。听取审议年度审计工作报告和审计查出问题整改情况报告，并首次抽取部分被审计单位进行满意度测评，促进审计查出问题得到有效整改。听取审议国有资产管理、政府债务情况报告，督促政府管好用好国有资产，防范系统性债务风险。

【依法治区监督】2022年，开福区人大常委会贯彻落实《中华人民共和国宪法》和《中华人民共和国监察法》，听取和审议区监察委员会专项工作报告，推动监督执纪执法权力在阳光下运行。紧盯法律贯彻实施难点，组织对《中华人民共和国禁毒法》《中华人民共和国城市绿化条例》的贯彻实施情况开展执法检查，协助上级人大做好《中华人民共和国长江保护法》《中华人民共和国非物质文化遗产法》《长沙市湘江流域水污染防治法》执法检查，围绕《长沙市平安建设条例（草案）》立法调研积极建言献策，助力科学立法、严格执法，切实维护法律尊严。强化司法公正监督，组织主任会议成员集中视察区人民法院、区人民检察院工作，并在区“两院”设立人大代表联络站，深化对法、检两院工作的监督和支持。关注全民普法，现场视察法治宣传教育阵地，推动形成崇法尚法社会氛围。深化规范性文件备案审查，综合运用各种监督方式，对报备的6件规范性文件依法进行审查。

【民生工程监督】2022年，开福区人大常委会关注教育优先发展情况，就教育“双减”、教育卓越工程建设等进行视察调研，推进优质教育均衡化发展。立足基层治理难点痛点，围绕防汛抗旱、环境保护、“百街千巷”环境综合整治提升、智慧开福建设、侨务工作等专题，到一线找问题、查进展，促进政府汇聚更多资源回应百姓需求。坚持把民生小事、难事当作履职大事，围绕基层医疗机构基础设施建设、促进就业、农民工工资支付、校车运行道路安全设施建设等群众切身利益问题，审议支招、问诊开方，推动一项项利民措施转化为一件件可观可感的民生效果。

【市“一府两院”向市人大代表开福联组通报上半年工作】2022年7月28日，长沙市“一府两院”半年度工

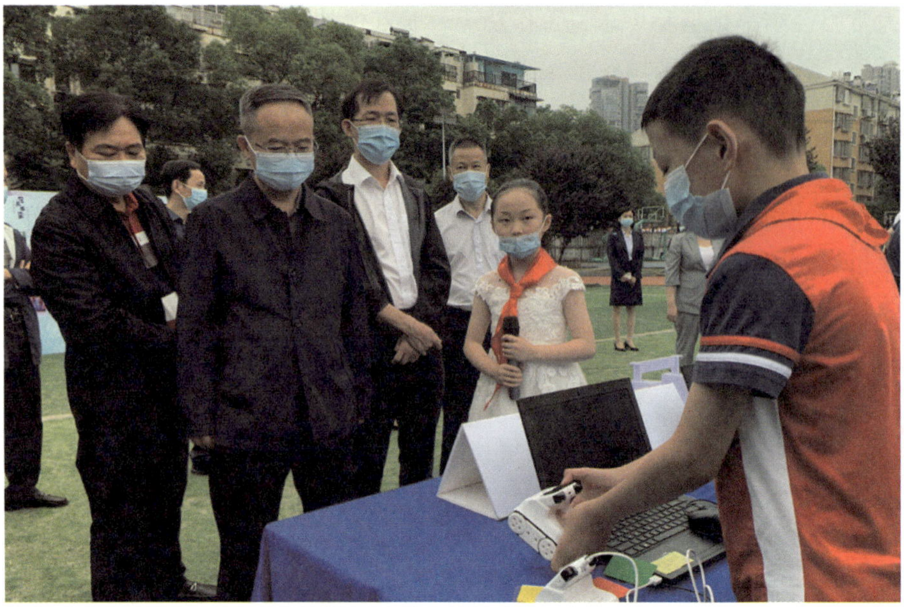

2022 年 5 月 18 日，区人大常委会主任会议成员调研教育“双减”工作

（区人大 供图）

作通报会召开，向市人大代表开福联组通报上半年工作情况。会上，长沙市人民政府副市长肖正波代表市人民政府向市十六届人大代表开福联组通报上半年全市经济社会发展情况，长沙市中级人民法院和长沙市人民检察院分别就上半年工作进行书面通报。来自不同行业、不同领域的 6 位人大代表在充分肯定市“一府两院”上半年工作成绩的同时，围绕本土企业成长、沈家大屋开发、物业管理、人才引进、未成年人保护等方面建言献策，提出相关意见与建议。

【工作调研】2022 年 5 月 5 日，长沙市人大常委会党组副书记、副主任曹再兴到开福区走访联系市人大代表。开福区委书记罗玉环、开福区人大常委会主任欧干军、长沙市人大常委会联工委主任张建华参加走访活动。座谈会上，曹再兴对代表的工作和履职情况给予充分肯定，并就《中共湖南省委 湖南省人民政府关于实施强省会战略支持长沙市高质量发展的若干意见》《中共长沙市委关于奋力实施“强省会”战略全面推进高质量发展的决定》和市人大常委会有关决定做宣讲。曹再兴指出，常委会组成人员联系代表、人大代表联系人民群众，是市人大常委会的制度性安排和优良传统。人大代表要坚守政治立场，牢记代表身份，提升履职本领，积极依法履职，为实施“强省会”战略贡献代表力量。要认真落实市人大常委会关于加强和改进市人大代表工作的具体措施，精心组织代表小组活动，建好用好代表联络站，推行代表述职，为代表履职搭建平台、提供支持。

【工作督查】2022 年 9 月 8 日，长沙市人大常委会党组副书记、副主任曹再兴率队督查开福区贯彻落实中央人大工作会议精神有关情况。督查组一行考察秀峰街道湘民社区，了解人大代表联络站的建设和运行情况。座谈会上，督查组听取了区委、区人大常委会贯彻落实中央人大工作会议精神情况的汇报，区“一府一委两院”等参会单位负责人及部分市人大代表作交流发言。曹再兴指出，开福区贯彻落实中央人大工作会议和省委推进会精神站位高、举措实、亮点多、效果好，在“十四五”开局、迈向北强的发展进程中来势喜人。他强调，开福区要把深学笃行中央人大工作会议及省委推进会精神作为重要政治任务，把服务“强省会”大局、回应人民群众关切作为人大工作必答题，把发展全过程人民民主作为推动地方人大工作的重要抓手，牢牢把握“四个机关”定位要求，围绕中心、服务大局，强化责任担当，增强监督实效，完善好平台机制，打造工作品牌，发挥代表作用，统筹推进人大各项工作，为保持平稳健康的经济环境、国泰民安的社会环境、风清气正的政治环境做出积极贡献，以实际行动迎接中共二十大胜利召开。

（吴雅倩）

长沙市开福区人民政府

综　述

【概况】2022年，开福区全区地区生产总值同比增长4.2%，规模以上工业增加值同比增长7%，社会消费品零售总额增长同比3.5%，地方一般公共预算收入增长同比0.2%（剔除政策影响），城镇居民人均可支配收入同比增长5%，入选全国高质量发展百强区、全国投资竞争力百强区、全国旅游综合实力百强区、中国楼宇经济（总部经济）标杆城区30强。

【经济发展】2022年，开福区智能制造业迈上新台阶，第三代半导体、超精密制造产业园等重点项目成功签约，中国商飞长沙航空产业及研发基地、东鹏特饮等项目进展顺利，比亚迪、天创精工一期等项目投产达效，产业增加值同比增长11%。现代物流业取得新提升，实现营业收入788亿元，其中医药物流业营收365亿元，继续领跑全市，湘通国际铁路港联合获批国家冷链物流骨干物流基地。高端服务业实现新发展，潮宗街、四方商贸城入选全省改造提升试点步行街，大悦城、润和等17处消费场所入选全市夜间消费示范点，长沙银行新金融产业园成功落地，新引进太平人寿等金融区域性总部机构6家，新增税收过亿元楼宇2幢。承接举办第24届中国科协年会等重大会展活动30余场。视频文创业彰显新活力，实现营业收入600亿元、同比增长15%，引进华为、中电港等行业头部企业30家，马栏山视频产业云平台等重点平台加快建设，超高清视频算法研究等重大核心技术加速攻关。以信创、三航、超精密加工及新材料、生物医药大健康为主要方向的新兴产业取得新突破，新引进重点产业项目21个，总产值超290亿元。建成信创产业发展基地，数字技术骨干企业突破100家，实现营业收入18亿元、同比增长119%。园区平台更加厚实。金霞经开区加快推进“千亿级产业”建设，全年签约引进项目109个，其中“三类500强”项目4个、投资50亿元以上项目2个，实现规模工业总产值630亿元、同比增长20%。马栏山视频文创产业园加速打造“中国V谷”，中广天择总部、马栏山创意大厦等战略项目投产运营，新增企业数量、企业营业收入分别同比增长31%、15%，举办2022中国新媒体大会等活动，在国家文化和科技融合示范基地绩效评价中名列前茅。项目建设扎实有效。深化“大招商”机制，成立“8+1”产业招商专班，发布招商引资白皮书和招商云地图，举办重点片区招商推介会，引进重点产业项目91个、总投资超290亿元，新注册比亚迪、修正药业等“三类500强”企业10个。全面实行“六张清单”项目管理机制，307个区重大项目完成投资420亿元，5个省重点项目、11个“强省会”战略项目超额完成年度任务，实现固定资产投资580亿元。高岭组团安置用地、大安统征等75个集体土地征拆项目实现清零、腾地191.27公顷，百善台、三维地块等10个国有土地征收项目签约清零、腾地18.73公顷，黄兴北路S8地块、东风二村二期等19个项目完成结算，汽电、环宇一期等地块成功出让，处置批而未供土地204公顷。

【城区品质】2022年，开福区抢抓金霞新城建设机遇，编制完成金霞新城战略规划初步成果，产业集聚区启动城市设计招标，关公湖、高岭功能区签订合作框架协议，白霞、苏托垸功能区开发前期工作稳步推进。金霞新城年度累计开工项目76个、完成投资165亿元。湘雅路过江通道、兴联路大桥、地铁1号线北延一期等重点工程加快推进，实施重点区域交通组织优化项目69个，拥堵延迟指数全市最低。全面启动华夏、陡岭等片区城市更新，完成既有小区品质提升25个、棚户区改造110户。鹅秀110千伏输变电工程竣工投产，新建5G基站1357个。拆除违章建筑10.8万平方米，集体土地违法用地实现“零新增”。创建垃圾分类市级示范街道1个、示范社区9个。提速文旅融合。编制开福区全域文旅深度融合高质量发展总体规划和区全域文旅深度融合高质量发展三年行动计划，加快湘江、浏阳河、捞刀河“百里画廊”等项目建设，潮宗街创建AAA级景区，获评省级旅游休闲街区。举办“礼赞二十大·奋进新征程”群众文艺展演、“薪火相传·中国健康跑”等活动，推出12条精品旅游路线。“花之谷·动趣王国”建成运营，成为长沙新晋网红打卡地。

【生态保护】2022年，开福区完成中央、省生态环保督察问题整改。持续打好蓝天、碧水、净土、静音保卫战，有序推进64个污染防治项目。加强$PM_{2.5}$和臭氧协同治理，空气质量优良率稳定在83%以上。落实河湖长制，加强“一江三河”流域综合治理，新改建雨污分流管网34.8千米，国省控断面水质稳定达标。土壤环境风险有效管控，声环境质量达到II类功能区标准。落实“林长制”，“非法侵占林地”环境问题整治入选全市正面典型案例。推进乡村振兴。全面推行“田长制”，恢复耕地101.67公顷，完成粮食播种1200公顷。新型村级集体经济持续壮大，收入50万元以上的村占比超40%。特色农业提质增效，农业产业化龙头企业增至15家。新改建农村公路23千米，创建美丽宜居村庄8个。拨付、筹集各类帮扶资金3000万元，帮助城步县、龙山县内溪乡等对口帮扶地区巩固拓展脱贫攻坚成果。

【民生保障】2022年，开福区全年新增各类就业3万人，城镇调查失业率控制在5.5%以内，紫凤等9个社区（村）入选省级充分就业星级社区。开展社保、低保、医保基金管理专项整治，坚决守好老百姓的“养老钱”“保命钱”。推进“保交楼·稳民生”，13个项目全面复工复产，1254套房屋竣工交付。加快实施福鑫美苑、湘粤等10个农安房项目建设，新增安置指标3316个，484户拆迁群众实现“安居梦”。区社会福利中心建成投用，新增社区养老中心32个、老年食堂助餐点8个，幸福桥社区获评全国示范性老年友好型社区。加快教育强区建设，新改建中小学及幼儿园9所、靓化提质35所，成立北城等4个基础教育集团，湘一外国语学校率先全省完成“民转公”。新招聘教师379名。“双减”工作经验在全国推介，教育评价改革、校车安全管理工作走在全省前列。健康开福深入实施，月湖、清水塘街道社区卫生服务中心建成投用，浏阳河、通泰街、街道社区卫生服务中心获批湖南省“社区医院”，基本公卫工作全省领先。文体事业精彩纷呈，完成20个室外运动场改建，5个标准化村（社区）综合文化服务中心、3个图书流通服务站建成投用。

【社会治理】2022年，开福区扫黑除恶、禁毒反诈、涉众型经济犯罪整治等工作纵深推进，刑事案件发案数持续下降，禁毒工作经验在全市推广。落实国务院安委会“十五条硬措施”，开展自建房、消防、道路交通等多个百日攻坚行动，集中力量整治风险隐患2.53万处，生产安全事故起数、伤亡人数均同比下降29.4%。推进食品安全示范创建，放心肉智能监管平台推广运用。涉及3000余人的原胜利村拆迁遗留问题正式启动收益分配。化解重大信访疑难问题109个，重大特护期实现“五个不发生”和“三零”目标。

2022年，开福区固定资产投资、地方一般公共预算收入等部分经济指标增长未达预期，全区经济社会发展还存在不少困难和短板：综合实力不够强，主导产业能级还不够高，支撑高质量发展的新动能有待进一步提升；财政收支矛盾比较突出，财税收入的增长难以满足持续增加的支出需求；基础设施和公共配套建设还不完善，生态环境保护任务仍然艰巨；民生领域历史欠账还比较多，教育、医疗、养老等公共服务还存在短板；房地产、金融等重点领域矛盾风险突出；形式主义、官僚主义仍然一定程度存在，一些干部工作作风还有待加强。

重要会议

【区政府常务会议】2022年，开福区第六届人民政府全年召开常务会议21次。

1月13日，区第六届人民政府第5次常务会议召开，听取疫情防控、信访稳定、安全生产、根治拖欠农民工工资工作情况汇报；审议《关于2020年度区本级预算执行和其他财政收支审计查出问题整改情况的报告（送审稿）》《2022年开福区重大项目投资计划表（送审稿）》《2022年开福区本级市重大项目投资计划表（送审稿）》《开福区“十四五”法治建设规划（2021—2025）（送审稿）》《开福区法治政府建设示范创建工作方案（送审稿）》《2022年开福区防范化解债务风险工作任务清单（送审稿）》；听取区法治政府建设情况、2022年预算编制工作情况汇报；审议湖南超精密制造产业园项目核心商务条款；研究陡岭支路城市更新单元（旧城改建）项目授权实施相关事宜。

1月21日，区第六届人民政府第6次常务会议召开，审议《2021

2022 年 4 月 14 日，开福区政府召开全区产业招商攻坚小组 2022 年一季度工作调度会 （区委宣传部 供图）

年度开福区重点工作考核评先评优方案（送审稿）》。

2 月 16 日，区第六届人民政府第 7 次常务会议召开，传达学习市级领导及县处级主要领导干部学习贯彻中共十九届六中全会精神专题读书班精神；审议《关于开福区 2021 年国民经济和社会发展计划执行情况与 2022 年国民经济和社会发展计划草案的报告（送审稿）》《聚焦“三高四新”战略定位和使命任务在“强省会”战略指引下推动北强事业高质量发展 2022 年目标责任状（送审稿）》《深入落实“强省会”战略 推进产业发展“千百十”工程实施方案（2022—2026 年）（送审稿）》《开福区优化营商环境促进市场主体高质量发展三年行动实施方案（2022—2024 年）（送审稿）》《长沙市开福区关于加强 2022 年招商引资工作的实施方案（送审稿）》。

3 月 14 日，区第六届人民政府第 8 次常务会议召开，学习国务院 2019 年颁布的《重大行政决策程序暂行条例》；审议《长沙市开福区人民政府重大行政决策程序实施办法（送审稿）》《长沙市开福区人民政府重大行政决策事项目录（送审稿）》《区委宣传部、区司法局关于开展法治宣传教育的第八个五年规划（2021—2025 年）（送审稿）》；研究长沙市开福区青竹湖湘一外国语学校转办工作相关事宜。

3 月 23 日，区第六届人民政府第 9 次常务会议召开，传达学习习近平总书记在中共中央政治局常务委员会会议上关于从严抓好疫情防控工作的重要讲话精神；研究全区新型冠状病毒疫情防控工作；传达湖南省委书记张庆伟在自贸区长沙片区和湖南湘江新区调研时的讲话指示精神，研究全区经济运行及重大项目建设工作。

4 月 8 日，区第六届人民政府第 10 次常务会议召开，传达学习习近平总书记在 3 月 31 日中央政治局会议讲话精神和全国、全省、全市安全生产电视电话会议精神；听取全区一季度安全生产工作汇报及研究全区森林防火、防汛抗旱体制调整工作；听取全区一季度市容环境、12345 政务热线、食品安全、信访工、环保工作情况汇报；研究 2022 年开福区公办小学学区划分相关事宜；审议《长沙市开福区 2022 年真抓实干督查激励实施方案（送审稿）》《开福区贯彻落实第二轮中央生态环境保护督察报告整改方案（送审稿）》《开福区贯彻落实第二轮中央生态环境保护督察排水问题的整改方案（送审稿）》《关于进一步预防和化解信访问题的实施方案（送审稿）》；研究 2022 年度开福区省、市重点民生实事工作并审议《长沙市开福区 2022 年省市重点民生实事项目实施意见（送审稿）》《长沙市开福区区属国有企业违规经营投资责任追究暂行办法（送审稿）》。

4 月 19 日，区第六届人民政府第 11 次常务会议召开，传达学习习近平总书记对“三农”工作重要指示和中央、省、市一号文件精神，审议《关于做好 2022 年“三农”重点工作 全面推进乡村振兴的实施方案（送审稿）》《长沙市开福区 2022 年美丽宜居村庄建设实施方案（送审稿）》《关于明确金霞经开区与相关街道安全生产监管范围的意见（送审稿）》《长沙市开福区政府投资信息化建设项目管理暂行办法（送审稿）》《长沙市开福区进一步纾困暖企稳定经济运行若干措施（送审稿）》；研究 2022 年粮食生产工作。

5 月 20 日，区第六届人民政府第 12 次常务会议召开，传达学习习近平总书记关于审计工作重要指示和李克强总理关于审计工作重要讲话精神及上级有关会议精神，研究全区审计工作，审议《长沙市开福区2022年度审计项目计划（送审稿）》《关于2021年度区管领导干部经济责任审计情况的综合报告（送审稿）》《长沙市开福区2022年“百街千巷”环境综合整治提升工作实施方案（送审稿）》；传达学习中共中央办公厅、国务院办公厅印发的《关于更加有效发挥统计监督职能作用的意见》，审议《关于深入学习贯彻〈关于更加有效发挥统计监督职能作用的意见〉的通知（送审稿）》；审议《长沙市开福区城区居民住宅小区二次供水设施户表改造实施方案（送审稿）》《长沙市开福区优化营商环境三年行动计划（送审稿）》《长沙市开福区优化营商环境三年行动计划2022年度重点任务工作方案（送审稿）》；传达学习《湖南省规范性文件管理办法（2018修订）》，审议《长沙市开福区人民政府办公室关于做好行政规范性文件管理工作的通知（送审稿）》《长沙市开福区人民政府办公室关于公布规范性文件制定主体的通知（送审稿）》；研究胜利村算大账有关事宜。

6月2日，区第六届人民政府第13次常务会议召开，贯彻落实习近平总书记关于安全生产重要论述和近期事故重要指示批示精神，传达学习湖南省省长毛伟明在长沙“4·29”特别重大居民自建房倒塌事故总结暨全省安全生产大检查“百日攻坚”行动部署会上的讲话精神和长沙市“4·29”特别重大居民自建房倒塌事故总结暨全市安全生产大检查“百日攻坚”行动部署会议精神，研究全区自建房安全整治“百日攻坚”行动推进工作；传达学习全国、全省、全市新冠疫情防控工作会议精神，研究全区疫情防控工作；传达学习全省总河长会议精神，研究落实河长制和防汛备汛工作；研究麓隐青竹湖项目规划修改事宜。

6月16日，区第六届人民政府第14次常务会议召开，研究三安光电SiC（碳化硅）车规级芯片制造项目入驻相关工作。

7月1日，区第六届人民政府第15次常务会议召开，传达学习中央、省、市关于巩固拓展脱贫攻坚成果同乡村振兴有效衔接会议精神，审议《相关问题整改方案（送审稿）》《长沙市开福区2022年对口帮扶城步苗族自治县乡村振兴工作专项行动计划（送审稿）》《长沙市开福区2022年对口帮扶龙山县内溪乡乡村振兴专项行动计划（送审稿）》《长沙市开福区2022年乡村振兴对口帮扶考核任务责任分解表（送审稿）》；传达学习习近平总书记关于统计工作重要讲话指示批示精神和中央有关统计工作重要文件的主要内容，审议《长沙市开福区贯彻落实国家统计督察反馈意见整改方案（送审稿）》；研究全区生态环境保护工作，审议《2022年度长沙市开福区污染防治项目清单（送审稿）》；研究全区安全生产大检查“百日攻坚”行动、食品安全、“12345”政务热线、城市管理品质提升和垃圾分类、禁毒有关工作；传达学习长沙市行政机关负责人出庭应诉工作推进会议精神，研究全区行政机关负责人出庭应诉工作；审议《长沙市开福区全民健身实施计划（2022—2025年）（送审稿）》；研究开福寺、烈士公园片控规Z04-E401-B地块（青熙中心项目）规划修改工作；研究鹅羊山社区生态运动广场项目有关事宜；研究全区防范化解政府债务风险工作；研究开福区2021年度经济发展奖励集中兑现工作；研究“非吸”项目司法鉴定资金支付工作；研究全区未成年人保护综合治理工作；研究区属国有企业投资三安电子公司股权及出资缴款相关事宜。

7月18日，区第六届人民政府第16次常务会议召开，传达学习习近平总书记关于疫情防控重要讲话精神以及全省、全市新冠疫情防控工作会议精神，研究全区疫情防控、安全生产和自建房安全整治“百日攻坚”专项行动、、房地产项目风险防范和化解工作。

7月27日，区第六届人民政府第17次常务会议召开，传达学习习近平总书记对机关事务工作指示精神，研究全区机关事务工作；研究全区消防救援工作，审议《长沙市开福区防汛应急机制（送审稿）》《长沙市开福区森林防火应急预案（送审稿）》《长沙市开福区新增50件“一件事一次办”政务服务事项的实施方案（送审稿）》；研究提高计划生育家庭特别扶助标准和独生子女死亡家庭一次性慰问金专项补助工作；审议《长沙市开福区住建领域信访突出问题集中化解方案（送审稿）》《长沙市开福区住建领域安全风险隐患集中整治行动总体方案（送审稿)》;研究开福区2022年部分城镇老旧小区改造项目和2023年城镇老旧小区改造计划工作;研究金霞组团控规J01-F07等七宗地块(新安寺社区两安用地)、太阳山农民安置用地等三宗“两保”用地规划修改工作;研究长沙学院周边环境整治及区域环境提升、洪西小学提质改造、湘瓷住宅小区危房改造、湘瓷住宅小区危房拆除重建项目立项工作。

8月25日,区第六届人民政府第18次常务会议召开,传达学习习近平总书记关于耕地保护工作的论述及指示批示精神,研究全区耕地保护工作,审议《关于全面推行田长制严格耕地保护的实施方案(送审稿)》;传达学习习近平总书记关于粮食安全工作、农村厕所革命的重要论述及指示批示精神,研究全区粮食安全和农村户用厕所问题摸排整改工作;审议《长沙市开福区全域文旅示范区建设总体规划(2022—2030年)(送审稿)》《长沙市开福区全域文旅示范区建设三年行动计划(2022—2024年)(送审稿)》;研究火车北站片控规Z05-C21等地块(富兴世界金融中心一、三期)、广电片控规X05-C02地块规划修改工作;研究开福区2022年集中新增建设项目立项工作(第一批);审议《开福区人民政府·飞腾信息技术有限公司战略合作协议书补充协议(送审稿)》;研究开福区2021年财政决算草案和2022年上半年预算执行工作;传达学习统计违纪违法典型案例(岳阳案例、长沙案例)有关情况;研究开福区主城区公交站亭改造项目、农安小区地埋式垃圾中转站提质改造项目立项工作;审议相关文件。

9月13日,区第六届人民政府第19次常务会议召开,传达学习习近平总书记关于疫情防控工作有关指示和全国、全省、全市新冠疫情防控工作电视电话会议精神,研究全区疫情防控工作;传达学习《关于深入贯彻落实省委省政府主要领导批示精神切实抓好当前安全防范工作的通知》、新修订《湖南省安全生产条例》和上级自建房安全整治会议精神,研究全区安全生产和深化自建房安全整治工作;传达学习省纪委监委《关于工程建设项目招标领域腐败治理的调研报告》;研究全区文明创建工作;研究全区殡葬改革和殡葬领域突出问题专项治理工作;研究秀峰街道析置成立新社区工作;审议《长沙市开福区政策性专项借款统借统还方案(送审稿)》;审议2022年集中新增建设项目立项(第二批)。

9月27日,区第六届人民政府第20次常务会议召开,会议主要传达学习习近平总书记关于安全生产的重要指示批示精神,传达落实国务院、省委省政府、市委主要领导对森林防灭火工作的指示批示精神,落实全国、全省、全市安全生产电视电话会议精神,研究全区安全生产和消防救援工作;研究全区困难群众救助补助资金审计整改工作;审议《关于全面落实“艰苦奋斗、勤俭节约”和“过紧日子”要求的通知(送审稿)》;研究申请设立自贸试验区金霞协同联动区工作;研究开福城投集团六个农安房项目(苏托垸、太阳山、高冲路以南、鸽杉路、沙卫以西、湘粤二期安置房)相关事宜。

10月27日,区第六届人民政府第21次常务会议召开,会议主要传达学习中央审计委员会第五次会议、省委审计委员会第二次会议及市委审计委员会第八次会议精神,研究2021年度“同级审”结果报告;研究全区食品安全、信访、城市管理、生态环境保护、“12345”政务热线工作;审议《长沙市开福区2022年深化“放管服”改革重点任务分工方案(送审稿)》《关于印发〈长沙市开福区行政许可事项清单(2022年版)〉和〈长沙市开福区人民政府承接部分市级下放行政许可事项目录〉的通知(送审稿)》;研究全区疫情防控工作;审议《开福区“保交楼”政策性专项借款资金使用细则(送审稿)》。

11月16日,区第六届人民政府第22次常务会议召开,传达学习习近平总书记关于疫情防控工作的重要讲话精神和国家、省、市疫情防控工作会议精神,研究全区疫情防控工作(与长沙市开福区新型冠状病毒防控指挥部第51次会议套开),审议《长沙市开福区应对新冠病毒本地疫情指挥体系方案(送审稿)》;传达学习习近平总书记关于社会保障重要论述,研究全区社会保险基金监管工作;研究2022年集中新增建设项目立项工作(第三批);研究开福城投中岭景苑大楼装修改造相关事宜;审议《湖南金霞发展集团有限公司直接股权投资管理办法(送审稿)》《湖南金霞发展集团有限公司投资决策委员会议事规则（送审稿）》；研究湖南农发国际发展有限公司组建工作；研究 2022 年预算调整及 2023 年预算编制工作。

12 月 1 日，区第六届人民政府第 23 次常务会议召开，传达学习习近平总书记对河南安阳市凯信达商贸有限公司火灾事故所作的重要指示精神，研究全区安全生产和消防安全工作；传达学习习近平总书记关于防范化解金融风险的重要指示精神和省委、市委有关会议精神，听取某公司风险处置工作情况，研究全区防范金融风险和处置非法集资工作；深入贯彻落实习近平总书记重要指示精神以及全国、全省、全市新冠疫情防控工作会议精神，研究全区疫情防控工作；审议《长沙市开福区推动卫生健康事业高质量发展、打造区域卫生健康服务高地三年行动计划（2022—2024 年）（送审稿）》《关于成立长沙市开福区创建国家卫生城市领导小组及其专项工作组的通知（送审稿）》《长沙市开福区创建国家卫生城市工作实施方案（送审稿）》，研究全区卫健系统重点项目工作；审议《长沙市开福区 2023 年春节走访慰问活动方案（送审稿）》；审议《长沙市开福区养老机构综合监管实施办法（送审稿）》；审议《长沙市开福区持续壮大农村集体经济行动方案（2022—2025 年）（送审稿）》；研究三安光电定向增发及三安电子股权投资相关事宜；研究市政道路项目立项相关工作。

12 月 13 日，区第六届人民政府第 24 次常务会议召开，传达学习习近平总书记关于全面加强知识产权保护工作的重要论述精神，研究全区知识产权工作，审议《长沙市开福区国家知识产权强区建设试点区创建实施方案（2022—2025 年）（送审稿）》《关于成立长沙市开福区知识产权工作协调领导小组的通知（送审稿）》；审议《政府工作报告（讨论稿）》；研究 2023 年全区财政预算编制工作；研究全区 2022 年信访、禁毒工作；研究 2022 年集中新增建设项目立项工作（第四批）；研究秀峰街道戴家河社区城中村改造项目出让地契税、配套费返还相关工作。

12 月 22 日，区第六届人民政府第 24 次常务会议召开，审议《长沙市开福区 2022 年国民经济和社会发展计划执行情况与 2023 年国民经济和社会发展计划（草案）的报告（送审稿）》。

【区政府党组会议】2022 年 7 月 10 日，开福区人民政府党组会议召开，区委副书记、区长高伟主持会议。会议传达学习习近平总书记在江苏考察时重要讲话精神，传达学习《湖南省深化整治“文山会海”等形式主义官僚主义突出问题的具体实施》文件精神。会议还听取各副区长工作推进情况及工作计划汇报，并就推进相关重点工作做具体安排部署。

（杨杰）

政研·督查

【概况】2022 年，开福区政府办公室履行参谋助手、综合协调、督查落实、运行保障职能，推动区委、区政府各项重大决策部署有效落实。全年公开政务信息 2.5 万条，办理区长信箱 380 件、“12345” 政务热线 9.8 万件。全年组织政府常务会 21 次、政府党组会 29 次、区长办公会 13 次，以及省市电视电话会等各类会议 120 余场次。

【调查研究】2022 年，开福区政府办公室撰写领导讲话、总结汇报、调研报告、请示报告等文字材料 600 余篇，为领导科学决策提供参考。全年收办处理各类文电 9133 件，制发区政府和办公室各类公文 262 件，承办上级批示转办件 4116 件，有效保障上级重大决策、重大事项全面落实。全年上报信息 300 余篇，其中被国务院办公厅采用 19 篇、省政府办公厅采用 36 篇，位居全市内五区第一。

【政务督查】2022 年，开福区政府办公室做好重大项目督查、重点工作观摩、项目集中开工等重要活动的协调服务，围绕区委、区政府重点工作开展专项督查 80 余次，督办市政府转交和市领导批示事项 33 项，督办区长交办件及批示件 500 余件。办理人大代表建议 169 件、政协提案 60 件，代表委员满意率 100%。

【重点工作服务】2022 年，开福区政府办公室统筹抓好产业发展、项目建设、民生实事等重点工作协调服务。全年开福区获得省政府真抓实干督查激励奖励 2 项（2022 年度湖南省根治拖欠农民工工资工作先进地区、2022 全省商务系统真抓实干成效明显地区），省政府 2022 年综

2022 年 9 月 5 日，开福区政府区长高伟（中）率队调研新河街道重点工作

（区委宣传部 供图）

合大督查发现的典型经验做法 1 项（发挥园区主战场作用，打造高质量发展主阵地——开福区：推动马栏山“中国 V 谷”加速腾飞）。29 个省市重点民生实事指标任务全部完成，总体指标进度一直保持在全市内五区前列。开福区政府工作获得 CCTV13《朝闻天下》、人民网、《湖南日报》和湖南新闻综合频道等中央和省级主流媒体多次报道。

【营商环境优化】2022 年，开福区完善区本级行政权力清单 3403 项，公共服务事项清单 741 项，新增“一件事一次办”政务服务事项 50 项。举办“政企联心·共话发展”晚餐会 47 场，230 名干部深入 1062 家企业送政策、解难题、优服务，解决各类问题 740 个。实现 94 项民生事项跨省（域）通办。

【禁毒工作】2022 年，开福区坚决守住“五个不发生”底线，生活污水毒品成分监测指数创历史最低位，多项考核指标居全市前列，缉毒打击效能居全市第一。

（杨 杰）

人 事

【概况】2022 年，开福区贯彻落实中央、国务院“六稳六保”中稳就业、保民生决策部署，推动“政策、资金、服务”协同发力，坚持“减负、稳岗、扩就业”多措并举，确保省、市决策部署落地见效。2022 年，开福区获得全国人力资源和社会保障系统先进集体、湖南省根治拖欠农民工工资先进地区、湖南省根治拖欠农民工工资先进集体等荣誉，打造的根治欠薪“长沙经验——开福模式”在省市推广。

【就业创业】2022 年，开福区围绕省市支持稳企业、保就业，落实落地各项帮扶政策，用好用足各类惠民补贴，降低对企业投融资对接、创业就业指导、创业担保贷款等全链条政策扶持门槛。全年为 183 家企业办理养老、失业、工伤保险企业缓缴登记，缓缴金额 1425 万元；发放就业困难人员和高校毕业生灵活就业社保补贴、就业见习补贴 1500 万余元，职业培训补贴 12159 人次、补贴金额 1400 万余元。为创业主体发放创业担保贷款 2131 万元，贴息 63.49 万元，初创企业经营场所租金补贴、一次性创业补贴 100 万元。突出政策联动、产业带动、支持自主创业等措施拓宽就业空间和平台，开福区聚焦智能制造、高端服务等四大支柱产业，信创、航空航天航海等四大战略新兴产业，依托马栏山视频文创园、国防科大、湖南广电“三大平台”资源，打造培育以“视频文创”等为特色的创业孵化基地 11 家，在孵企业 323 家，在孵实体总收入 30 亿元，累计吸纳就业 5647 人。聚焦需求匹配，通过校园现场招聘会、宣讲会、政校企洽谈会、职业培训、直播带岗等多种形式促进创业就业，落实“开福合伙人”倍增计划，连续 7 年开展“大学生就业在开福”系列就业活动，走进长沙、湘潭、岳阳的 20 余所高等院校，开展“春风行动”、“点亮万家灯火”、“311”就业服务活动，为广大群众提供岗位 6.2 万个，线上线下服务求职者超 9 万人。开展多个热门岗位订单式培训，累计开办职业技能培训 473 期、培训学员 2 万余人，全年针对大学生开展创业培训 2000 余人。全年新增各类就业人员 2.99 万人，同比增长 18.59%，城镇调查失业率控制在 5.3% 以内。

【人事人才】2022年，开福区聚焦区域发展重点，突出政策、措施、岗位“三统筹”全面推进人才兴区“五五工程”，全年区机关事业单位招聘事业单位工作人员36人，教育系统招聘教师418人；持续打造“开福合伙人——大学生就业在客服”服务品牌，与长沙、湘潭、岳阳等地20余所高校，推动“政校企”三方联动，累计服务企业1000余家，提供岗位1万个。完成第三批岗位设置核准工作，涉及135个事业单位、950个事业编制，设置管理、专业技术和工勤技能3类955个岗位，其中管理岗位621个，专业技术岗位192个，工勤技能岗位142个。完成3844名事业单位工作人员培训、8名干部流动调配办理、4名随军随调家属安置、54名干部抽借调工作。做好人才配偶就业、子女入学、医疗优诊、住房申请等工作，打造人才“一站式”服务平台，为大学毕业生、创业人才、交流调任干部提供保障。制定《长沙市开福区事业单位规范工资津贴补贴实施办法》，保障人才薪酬待遇不打折扣、不被拖延；制定《开福区事业单位管理岗位职员等级晋升制度工作实施方案》，晋升五级职员5人、六级职员3人、七级职员2人、八级职员169人。

【社会保障】2022年，开福区健全覆盖全民、城乡统筹、公平统一、可持续的多层次社会保障体系，做好城镇职工养老保险与城乡居民养老保险衔接，推进被征地农民养老保障制度改革，实现养老保险城乡统筹发展，全年全区完成养老保险征缴收入21.36亿元，发放养老待遇44.61万人次，社保参保覆盖率100%。强化对高风险业务的日常核查和重点核查，完善和修订基金内控制度，从内部、源头进行基金风险防范，构建信息系统控制、基金财务控制、人员岗位控制的管理体系，实现内部控制常态化；充分利用科技手段和大数据思维，严防社保基金流失，严控特殊业务办理，保护基金安全。坚持尽力而为、量力而行，健全常住地提供基本公共服务制度，探索构建以信息比对为主、退休人员社会化服务与远程认证服务相结合的认证服务新模式，全年开展上门认证、远程认证348人次，加强互联网与政务服务深度融合，实现多部门数据信息实时共享。

【劳动监察】2022年，开福区推行保障农民工工资支付月度“红黑榜”。紧盯“湖南省劳动监察两网化联动管理平台”实名制考勤和工资发放数据，每月下旬对按月支付工资的项目“插红旗”、未完成工资支付的项目“贴地雷”。下发《履行工资支付义务提示函》，督促建设单位、施工总承包单位、分包单位保障农民工工资支付。对因管理不够规范导致拖欠农民工工资纠纷频发的单位，由劳动保障监察员蹲点驻守，将项目管理和欠薪问题同步解决。制定出台街道属地“十条责任清单”、工程建设项目施工总包单位和分包单位项目经理及劳资专管员责任清单，压紧压实政府监管、部门主管、街道属地和企业主体责任。从投资性质、欠薪风险等12个维度，对全区137个在建项目开展地毯式排查。按照“一项目一档案”建立台账，细致梳理掌握项目分包关系、施工状态、工资发放等情况，及时动态更新处置，防止欠薪行为发生。区人社部门充分发挥根治欠薪牵总作用，加强与住建、公安等部门协同监管和联合惩戒，及时处理因挂靠承包、违法分包转包等造成欠薪的线索台账，并联动执法共同处理，形成全员抓欠薪的工作格局。全年核实处置欠薪线索7344条，为13413名劳动者追讨工资1.72亿元。

（刘莎莎）

行政审批服务

【概况】2022年，开福区以深化“放管服”“一件事一次办”改革为总抓手，推行行政审批制度改革，转变服务理念，创新服务方式，打造“审批流程更简、办事效率更高、服务质量更优”的政务服务环境。开福区持续完善区本级各类清单，梳理区本级行政权力清单、公共服务事项清单等。拓展更多政务服务事项“一件事一次办”。全区“12345”热线平台受理工单10万件，满意度为98.95%。区本级政务大厅接待办事群众56.73万人次，现场办结事项41.83万件，网上办结事项9.83万件，24小时自助服务厅办理业务4.25万件。2022年，区行政审批服务局被评为“湖南省文明窗口单位”。

【“一件事一次办”改革】2022年，开福区完善区本级行政权力清单3158

项，公共服务事项清单727项，权责清单2433项。全面开展省市县三级下放行政权力事项"回头看"，梳理省级下放行政权力事项1289项，市级下放行政权力事项219项，区级下放行政权力事项162项。落实行政许可事项清单管理，印发《长沙市开福区行政许可事项清单（2022年版）》和《长沙市开福区人民政府承接部分市级下放行政许可事项目录》。梳理"减证办（免证办）"事项清单，助力"无证明城区"建设。与12省（直辖市）18区（县、市）实现教师资格证、企业设立等94项高频民生事项跨省（域）通办。聚焦特殊群体就医、就学、办证等共性需求事项和急难愁盼的个性需求事项，印发开福区特殊群体事项目录。区行政审批服务局联合区城管执法局、区交警大队印发开福区水电气外线工程并联审批操作细则，政务大厅水电气综合窗实现外线工程审批"一窗受理、一网通办、并联审批"。印发《关于印发〈开福区2022年政务公开工作要点〉的通知》，促进政务公开工作制度化、规范化，做到信息公开及时主动，依申请公开规范高效，基层政务公开标准细致，第三方评估落实到位。全区受理政府信息公开申请182件，收到公众信件累计1536条。围绕"稳经济、惠民生、促稳定"三大主题开展"政务公开主题日"活动30余场，座谈交流会20余次，上门解读政策700余次，提升政务公开含金量、覆盖面、参与度，打通政府服务企业群众"最后一公里"，以高质量高水平的政务公开助推经济平稳发展，助力社会和谐稳定。2022年，开福区"政务公开主题日"活动在湖南省政务服务管理局《政务服务管理工作》上被通报表扬。

【"12345"政务服务热线】 2022年，开福区政务热线平台受理工单10万件，同比增长44.5%，解决率82.08%，联系率99.98%，满意度98.95%，形成诉求响应更"快"、回访评价更"优"、在线解答更"便"、问题解决更"实"的工作体系。实时监测湖南省行政效能电子监察系统、长沙市行政效能电子监管系统，落实"红黄牌"预警纠错机制，全年区级办件总量77.8万件，红牌0张、黄牌5张，区级可办事项总数6949项，办件事项覆盖数6199项，可办事项覆盖率89.21%，承诺压缩率80.71%。完成政务服务"好差评"系统建设，实现评价渠道、层级全覆盖，全年收到评价数25.26万条，好评率为99.99%。

【政务服务水平提升】 2022年，开福区政务服务大厅入驻32个部门1160项依申请政务服务事项，累计接待群众56.73万人次，现场办件41.83万件，线上办件9.83万件。区政务服务大厅三楼改造成不动产专厅，原不动产登记业务进驻的59项扩展为81项业务，至此不动产登记业务全面进驻，实现交易和缴税并行办理。督促指导全区各部门行政审批中介服务事项全面进驻网上中介服务超市，截至12月31日，324个项目在中介超市平台选取中介机构（省施工图管理信息系统导入数据170个，实际财政资金采购数据117个，社会资金37个）。以清廉大厅建设为牵引，区行政审批服务局与区纪检部门形成合力，全面打造群众信赖、企业舒心的政务服务品牌。组织窗口所有工作人员签订廉洁自律承诺书，定期巡查、随机巡查、日常明察和重要节点暗访。开展规范化、标准化政务提升行动，搭建内训师团队，增强自助培训能力，促进跨部门沟通；建立晨会制度，规范仪容仪表、物品摆放，用标准化、规范化、专业化的政务服务形象传递优质高效的政务服务。通过"办不成事"反映窗口、"帮代办"队伍、残障人士服务专窗、双向无障碍手语交流云平台持续提供优质绿色通道服务，全年"萤火虫"志愿者队伍累计为企业、群众提供帮代办服务和绿色通道服务2000余次，帮代办事项1069件，绿色通道服务事项1630件。

（兰 斌）

数据资源

【概况】 2022年，开福区完成区级人口、法人、实有房屋、经济运行等主题数据库建设，全年更新录入人口数据55.2万条、法人数据13.29万条、实有房屋数据50.83万条。截至2022年年底，智慧开福综合服务云平台运行收到上报事件90.22万条、办结89.76万条，记录网格员民情日志106.16万篇。全年审核信息化建设项目32个，审核项目预算总投资1.01亿元，提出建议修改意见380余条，输出可研批复或者项目建议书技术审查意见25份，审减项目投资548万元。开福区政府门户网站全年发布各类信息2.51万条，区长信箱受理信件380件，开展网络安全应急演练4次，累计封堵攻击IP地址137个。

【网格化治理】2022年，开福区全面提升网格化多元社会治理能力，优化网格管理体系、完善网格工作评估细则、打造标准化综合服务点。开展街道网格边界核实工作，完成16个街道、114个社区、513个网格的边界标绘工作。在全区升级打造标准化网格综合服务点5个。

【智慧开福综合服务云平台建设】2022年，开福区完成“智慧开福综合服务云平台”与“长沙市综合网格化管理平台”数据接口的对接，升级“智慧电梯”“GIS地图”网格边界更新等相关功能模块，并就“城市燃气”“高层建筑”“自建房”等安全事件闭环管理功能进行相关调研。完成区级人口、法人、实有房屋、经济运行等主题数据库建设。

【政务数据资源梳理】2022年，开福区向全区101个机关事业单位发放问卷，走访调研34家重点单位，297个系统，问卷调查27家单位，整理归集数据资源信息1567条，资源信息项2.2万项，组织专业服务团队对全区数据资源目录进行梳理，做好数据归集工作，并为有数据共享的部门提供数据共享服务。完成区农业农村局水资源收费系统、区应急管理局应急一张图水文数据、区行政审批服务局不动产登记、好差评系统数据共享接口申请。

【信息化项目建设】2022年，开福区制定《长沙市开福区政府投资信息化建设项目管理暂行办法》，规范信息化建设项目计划、审批、实施、变更、验收、资产管理、统筹集约建设等，并对全区信息化项目实行全生命周期管理。全年审核信息化建设项目32个，审核项目预算总投资1.01亿元，提出建议修改意见380余条，输出可研批复或者项目建议书技术审查意见25份，审减项目投资548万元。紧盯平安建设市级考核指标，区数据资源中心联合长沙市公安局开福分局，推进项目建设，完成省、市民生实事考核指标前端监控点位建设，建设进度全市排名第一；完成开福区公共安全视频图像信息交换共享平台与4个单位平台的接入工作。2022年，完成开福区智慧小区数据接入平台建设，并将40个小区车禁、门禁、重点部位监控点位数据接入平台，圆满完成市级考核任务。

【网站建设管理】2022年，开福区加强网站常态化监测和运维服务，保障网站平稳、有序地运行。采取“系统监测+人工复核”相结合的方式，对全区57个单位在门户网站上的信息保障情况进行监测和统计，保证内容规范、更新及时。开福区政府门户网站全年发布各类信息2.51万条，发布回应关切类信息171篇，完成政策解读制作21篇，完成征集调查6期，区长信箱受理信件380件，开设“2022年政务公开工作要点”“保密主题宣传”等十大特色专栏，对相关工作进展、政策依据、实施成果等及时、准确地予以公开。规范新媒体相关工作管理，对“开福教育”等11个政务微信公众号进行监管，保障公众号信息发布的及时性和准确性。整合省、市、区关于优化营商环境、招商引资等相关工作的最新政策，便于企业及时了解，提升政府网站服务性。

【运维服务有保障】2022年，开福区健全网络运维机制，完善机房管理制度，规范各部门网络资源申请流程，实现痕迹化管理。对全区网络进行监控，做到及时发现故障、处理故障，有效保障各项工作的顺利开展。加强网络安全保障力度，制定标准化管理文件，实现重大网络安全事件及时预警、高危风险及时排查整改，保证开福区信息系统环境安全。完成区政府一办公楼全楼弱电井改造、机房静电地板的更换及EPS、UPS电池安装迁移任务及动力机房等新设备建设，保障全区网络运维能力。区数据资源中心联合区委网信办举行开福区网络安全应急演练，通过真实模拟“黑客”攻击，深入挖掘应用系统漏洞，指导有问题的单位进行整改。组织开展“网络安全大护航”活动，了解全区所有街道在网络安全方面的问题、需求，对街道进行网络安全指导培训，提高网络安全意识。2022年，处理各类运维事件2045次，开展机房巡检282次、网络安全巡检46次，完成会议保障222次，完成重大网络安

2022 年 9 月 22 日，长沙市新型智慧城市建设市区（县市）两级统筹协同工作 2022 年第二次例会在开福区数据资源中心召开（区数据资源中心 供图）

全通告 13 次，处理 37 个漏洞安全风险通告，发现并及时整改高危漏洞 34 个，关闭 4 个高风险漏洞的互联网连接，下发网络安全整改协办函 66 份，开展网络安全应急演练 4 次，累计封堵攻击 IP 地址 137 个。

按照长沙市应急管理局关于应急视频会议“五级联动、七统一”的要求，完成区级、街道、社区设备安装调试。全年日常巡检 203 次，修复故障 336 余次，保障会议 27 次。

【政务服务优化】2022 年，开福区政务服务“好差评”系统上线运行，实现政务服务事项“办完即评”，线上全覆盖、线下全联通、数据全汇集、结果全公开，差评、投诉全程留痕，对政务服务质量全程监管与督办，通过事后回访等机制由用户方进行二次评价，收到评价数 25.26 万条，好评率为 99.99%。“我的长沙”App 开福专区在“企业家日”期间，集中发布各类涉企政策，公示《长沙市开福区进一步纾困暖企稳定经济运行若干措施》，扩大政策知晓度。将区行政审批局梳理的 50 件事项纳入“一件事一次办”专区，根据办理情形、办理权限、上线第三批“一件事一次办”办理场景，完成 50 件事项流程配置工作。持续推进“互联网 + 政务服务”一体化平台建设，夯实政务服务平台建设项目基础，实现业务融合、技术融合和数据融合。推进各街道、各部门政务服务事项平台录入工作，下沉街道进行技术指导，全年处理相关技术问题 730 余次，完成 66 家单位 273 个电子印章的续期工作。区数据资源中心按照全区组织架构建立、二级管理员账号开通、管理员技术培训和答疑解惑提供技术支持四步走的工作安排，完成全区在职在编人数收集、“长政通”App 使用技术支持等工作。

（刘 蓉）

信 访

【概况】2022 年，开福区受理的湖南省智慧信访信息系统转办信访事项，办理复查复核信访事项，中央、省、市级交（督）办件均按期办结。2022 年，开福区信访工作目标管理考核排名全市各区县第一。

【信访基础工作】2022 年，开福区开展信访工作“三无街道”“三无村（社区）”创建工作，全区 16 个街道中有 13 个街道被认定为全市信访工作“三无街道”。开展《信访工作条例》宣传月活动，推进《信访工作条例》进基层，走到群众身边，同时加强信访工作正面宣传报道，分享典型案例、经验做法，营造良好的法治信访氛围。全年信访工作稿件在各级主流媒体网站上稿 34 篇，其中央媒体 2 篇、省级媒体 8 篇。严格落实首办责任制，推行“最多访一次”，做好初信初访的化解工作，群众参评满意率得到大幅提升。

【信访专项工作】2022 年，开福区开展“集中治理重复信访、化解信访积案”专项工作，中央信访联席办交办的两批重复信访事项均办结清零；市委交办的五年以上信访积案全部按期化解。落实周议访机制，通过“一事一议”方式化解突出信访问题，救助困难信访群众，推动解决一批民生问题。

【领导公开接访】2022年，开福区制定“2022年县级领导公开接访安排表”，全区县级领导轮流在人民来访接待中心公开接访，及时处理解决辖区群众反映的信访问题。通过规范接访流程、建立健全信访档案，做到有记录、有图片、有跟踪、有落实。

【制度创新】2022年，开福区针对辖区问题较为集中的农民工工资、教育、房地产、征地拆迁、金融、养老、环保、涉军等8个领域，区信访工作联席会议研究出台《开福区重点领域信访矛盾源头治理工作机制》，建立由区委政府领导、联席会议协调、分管区领导推动、部门单位联动实施的闭环落实机制，推动重点领域信访问题由过去的事中处理、事后管控向事前预防转变，减少、遏制重点领域矛盾风险。积极探索拓宽社会力量参与信访工作的制度化渠道，印发《开福区信访积案化解第三方调研工作办法》，引入“两代表一委员”、“五老”、开福好人、社会贤达、律师、心理咨询师等社会力量参与积案化解，与全区县级干部、各街道、各部门形成积案化解的强大合力。（虞质叶）

政协长沙市开福区委员会

综　述

【概况】2022 年，开福区政协有委员 214 人，设 29 个界别。委员界别分布为：中共界 13 人，民革界 5 人，民盟界 7 人，民建界 6 人，民进界 6 人，农工党界 6 人，致公党界 4 人，九三学社界 6 人，工商联界 20 人，无党派人士界 16 人，工会界 1 人，共青团界 1 人，妇联界 2 人，科协界 1 人，侨联界 3 人，经济界 37 人，农林界 3 人，科技界 6 人，民族界 1 人，宗教界 3 人，文化艺术界 4 人，教育界 10 人，医卫界 10 人，体育界 2 人，新闻出版界 2 人，社会科学界 8 人，社会福利界 5 人，特邀界 24 人，新阶层界 2 人。委员的学历构成为：研究生 56 人、大学本科 119 人、专科 32 人、中专以下 7 人。委员的年龄构成为：小于 35 岁 52 人，35~45 岁 87 人，46~54 岁 71 人，55~60 岁 4 人，平均年龄 41 岁。

【理论武装】2022 年，开福区政协把政治理论学习作为政治任务抓紧抓实。政协党组和主席会议、政协全会和常委会、工作例会和推进会、机关党支部和工会等会议，传达学习习近平总书记重要讲话精神、各级会议精神和文件等专题学习 60 余次。特别是中共二十大精神学习贯彻，要求深入思考、撰写体会、研讨交流，通过委员活动、委员工作室、委员读书群、线上宣讲等途径，在政协系统迅速掀起学习宣传贯彻热潮，做到“人人读原文、个个谈体会、件件抓落实”，确保中共二十大精神入脑入心、走深走实。

【党的建设】2022 年，开福区政协建立健全党建工作责任制，实行政协党组统一领导，一把手负总责，分管领导具体负责，落实好政治理论学习、党风廉政建设、意识形态等方面的工作。加强政协党的建设工作，在充分调研的基础上，与区委组织部研究制定区政协推进落实党建工作“两个全覆盖”实施方案，按照有关程序和要求选举产生 6 个功能型党支部，构建起以政协党组、机关党支部、功能型党支部、临时党支部为主体的立体式、全覆盖、纵深化政协党建工作新格局，为政协履职提供组织保障。

【责任担当】2022 年，开福区政协按照区委决策部署，参与各项中心工作，做到与区委思想上同心、行动上同步、目标上同向。主席会议成员带领各委室，工作在经济发展、项目建设、安全稳定、片区征拆指挥部和各联点街道等工作任务第一线。在新冠疫情防控工作中，政协机关干部全员上阵，奔赴一线参与防疫工作，广大政协委员向防疫一线捐赠物资价值 300 万元，总结形成“打好‘隔离’这张防疫关键牌”工作经验，得到长沙市政协和区委主要领导的批示和肯定，湖南省政协《湘声报》专题报道《温情守护“隔离关”—— 开福政协人的担当与行动》。开福区政协作为全市唯一区县，被评为湖南省政协云履职运用先进单位，吴丽、甘培虎、王婧静等委员被评为政协云履职运用先进个人。

【凝聚共识】2022 年，开福区政协发挥统一战线组织的优势和作用，凝聚各界共识，画最大同心圆。组织召开区情通报会，让委员知情明政，建言资政，地履行职能。组织召开各界人士中秋茶话会，在交流工作中让党外人士更加统一思想、坚定信心、振奋精神、务实工作，确保在区委的领导下，强队伍、促履职、增团结，巩固多党合作和政治协商的基本政治制度。

重要会议

【政协开福区第六届委员会第二次全体会议】5 月 29—30 日，政协长沙市开福区第六届委员会第二次全体会议召开。审议通过政协长沙市开福区第六届委员会常务委员会 2022 年工作报告、政协长沙市开福区第六届委员会第二次全体会议关于提案审查情况的报告。全体委员列席长沙市开福区第六届人民代表大会第二次会议，听取并讨论区人民政府 2021 年国民经济和社会发展计划执行情况与 2022 年国民经济和社会发展计划（草案）的报告、区人民政府 2021 年财政预算执行情况和 2022 年财政预算(草案)的报告。会议选举产生政协长沙市开福区第六届委员会副主席 1 名、常务委员 2 名。

【政协开福区第六届常委会第二次会议】3 月 17 日，政协长沙市开福区第六届委员会常务委员会第二次会议召开。传达学习全国、省、市政协全会精神；协商区政协 2022 年工

2022年9月18日，开福区政协主席会议成员视察法治政府创建（区政协 供图）

作要点（草案）、区政协2022年重点履职工作方案、区政协六届常委会重点履职动员工作报告（草案），协商人事异动工作。

【政协开福区第六届常委会第三次会议】5月30日，政协长沙市开福区第六届委员会常务委员会第三次会议召开。会议听取各组协商区政协副主席、常务委员候选人建议名单的意见；协商选举办法（草案），协商总监票人、监票人、总计票人、计票人建议名单；协商通过全会政治决议（草案）、关于常委会工会报告的决议（草案）、提案审查情况的报告（草案）。

【政协开福区第六届常委会第四次会议】8月17日，政协长沙市开福区第六届委员会常务委员会第四次会议召开。会议听取2022年上半年区政府工作情况的通报及上半年财政预算执行情况的通报，听取2022年上半年区“两院”工作情况通报。

【政协开福区第六届常委会第五次会议】12月6日，政协长沙市开福区第六届委员会常务委员会第五次会议召开。会议就促进文旅融合发展，打造全域文旅示范区进行专题协商；协商通过区政协秘书长提名人选和委员任免等人事工作。

【政协开福区第六届常委会第六次会议】12月26日，政协长沙市开福区第六届委员会常务委员会第六次会议召开。听取重点提案办理工作情况及测评、听取民主评议“开福区2019—2021年招商项目落地见效情况”；协商通过关于召开区政协六届三次全会的决定（草案）、区政协六届三次全会日程、议程（草案），区政协六届三次全会秘书长、副秘书长建议名单，区政协六届常委会工作报告（草案）、六届一次全会以来提案工作情况报告（草案），区政协2022年度履职考核及表彰通报。

政治协商

【概况】2022年，开福区政协围绕区委决策部署和战略目标，树牢“一线”意识、确立“一线”标杆、保持“一线”状态、强化“一线”担当，做到履职有担当、落实有抓手、工作有成效。全年组织全会协商1次、常委会协商5次、专题协商视察1次、主席会议视察6次、民主监督1次、民主评议1次，形成一批有份量、有价值的协商建言成果，为区委、区政府科学决策提供依据。

【专题协商】2022年，开福区政协根据区委点题，与省、市政协开展“促进文旅融合发展，打造全域文旅示范区”同主题调研。区政协成立主席会议成员带队、42个相关部门和16个街道参与的调研组，历时9个月，赴区内园林生态园、世界之窗、湖南博物院、烈士公园等地，市内宁乡市、雨花区等地调研，对广州市番禺区、成都市锦江区、宁波市宁海县等地进行函调，召开研讨交流座谈会20余次，邀请民进中央经济委员会副主任、正和岛首席经济学家王林等10余位行业专家教授和省、市部门领导为调研报告问诊把脉，并组织召开专题议政性常委会，广泛征求意见和建议。调研报告得到区委肯定，为区域经济发展注入新动力、增添新活力、拓展新空间。调研报告被评为全省政协系统优秀调研报告一等奖。

【主席会议视察】2022年，开福区政协根据年度工作安排，围绕区政中心工作任务，组织开展“社区卫生服务中心建设”“农民保障性住房建设”“优化营商环境工作”“开福区养老服务工作”“法治政府示范区创建工作”“自建房危房整治和安全隐患整治工作”等6个主题视察，通过前期调研、现场察看、征求意见和协商议政，分别形成视察建议报告呈报区委和区政府决策参考，提出针对性意见建议60余条，促进一批区域经济发展痛点、难点问题的办理。

【政协协商】2022年，开福区政协发挥专门协商机构作用，围绕党政所需协商议政。组织40余位政协委员全程参与江湾片区学位增扩、胜利村化解拆迁遗留问题等重大事项的协商议政。《告别脏乱差，燃旺烟火气——区政协围绕党政决策助力四方商贸城华丽蜕变》在湖南省政协《湘声报》头条报道。在长沙学院周边自建房整治工作中，政协委员、区直部门、街道社区、居民群众，借助协商平台，共商解决之策，提出的意见建议被区政府采纳，形成专题报告上报市政府研究，得到市委、市政府支持，加快整治工作进度，市政协主席会议视察后高度肯定，并向全市政协系统推广。

【基层协商】2022年，开福区政协依托委员工作室接待来访群众1380人，收集民情民意551条，通过微协商、微监督解决具体问题266个；各街道政协联络处围绕民生实事，召开基层协商会议60余场次，解决居民急难愁盼问题32个。望麓园街道“中石化与富雅坪社区产权置换”、清水塘街道“南山小区自治”、湘雅路街道“留芳岭社区居家养老中心建设”、东风路街道“浏河村巷37号临时停车场改建”、芙蓉北路街道“网船班小区综合整治”、浏阳河街道“陈家渡交通微循环”、秀峰街道“公共停车场微改造”等典型案例，获得居民群众肯定。

民主监督

【概况】2022年，开福区政协主动作为，拓展协商民主的广度和深度，把握民主监督的特点，从具体问题入手，找准问题症结，商以求同，协以成事，提高民主监督实效。

【协商式监督】2022年，开福区政协围绕居民群众关注的问题，对区人民法院、区人民检察院、区交警大队派驻“形象监督员”，对区市场监督管理局派驻“民主监督员”43名。在区市场监督管理局专项民主监督中，坚持以专业队伍人员缺乏、专业技术检测手段不足、市场主体变更不及时、部分业务办理流程不规范等13个问题为导向，实时进行民主监督，逐条逐项推动解决，让协商式监督发挥作用。

【民主评议】2022年，开福区政协组织开展“开福区2019—2021年招商项目落地见效情况”民主评议工作，对金霞经开区、金霞保税物流中心、区商务局、区工信局、区金融事务中心、区城投集团等6个单位开展民主评议工作，梳理出项目履约偏低、投产达效偏低、带动效应不强等主要问题，在认真分析原因的基础上，提出创新招商思路、挖掘优质资源等意见建议9条，帮助各相关单位改进工作作风，提升服务水平。

（康万强）

2022年9月19日，开福区政协召开中秋茶话会　（区政协 供图）

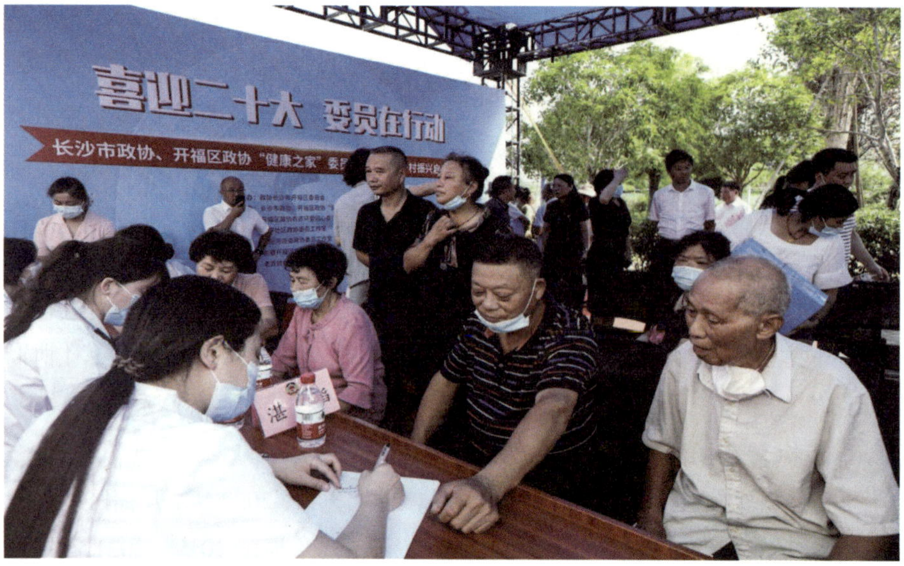

2022 年 9 月 18 日，开福区政协组织省、市、区三级政协委员送医送药进社区

（区政协 供图）

建言献策

【概况】2022 年，开福区政协加大提案督办力度，将提案办理纳入区直部门目标绩效考核，各承办单位规范工作流程、完善工作要素、务实办理举措、抓实工作环节，推动提案办理从“软要求”变成“硬约束”，促进提案成果转化，以考促质、以考提质。全年收到委员提案 125 件，立案 61 件，全部办复，其中 A 案 42 件、A 案率 68.9%，B 案 16 件、B 案率 26.2%。

【重点提案办理】2022 年，开福区政协聚焦群众最关心、最直接、最现实的热点问题，选取 6 件作为重点提案，由区领导领办，采取主席会议成员两轮督办等具体举措，推动提案办理工作提质增效。重点提案“竹安村打造同心乡风文明建设示范点”，得到区政府重视，区政协会同区委组织部、区委宣传部、区委统战部、区民政局、区农业农村局、区文旅体局、沙坪街道，在盘活资源、产业发展、基础设施、文化娱乐、移风易俗等方面成效明显，为居民群众解决实际困难 100 余个。

【社情民意信息工作】2022 年，开福区政协通过调研、集体研修、专家授课、工作推进等举措，加大对社情民意信息骨干委员的培训力度，提高撰稿能力水平，提升稿件采用率。委员龙友军撰写的关于实施汽车操作按键中文标识的建议、委员邓海斌撰写的疫情背景下基层治理急需从政府独唱向政府、市场、社会合唱转型和莫让数字化基建成为基层的沉重负担 3 篇社情民意信息被全国政协采用，缓解常态化疫情防控背景下大学生就业难题、加快推进湘绣产业发展等 9 篇被省政协采用，关于保障隧道内行车安全的建议、关于长沙向北发展的建议等 6 篇被市政协采用。

（康万强）

重大活动

【“喜迎二十大、委员在行动”】8—9 月，开福区政协落实省政协关于开展全省政协系统“委员活动日”的通知精神，依托 5 个专委会委员工作室和 16 个街道政协联络处委员工作室，开展“喜迎二十大、委员在行动”系列活动。组织开展大型活动 20 余场次，委员牵头开展读书、宣讲、公益、帮扶等履职活动 20 余场次，参与委员 300 余人次，收集民情民意 100 余条。并通过走访、调研、协商等方式为民办实事 41 件，覆盖居民群众 10 万人，实现委员全覆盖、委员工作室全覆盖。

【乡村振兴活动】9 月 4—6 日，开福区委书记罗玉环带队到湖南省城步苗族自治县调研乡村振兴对口帮扶工作，区政协主席蔡冰、6 名区政协委员参加，为城步县芙蓉学校捐赠现金 15 万元，民盟开福区工委捐赠价值 4 万元毛毯。2022 年，区政协在人才培养、产业协作、品牌打造、抱团发展等方面做好结合文章，实现机会共商、资源共享、项目共建、合作共赢，助力乡村振兴。同时，为落实区委助力乡村振兴有关指示精神，组织开展“健康之家”委员工作室助力“乡村振兴”启动仪式，30 余名政协委员结对共建，为乡村居民送医、送药、送技术指导，并持续开展义诊巡诊坐诊及进社区、进农村、进学校、进企业、进家庭“五进”活动，让乡村群众在家门口也能享受优质的医疗健康服务。

（康万强）

区纪委·区监委

纪检监察

【概况】2022年，开福区围绕中共二十大精神学习贯彻落实情况强化政治监督，聚焦实施强省会战略和区委“十二个专项行动”、创建国家中心城市、建设北中心等中心工作进行精准监督，围绕疫情防控、自建房整治等重点事项开展专项监督检查，推动各级各部门抬高发展坐标、狠抓政策落地，确保各项中心工作和重点任务落实到位，全力护航开福当好高质量发展“排头兵”。

【政治监督】加强对领导班子特别是“一把手”的日常管理监督.区委领导班子开展谈话提醒245批次，向全区178名“一把手”及县级领导干部赠送政治生日贺卡，组织签订“领导干部廉洁从政承诺书”，做到常提醒常监督。区纪委监委主要负责人对“一把手”开展任前廉政谈话32人次，向全区副科级以上干部发放《加强对“一把手”和领导班子监督文件汇编》和廉政书籍，增强全区各级党组织及其领导班子的政治自觉、行动自觉和制度自觉，督促扛牢管党治党主体责任。用好“开福区政治生态建设系统”，对全区政治生态进行分析研判，组织开展对四大家领导班子进行“廉政画像”，撰写《关于开福区委政治生态分析的报告》。对区卫生健康局及所属单位、区市容环境卫生维护中心、区市政设施维护中心、区园林绿化维护中心、区农业农村局等单位进行廉政情况分析并形成5份分析报告，督促其建章立制，将相关问题整改到位。打造开福区案件查办大数据子平台，融合信访举报、监督检查、审查调查、政治巡察等数据信息，挖掘问题线索。建立健全领导干部廉政档案，及时准确录入相关信息，建立全区4700余名公职人员的廉政档案。区监委以“廉政教育”为主题，首次向区人大常委会报告专项工作。

【清廉开福建设】2022年，开福区举办全区“清廉建设”主题短视频征集比赛，制作微故事形式的廉政微电影，让党员干部和群众在寓教于乐中接受廉洁文化的熏陶。推进“廉韵开福”，开展“廉政我来讲”“廉政大家谈”系列主题活动，创编清廉开福青年唱和忠诚之歌，在相关平台获得10万多的流量，用最潮的RAP说唱形式，在广大青年群体中传播清正勤廉、昂扬向上的开福清廉作风。在中央、省、市主流媒体平台推出清廉宣传作品600余篇，浓厚清正廉洁的社会氛围。推动各街道设立党章党规讲习所、各区直部门设立党章党规专题课堂，组建100人的宣讲员队伍，深入各单位开展清廉宣讲。区纪委监委班子成员以基层需求为导向，制订讲习计划和讲习方案，分批分步骤推进讲习，带头讲授专题党课，深化全区廉政教育工作。各街道、区直部门定期组织专题学习，全年开展讲习培训200余场，引导党员干部“讲”“习”结合，通过党章党规讲习所（专题课堂）把党的声音及时转化为党员干部干事创业的实际行动。推动以清廉政法、清廉财政、清廉住建及清廉大厅为代表的清廉机关建设，举办全区清廉家庭巡礼活动，评选出20户清廉家庭，聘请10名廉内助，授牌20个家庭教育指导服务站点。强化属地管理和区、街道、社区（村）三级联动，绘制清廉单元“路线图”，在沙坪街道茶子山村、捞刀河街道罗汉庄村大兴片区建设清廉乡村示范点，举办“清风讲堂”进工地活动，让廉洁文化渗透到项目建设的前沿阵地。

【“三不腐”一体推进】2022年，开福区全区立案102件，结案84件，涉及科级干部5人，给予党纪政务处分78人。集中力量查办“2·23”“8·18”“10·27”“11·18”等重点案件。对秀峰街道竹隐社区党总支原书记屈某涉嫌严重违纪违法问题进行纪律审查和监察调查。坚持受贿行贿一起查，根据市纪委指定管辖依法对贺某南等14人采取留置措施，收缴违纪违法款3069.61万元。聚焦常态化开展扫黑除恶斗争，落实《关于在扫黑除恶专项斗争中进一步加强政法机关与纪检监察机关协作配合的办法》等相关制度，建立纪检监察机关与公安机关常态研判会商例会制度，对相关线索双向移送、“一案三查”，持续形成震慑。全区综合运用“四种形态”（经常开展批评和自我批评、约谈函询，让“红红脸、出出汗”成为常态；党纪轻处分、组织调整成为违纪处理的大多数；党纪重处分、重大职务调整的成为少数；严重违纪涉嫌违法立案审查的成为极少数）批评教育帮助和处理408人次，其中第一种形态322人次，占比78.9%；第二种形态58人次，占比14.2%；第三种形态23人次，占比5.7%；第四种形态5人次，占比1.2%。第一、二种形态占比93.1%，经常开展批评和自我批评、约谈函询，让“红红脸、出出汗”成为常态，推动监督执纪由“惩治极少数”向“管住大多数”拓展深化，实现政治效果、纪法效果、社会效果相统一。做实做细案件查办“后半篇文章”，注重将案例资源充分转化为警示教育资源，深入开展个案、同级同类案件警示教育，撰写“年轻干部周伟成案件剖析”“一把手杨国华案件剖析”“820国企案件剖析”等材料．对大案要案第一时间向社会公布审查调查、党纪政务处分信息，制定《开福区党纪政务处分决定宣布工作办法（试行）》。2022年6月，宣布对财政局局原党组书记、局长刘某案件的处理情况，用好用活“身边事”教育“身边人”。

【日常监督管理】2022年，运用维护并宣传好“互联网＋监督”平台，及时公开全区民生资金、民生项目，接受群众监督，全年公开民生项目74个，涉及资金6.5亿余元。督促区审计局、区民政局做好公务用餐公开试点工作，严格履行审批手续、真实录入信息，定期开展比对核查，发现和纠正违规用餐行为。完善“公务用车”子平台，督促主管单位完善公务用车单位信息、车辆信息、用车记录等，预防违规用车问题。坚持“四个从严”维护“两会”纪律，按照“四位一体”模式进行全程驻会监督，确保区人大、区政协会议风清气正。推动监督向基层延伸，“室组地”联动（构建完善上下联通、左右联合、内外联动的监督执纪体系的具体实践）督促落实村级牌子、事务证明、报刊征订的精简，切实为基层减负。深化农村集体“三资”管理突出问题专项监督，对23个问题线索“回头看”。开展“洞庭清波”专项督查8次，发送工作提示6件，下发交办函2件，推动问题解决10个。推进安全生产监督检查，对8个部门单位进行督导，针对存在的8个方面的问题下发专项报告，督促整改到位。严把干部选拔任用“党风廉政意见回复”关，全年出具党风廉政意见62份，涉及单位及个人2441个，其中调整交流和提拔重用干部237人。落实“凡提四必”程序，防止“带病提拔”“带病上岗”。执行个人有关事项报告、领导干部因私出国（境）管理等制度，对31名需新增登记备案人员进行因私出国（境）备案登记信息修改、新增或撤除，组织领导干部签订领导干部严格执行兼职规定承诺书，严格干部教育监督管理。

【信访举报】2022年，开福区探索实行全员接访，紧盯群众获得感满意度，推进下访接访，开展显性监察行动，设置信访流动接待点，落实首问首办负责制，制定开福区纪委监委公开接访制度，班子成员带头在信访接待窗口轮流接访，全年区纪委监委党员领导干部在信访接待窗口轮流接访100余次。提升基层初信初访办理质量，加大重复访、越级访问题提级审核力度，出台《开福区纪检监察信访举报件领办工作方案》，全年受理纪检监察信访65件，同比下降43.0%。区纪委监委班子成员包案领办信访件11件，推动疑难信访件的办理。街道、区直有关部门加强对辖区或行业领域内上访群体动态进行全面排查，及时化解。

【作风建设】2022年，开福区组织全区各级各部门召开专题党组织会议312个，及时传达省、市深化整治领导干部违规收送红包礼金相关文件和会议精神，签订拒收红包礼金承诺书8261份。利用纪检监察信息平台，坚持在重要时间节点向全区副科以上党员领导干部发送廉政提醒短信7000余条。盯住贯彻上级决策部署只表态不落实、维护群众利益不担当不作为问题，盯住文山会海、督查检查过多过频，盯住搞“包装式”“一刀切式”落实问题，常态化开展监督检查。严肃查处享乐主义、奢靡之风。始终坚持严的主基调，探索运用大数据分析，发挥“室组地”联动优势，紧盯重要时间节点防反弹，查找薄弱环节补短板，常态化开展日常廉政提醒和专项监督检查。成立4个督察组，在重要节点，采取“查人员、查发票、查公车”等方式开展多轮次明察暗访，查处违反中央八项规定精神问题17起，处理28人，党纪政务处分10人，印发通报2期。

【专项整治】2022年，开福区强化自建房安全整治专项监督，发挥“室组地”联动优势，抽调区纪委监委内设机构和派驻纪检监察组工作人员成立“百日攻坚”专项监督工作组，深入村组院落70余次，按照“七个严查”要求，坚持问题导向，以监督促履职，紧盯专项整治工作中履职不力、作风漂浮等问题开展监督检查，向街道发出交办函22份，协调推动相关部门解决问题51个。在乡村振兴领域，对全区85个民生资金“一卡通”项目进行督查，核查问题线索2批次，规范惠农补贴资金发放。在教育领域，突出整治教育乱收费、违规招生等问题，重点整治家委会违规收费、搭车收费、收费不公开不透明等问题。在医疗领域，深入开展“清廉医保”建设，严肃打击欺诈骗保，不断优化办事服务流程。在养老社保领域，组织调度10余次，开展3轮自2019年以来涉嫌非法集资的养老机构和其他风险主体的摸排，持续跟进“明天养生案”处置情况。在债务化解领域，召开2次专项调度会，压实相关单位主体责任，督促认真化解政府性债务，防止发生系统性金融风险。全年查处群众身边腐败案件23起，处理33人，党纪政务处分15人，推动问题整改6个，追缴资金8.39万元。开展“清廉大厅”和“纪委帮企解难题”活动，区纪委监委主要负责人到湘雅路街道政务服务一线听民声、解难题，加大帮企、扶企、优化营商环境政策措施宣传力度。聘请辖区内企事业单位的人士20名担任党风政风监督员，对各行业领域、各市场主体不正之风，群众“急难愁盼”问题解决情况进行监督，发现涉及营商环境问题线索4件，查处2件，党纪政务处分5人。

2022年2月24日，中国共产党开福区第六届纪律检查委员会第二次全体会议召开

（区纪委 供图）

【巡察监督】2022年，开福区制定出台《区委巡察工作规划（2022—2026年）》和《开福区村（社区）党组织巡察专项规划（2022—2026年）》，完善巡察与纪检监察机关贯通融合机制，在巡前情况通报、巡察中沟通会商、问题线索移交、巡察整改督查、纪检监察干部抽调等方面强化沟通衔接。参与市县巡察上下联动，抽调6名骨干力量组建巡察组，参与全市重点社区（村）提级交叉巡察。对16个区属党组织开展3轮常规巡察，发现“三个聚焦”问题543个，移交重要问题线索20条。推动被巡察单位立行立改事项30件，提出意见建议74条；立案6人，给予党纪政务处分3人，给予组织处理4人。对3个街道的16个村（社区）开展延伸巡察，对6个重点村（社区）开展直接巡察，发现各类问题166个，及时移送办理相关重要问题线索4条。区委主要负责人与10家被巡察单位的分管区领导、被巡察单位主要负责人进行谈心谈话，提出整改意见，交办整改任务，督促层层压实责任。区纪委监委和区委巡察机构成立4个督查组，对19家单位、22个社区（村）落实省市区委巡视巡察反馈问题整改情况开展“回头看”，督查问题577个，发现整改不到位问题24个，推动各被巡察单位出台相关制度规定63项，清退、上缴相关资金42.7万元，党纪政务处分3人，组织处理75人次，整改率95.8%。

【中共开福区第六届纪律检查委员会第二次全体会议召开】2022年2月

24日，中共开福区第六届纪律检查委员会第二次全体会议召开。出席全会的区纪委委员16人，列席198人。区委书记谢伟峰出席全会并讲话。区委常委、区人大常委会、区政府、区政协领导出席会议。全会以习近平新时代中国特色社会主义思想为指导，深入贯彻落实中共十九大和十九届历次全会精神，全面落实十九届中央纪委六次全会、十二届省纪委二次全会、十四届市纪委二次全会部署和区委要求，总结开福区2021年纪检监察工作，部署2022年任务，审议通过区委常委、纪委书记、监委主任肖雄伟代表区纪委常委会所作的《发扬自我革命宝贵经验，守好山清水秀政治生态，为加快建设现代化北强新开福提供坚强保障》工作报告。

【区清廉家庭建设巡礼活动举行】2002年11月9日，开福区清廉家庭建设巡礼活动在马栏山明和1号演播厅举行。活动现场通过音乐情景剧、歌曲独白、宣传片等形式展现清廉家庭的感人故事、家国情怀，激励着广大家庭始终保持积极向上的人生追求，培育和践行家庭美德，树立并传播良好家风，做清廉家风的倡导者，文明家庭的建设者，爱岗敬业的实践者和遵纪守法的带头人。该次活动评选出清廉家庭20户，分为清廉好家训、清廉好家风、清廉好家书、清廉好家庭四个类别。另外，开福区还聘任“廉内助”，探索具有开福特色的“清廉家庭＋清廉单元＋清廉社会”的廉政教育新模式，开展“廉韵开福 、清廉我来讲”微党课竞赛，结合身边人身边事阐释各行各业清廉的内涵，以讲促廉，凸显“强省会”中家力量，共同构筑拒腐防变的防线，推动清廉开福走深走实。

【区监委首次向区人大常委会报告专项工作】11月26日，区委常委、区纪委书记、区监委主任肖雄伟代表区监委向区第六届人民代表大会常务委员会第9次会议作《关于开展廉政教育工作的专项报告》。这是区监委首次向区人大常委会报告专项工作。区监委高度重视该次向区人大常委会报告专项工作，多次召开专题会议研究部署，并将方案、选题和提纲分别向区委和市纪委监委报告，开展调研，广泛征求意见，起草报告，细致修改。区人大常委会高度重视和大力支持，开展实地调研，就专项报告提出意见和建议。报告初稿经区纪委常委会会议审议后，先后呈报区委、市纪委监委批准。从选题、定稿到报告，坚持依法依规、自上而下、审慎稳妥推进，做到程序合规、衔接有序。专项工作报告从三个方面总结全区开展廉政教育工作的做法和成效。同时，报告还梳理出目前存在的不足，提出下阶段工作计划。区人大常委会对报告内容进行认真审议，赞同该专项报告，并指出：报告内容全面、责任明确、成效显著，具有较强的针对性和可行性，建议进一步完善相关制度机制，巩固深化廉政教育工作成果，继续为北强事业高质量发展营造良好环境。

（谈　丹）

巡　察

【概况】开福区委巡察工作由区纪委、区委组织部共同负责实施。2022年，开福区委巡察机构组建11个巡察组，对16个区属党组织和22个社区（村）党组织开展3轮常规巡察，完成本届区委全覆盖任务的21%。巡察发现“三个聚焦”问题543个，移交重要问题线索20条，推动被巡察单位立行立改事项30件，提出意见建议74条；立案6人，给予党纪政务处分3人，给予组织处理4人。

【组织领导】2022年，开福区委常委会议学习、研究巡察工作2次，书记专题会议专题研究巡察工作3次，区委巡察工作领导小组会议专题调度巡察工作6次。区委书记重视巡察工作，每轮巡察均审定巡察工作方案，每次书记专题会均直接点人点事点问题，对巡察整改、成果运用等重要工作提出明确要求，为巡察工作深化发展提供有力支持。区委巡察工作领导小组组长、副组长坚持每轮巡察亲自动员部署，巡察中期下沉一线指导督导，统筹调度各巡察组高标准、严要求推进巡察监督。邀请长沙市委巡察办主任曾卫国列席指导区委第二轮巡察书记专题会议，制定出台《区委巡察工作规划（2022—2026年）》和《开福区村（社区）党组织巡察专项规划（2022—2026年）》，为新一届区委巡察工作高质量发展奠定基础。

【基层巡察】2022年，开福区委巡察

机构组建11个巡察组，对16个区属党组织和22个社区（村）党组织开展3轮常规巡察，完成本届区委全覆盖任务的21%。巡察发现“三个聚焦”问题543个，移交重要问题线索20条，推动被巡察单位立行立改事项30件，提出意见建议74条；立案6人，给予党纪政务处分3人，给予组织处理4人，取得巡察成效。巡察组推动解决沙坪街道竹安村塘堤隐患问题、四方坪街道新家园小区提质改造问题、市政中心维护基地“人货混居”等群众身边的急难愁盼问题11个，相关事迹被人民网、湖南巡视、红网、清廉长沙等媒体宣传报道22次。

【巡察整改】2022年，在区委第二轮巡察中，区委书记亲自约谈10家被巡察单位的分管区领导和主要负责人，严肃指出问题不足、交办整改任务，通过“红脸出汗”提升巡察质效。2022年，开福区组织对区委第一、二轮巡察整改情况开展“回头看”，督查问题577个，发现整改不到位问题24个，推动各被巡察单位出台相关制度规定63项，清退、上缴相关资金42.7万元，党纪政务处分3人，组织处理75人次，整改率95.8%。梳理巡察中发现的共性问题、普遍性问题和廉政风险点，向相关单位发出巡察建议函9份，对安全生产责任意识不牢、巡察整改问题反弹回潮、第三方服务机构监管不到位、村（社区）财务管理混乱等问题提出具体巡察建议，推动巡察成果用好用足。

【巡察联动】2022年，开福区配合市县巡察上下联动，从区委巡察办、区民政局、区农业农村局等单位抽调6名骨干力量组建巡察组，参与全市重点社区（村）提级交叉巡察，支持市委第三提级交叉巡察组对秀峰街道湘荷村、青竹湖街道新源社区开展巡察，提高村级巡察质效。完善巡察与纪检监察贯通融合，在巡前情况通报、巡察中沟通会商、问题线索移交、巡察整改督查、纪检监察干部抽调等方面强化沟通衔接，全年抽调纪检监察干部21人次参与巡察工作，为巡察提供有力保障。加强巡察与审计、统计等部门沟通协作，健全协作机制，将相关工作纳入巡察监督重要内容，深化构建巡察综合监督平台。

【书记专题会议听取巡查情况汇报】2022年2月8日，开福区区委书记谢伟峰主持召开专题会议，听取开福区委第一轮常规巡察工作综合情况汇报，并传达学习中央办公厅关于加强巡视整改和成果运用的意见精神。区领导高伟、晏成方、肖雄伟、郭俊参加会议。根据区委统一部署，2021年11月初至2021年12月底，区委派出3个巡查组，采取“一托二”方式，对区科技局、区财政局、区交通运输局、区应急管理局、区人居环境局、区现代服务业发展中心等6家单位党组织常规巡察。该轮巡察与被巡察单位主要负责人沟通41人次，开展个别谈话158人次。查阅被巡察单位近3年有关文件资料1602卷册。走访企业单位22家次，暗访调查16次，巡察发现问题150个，主要问题线索2条，交办被巡察单位立行立改问题11个，向被巡察单位提出工作建议26条。

2022年6月30日，开福区区委书记罗玉环主持召开专题会议，听取六届区委第二轮巡察情况汇报，研究部署下阶段巡察工作。长沙市委巡察办主任曾卫国到会指导，区领导高伟、晏成方、肖雄伟参加会议。按照区委统一部署，2022年3月中旬至5月底，六届区委第二轮巡察派出5个巡察组，采取“一托二”和“巡街道带社区（村）”的方式，对区民政局、区住建局、区文旅体局、区农业农村局、洪山街道、捞刀河街道、沙坪街道第7家部门街道及22个社区（村）党组织开展常规巡察。

2022年11月2日，开福区区委书记罗玉环主持召开专题会议，听取六届区委第三轮巡察工作综合情况汇报。区领导高伟、晏成方、肖雄伟、郭俊参加会议。按照区委统一部署，2022年7月中旬至9月中旬，区委派出3个巡察组，对区市政设施维护中心，区园林绿化维护中心、区市容环卫维护中心等3家单位党组织开展常规巡察。该轮巡察与被巡察单位主要负责人沟通23人次，开展个别谈话134人次，查阅近3年有关文件、会计账册、记录、档案等资料1100余卷册，走访相关单位52家，暗访调查26次。巡察发现问题73个，重要问题线索8条，交被巡察单位立行立改问题6个，向被巡察单位提出意见建议13条。

（邹启泉）

民主党派·工商联

民革开福区工委

【概况】2022年，中国国民党革命委员会开福区工作委员会（以下简称“民革开福区工委”）有支部4个，党员139人，其中省政协委员1人，市政协委员2人，区人大代表4人，区政协委员6人。

【参政议政】2022年，民革开福区工委在联点共建省级同心社区、省司法厅基层立法联系点江湾社区开展《中华人民共和国民事强制执行法（草案）》基层立法协商研讨会，收集意见和建议80余条，通过民革省委会提交民革中央，向全国人大常委会反馈民革对该部法律的意见和建议。党员万晓明、刘洋等在区政协六届一次会议上提出的《关于加强秀峰功能区高水平规划、综合建设》《关于设立区级企业家日并开展相关活动》《关于加强残疾人法律援助工作》等7个提案获得立案；党员廖耀群、肖光念等撰写的《完善疫情防控工作机制 坚持尽职免责原则》《农产品换房背后风险凸显 用好政策手段激活市场活力》《停贷风波引发的社会问题亟待重视》《关于修订湖南省高级人民法院〈关于诉前委托鉴定工作的实施办法（试行）〉的建议》《建议省高院出台文件规定执行立案免交裁判文书生效证明》等社情民意被全国政协、民革中央、省政协、民革省委采用；民革开福区工委完成湘江（长沙段）生态环境保护民主监督、诉讼保全规范化、以“三高四新”战略引领，打造马栏山文创园科技+文化人才高地建设等课题调研。

【社会服务】2022年，民革开福区工委发挥民革特色优势，坚持重点示范、以点带面、整体提升，持续推进开福区茶子山村乡村振兴示范点建设，打造助力乡村振兴的“民革样板”。联合“乡兴湘味”兴农电商平台在月湖公园举办“浓情中秋，民革助农”主题夜市活动，销售茶子山本土农副产品，实现消费助农兴农。助力破解“带娃新妈”就业难问题，举行长沙新春首场年轻妈妈专场招聘会——“河畔她职场”，8家企业遴选出30类适合女性且就近就业的职位。联合爱心企业先后对开福区卫健系统、长沙市一医院、植基社区等开展疫情防控慰问工作，送去咖啡、烤鸭、中药抗菌湿巾、矿泉水、方便面、牛奶等抗疫物资。联合“法润江湾”政协委员工作室开展“向阳而生，共护未来——我是小小检察官”社会实践活动，提高青少年的社会主义法治理念，增强学法知法守法用法意识，预防和减少未成年人违法犯罪行为。

（魏楚）

2022年1月8日上午，民革开福区工委助力茶子山村乡村振兴示范点建设启动仪式举行（区委统战部 供图）

民盟开福区工委

【概况】2022年，中国民主同盟开福区工作委员会（以下简称“民盟开福区工委”）有支部9个，盟员364人，其中市人大代表1人，区人大代表1人，区政协委员15人。

【参政议政】2022年，民盟开福区工委全年提交建议、提案12件，集体提案《关于在竹安村打造同心乡风文明建设示范点》被确定为区重点提案。围绕收集的群众“急难愁盼”问题，总结上报省市社情民意信息10余条，《加快完善〈双减〉后续配套政策的建议》《切实加强老旧燃气管道安全隐患排查治理的建议》被省政协采用。发挥宣传平台作用，各支部推送微信公众号11篇；以微信群、长沙盟讯、学习资料等为学习补充，实现全覆盖、多层次、立体化的大学习格局，做到有思有学有行，夯实思想政治基础，增强履职尽责的责任意识和实践能力。

【社会服务】2022 年，民盟开福区工委联合民盟市委会、长沙民盟企业家联谊会携手开福区竹安村，共建同心美丽乡村。邀请乡村振兴专家等走访调研、召开专题推进会，并向竹安村捐赠 2 万元建设“宝贝小屋”。发挥民盟文化、教育优势，开展关怀环卫工人、地贫儿童、事实孤儿、失独家庭等活动，募集爱心款、慰问物资，送医送药下乡村，全年举办“微光聚爱 · 点亮希望”送温暖活动 2 场，向社区捐赠现金和物资价值 3 万元；参与区委组织的湖南省城步苗族自治县乡村振兴帮扶活动，捐赠价值 4 万元的毛毯。推进支教帮扶工作，盟员刘四平 2 次获得湖南省龙山县政府嘉奖、朱慧浓盟员获得长沙市级记功。以盟员戴小峰企业二九创演园为基础，民盟开福区工委与区政协农业农村和人口资源环境委、月湖街道联手打造“同心”政协委员工作室，争创第二批省级示范委员工作室。巩固甜蜜荟“盟员之家”品牌。民盟开福工委与区侨联联合开福区左岸社区共建“同心社区”，开展系列公益帮扶活动。协助民盟市委会成立长沙民盟企业家联谊会，加强盟员企业家联系，整合有效资源，帮助广大盟员企业家树立信心，形成互帮互助良性循环，更好地服务于新时代发展的需要。开福区综合支部副主委李荣被选举为长沙民盟企业家联谊会会长，其位于北辰国荟的公司所在地被授予长沙市“盟员之家”“长盟企联会盟员之家”称号。

（魏 楚）

民建开福区工委

【概况】2022 年，中国民主建国会开福区工作委员会（以下简称“民建开福区工委”）有 7 个支部，分别为一、二、三、马栏山文创，长沙银行，长沙学院，友谊支部，会员 164 人。其中市人大代表 2 人，市政协委员 2 人，区人大代表 4 人，区政协委员 13 人。2022 年，民建开福区工委获得民建长沙市委会年度先进集体一等奖。

【参政议政】2022 年，民建开福区工委组织发挥政治协商职能，“强省会战略下长沙建设国际会展名城的对策研究”获得民建长沙市委会重点课题。市政协集体提案“把握实施强省会战略机遇，引领推动长株潭产业园区合作”获得市委副书记、市长批示，由市委常委、常务副市长领衔督办；会员史丹撰写的“关于加快文旅融合高质量发展，助推开福区奋力迈上北强的提案”获得区政协 2022 年度优秀提案。会员积极撰写社情民意，全年有 7 篇被民建中央采用，3 篇被省政协采用，10 篇被民建省委采用，1 篇被市政协采用，7 篇被民建市委会采用，其中会员刘敏撰写的《关于打通双循环关键堵点助推“三高四新”战略实施意见》获得省委书记张庆伟，省委常委、省委办公厅秘书长谢卫江批示，“关于推进长株潭都市圈“飞地”园区高质量发展的建议”获得省委常委、长沙市委书记吴桂英批示。

【社会服务】2022 年，民建开福区工委围绕助残开展“同心助残 春节慰问”“同心助残 喜迎二十大”系列活动，“同心共融 · 关爱童心”公益助残活动等公益助残活动，结合春节、端午、中秋、全国助残日等慰问残疾人，慰问残疾家庭 600 余户，慰问物资价值 7 万余元，现金 2 万余元；联系爱心企业捐赠 10 台总价值 2 万元的古筝供残疾儿童免费学习使用；捐赠 120 份物资慰问区内残疾人，为 67 名残疾人捐赠总价值 1 万元的爱民保险；民建马栏山文创支部慰问区内残疾人 4000 元，捐赠 150 份物资慰问区内残疾人。为 100 名自闭症儿童家长开展家庭教育培训并赠送慰问品。多次组织慰问疫情防控工作一线人员，全年捐赠慰问物资价值 8 万余元。民建开福区工委主委顾涛获得市文明办、市残联“善行四十佳”助残先进个人荣誉称号。

（魏 楚）

民进开福区工委

【概况】中国民主促进会开福区工作委员会（以下简称“民进开福区工委”）有支部 10 个，会员 216 人。其中市级人大代表 2 人，市级政协委员 4 人，区级人大代表 1 人，区级政协委员 7 人。2022 年，民进开福区工委被评为民进长沙市委会综合考评一等奖。全年民进开福区工委发展新会员 10 名。

【参政议政】2022 年，民进开福区工委副主委唐志提交的建议《关于对长沙地铁五号线北延线规划进行重新设计的建议》和《关于加强校地合作促进岳麓景区建设的建议》被市人大采纳；会员陈敏撰写的提案《关于切实加强长沙市中小学生近视防治工作的建议》被市政协采用。《关于进一步推进残疾儿童随班就读》等3篇提案被市政协交办。参与民进长沙市委会2022年重点课题。全年民进开福区工委报送社情民意50篇，其中《实施“双减”应学生和教师减负并重》被民进中央和省委统战部采纳；《加强高校美术教师意识形态教育的建议》《建议完善医疗机构结余药品处置和管理》被省政协采纳。

【社会服务】2022年，民进开福区工委于春节期间组织米、油等物资慰问开福区营盘街社区困难群众，资助湖南省龙山县扶贫对口乡村2000元。各支部组织多种多样的社会服务活动，参加“梦飞翔文化关怀计划——民进一起捐”捐款活动；协助《雷锋》杂志社开展“入队第一课”主题队日宣传活动；组织开展自闭症儿童健康保驾护航“爱心体检”公益活动。会员张超被聘为长沙市人民检察院、开福区人民检察院“益心为公”志愿者，会员张静被聘为开福区人民检察院“益心为公”志愿者，会员罗靓被聘为长沙市人民检察院听证员、“益心为公”志愿者。

（魏楚）

农工党开福区工委

【概况】2022年，中国农工民主党开福区工作委员会（以下简称“农工党开福区工委”）有支部6个，分别为长沙市第一医院总支、区医卫支部、长沙市文化产业支部、长沙市教育一支部、区药业支部、长沙市直属二支部，党员221人，其中区人大代表2人、区政协委员6人，市人大代表1人、市政协委员1人，省人大代表1人、省政协委员1人。

2022年5月12日，农工党开福区工委举办“同心同行·助力医药高校毕业生就业”校企见面会
（区委统战部 供图）

【参政议政】2022年，农工党开福区工委在落实“三高四新”“强省会”等重大战略机遇中贡献党派力量，聚焦开福区医疗器械产业发展，形成“助推医疗器械产业发展 打造开福优势产业名片”专题调研报告，为开福区委、区政府提供决策参考。围绕省、市、区政府中心工作及民生热点，积极建言献策，全区农工党员提交建议、提案、社情民意30篇，其中党员、省人大代表王爱民在省人大第五次会议上提交《发挥学校主阵地作用，确保“双减”实效的建议》等建议5篇；党员、市政协委员肖乐报送《关于在公共场所开展脑卒中早期识别科普宣传的建议》等建议2篇；党员、区政协常委谷任光《以推行“二维码”食品标签为抓手，完善流通领域食品安全信息化管理》报送全国政协、省政协。

【社会服务】2022年，农工党党员投身抗疫一线，以实际行动践行农工党党员的责任与担当，开展慰问社区一线抗疫人员捐赠活动，募集发放防疫药品及物资73件、免费体检卡70张，价值8万余元；为一线抗疫人员捐赠莲花清瘟颗粒价值1.2万元、防疫相关物品价值10万元，开展大型健康义诊4次；举办“同心同行·助力医药高校毕业生就业”校企见面会活动，为长沙卫生职业技术学院毕业生输送就业岗位306个；开展“贯彻落实中共二十大精神，促进法治社会建设”社会服务活动，接受群众咨询50余人次，发放宣传手册200余份。

（魏 楚）

致公党开福区工委

【概况】2022年，中国致公党开福区工作委员会（以下简称“致公党开福区工委”）有支部 6 个，党员 140 名，其中区人大代表 4 人，区政协委员 8 人。

【参政议政】2022 年，致公党开福区工委提交社情民意 30 篇，提案和建议 20 篇。党员徐铸柔代表致公党开福区工委在政协开福区六届二次全体上发言，其撰写的《关于加强金霞经开区工业园、产业园生活配套建设的提案》被评为 2022 年度优秀提案。致公党开福区工委调研报告《关于马栏山视频文创园如何打造具有核心竞争力的科技创新高地研究》被评为开福区民主党派课题调研一等奖。全年致公党开福区工委撰写调研报告 10 篇，被致公党长沙市委采用 3 篇。区人大、区政协“两会”期间，致公党党员提交集体提案 7 篇，个人建议 4 篇。

【社会服务】2022 年，致公党开福区委继续发挥水风井“省级同心科普社区”精品工程作用，打造“凤凰欲飞”同心基地，该基地获得长沙市委统战部市级“同心基地”授牌。“凤凰欲飞”公益组织全年向沙坪中学 2 名优秀教师、8 名品学兼优的学生发放奖金 2 万元；“凤凰欲飞”公益组织全年走访慰问湖南省临澧县贫困学生 160 余名，资助金额 100 万元。

【侨胞联络】2022 年，致公党开福区工委党员谢谦、卢雨薇担任致公党湖南省委侨海委员工作委员会委员，参与“海归论坛”各项活动。党员徐恺、艾陈祥、熊歆担任长沙市侨联青年委员会副会长，党员陶陶担任执行秘书长，党员谢谦、卢雨薇担任委员。组织召开马栏山侨联工作推进会。组织党员参加市侨联召开的海归论坛调研成果初稿征求意见会，参加中共长沙市委统战部开展的长沙市归国留学人员学习贯彻习近平给南京大学留学归国青年学者的回信座谈会，参加由长沙市侨联、长沙人才集团有限公司共同组织的留学归国人才政策宣讲会等。

（魏 楚）

九三学社开福区工委

【概况】2022 年，九三学社开福区工作委员会（以下简称“九三学社开福区工委”）有支社 5 个，社员 155 人，其中区人大代表 4 人、区政协委员 8 人，市人大代表 1 人、市政协委员 1 人，省人大代表 1 人、省政协委员 1 人。

【参政议政】2022 年，九三学社开福区工委利用社员中人大代表和政协委员优势，发挥参政议政作用。围绕关于加快区文旅产业发展等课题进行调研，形成论证充分、建议合理的调研报告；履行民主监督职能，组织社员中的人大代表、政协委员及各类特约人员搭建平台，参与政党协商活动；反映社情民意，拓宽信息渠道，全面提升社情民意、信息工作质量和水平，全年向区政协提交提案 10 篇，微建议 20 余条；组织社员参加九三学社长沙市委和区委统战部组织的参政议政活动以及区委“同心大讲堂”活动。

【社会服务】2022 年，九三学社开福区工委组织社员参与扶贫支教、扶贫医疗、法律援助、慰问等活动。社员单位长沙市曹利国信息技术名师工作室对长沙县六中开展送教活动。建立社区“同心健康服务中心”，为社区少年儿童健康成长、青年人舒缓、老年人保健养生等方面提供综合服务。成立“五老红”志愿服务队，参与社区疫情防控、铲雪除冰等志愿服务活动。

【招商引资】2022 年，九三学社开福区工委引进修正药业集团长沙分公司，并与金霞发展集团签约成立湖南润昌医药有限公司，落户金霞经开区长沙健康医药产业园。九三学社开福区工委社员杨柳珊协助华为湖南子公司落户马栏山视频文创产业园，该公司将开展产品研发、销售与服务，为湖南省数字化转型提供技术、产品及解决方案和服务支撑。

（魏 楚）

开福区工商业联合会

【概况】2022 年，开福区工商业联合会（总商会）（以下简称“开福区工商联”）有工商联会员 1200 人，基层商会 26 个，其中 16 个街道商会，另有长沙市金霞经济开发区、直属商会、女企业家、青年企业家、建材行业、潇湘装饰、钓鱼、藏珑、金满地、万达联合 10 个行业商（协）会。商会会员行业主要涉及建筑建材、智能制造、视频文创、金融商贸、现代物流、房地产、批发零售、住宿和餐饮等。

2022 年 9 月 7 日，区工商联班子成员走访基层商业协会

（区工商联供图）

【营商环境优化】2022 年，开福区工商联搭建政企沟通平台，召开全区民营企业家座谈会，通过与区领导、相关职能部门负责人面对面交流，征询企业经营活动遇到的困难、问题以及对改善和优化营商环境的诉求、期盼，组织会员企业参加 16 个街道举办的政企座谈“晚餐会”。编印《开福区惠企政策汇编》发放到会员企业，转发中央、省市惠企政策电子书到各商会微信群。通过 31 名区领导联点 26 家基层商协会、31 名民营企业家和 144 家民营企业，开展民企大走访。深化联席会议制度，聘请公检法司等 10 个部门分管领导为总商会名誉副会长。组织 35 家会员企业参加湖南省对长沙市营商环境的主观评价工作，组织 36 家会员企业参加全国工商联“万企评营商环境”工作。开展中共二十大精神进机关、进商（协）会、进企业“三进”活动。组织 45 名非公企业负责人到中山大学开展高级研修班学习培训。全年编辑出版《开福商海》2 期。

【参政议政】2022 年，开福区工商联会员中人大代表、政协委员全年提交建议、提案 51 件，区政协立案 19 件，会员龙友军提交的《建议用中文标识国产汽车操作按键》的社情民意被全国政协采用。推荐会员企业长沙客居乐酒店管理有限公司、长沙市雅高彩印有限公司为 2022 年长沙市营商环境监测点。会员陈震、厉熊被聘为税务监督员，丁勇、陈震、范四海等 7 名会员被聘为党风廉政监督员。

【社会服务】2022 年，开福区工商联派人参与华悦、汇聚酒店和紫凤社区的防疫抗疫工作。各基层商协会以及普奇地质探勘设备研究院、新亚胜光电股份有限公司、老百姓大药房等会员企业，多次支援疫情防控，捐献口罩等爱心物资。组织基层商会、部分会员企业到敬老院、困难户家庭走访慰问，并送上慰问物资。助力乡村振兴水果 4 万余元。新亚胜光电股份有限公司设立帮困助学基金，持续资助生活困难家庭和优秀学生。区工商联、区农业农村局联合制定《开福区“万企兴万村”行动实施方案》，青年企业家商会与沙坪街道茶子山村结对帮扶，区总商会联合潇湘装饰协会到湖南省龙山县和城步县结对帮扶，向龙山县内溪乡中心学校，城步县芙蓉学校、兰容乡中心学校捐赠现金、物资 40 万元。全年区工商联会员企业累计捐赠各类物资价值 1800 万元。区总商会人民调解委员会为会员企业调处纠纷 25 起，联合芙蓉律师事务所开展助企纾困法律服务活动，向会员企业捐赠“法律服务爱心包”1000 份。

【组织建设】2022 年，开福区工商联党组批复成立总商会党委，袁玉宝任党委书记，丁勇、王婧静任副书记，陈平凡等任党委委员。总商会党委积极推动基层商协会党建工作，成立 24 个支部，以党建聚合力，服务商会建设和经济发展。基层党组织实现全覆盖。聘任傅曦、刘紫煊、张文为开福区总商会副秘书长，任期五年。

【会员荣誉】在长沙市工商联成立 70 周年表彰大会上，湖南高岭建设集团股份有限公司、湖南恒昌医药集团股份有限公司荣获“卓越杯”，友谊国际工程咨询股份有限公司荣获“新锐杯”，会员王心亮荣获“奉献杯”。湖南高岭建设集团股份有限公司、友谊国际工程咨询股份有限公司获得“省长质量奖”提名奖。湖南新亚胜光电股份有限公司入选 2022 年国家专精特新“小巨人”企业。湖南普奇地质勘探设备研究院等 10 家会员企业党支部荣获开福 2021—2022 年度“两新”优秀党组织。女企业家商会开展“三八”妇女节走访调研等特色活动 4 次，青年企业家商会打造“红五月青年行”品牌活动，月湖、清水塘、秀峰、新河、东风路、洪山、望麓园等街道商会分别组织参观交流、学习、慰问、趣味运动会等商会活动。

（傅　曦）

群众团体

开福区总工会

【概况】截至2022年年底，开福区有2个系统（教育、卫计）工会联合会、5个（湘绣、动漫、马栏山省级大数据、快递、货车运输）行业工会联合会、16个街道工会联合会、90个社区工会联合会，有2330个基层工会，涵盖法人单位4080家，会员13.6万余人，其中农民工会员52095人。有劳模或先进工作者136人，其中全国劳模7人，省部级劳模31人，市级劳模70人，区级劳模18人，享受区劳模待遇的开福工匠10人。省市模范职工之家55家，全国职工书屋3家，市级以上职工书屋20家。

2022年5月31日，开福区总工会开展“送温暖 送服务 送健康”情暖户外劳动者活动
（区总工会 供图）

【组织建设】2022年，开福区新增工会组织300家，涵盖法人单位454家，新增会员人数18802人。获评省级模范职工小家1家、市级模范职工之（小）家4家、市级小三级工会建设工作典型1家、长沙市新就业形态建会入会创新优秀项目1个、长沙市“快递小哥之家”示范点1家。重点推动3000余名快递员、5961名“饿了么”蓝骑士等新就业形态劳动者加入工会。投入72万余元，打造200余平方米的开福区职工综合服务基地；投入52万元，打造开福区“司机之家爱心驿站”。全年被评为市级职工书屋示范点2家、市级已建职工书屋示范点宣传典型1家、市级职工主题阅读学习活动优秀项目2个，新建和改造母婴室3家。新建户外劳动者服务站点11个，其中被评为湖南省总工会“百优驿站”荣誉称号2个、被评为长沙市“五星”站点2个、被评为长沙市“四星”站点4个。指导6家企业食堂被评为2022年度市“百优食堂、幸福职工”荣誉称号。

【培训宣传】2022年，开福区在全区工会中组织开展“奋进新征程、永远跟党走”中共二十大宣讲、产业工人思想政治教育进企业等学习培训活动，引领广大职工听党话、跟党走。开展“好工人·向未来”之“劳动铸就辉煌”主题宣传，组织开展“‘五一’劳动节组歌”——喜迎中共二十大职工诗歌征集活动，收集作品80余篇，评选获奖作品19篇；开展“中国梦、劳动美”劳模宣讲，发动各级工会张贴和播放“五一”劳动节宣传标语800余条。培训产业工人300人，开展爱心托管班2期，女职工素质教育课10节，单身联谊活动4场。深入贯彻习近平法治思想，重点学习《中共人民共和国宪法》、《中华人民共和国民法典》、新修订的《中华人民共和国工会法》、《中华人民共和国安全生产法》等法律法规，开展“尊法守法、携手筑梦”公益法律活动24期，发放法律法规宣传册200余份，提供公益法律服务300余人次。

【劳动竞赛】2022年，开福区工会系统举办“安全生产和打击治理电信网络诈骗犯罪”劳动技能竞赛，长沙市总工会和区委、区政府主要领导出席活动。现场表彰开福区“安全卫士”“反诈之星”各10名，活动向全区广大职工弘扬“生命至上、安全第一”的意识，助推全区社会治理现代化，为迎接中共二十大胜利召开营造安全稳定环境。选送20余名技能人才参加长沙市“十行状元、百优工匠”技能竞赛，4人获得名次和市“百优工匠”荣誉称号。

【维权帮扶】2022年，开福区工会系统慰问困难职工882人，慰问金和物资42万元。开展“双联”（党政机关联系企业，机关干部联系困难职工）走访慰问活动，慰问全区5家困难企业物资300份、帮扶资金39.4万元。组织开展职工医疗互助活动，参保职工补助金额40万元，47名职工获得二次补助17万元，5名职工获得大病关爱补助7万元，122名职工获得生育补助金7.32万元。开展“迎新春送温暖、稳岗留工”专项行动，为外省留长沙过年的513名企业工会会员发放新春消费券20.52万元。

【职工综合服务基地落成】2022年10月8日，开福区职工综合服务基地落成并正式对外开放。该基地是区总工会以提升职工生活品质为目标，投资72万余元打造的重点项目，面积200余平方米，采用“一室一厅一区”的模式，接待厅面向全区职工群众和基层工会提供基层工会组建、法人登记办理、会员保障、法律维权、困难帮扶、医疗互助、素质提升、劳模管理八大服务。开通网上智慧云平台，实现工会组织组建、换届、改选和法人资格证书线上办理，新就业形态劳动者通过“扫码入会”预约心理疏导、法律援助等免费服务。户外劳动者服务区配备电视、图书室、桌椅沙发、微波炉、空调、饮水机等设施，满足户外劳动者“渴了能喝水，热了能乘凉、冷了能取暖，累了能休息”的需求。站点每月定期邀请美发师为快递小哥等新就业形态、户外劳动者免费理发。劳动争议调解室与区法院打通劳动争议在线诉调对接通道，开启工会主导、快处快调劳动争议多元化解新模式。

2022年10月8日，开福区职工服务中心对外开放

（区总工会 供图）

【司机之家爱心驿站建成】2022年9月，开福区总工会围绕“一区一品”，投资52万元，打造配套齐全、功能完备的“司机之家爱心驿站”。该驿站面积3.12万平方米，住房624间，为货车司机提供特色餐饮、停车汽修、困难帮扶、休闲按摩、智慧阅览、影音观看等功能服务。以党建带工建，组织开展义诊、义剪、爱心赠书、禁毒和交通安全宣传等活动，提升货车司机幸福感、获得感和安全感。该驿站还成立“红色老娘舅”工作专班，及时受理相关投诉举报，提供法律援助，调解纠纷20余起，设立的“卡嫂关爱室”为女性提供情感关照和情绪支持。该驿站有金霞经济开发区1000余家物流企业货车司机受益。

【机关干部子女暑假爱心托管班开班】2022年7月11日，开福区总工会2022年机关干部子女暑假爱心托管班开班，35名区直机关干部子女参加。活动为期1个月，开设低年级和高年级2个班，辅导孩子们完成家庭作业、进行图书阅览、组织观看影视录像、赏析音乐故事等，开办架子鼓、吉他、舞蹈、声乐、主持等艺术类课程以及社会实践活动，帮助干部职工解决生育后顾之忧。区总工会以“你安心工作，我全力带娃”为宗旨，广泛倡导全区各基层工会开办假期托管托育亲子关爱班，解决职工子女暑假“看护难”问题，让更多的职工子女通过既“托”又“管”还“教”的方式，学有所乐，学有所获。让职工放心满意，安心上班。

【安全生产和打击治理电信网络诈骗犯罪劳动技能竞赛】2022 年 6 月 10 日，开福区安全生产和打击治理电信网络诈骗犯罪劳动技能竞赛活动在三能集成房屋股份有限公司室内篮球场举行。开幕式上，长沙市人大常委会副主任、市总工会主席周敏宣布赛事开幕，开福区委书记罗玉环为活动开幕讲话。该竞赛有 16 支队伍，由开福区各街道组织选拔辖区内企、事业单位职工参赛。现场设置“安全生产和反电信诈骗知识竞赛”“案例分析与隐患排查”“反电诈主题创意海报展示与宣讲”“安全生产应急救援技能大比武”四个环节，青竹湖代表队获得一等奖。活动现场，开福区委副书记、统战部部长晏成方还宣读“安全卫士”“反诈之星”评选结果，并现场举行 10 名安全卫士、10 名反诈之星颁奖仪式。

【22 家工会户外劳动者服务站开放】2022 年 5 月 31 日，开福区总工会领导带队深入开福区户外劳动者站点开展“送温暖、送服务、送健康”情暖户外劳动者活动，给 300 位户外劳动者代表及子女送上粽子等慰问物资和儿童节礼包。户外劳动者站点的司马里站、广铁站和滨河站现场设置义诊和美发服务区，长沙市一医院专家和美容美发机构的美发师受邀免费为户外劳动者提供健康体检诊断以及美发服务。2022 年，开福区开放覆盖全区的 22 家工会户外劳动者服务站点，站内饮水机、微波炉、空调、桌椅、药箱等设施设备一应俱全，重点服务环卫工人、交警、外卖员、建筑工人等。其中司马里站被评为中华全国总工会最美户外劳动者站点。

（何巧梅）

中国共产主义青年团开福区委员会

【概况】2022 年，开福区有一级团组织 56 个，其中街道团工委 16 个，中职学校团委 3 个，区直部门团委 7 个，国有企业团委 1 个，“两新”团组织 29 个，团支部 947 个，少先队中队 1143 个，社区少工委 56 个，“青年之家” 28 个。全区共青团员 8903 人，少先队员 52445 人。

【从严治团】2022 年，开福区推进“红色文博研学万人行”三年行动，组建“80”、“90”、“00”青年理论宣讲团，组织庆祝中国共产主义青年团成立 100 周年项目观摩暨“党旗下话成长，青春建功强省会”座谈会，开展学习贯彻习近平总书记建团 100 周年重要讲话精神专题学习班暨 2022 年开福区“红领巾梦工厂”少先队辅导员风采大赛，打造“湘区团校”“潮宗街上涌动的青春故事”“百年青运在开福——早期湖南团组织活动策源地”等作品，组织“小树苗”红领巾宣讲视频展播系列活动，面向全区发出“献礼建团百年，青春征集令”，从 1000 余份投稿中择优评选 118 份献礼作品予以推送，“开福 YOUNG”微信公众号全年累计推送微信文章 292 篇，关注人数 3.6 万人。做好“青年大学习”工作，“智慧团建”平台专题学习覆盖率 100%。推进“青年岗位能手”“向上向善好青年”“两红两优”等荣誉推报，李真谛获得第 19 届“湖南青年五四奖章”，彭奕韬在湖南省庆祝中国共产主义青年团成立 100 周年座谈会上作为青年代表发言，开福

2022 年 5 月 17 日，开福区组织召开庆祝中国共产主义青年团成立 100 周年暨“党旗下话成长，青春建功强省会”座谈会（区团委 供图）

区青年志愿者协会团支部入选“湖南省五四红旗团支部（团总支）”表彰名单。

【志愿者服务】2022年，开福区打造“青年火炬手”储备计划，面向122所高校择优选拔在校实习生50名，实现11名“青年火炬手”与6家企业双向达成就业协议。围绕项目拆迁、文明创建等重点工作，成立青年突击队74支，队员人数1029人。坚持“青青有约”合作机制，持续擦亮“望麓园青年团”“沙坪青年宣讲队”“楚家湖楚楚系列”等项目品牌；完成“河小青行动中心”队伍及场地建设，开展“河小青”志愿服务活动，推进湘江、浏阳河、捞刀河等河边生态环境治理。

【困难帮扶】2022年，开福区围绕区政协关于全面精准帮扶困境未成年人的提案，打造“希望小屋”项目“1+3+5”关爱帮扶体系，全年区内新建“希望小屋”7家，在湖南省龙山县内溪乡新建“希望小屋”10家。结合“十个百万实践育人行动”，开展“长青护”中高考减压阳光行动、“情定开福·缘悦中秋”中秋主题单身青年交友活动、“学雷锋精神·绘好人事迹·做慈善少年”主题活动等，开展“开福青年传温暖，心系城步一家亲”爱心助学活动，为湖南省城步苗族自治县茅坪中心小学和五团镇中心学校捐赠学生校服1031套、教师运动服42套，为特困学生，捐赠财物价值16万元。联合区检察院打造“向阳护未站”，开设“向阳花开”教育讲堂，共建家庭教育指导机制。提供审讯环节到场监督与长效帮扶帮教志愿服务，开展社会调查和附条件不起诉帮教工作，对未成年人定期开展“五防”教育。开展“平安开福·护苗帮帮团”活动，帮助4名社区矫正对象回归社会。

【组织建设】2022年，开福区深化共青团基层组织改革，创新“党建带团建”工作措施，做实“一站两联”工作，发挥组织青年、引导青年、凝聚青年、服务青年的“联络站”职能。落实“三会两制一课”与“第一议题”制度，设立党章党规专题课堂，统筹团组织的政治建设、思想建设、组织建设、作风建设、纪律建设。部署推进健全地方青联组织社团基础工作，收集协商提名人选200人，完成青年联合会成立大会暨第一届委员会筹备工作。加强党团队一体化建设，做好分批入队、推优入团、推优入党工作，全年有223名团员和青年入党积极分子光荣加入中国共产党。推进“红领巾梦工厂”少先队辅导员培训项目，开展学习贯彻习近平总书记建团100周年重要讲话精神专题学习班暨2022年开福区“红领巾梦工厂”少先队辅导员风采大赛。开展“青廉”系列活动，打造廉政文创作品“清廉开福青年唱”，获得青年湖南、新湖南、学习强国长沙学习平台、长沙共青团、长沙观察等多家媒体平台转发。巩固扩大组织覆盖和工作覆盖，在智能制造、视频文创、现代物流、高端服务业等主导产业和园区建立团组织254个。

（覃泓玥）

开福区妇女联合会

【概况】2022年，开福区妇女联合会（以下简称开福区妇联）在企事业单位、社会组织中新建妇女组织50个，延伸妇女工作触角，发挥妇联组织联系妇女群众的桥梁纽带作用。全区妇联系统全年受理来电来访等投诉190件，婚调室接待处理个案106起，受理率100%；婚调中心组建1支由律师、心理咨询师、退休老干部、家庭教育指导师等30人婚调志愿专家团队，服务有需要帮助的家庭，实现在“家门口”就能接受专业的婚姻家庭调解与辅导服务。2022年，开福区妇联被评为“长沙市文明单位”“2021年度湖南省三八红旗集体”“第十三届全国家庭工作先进集体”，“激活‘家+’能量推动家庭教育工作创新发展”被评为2022年度全国妇女工作改革创新优秀案例。

【妇女宣传】2022年，开福区推进“百千万巾帼大宣讲”活动，全年线上线下开展宣讲进社区、进学校、进企业、进军营、进机关200余场次；参与“喜迎二十大·奋力向北强”——学习增动力主题活动，在总决赛中荣获优胜奖；用好“开福女性”微信公众号平台，开辟“开福话心声：开福区妇女干部热议党的二十大”专栏，连续刊播妇女干部热议中共二十大精神推文，获得好评；联合FM89.3《玩转晚高峰》电台节目组，连续推出5期宣传开福女性的特色主题节目《新女性力量》；注重从基层一线、平凡岗位、群众

2022年6月24日，全国妇联书记处书记、党组成员杜芮（中）带队调研开福区妇女居家灵活就业工作　（区妇联 供图）

身边挖掘和选树优秀女性代表，推出黄笛、文琬莹等一批省级、市级"三八红旗手"；聚焦"三八红旗手""巾帼建功"标兵等先进典型，连续推出10期"开福她力量"系列宣传片，借助"学习强国"、省市媒体，宣传开福女性优秀典型，以榜样的力量带动更多女性立足岗位创先争优；家庭教育做法在《中国妇女报》、"学习强国"、《长沙晚报》、《今日女报》进行专版报道，获得好评。全国妇联书记处书记、党组成员杜芮带队调研开福区，对开福妇女居家灵活就业工作点赞。湖南省妇联党组成员、副主席张媛媛一行到开福区开展家庭教育工作调研，并召开省人大代表建议现场办理座谈会，会上，开福区妇联做家庭教育工作典型经验发言。

【妇幼维权】2022年，开福区贯彻男女平等基本国策和儿童优先原则，贯彻落实新"两纲""两个规划"，召开妇儿工委工作调度会，压实基层维护好妇女儿童权益各项工作；开展摸底排查工作，走访422名重点关爱儿童、531名困难妇女、692户困难家庭；落实党政主导的维权服务机制，加强部门联动，发挥妇联信访窗口、"12338"维权热线、妇女儿童维权站等作用，开展妇女儿童权益风险隐患排查，接待来信来访来电84件次，受理率100%；围绕"建设法治长沙，巾帼在行动"主题开展普法宣传系列活动，邀请知名律师授课；推进"崇德尚福"心理服务工作项目，与国防科大军事基础教育学院学员四大队、中南大学湘雅医院心理卫生中心、长沙学院心理健康教育中心开展双拥共建，保障妇女儿童权益；发动妇联执委、社会各界力量参与"出手吧，姐姐——温暖2022"公益项目，筹集善款13万余元；慰问贫困妇女及困境儿童90余人；推进城乡低收入妇女"两癌"免费检查和救助项目，完成"两癌"筛查人数2384人，完成率110.88%；组织妇联干部及巾帼志愿者开展疫情防控工作，深入联点社区开展工作；通过线上专业心理专家及家庭教育导师团队"云驻点"隔离酒店的模式，开展心理咨询、心理辅导、危机干预服务及家庭教育咨询服务。

【妇女服务】2022年，开福区推动巾帼双创工作，帮助更多女大学生、就业困难妇女、返乡创业女农民、脱贫妇女等创业就业；推进女性就业培训工程，组织开展"整理收纳"、"家政服务"、手工、电商等公益课堂，联合区人社局、区总工会等单位开展"开福区2022年'春风行动'系列活动启动仪式暨专场招聘会"，为企业和求职者提供就业服务，50余家企业与400名女性达成就业意向；引领妇女和家庭参与"美丽家园"建设城乡环境卫生整洁行动，代立鑫等3户家庭被评为"长沙市最美庭院示范户"，竹安村妇联被评为"长沙市'最美庭院'创建工作先进单位"；建设"湘妹子能量家园"站点，开展送观念、送政策、送技能、送岗位、送健康、送法治为主要内容的志愿服务特色活动。

【"崇德尚福"全域家庭教育】2022年，开福区着眼家庭家教家风建设新要求，发挥"联"字优势，进一步完善"一库一团一队"家庭教育队伍建设，即"崇德尚福"家庭教育专家库、宣讲团、志愿服务队，引导广大家庭注重家教、科学家教、宣传法律法规，化解婚姻家庭矛盾，维护妇女儿童合法权益。举办开福区2022年"崇德尚福"家庭教育导师培训班，培育孵

2022 年 7 月 16—17 日，区委组织部、区文明办、区妇联、区教育局联合举办开福区 2022 年“崇德尚福”家庭教育导师培训班　　（区妇联 供图）

化 38 名有深厚家庭教育情怀的家长、学校品德教育老师、社区骨干等加入讲师团队；组织 60 名区属小学性教育公益讲师开展“利剑护蕾·女童权益保护”公益讲师培训班，率先在全市实现儿童性教育“一校一师”全覆盖；开展百名家庭教育导师赛课活动，打磨出一批家庭教育标杆课程。完善“一站一基地一平台”家庭教育阵地建设，打造市级家庭教育指导服务站点 1 个，区级家庭教育指导服务示范站点 20 个，“崇德尚福”妇女儿童心理咨询室 10 个；组织召开“崇德尚福”全域家庭教育项目专家论证会，邀请省内知名专家论证“崇德尚福”项目，建立规范化服务阵地。常态化开展“最美家庭”“绿色家庭”“五好家庭”创建活动，运用“开福女性”微信公众号、“一呼百应”执委群、QQ 群等新媒体服务平台宣传优秀家庭故事，好家风走进群众、融入生活；开展“崇德尚福”家庭教育公益活动，推动进机关、社区、学校、企业、军营“五进”，累计服务超过 4000 人次，为 1000 余个家庭、2000 余个孩子提供专业的家庭教育服务；通过直播课、群微课等传播途径，线上累计服务超过 2.5 万人次，课后反馈好评率超过 98%；开展首届“清廉家庭”评选，以“清廉家风”助推“清廉开福”建设，引导广大党员干部自觉倡树清廉家风。面向全区广泛征集“好家庭”“好家训”“好家风”“好家书”4 类典型家庭，选树一批清廉家庭，聘用区直部门领导干部家属为开福首届“廉内助”，开展“党建聚合力、廉洁润万家”“北强开福、崇德尚福”家庭文明新风尚主题宣传季活动、“清廉润开福、一起向未来‘强省会’中家力量”等活动，筑牢常态化活动机制。全年全区被评为市级最美家庭 7 户，被评为市级五好家庭 4 户，被评为市级绿色家庭 2 户，被评为区级清廉家庭 20 户。

【妇联主题活动】2022 年，开福区以“三八”国际妇女节、“5·15”国际家庭日、“六一”儿童节为契机，开展“喜迎党的二十大——开福艺术季首演暨展新时代巾帼风采·纪念‘三八’国际妇女节”等主题活动，展示开福女性巾帼不让须眉的卓越风采；推动巾帼建功，组织开展“‘开福合伙人’——‘她力量’助力开福文创”“当代‘女兵’致敬开福红色青春”“学习二十大精神，党旗下话成长——女匠人传承非遗文化”等“开福她力量”系列沙龙活动；深入贯彻落实习近平总书记关于“注重家庭、注重家教、注重家风”的重要讲话精神，组织开展清廉润开福、一起向未来“强省会”中家力量——开福区清廉家庭建设巡礼活动，推动廉洁教育融入家庭日常生活；开展线下先进典型巡讲活动，组织妇联执委、三八红旗手等优秀典型深入社区、村镇、校园、军营等，让身边的人讲身边的事，以身边的事感动身边的人，引导全区女性见贤思齐、崇德向善。

（余紫薇）

开福区归侨侨眷联合会

【概况】2022 年，开福区归侨侨眷联合会（以下简称“开福区侨联”）有海外侨胞及留学人员 1.75 万人，归国留学人员 500 余人，侨资企业 100 余家。

【参政议政】2022 年，开福区侨界有省政协海外顾问 1 名，区人大代表 2 名，区政协委员 4 名。区侨联发挥侨界人大代表、政协委员参政议政职能，建有用之言，献务实之策，为维护侨界合法权益和经济社会献计出力。2022 年，提出国家级提案及社情民意 2 件、省级提案 4 件、市级

12件、区级22件，从学龄儿童心理教育、防疫、城市管理等方面提出意见和建议。推进诉讼与非诉讼相衔接的涉侨纠纷解决机制建设，依法妥善处理好归侨溺水案等相关法律纠纷，联合区人民法院建立诉调对接工作平台，推介区侨联法律顾问作为长沙市侨联调解员入驻调解平台。

【海外联谊活动】2022年，开福区侨联通过新侨和留学人员回国来湘创新创业政策环境专题调研以及“访侨企、办实事、开新局”侨情摸底，新统计涉侨人员40人，涉侨重点企业20余家。发挥资源优势，推荐澳大利亚上海商会、上海三湘集团等涉侨企业和商会19家，参与全区金秋招商项目（上海）推介会。承办省、市“海外侨胞故乡行”活动，接待来自40个国家的海外侨胞和侨商300余人考察区内营商环境，为开福区产业项目发展牵线搭桥。

【侨益维护】2022年，开福区侨联全年组织侨胞侨眷联谊活动50余次，走访慰问侨界人士120余人，送去慰问金13万元；全年开展《中华人民共和国归侨侨眷权益保护法》宣传“五进”活动20场次，联合省市侨联开展文化活动，服务侨界人士1000余人次。全年接待省侨青委、省市侨商会、香港湖南青年会、香港侨商、澳门慈善会社团、海南省侨联及长沙各区县（市）侨联等20批次到开福区考察调研侨务工作。

【侨胞服务】2022年，开福区侨联组织侨界人士深入学习落实中共二十大精神，开展“一起向未来”海外青年庆祝建团100周年活动，承办省侨联“2022海外巾帼湖南行”。完善马栏山视频文创园“中国侨联新侨创新创业基地”平台建设，指导中国共产党长沙历史馆成功申报省华侨文化交流基地，指导成立马栏山创新创业新侨服务中心，在区人社局劳动人事争议仲裁院、区信访局人民来访接待中心和区人民法院立案庭分别成立涉侨纠纷多元化解工作站，构建为侨服务长效工作机制。成立马栏山文创园、水风井社区“侨胞之家”，打造“火树银侨”主题活动品牌。

（魏　楚）

开福区残疾人联合会

【概况】截至2022年年底，开福区全区持证残疾人8205人。2022年，全区12户被征收的困难残疾人审批残疾人拆迁补助资金23万元，符合条件的持证残疾人获“两项补贴”1047.33万元，8.63万人次，40名残疾学生和210名残疾人子女获扶残助学专项资金75.6万元。对口帮扶湖南省邵阳市城步苗族自治县残联残疾人创业扶持项目5.06万元。实施“联村联户四帮四促”工程，捞刀河街道凤羽村10户家庭贫困残疾人获困难帮扶资金2万元。

【残疾人康复服务】2022年，开福区残联实施“光明关爱”项目，为49名白内障患者和27名胬肉患者实施手术救治，为12名肢体残疾人进行假肢适配，为全区17名下肢重度残疾的贫困残疾人发放电动轮椅，为665名残疾人适配基本辅具1032件。完成205名1944个月残疾儿童康复救助（任务为180人1440个月）。为0~14岁残疾儿童自费做康复训练、人工耳蜗手术、肢体矫治手术、助听器等项目的救助对象发放康复救助补助8.31万元，为0~14岁残疾儿童康复项目内12户困难残疾儿童家庭发放陪护补助3.92万元，为365名0~14岁残疾儿童提供免费康复训练。优化残疾人“生活小秘书”项目，对全区16个街道的297名低保重度残疾人家庭提供上门入户的家政服务和社工服务，服务时长3.56万小时。

【残疾人就业培训】2022年，开福区残联组织对有培训需求残疾人进行职业技能培训，培训50人次。为全区7名应届高校残疾人毕业生提供就业服务，就业率75%。为3名个体残疾人创业者申请创业扶持资金，为4名体残疾人创业者申请残疾人个体工商户基本养老保险缴费补贴，为1家盲人按摩机构2名盲人按摩师申请盲人按摩补贴，为辖区内267名残疾对象提供集中托养服务，为120名残疾对象提供居家托养服务，并为324名托养对象和工作人员购买团体意外保险。根据省、市相关文件精神，对辖区农业户口持证残疾人进行返贫监测排查，确定农业户1122人，涉及四方坪、洪山、浏阳河、月湖、秀峰、沙坪、捞刀河和青竹湖等8个街道，经排查所有家庭人均可支配收入无低于6900元的对象，防返贫监测户数0，没有返贫致贫风险家庭。

【残疾人管理与宣传】2022年，开福区残联动态更新登记残疾人对象8205人，录入率100%，入户率97.71%，规范残疾人专职委员队伍建设，全区有82名残疾人专职委员通过考核，持证上岗。办理残疾人证3496本。以第32次“全国助残日”为契机，开展以“促进残疾人就业，保障残疾人权益”为主题的困难残疾人慰问活动。推荐3人及1个团队获得长沙市新时代学雷锋扶残助残“善行四十佳”荣誉，残疾人游泳小将张宇凡在全省第十一届残运会上夺得4枚金牌、残疾人乒乓球运动员沈思静在全省第十一届残运会上夺得2枚女子团体金牌和1枚女子单打金牌。

【残疾人维权救助】2022年，开福区残联办理残疾人爱心公交卡76张；为138名肢体残疾人申请机动车燃油补贴；完成99户困难残疾人家庭无障碍改造（任务90户），完成东风路街道浏河社区无障碍环境改造项目。办理残疾人来信来访60余次，落实中残联、市残联、区纪委监委交办的事项2起。发放残疾人临时救助金8.55万元，帮扶111人。

【举办残疾人专场招聘会】2022年5月12日，开福区残疾人联合会举办第32次全国助残日系列活动“点亮万家灯火”残疾人专场招聘会，招聘会采用“线上＋线下＋直播”模式，方便残疾人根据自己需求多渠道参与。该次残疾人专场招聘会参会企业36家，提供职位数75个，包括餐线服务员、技术员、保洁员等多种岗位，空岗数517个，参会残疾人217人，现场达成求职意向人数79人。针对部分残疾人因个人原因不能到现场，现场还进行直播带岗活动。通过网络直播的方式，帮助有求职需求的残疾人们了解岗位，助力其找到心仪工作，直播观看人数1556人次。

【工作调研】2022年9月20日，长沙市残联党组书记、理事长伍仁华，党组成员、副理事长左锡涛，办公室副主任姜涛一行到开福区调研残疾人工作。伍仁华一行先后实地察看开福润苗康复中心、爱康残疾人就业服务中心、开福残疾人综合服务大楼，与相关单位负责人及具体责任人进行交谈，了解机构运行情况，听取残疾儿童康复工作情况的汇报。

【区残联第六次代表大会召开】2022年11月8日，开福区残联召开第六次代表大会。长沙市残疾人联合会党组成员、副理事长左锡涛，开福区委副书记、统战部部长晏成方出席会议并讲话，区委常委、组织部部长郭峻到会致辞，区政府副区长廖紫君以及区相关部门负责人出席大会。开福区残联党组书记、理事长莫红宇向大会报告开福区残疾人联合会第五届委员会工作。大会选举廖紫君为开福区残联第六届主席团主席，选举莫红宇、陈怡礽为开福区残联第六届主席团副主席，同时选举产生执行理事会理事长、副理事长及各专门协会主席、副主席和出席长沙市残疾人联合会第七次代表大会代表。

（吴宏兵）

开福区红十字会

【概况】2022年，开福区组织开展无偿献血、捐献造血干细胞、遗体器官捐献“三献”工作科普知识宣传活动，动员组织无偿义务献血4294人次，献血量150万毫升，完成市安排任务数的119.27%，排名全市内五区第二。造血干细胞捐献、遗体器官捐献志愿者登记人数逐年增加。

【应急救护】2022年，开福区开展应急救护和人道救助，为2名白血病幼儿争取小天使基金救助3万元，为7个困难家庭申请省红会人道救助基金救助3.5万元（每户救助金5000元），为30个困难家庭申请落实长沙市红会友阿救助基金救助3万元（救助金每户1000元），开展“博爱送万家”活动，购置7万元物资，走访慰问困难家庭350户。争取长沙市红会支持，在开福寺、烈士公园、大悦城安装AED（体外自动除颤仪），并组织工作人员进行使用培训，2022年，新增培训红十字应急救护师3人，考核救护师6人，举办救护员培训班2期，培训合格救护员65人；开展应急救护进校园活动，培训合格救护员50人，CPR+AED合格者90人，培训惠及师生2万余人。全区利用“世界红十字日”“急救日”等时间节点，开展应急救护知识技能宣传和推广活动，普及培训1万人次。

（袁　亮）

法 治

政法委与综治

【概况】2022年，开福区社会大局总体稳定可控，平安建设、法治建设基础更加牢固，信访治理稳中有进，审判工作、检察工作、公安工作成效显著，开福区被评为2022年度湖南省平安建设考核先进区县，连续18年保持全省平安区县荣誉称号。

【维护稳定】2022年，开福区全年调解成功各类矛盾纠纷4759起，形成案卷485本。在全区16个司法所成立诉源治理工作站，接受委派案件365起，成立16个劳动人事争议调处工作站，调处农民工讨薪等劳资纠纷149起。依法打处违法犯罪行为，刑事拘留11人、行政拘留22人。

【扫黑除恶】2022年，开福区全年刑事立案3494起，同比下降15.13%，破案率同比上升8.83个百分点；"盗、抢、骗"传统侵财发案605起，同比下降23.51%；命案、八类恶性、性侵未成年人案件破案率均为到100%，其中八类恶性案件连续13年保持100%侦破。严厉打击电信网络诈骗，破获电信网络诈骗案件648起，审理"帮助信息网络犯罪活动罪""妨害信用卡管理罪"等案件93件164人。开展养老诈骗专项行动，批捕85人，起诉24人，审结涉养老诈骗案件11件，追赃挽回经济损失3000万元。打击电信诈骗、侵财、涉毒等群众反映强烈的突出犯罪，聚焦民生领域违法犯罪和治安乱象，捣毁湘雅医院周边非法倒卖医保药品犯罪团伙，为农民工追回欠薪150万余元。

2022年6月9日，开福区政法委到伍家岭街道陡岭社区督促指导综治工作

【平安建设】2022年，开福区推进市域社会治理试点工作，制订下发开福区市域社会治理现代化试点工作实施方案、关于推进全区基层社会治理创新的实施意见，提升基层社会治理系统化、社会化、精细化、法治化、智能化水平。推进2项市级试点项目和22项区级试点项目，完成市级检查和省级复核任务。区政法系统各单位下沉社区面向群众开展平安述职，与社区居民面对面交流，就群众关心的民生热点问题以及辖区安全稳定、法治建设、公平正义等情况答疑解惑，全年累计述职228场次，实现全区社区（村）全覆盖。壮大"红袖章"等群防群治队伍，引导志愿者、"五老人员"、治安巡防队员等社会力量参与社会治安防控，清除"治安盲点"。把社会治理和平安建设成效纳入全区干部考核指标体系，将考核结果作为领导班子和领导干部业绩评价的重要依据，与领导干部晋职晋级、评优评先、奖励惩处挂钩。健全平安建设考评指标体系和考评标准，加大社会治理创新相关内容和指标在平安建设考评中的权重，科学客观评估各类责任主体工作质效。落实平安建设领导责任制，对工作扎实、成效显著的按规定予以褒奖，对问题突出的依规依纪依法严肃问责。

【法治建设】2022年，开福区强化依法治区建设，推进依法执政，开展全过程政府合同审查与管理工作（订约前资质审查一订约中风险防范一订约后履约监督），全年审查重大政府合同并出具书面法律意见285份，涉及合同金额200亿元。完善政府法律顾问管理工作制度，全区有政府法律顾问45名。常态化开展执法案卷评查指导，评查行政执法案卷246册。制定全区市场监管和城市管理综合执法领域轻微违法行为不予行政处罚清单，实施"柔性执法”8500余件。出台区行政机关负责人出庭应诉工作办法，代理政府复议及诉讼案件151件，结案112件。深化依法公开，加强公开透明法务建设，推进审判流程、庭审活动、裁判文书、执行信息四大公开平台建设，在中国裁判文书网上传文书1.86万份，开展庭审网络视频直播7568场次。开展公开听证工作，组织召开公开听证82件。深化检务公开，推进案件信息公开常态化，发布程序性案件信息2755条、重要案件信息28条、法律文书45份。

【服务中心工作】2022年，开福区筹备设立马栏山人民法庭，审结知识产权案件1590件。在四方商贸城、湘江世纪城10号重建地等“网红夜市”增添巡防力量，增设硬质隔离带等安防设施。化解金融风险，全年清查企业367家，责令搬离风险企业76家，约谈风险企业法人50余人次，提前化解涉众型风险隐患企业35家，清退资金3410万余元，审结民间借贷、金融借款等纠纷4021件。优化营商环境，对恶意阻工扰工、侵犯市场主体人身和财产权利犯罪、妨害市场公平竞争犯罪，批捕58人，起诉135人。

公　安

【概况】2022年，开福区平安建设执考项目均排名全市第一，连续6年民转刑及个人极端暴力案件零发生，开福区连续18年获得全省“平安区县”荣誉称号。长沙市公安局开福分局被评为全市中共二十大安保工作优秀单位，“冬春攻势”和夏季治安打击整治“百日行动”考核均排名全市内六区第一，被评为2022年度全市公安机关绩效评估优秀单位。开展全警普学普训，开展各类基础训练45场次，培训3800余人次。全年开展警务实弹射击训练2次、体能测试2次，组织民警参加湖南省公安厅“大练兵”比武竞赛，成绩排名全市前列。全年发布推文300余篇，其中湘雅路派出所民警陈思宇《一个女社区民警的温柔坚守》原创推文被“学习强国”App、《人民日报》、《人民公安报》、新华社等主流媒体转载报道。新河派出所《差点弄丢美好回忆！长沙民警找回女子被盗手机，近万张照片还在》等20余篇推文被省市主流媒体宣传报道。

【电信网络诈骗打击治理】2022年，开福区坚持打防结合、以快制快，严厉打击电信网络诈骗犯罪，推进“云剑2022”专项行动，开展大案攻坚和集群战役，全年立案1865起，同比下降7.7%，占刑事案件总数53.75%；破案数648起，同比上升21.12%，刑事打处2976人；受理电信网络诈骗预警指令11.4万余起，电话预警劝阻7万余起，止付各类涉案银行账号（含第三方账户）1.8万余个，止付金额6.3亿元，同比上升96.8%，冻结资金3365万元，追赃挽回经济损失476万元，各项数据创历史新高。开展“犁庭”行动，核减缅北滞留重点人员30人，核减率78.95%。“断流”行动刑事拘留12人，刑拘率80%，到案率86.67%。成功侦破“唐某某被诈骗784万元案”，刑事打处犯罪团伙成员4人。

【缉毒工作】2022年，开福区破获毒品案件49起，刑拘犯罪嫌疑人186名，移送起诉158人，缴获毒品1750克，查处吸毒违法人员298人，强制隔离16人，社区戒毒28人，人案比、吸毒人员“双率”均排名全市第一。侦破3起部督毒品目标案件和1起省督集群打零毒品目标案件，其中“2022—208”毒品目标案件为全国“百日行动”毒品“集群打零”典型战役，“2022—55”毒品目标案件是全省打击非法贩卖“笑气”第一案，特别是在云南边境将部督毒品案件中以刘某为首的3名涉毒逃犯抓捕归案。污水涉毒成分指数降到历史低值，全省排名持续下降，毒品危害防范有成效。

【经济民生犯罪打击】2022年，开福区开展“雷霆”“昆仑”等专项行动，破获经济犯罪案件56起，刑事打处各类经济犯罪嫌疑人326人，同比上升72.49%，移送起诉338人，同比上升48.25%。开展楼宇清查，排查企业1800余家，约谈风险企业法人50余人次，责令搬离风险企业76家，清退资金3410万余元。破获知识产权犯罪案件14起，刑事打处61人，移送起诉59人。严打非法集资等涉众型经济犯罪，侦办涉及全国12省、16市、1.5万余人“明天养生系”非法集资专案，刑事打处150人，追赃挽回经济损失2.3亿元。严厉打击妨害国（边）境犯罪活动，查处妨害国边境案件45起、违法人员

45人，查处“三非”案件43起、违法人员43人。查办处理旅馆业行政案件224起，行政罚款384人次，行政拘留32人，取缔未获公安许可擅自经营的旅馆26家。

【打击治理“黄赌”违法犯罪】2022年，开福区落实打击治理跨境赌博“122”机制，保持对涉黄涉赌违法犯罪的“零容忍”，侦破“左某某等人组织卖淫案”“曾某等人介绍卖淫案”等4起涉黄省督案件，以及“唐某、余某等人开设赌场案”等4起涉赌省督案件，2起跨境赌博案件，全年“黄赌”打击绩效排名全市第一，“虎啸行动”排名全市内六区第一。全年侦办“黄赌”案件506起，抓获“黄赌”违法犯罪嫌疑人1764人，其中涉黄刑事拘留127人、行政拘留836人，涉赌刑事拘留117人、行政拘留684人。

【专项集中打击】2022年，开福区开展扫黑除恶专项斗争，侦办涉黑涉恶案件19起、打掉黑恶势力犯罪集团4个，破获刑事案件19起，刑事拘留28人，移送起诉犯罪嫌疑人82人。强化网上追逃行动，全年抓获各类在逃人员434人，同比上升43.70%，抓获长达21年命案逃犯2人。开展“利剑护蕾”“打拐”“养老诈骗”“打击贩卖枪支”专项行动，侦破性侵未成年刑事案件28起，捣毁组织、强迫未成年少女卖淫团伙3个，解救未成年人47人。侦破拐卖妇女儿童案件7起，破获长达11年的省督拐卖积案1起，破获养老诈骗案件6起，追赃挽回经济损失3.01亿元。打击网络贩枪犯罪嫌疑人18人，缴获枪支27支。开展“生态三湘”专项行动，侦破破坏生态环境犯罪案件25起，移送起诉犯罪嫌疑人29人，取保候审1人。推进“昆仑2022”专项行动，破获食药烟刑事案件37起，抓获犯罪嫌疑人89人。

【“三区警务”建设】2022年，开福区新建社区警务室48个、园区警务室3个、校园警务室6个。完成全区295家园区企业风险隐患排查，破获侵害企业案件5起，挽回经济损失70万余元。开展员工背景审查1.18万人，摸排出重点人员65人，清退12人，调岗2人。加强日调度、周通报，推动全区园区专职保安配备率、保安持证上岗率均为100%。对全区244所中小学幼儿园进行治安风险隐患评估，5个黄色预警学校全部整改到位，建成校园电子虚拟围栏智能防控平台，放学高峰期投入300余名警力、1000余名群防群治力量常态护学，校园风险防控能力得到提升。

【基础设施建设】2022年，开福区投入资金1.37亿元，完成开福分局刑技楼、执法办案管理中心主体工程建设，东风路派出所顺利搬入新址，湘雅路派出所新建及望麓园、沙坪派出所新址装修完成公开招标；投入260万元，升级全区14个派出所“五小工程”，打造8个星级派出所，3个民警宿舍小区纳入城市有机更新范围，基层民辅警居住办公环境得到改善。完成13个派出所枪弹库提质改造和检测。投入460万元，24台执法执勤车辆的报废更新。全年支出办案经费900万余元，新增固定资产1750件，夯实公安基层基础。

【治安防控体系建设】2022年，开福区完成“天网工程”（五期）建设验收，“天网”视频在线率连续九年全市第一。完善“三个智慧”建设，建设智慧安防小区57个，建设智慧安防单位157个，打造区级智慧安防平台。开展“九小场所”安全隐患排查整治“蓝剑行动”，完成长沙学院周边危房排危拆除。为四方商贸城、湘江世纪城、十号重建地等“网红夜市”增补安防设施。督促全区33家加油站严格落实散油购销实名制，推广“湘散油”实名认证系统，确保散装汽油实名认证效率100%。全区建成499个四级快反平台支援点，投入2200余名保安、巡防队员开展日常巡逻防控，相关经验被《湖南日报》等媒体专题推荐。

【人口管理服务】2022年，开福区公安分局窗口办理身份证4.6万人次，受理审批户口业务8.3万人次，办理出国境证照2150余人次，劝阻非紧急事由申办出入境证件2310余人次，补采二代居民身份证指纹2.1万人，完成率为106.16%。完成湖南省公安厅下发的13个批次图像相似清理任务660对，完成率100%。构建“互联网＋人境服务”机制，网上全流程审核1.38万余人次，实现户口33项业务以“网上申请、数据支撑、一键办理、寄递到家”目标。

【部督毒品目标案件侦破】2022年，长沙市公安局开福分局侦破“2022—215”部督毒品目标案件。“2022—215”毒品目标案件是开福分局针对年轻群体滥用精麻药品、新型精神活性物质和非列管替代物等情况，对新型毒品犯罪开展的一次重拳出击。该团伙以李某旦、李某琪、万某等人为首，上下线人员分工明确，贩毒网络涉及湖南长沙、衡阳、岳阳和广东广州、中山、阳江等多个地区。开福分局联合湖南省衡阳市、岳阳市两地公安部门，梳理出200余人的犯罪网络群体。7月13—18日，在长沙、衡阳2市展开第一次收网，抓获涉案违法嫌疑人员110人，其中以贩卖毒品罪刑事拘留16人，行政处罚12人，训诫86人，缴获“烟粉”256.62克，扣押车辆1台、毒资5.26万元。7月20—23日，展开第二次收网，在广东省阳春县抓获毒品上线9人。

【刘某等人开设赌场案侦破】2022年3月5日，长沙市公安局开福分局治安二大队发现居住在长沙市开福区的刘某涉嫌在“BET365”网络赌博平台（该平台为境外网站）参与网络赌博，且担任“BET365”网络赌博平台的代理人，发展下线200余人，非法获利70万余元人民币。根据前期的线索摸排及电子证据的分析、研判，开福分局统一开展抓捕行动，治安二队与各派出所警力协同作战，分组将分散在长沙市各个市区内以及江西省等地的抄写地下六合彩“码单”的违法犯罪嫌疑人抓获，该案刑事拘留28人，行政拘留10人。

【明天养生非法吸收公众存款案侦破】2022年，长沙市公安局开福分局成功侦破明天养生非法吸收公众存款罪。2021年11月17日，长沙市公安局开福分局依法对湖南明天养生产业开发集团有限公司以涉嫌非法吸收公众存款罪立案侦查。2022年1月11日，开福分局经侦大队牵头，联合各派出所开展“明天养生系”非法集资专案统一收网行动，刑事打处150人，追赃挽损资产价值2.3亿元。经侦查，截至案发，“明天集团”参与投资人数1.5万余人，涉嫌吸收公众资金32.3亿元，无法兑付资金10亿余元，涉及地域包括湖南省长沙、湘潭、益阳、岳阳、株洲5市和外省哈尔滨、合肥、济南、沈阳、石家庄、天津、西安、银川、长春、郑州、重庆11市，涉案业务员人数1018人。

【抢劫杀人案积案侦破】2022年，长沙市公安局开福分局侦破一起21年前抢劫杀人案积案。2001年2月3日，开福区洪山桥派出所辖区发生一起摩的司机被抢劫杀害案。案件发生后，开福分局组织警力对案发现场进行勘查，并开展案件侦办工作，但因受当时技术、客观条件限制，该案久侦未破。2022年，长沙市公安局开展命案积案攻坚行动，开福分局领导多次调度案件侦办，办案民警对该案重新展开调查访问和刑事技术比对，发现广东省中山市公安局处理过的吸毒人员陈某志等有重大嫌疑。6月29日，办案民警前往广东省江门市将犯罪嫌疑人陈某志抓获归案。经突审后，另一组办案民警于6月30日在湖南省平江县将同案人员汤某玉抓获归案。

（张　聪）

检　察

【概况】2022年，开福区检察机关依法履行批捕起诉职能，全年批准逮捕550件850人，起诉1229件1990人。重点打击群众反映强烈的黄赌毒、盗抢骗等违法犯罪，批准逮捕417人，起诉626人。开展打击电信网络诈骗犯罪专项行动，对利用电信网络诈骗犯罪及帮助信息网络犯罪活动罪批捕142人，起诉431人。健全完善“扫黑除恶”常态化工作机制，坚持以事实为根据、以法律为准绳，起诉黑恶犯罪22人。依法惩办职务犯罪，强化与监察机关的协作配合，就事实认定、证据完善、强制措施适用等方面深入沟通，提前介入并办理监察机关移送的案件9件9人，决定逮捕7人，起诉9人。2022年，区检察院被评为“全国检察宣传先进单位”，继续保持“长沙市文明标兵单位”荣誉。副检察长简绍恒被授予2022年湖南省“最美公益普法个人”称号，干警周建朋被评为全省检察机关刑事检察“优秀办案人员”、彭锐被评为2021—2022年湖南省检察机关援疆工作表现突出个人，书记员周玮师被检察日报社评为全国检察宣传先进个人。

【社会监督】2022年，开福区检察机关接受人大监督和政协民主监督，定期向人大、政协报告全面工作和专项工作。邀请人大代表、政协委员参加视察调研、执法检查、案件评查、听庭评议、公开听证等活动58人次。邀请人民监督员监督检察办案178件次。

【营商环境优化】2022年，开福区检察机关助企纾困，打击恶意阻工扰工、侵犯市场主体人身和财产权利犯罪、妨害市场公平竞争等犯罪，批捕60人，起诉136人。贯彻落实平等保护原则，维护企业和企业家合法权益，对投资者、经营者、管理者、关键技术人员等企业“四类人员”不捕9人，不起诉87人。开展“送法进企”活动6次，为企业绿色合法经营保驾护航。推进企业合规改革工作，对2家企业开展合规整改，保障企业依法经营稳定发展。规范化开展行政争议实质性化解，成功化解涉民企行政争议案件4件，有效减轻民营企业发展诉累，相关经验做法被最高人民检察院推介。

【未成年人权益保护】2022年，开福区检察机关办好涉未成年人案件，落实未成年人特殊保护制度，对未成年犯罪嫌疑人不批捕78人，不起诉49人，附条件不起诉31人。开展“利剑护蕾”专项排查整治行动，对侵害未成年人的犯罪批捕55人，起诉48人。推进“一号检察建议”落实，督促相关部门组织对全区教职员工、校车驾驶人员入职查询1.6万余人次，杜绝有性侵前科劣迹者进入校门。开展对涉罪未成年人家庭教育指导讲堂活动，17名未成年人经帮教后回归正常生活，《检察日报》专题予以报道。联合相关部门开展对辖区校园周边交通安全的专项整治，保障学生交通出行安全。开展校园预防性侵等公益宣讲30余场次，助推法治校园建设。

【社会治理】2022年，开福区检察机关落实“少捕慎诉慎押”刑事司法政策，全年依法不捕598人，不诉705人，同比分别增长20%、96%，最大限度减少社会对立面，化解社会矛盾，促进社会和谐。全年接待群众来访504人次、来信38件，群众信访件件有回复。开展公开听证32次，做到“四大检察”全覆盖，以公开审查促进公正处理，让人民群众最大限度感受到公平正义。注重源头治理，坚持以案促治，发出社会治理类检察建议110件，采纳率100%，做到办理一案治理一片。如针对新型毒品犯罪案件频发、吸毒人员年轻化等问题，及时发出社会治理综合检察建议书，督促相关部门整治，推动形成区域禁毒新格局，相关做法被中央政法委、最高人民检察院和公安部推介。守护群众“钱袋子”安全，依法惩治各类金融违法犯罪活动，对集资诈骗、非法吸收公众存款等犯罪批捕161人，起诉290人。守护环境安全，起诉侵害环境犯罪8人，办理环境公益诉讼案件37件，督促复垦耕地2.33公顷；联合相关部门开展禁捕劝钓行动，增殖放流8次。守护居民用气安全，落实最高人民检察院关于安全生产的“八号检察建议”，组织相关部门开展燃气安全监管专项整治，办理涉燃气安全公益诉讼案件5件，督促行政机关收回不规范经营的21家液化气供应站点的经营许可，相关案件被最高人民检察院评为典型事例。紧盯养老诈骗高发态势，开展养老诈骗专项行动，在办理“明天养生”集团骗取老年人养老金案件中，依法批捕63人，起诉99人，扣押查封房产车辆价值2亿余元，追缴现金3200万余元，最大限度挽回老年人损失。关注农民工权益保障，对侵害农民工合法权益犯罪起诉2人。支持农民工起诉维权123件，为农民工追回欠薪150万余元。用好国家司法救助制度，对因案致贫、因案返贫的当事人应救尽救，全年办理司法救助案件45件，发放救助金38万余元。

【刑事检察】2022年，开福区检察机关推进认罪认罚从宽制度，对轻罪案件依法从简从快从宽处理，认罪认罚适用率94%，量刑建议采纳率97%，司法质效进一步提升。建立侦查监督与协作配合办公室，完善资源信息共享、疑难案件共商等检警一体化侦审机制。强化侦查活动监督，监督侦查机关立案29件，监督撤案11件，依法追捕18人、追诉71人，提出纠正违法意见32件次。强化审判监督，提出纠正违法意见10件次。加强刑罚执行监督，针对社区矫正、剥夺政治权利和财产刑等刑罚执行中的履职不当情形，向有关单位提出书面纠正意见5件。

2022 年 2 月 23 日，开福区检察院对某瓶装燃气供应站安全监管行政公益诉讼案举行公开听证会　　（区检察院 供图）

【民事检察】2022 年，开福区检察机关共办理民事诉讼监督案件 187 件，其中提出再审检察建议 4 件，均被法院采纳并启动再审。发出民事审判违法检察建议 15 件，民事执行违法检察建议 21 件，均被采纳。

【行政检察】2022 年，开福区检察机关办理行政诉讼监督案件 91 件，其中发出行政审判违法检察建议 3 件，发出行政、非诉执行违法检察建议 14 件，均被采纳。化解行政争议 36 件。办理的谢某与政府拆除房屋行政纠纷检察监督案，被评为湖南省检察机关十大优秀案件、行政检察十大典型案例。区检察院行政检察部门被评为湖南省行政检察优秀办案团队。

【公益诉讼检察】2022 年，开福区检察机关立案办理公益诉讼案件 114 件，其中民事公益诉讼 41 件，行政公益诉讼 73 件。追回残疾人就业保障金 517 万元，关停和整治 16 家违法排放废气和其他空气污染物的厂家。加强与行政执法部门衔接，建立行政机关专业人员兼任检察官助理制度，由 6 名行政机关专业人员担任兼职检察官助理，深化执法司法协作配合，提升专业化办案水平。办理的无障碍停车位行政公益诉讼案被评为湖南省检察机关十大优案。

【检务公开】2022 年，开福区检察机关常态化开展检察开放日活动，邀请社会各界走进检察机关 100 余人次。深化检务公开，向社会公开法律文书和案件程序性信息 3144 条、重要案件信息 28 件，在省级以上媒体开展检察宣传 131 篇次。

【长沙首例公共安全领域行政公益诉讼案】2022 年 2 月 23 日，开福区检察院组织对某化工燃气有限公司开福区瓶装燃气供应站安全监管行政公益诉讼案举行公开听证会。该案为长沙首例公共安全领域行政公益诉讼案。2021 年，区检察院介入一起燃气供应站违规操作案件，某燃气化工公司开福区新河供应站存在私自倒灌装燃气行为。为排除安全隐患，消除分布在各小区内的“定时炸弹”，区检察院与区城管执法大队组成联合检查组，对某燃气化工公司的瓶装燃气供应站开展监督行动。2022 年 2 月 23 日，区检察院就该起燃气供应站违规操作案件召开公开听证会，邀请区人大、政法委、人民监督员、城管执法大队、应急办、消防大队代表参加。听证员责令该燃气化工公司尽快完善有效的应急管理措施和安全措施，并就后期开展安全法治教育等社会治理方面提出意见和建议。

【人大代表履职云平台上线】2022 年，9 月 13 日，长沙市开福区服务人大代表履职云平台暨“检察印迹”云平台上线运行。“检察印迹”服务人大代表履职云平台是检察机关服务和联络人大代表履职的综合性平台，它支持移动端和电脑端两种访问，主要有代表印迹、履职建言、履职助手、履职分析和媒体报道五个模块。云平台开设“四大检察”“十大业务”的细分类别，检察机关可以通过云平台跟人大代表进行有效的沟通、对接和互动。人大代表提出的建议意见和议案在平台上能够进行一对一的办理，时间点、提出和答复等相关内容有完整的收纳及展现。

【湖南首例非法运输汽油案定罪判决】2022 年 3 月 9 日，开福区检察院提起公诉的一起危险驾驶案宣判，被告人周某军犯危险驾驶罪，被判处拘役2个月，缓刑5个月，并处罚金5000元。2021年9月30日，民警在长沙市某高速收费站查获一可疑车辆，车内有近30桶疑似汽油液体的容器。经提取检验，该液体样品是95#车用汽油。经审查，被告人周某军为给家里2公顷鱼塘的增氧机以及工地上的发电机加油，驾驶小型面包车，在无运输汽油驾驶资格前提下，从约好的私油车主（另案处理）以3740元购买740余升（500余公斤）汽油，被公安机关查获。检察官认为，周某军违反化学品安全管理规定运输危险化学品，危及公共安全，其行为触犯《中华人民共和国刑法》第一百三十三条之第一款第（四）项，以危险驾驶罪将该案移送开福区法院起诉。

【一起“杀洋盘”诈骗团伙提起公诉】2022年6月10日，开福区检察院以涉嫌诈骗罪对一起“杀洋盘”诈骗团伙提起公诉。2021年12月，经群众举报，开福区一家网络科技公司108名员工因涉嫌诈骗被公安机关抓获。经调查，犯罪嫌疑人葛某某伙同梁某、张某等人于2021年8月开设该公司，利用同乡、兄弟等关系，从江西多地招揽“总监”入职，再通过招聘网站、软件等平台招揽业务员，由“总监”管理，用境外聊天软件假扮有钱、漂亮的女性或有为、帅气的男士，添加澳大利亚、新加坡、菲律宾等外籍受害人，通过暧昧聊天等方式建立信任后，引导外籍受害人向该公司搭建的虚拟币杠杆交易平台进行投资交易，再通过后台操作让受害人充值的虚拟币爆仓，从而非法占有受害人的虚拟币。经审查，2021年9—12月，该公司通过上述方式诈骗外籍人士人民币1600万余元。

（胡 玲）

法 院

【概况】2022年，开福区法院受理各类案件3.64万件（含旧存），审（执）结3.24万件，同比分别上升17.74%和16.47%，员额法官人均结案623件，位居全省基层法院第三，超过全省平均数390件，主要办案指标保持全省领先。2022年，开福区法院被评为最高人民法院全国法院环境资源审判工作先进集体，“打造多层次现代化诉讼程序体系，推动基层法院审判工作高质量发展”案例入选最高人民法院发布的第十二批司法改革案例，被评为湖南省高级人民法院全省2022年度案例组织工作先进单位、全省司法绩效一类法院优秀单位等。

【营商环境优化】2022年，开福区法院审结商事案件4749件，涉案标的额16.23亿元。开展“送法进园区、进企业”专项行动，发布民营企业常见法律风险提示20条，依法为恒昌医药、仁和环境等辖区内拟上市公司化解各类纠纷。强化能动、衡平、善意司法理念，综合运用活封活扣、信用修复、多元调解等司法手段，帮助企业纾困解难。推行涉企案件经济影响评估，因案因时施策，优化办案方式，依法对25家涉案企业裁定解除或者置换查、冻、扣资金3.67亿元，最大限度减少司法活动对企业生产经营的负面影响。

【司法服务】2022年，开福区法院做优马栏山知识产权法庭，审结各类知产案件1590件，依法维护湖南广电、快乐阳光、金鹰卡通等园区企业合法权益。审理的“王者荣耀租号”不正当竞争案，助力网络实名制和未成年人游戏防沉迷机制落实落地，成功入选全国法院50件典型知识产权案例，写入最高人民法院和湖南省高级人民法院工作报告。审理的《乘风破浪的姐姐》《披荆斩棘的哥哥》系列著作权侵权案件，判赔金额4700万余元。打造湘江环资法庭，开展环资审判“利剑行动”，审结各类环境资源案件116件、公益诉讼案件112件。贯彻恢复性司法理念，建立生态修复基地，综合适用增殖放流、补植复绿、劳务代偿等替代性修复措施，实现追责到位、赔偿到位、修复到位。

【刑事犯罪审判】2022年，开福区法院依法审结各类刑事案件1162件1820人，其中判处5年以上有期徒刑104人。坚持常态化开展扫黑除恶，审结涉黑涉恶案件4件，对恶势力犯罪团伙周健等人实施“裸贷”的犯罪行为，依法从重判处有期徒刑10年。强化“打财断血”，生效涉黑恶财产判决执行到位7000万余元。打击“杀猪盘”等电信网络诈骗、非法集资涉众型经济犯罪案件190件，追赃挽损3.5亿元。推进打击整治养老诈骗专项行动，审结涉养老诈骗案件11件。深化“利剑护蕾”专项行动，审结涉性侵未成年人犯罪30件，对郭某某性侵继女案从重判处有期徒刑10年。

【重大风险防范化解】2022年，开福区法院依法审理社会关注度高、矛盾激烈的涉众型案件，审结北辰凤凰海192户租赁合同、君悦香邸物业服务、市属3家出租车公司与出租车司机合同纠纷等集体诉讼案件，防范群体性风险。依法保障重点项目建设，对“三一大道—陡岭支路”等棚改项目的违法建筑处理决定裁定准予执行，开创该类案件依法征收的新模式。参与恒大、君悦新天地、恒泰湘壹府等问题楼盘的资产保全置换和向上协调工作，助力复工复产，防范和化解房地产领域风险。对在“保交楼”工作中敢于担当的涉诉涉执企业，依法及时给予紧急信用修复，使其顺利获得银行续贷。依法治访，对盗用他人身份证违法上访的周某某予以刑事处罚，整肃信访秩序，净化社会风气，形成有效震慑。

【纠纷多元化解】2022年，开福区法院加大诉源治理工作力度，引入公证、律师事务所、银行、保险、侨务、知识产权等行业专业人员组建23个特邀调解组织，构建多元化解大格局。对于年收案1000件以上的信用卡纠纷，在浦发银行设立金融案件调解站试点，推动矛盾化解化于未发，止于未诉。开展“线上+线下”调解服务，诉前调解成功4892件。

2022年7月15日，全国人大常委会副委员长沈跃跃（前排左二）率队到开福区人民法院就贯彻落实《中华人民共和国长江保护法》进行执法检查 （区法院 供图）

网上立案9902件，网上开庭2304次，确保疫情防控下“诉讼不打烊”。

【民生司法保障】2022年，开福区法院化解医疗、物业、网络消费、义务教育“双减”政策衍生纠纷等民事案件1.12万件，为民排忧解难。持续开展讨薪维权专项活动，快速审结劳动争议案件1352件，依法为农民工追回欠薪1754.25万元。创新家事审判方式，审结家事案件659件，向经常酗酒并打骂未成年人儿子的李某某发出家庭教育指导令。把弘扬社会主义核心价值观融入审判执行，彰显司法裁判功能，引领社会风尚，传递社会正能量。

【执行工作】2022年，开福区法院执结案件1.52万件，到位金额15.91亿元，核心指标位居全省前列。开展“湘执利剑”专项执行行动，对追索劳动报酬、工伤赔偿等民生案件开通绿色通道，执结783件，到位金额2081.04万元。推广“一案一账户”“微信刷脸领款”“悬赏寻车”等特色“微创新”。运用信用惩戒措施，打击“老赖”，对7132名被执行人采取限制高消费，将492名被执行人纳入失信名单。

【司法体制改革】2022年，开福区法院推进以民事诉讼程序繁简分流改革，提升审判效率，“打造多层次现代化诉讼程序体系，推动基层法院审判工作高质量发展”入选最高人民法院司法改革案例。加速构建审判权力运行制约监督体系，院庭长直接办理和监管“四类案件”752件，加强审判委员会、专业法官会议对重大疑难复杂案件研判，促进法律适用统一。

【司法监督】2022年，开福区法院树立“监督就是关心，监督就是支持”的人大意识，自觉接受人大及其常委会监督，完善联络机制，设立人大代表联络室，邀请四级人大代表视察法院、旁听庭审、参与调解、见证执行150人次。接受政协民主监督，专题向政协汇报民主监督情况，聘请10名政协委员担任形象监督员。自觉接受监察监督、检察监督，接受社会监督、舆论监督，改进法院工作。

【沈跃跃到开福区法院执法检查】2022年7月15日，全国人大常委会副委员长沈跃跃率队到开福区人民法院就贯彻落实《中华人民共和国长江保护法》进行执法检查。湖南省委书记张庆伟等领导陪同视察。沈跃跃对区法院环资审判工作给予充分肯定。区法院湘江环资法庭被评为“全国法院环境资源审判先进集体”。

【全省首例生态环境损害赔偿协议司法确认案】2022年，开福区人民法院裁决一起全省首例生态环境损害赔偿协议司法确认案。2020年8月10日，青岛某物流公司一辆柴油罐车在京港澳高速上发生破损漏油事故。该突发事件造成部分混合油流入芙蓉区市政管道以及京港澳高速桥下及周边土壤。事故发生后，相关职能部门及时开展应急处置，进行油污清洗，未造成大型环境污染。2021年10月28日，长沙市芙蓉区人民政府与青岛某物流公司经过磋商程序，达成协议，由青岛某物流公司支付应急处置费用14万元，聘请第三方公司完成五一东村社区环境提质改造项目，进行替代性修复，在媒体上公开赔礼道歉，组织人员完成200小时的环保公益活动，向湖南省环境保护科学研究院支付鉴定评估费用2.5万元。2022年1月，开福区人民法院湘江环境资源法庭经审查后对该案作出裁定，确认双方达成的调解协议有效。

【环境资源巡回审判】2022年5月30日，开福区人民法院湘江环境资源法庭在该院生态修复基地（湘江边），巡回审判一起涉环境资源民事公益诉讼案件。2022年3月8日，被告李某在开福区捞刀河关帝广场河段禁渔区域水域，使用3杆鱼竿及真饵复钩72个进行捕鱼时，被渔政部门抓获。经长沙市农业农村局认定：李某使用的钓具属于农业农村部关于发布长江流域重点水域禁用渔具名录的通告规定的禁用渔具。经调解，原告湖南省生态保护志愿服务联合会与被告李某双方达成协议，由被告李某在长沙市级以上媒体公开赔礼道歉，义务巡护渔业水域5次。

【区首份家庭教育指导令发出】2022年，开福区人民法院发出全区首份《家庭教育指导令》。2015年12月，童女士与李某离婚，婚生子“乐乐”由李某抚养。李某疏于对儿子的照顾，2022年1月，童女士提起诉讼，要求变更孩子抚养关系。3月，法院作出判决，“乐乐”变更由童女士抚养。案件生效后，承办法官对案件当事人进行电话回访，并安排人员前往社区调查，发现李某仍存在酗酒打骂孩子的现象。2022年4月18日，开福区人民法院发出首份《家庭教育指导令》，邀请区妇联、关心下一代工作委员会、街道、司法所、社区等人员参加，共同督促当事人李某正确履行家庭教育责任，保障未成年人健康成长。

（王必杰）

司法行政

【概况】2022年，开福区有16个街道司法所，1个公共法律服务中心。全区有58个区直律师事务所、6个法律服务所，从业律师780人，法律工作者48人，劳务派遣人员8人，专职人民调解员28人。2022年，审查房屋征收补偿决定、方案和权利告知书85份，代理征拆复议、诉讼案件124件，召开行政司法互动会60余次。代理政府复议及诉讼案件143件，办理承办复议案件162件，法定时间内结案率100%。审查重大政府合同并出具书面意见86份，涉及金额50亿元，清理政府规范性文件47件。开展行政执法案卷评查，评查16家执法单位案卷125本。全年受理法律援助案件335件，调处各类矛盾纠纷4797起，调解成功率100%。全区累计接收社区矫正对象3316人，解除矫正3002人，在册314人。2022年，捞刀河司法所被评为“湖南省司法行政工作先进集体”，捞刀河街道罗汉庄村被评为“湖南省民主法治示范村（社区）”，望麓园街道劳动人事争议调解中心被评为“湖南省金牌调解组织”，区司法局被评为“全省社区矫正和安置帮教工作通报表扬单位”，青竹湖司法所矫正专干

2022 年 5 月 24 日，开福区司法局组织开展区委全面依法治区委员会执法协调小组会议暨行政执法案卷评查通报讲评会议　（区司法局 供图）

王帅被评为湖南省“最美公益普法个人”，区司法局被评为“长沙市行政执法案卷优秀区县”，区司法局被评为“长沙市文明标兵单位”，区司法局被评为获得 2022 年长沙市“以案释法”十大典型行政复议案例。

【法律援助】2022 年，开福区实现法律援助“应援尽援”，为经济困难群众提供法律服务，引导依法维权。截至 2022 年年底，受理法律援助案件 335 件，其中民事案件 65 件，刑事案件 270 件。率先全省实行法律援助案件“点援制”，人性化服务受援对象，通过更新完善法律援助律师库，提升法援律师办案水平，确保法律援助群体获得更加优质的法律服务。发挥司法所阵地优势，打通公共法律服务“最后一公里”，实现区—街道—社区（村）三级公共法律服务网络全覆盖。

【人民调解】2022 年，开福区统一部署全区“调解促稳定，喜迎二十大”专项活动，组织各级人民调解组织开展全面排查，广泛收集风险信息，确保社会稳定。全区调解各类矛盾纠纷 4797 起，其中疑难复杂以上纠纷 119 起（含涉人员死亡纠纷 54 起，自建房纠纷 52 起，涉少数民族群体 1 起），医疗纠纷 181 起，物业纠纷 218 起，交通事故纠纷 160 起，婚姻家庭纠纷 240 起，争取赔（补）偿金额 6000 万元。

【诉源治理】2022 年，开福区在全区 16 个司法所成立诉源治理工作站，参与民事案件诉前调解，全年接受委派案件 463 起，协助街道化解信访积案 28 起。区司法局联合区人社局成立长沙市开福区劳动人事争议调解委员会，并成立 16 个劳动人事争议调处工作站，调处农民工讨薪等劳资纠纷 172 起。

【普法宣传】2022 年，开福区贯彻落实党政主要负责人履行推进法治建设第一责任人职责规定，开展法治建设督察和领导干部述法测评工作，抓好上级督察问题的整改落实。做好法治宣传教育，推动全区党委（党组）理论中心组专题学法和全区干部学法考法制度的落实。区委党委（常委）、区政府党组和区直各部门党委（党组）每年专题学法不少于 2 次，全区干部学法考法合格率 100%。加强“谁执法谁普法”工作的监督考评，落实全区 37 个执法单位普法责任清单。组建普法宣传队伍，开展大学生“送法下乡”等特色普法宣传活动。

【社区矫正】2022 年，开福区、加强对社区矫正对象和刑释解矫人员的管理教育和安置帮教工作，确保做到“四个不发生”（社区矫正和安置帮教对象不发生脱管失控、不发生重大恶性案件、不发生群体性事件、不发生负面舆情事件）。截至 2022 年年底，全区累计接收社区矫正对象 3316 人，经教育解矫 3002 人，在册矫正对象 314 人，其中缓刑 297 人、假释 2 人、暂予监外执行 15 人。落实重点人员逢放必接等工作制度，通过省、市、区三级共建，推动开福区过渡性安置帮教基地建设。

【行政复议与应诉】2022 年，开福区优化“司法局 + 法律顾问 + 咨询委员会”审查模式，为政府依法决策提供专业法律意见。落实《开福区政府合同管理办法》，开展全过程政府合同审查与管理工作（订约前资质审查—订约中风险防范—订约后履约监督）。全年审查重大政府合同并出具书面法律意见86份，涉及合同金额50亿元，提出合同法律意见采纳率98%。做好行政应诉工作，出台《长沙市开福区行政机关负责人出庭应诉工作办法》，压实行政机关负责人出庭应诉责任，组织被诉行政机关逐案做好应诉工作准备，提升区直部门和街道依法行政能力。

【行政执法监督】2022年，开福区组织全区行政执法队伍开展业务轮训，开展执法案卷评查指导，评查行政执法案卷125本。推动柔性执法工作制度，制定全区市场监管和城市管理综合执法领域轻微违法行为不予行政处罚清单，指导区属各行政执法单位实施包容审慎监管的执法模式，运用政策辅导、行政建议、警示告诫等方式加大行政指导督促力度，截至2022年年底，实施“柔性执法”8500余件。

【“一村（社区）一顾问”制度实行】2022年，开福区推进“一村（社区）一顾问”制度，通过公开遴选，选聘40余家律师事务所律师114名，担任全区114个村（社区）法律顾问，依托“互联网＋公共法律服务”，实现法律顾问全生命周期服务，创建“互联网＋公共法律服务”新模式，满足人民群众对公共法律服务“最后一公里”的需求。

【创新“1+2+N”多渠道行政争议化解模式】2022年6月，开福区政府行政复议中心投入使用。开福区政府行政复议中心遵循“以人为本、复议为民”的原则，结合实际，创新“1+2+N”多渠道行政争议化解模式，为创建全国法治政府建设示范区提供法律保障。“1”是开福区人民政府行政复议中心。通过区政府专题会议决定设立区级行政复议办公室，落实经费、人员保障，并启动建设开福区行政复议中心，方便企业、公民通过行政复议维护自身合法权益。“2”是行政复议咨询委员会和大调解联盟两支队伍。通过组织专家学者、资深律师以及执法单位公职律师等群体成立行政复议咨询委员会，保障重大疑难案件的办理质量。通过发挥党建引领聚合力作用，依托司法行政部门三调联动社会资源，成立“党建红、司法蓝”大调解联盟。“N”是打造开福区复议便民服务网络。在区内16个司法所、5个专业行业调委会、109个社区、10个重点执法单位工作服务场所设置行政复议基层便民联络点，为来访群众提供行政复议便民服务指南，构建区—街—社区—网格四级便民服务网络。

（唐云梦）

劳动仲裁

【概况】2022年，开福区全年核实处置欠薪线索7344条，为13413名劳动者追讨工资1.72亿元，开福区打造的根治欠薪“长沙经验—开福模式”在全省、全市推广。

【农民工工资支付“红黑榜”推行】2022年，开福区推行保障农民工工资支付月度“红黑榜”。开福区紧盯“湖南省劳动监察两网化联动管理平台”实名制考核和工资发放数据，每月下旬对按月支付工资的项目“插红旗”，未完成工资支付的项目“贴地雷”。对“贴地雷”的项目，下发《履行工资支付义务提示函》，督促建设单位、施工总承包单位、分包单位保障农民工工资支付。对因管理不够规范导致拖欠农民工工资纠纷频发的单位，由劳动保障监察员蹲点驻守，将项目管理和欠薪问题同步解决。

【劳动监察执法】2022年，开福区制定出台街道属地“十条责任清单”、工程建设项目施工总包单位和分包单位项目经理及劳资专管员责任清单，压实政府监管、部门主管、街道属地和企业主体责任。从投资性质、欠薪风险等12个维度，对全区137个在建项目开展地毯式排查。按照“一项目一档案”建立台账，细致梳理掌握项目分包关系、施工状态、工资发放等情况，及时动态更新处置，防治欠薪行为发生。加强劳动监察与住建、公安等部门协同监管和联合惩戒，及时处理因挂靠承包、违法分包转包等造成欠薪的线索台账，并联动执法共同处理，形成全员抓欠薪的工作格局。2022年，全区核实处置欠薪线索7344条，为13413名劳动者追讨工资1.72亿元。

（刘莎莎）

军　事

人民武装

【概况】2022 年，开福区人民武装工作以习近平新时代中国特色社会主义思想和强军思想为引领，以“政治引领、聚焦中心、突出特色、融合发展、稳中求进”的总思路开展工作，人民武装全面建设和年度工作取得新进步。

【政治建设】2022 年，开福区人民武装部（以下简称区人武部）以学习贯彻中共二十大精神为全年工作主线，区人武部党委理论学习中心组带头学，引导干部职工通过学习既提升政治思想水平，又联系单位实际讨论贯彻举措。区人武部党委召开党史学习专题民主生活会，加强党性修养，在干部职工和民兵预备役人员中开展“忠诚维护核心、矢志奋斗强军”主题教育活动。对上级巡视巡察指出问题彻底整改。开展“民兵学习宣讲”活动，发挥辖区媒体资源优势编建女民兵学习宣讲队，并代表长沙市参加全省民兵学习宣讲竞赛活动，选派民兵宣讲员担任长沙市地铁“强军号”发布仪式现场宣讲人。开展开福区“十佳最美民兵”评选活动，区民兵新媒体大队刘薇薇被评为“湖南省最美民兵”。加强民兵预建党组织建设，利用党团日活动，组织参观见学，进行党史学习教育，学习“党员时代楷模”张连印将军先进事迹。

【民兵整组】2022 年，区人武部对接部队保障和辖区应急应战任务需求，摸清民兵队伍编建底数，在全市

2022 年 1 月 4 日，开福区民兵无人机侦察分队开展训练　（区人武部 供图）

民兵整组潜力数据会审中排名 9 区（县）第一。民兵整组突出辖区民兵新质力量，优化编配基干民兵队伍，有效提升区民兵队伍战斗力。在望城区“4·29”倒塌房屋救援中，区民兵雷达装备维修排排长梁步阁带领民兵骨干参与救援，成功救出被埋 5 人。新媒体大队模拟微博平台争抢舆论热点，邀请专家讲授舆情处置知识，“实战化”锻炼网评队伍。参加南部战区政治工作演练，重点参与战区拥军支前、认知引导工作。网络舆情监测排参加全省集训，获得多项第一名。制作《如果 TA 都说实话》警示教育短视频，被军委国防动员部推荐参加全军评比。开展基层武装部全面建设星级达标，评定街道武装部“五星级”5 个、“四星级”8 个、“三星级”3 个，其中新增“五星级”2 个、“四星级”4 个，全区 16 个街道武装部全部达到“三星级”以上标准。

【战备演练】2022 年，区人武部以围绕支援保障打胜仗为根本要求，加强国防动员和后备力量建设。修订完善区域重要防卫目标管控和国防动员方案，严密组织节日战备方案准备和演练，多次接受军委国防动员部、省军区、警备区电话、视频抽查和现场检查，均获好评。实地勘察森林防火、抗洪抢险重要区域，与应急部门建立联络机制，科学拟制抢险救灾方案，补充购置装备物资，组织针对性应急演练。完成 11 期民兵干部、教练员和民兵各专业分队训练。选派民兵参加湖南省民兵工作“三落实”60 周年纪念活动暨省领导军事日活动，展演辖区科技企业重型装备，并实施伪装遮障汇报演练，其中，湖南兵器光电的激光销毁未爆弹药装置得到省军区首长肯定。选派

民兵参加南部战区“南部—2022”实兵演习，受到战区和省市领导充分肯定。区人武部首长机关训练，研究参与新域新质民兵队伍试点建设、国防动员训练标准体系研究论证、俄乌冲突国防动员问题研究等。

【兵员征集】2022年，区人武部克服辖区高校少的不利条件，通过宣传发动，并结合深入细致思想工作，兵役登记率在全市各区县率先实现100%，为部队输送优质兵员，其中大学毕业生比例76%。同时，配合完成军校招生、直招军士、直招军官、定向培养士官、社招文职人员、女兵等征集工作。确保廉洁征兵，征兵“五率”（报名率、上站率、合格率、择优率、退兵率）等级评定居省市前列，区征兵办被评为全省征兵工作先进单位。

【安全管理】2022年，区人武部严格落实中央“八项规定”、军委“十项规定”、军地交往“13条禁令”等纪律规矩，做好单位人员政治考核和保密教育。以日提醒、周讲评、月总结等方式，做好安全教育工作。开展微信泄密专项整治行动、“百日安全”活动拓展、涉军净网专项行动，安全保密工作向专武干部、国防动员单位延伸。定期组织安全形势分析，进行风险评估，对办公楼、公寓楼、车炮库等场所进行拉网式清理，对手机微信和网络进行彻底清查，对房屋质量、消防和避雷等设施进行排查，全面清除盲区死角，确保安全稳定。

【双拥共建】2022年春节、八一建军节，区人武部开展走访慰问辖区驻军单位活动，在清水塘街道开展“星耀星城”国防之星一条街宣传展示活动，为辖区立功军人家庭送喜报，为辖区现役军人和优抚对象购买商业意外保险，落实转业干部、转业军士、随军家属工作安置和军人子女优待入学入托事宜。同时，组织区人武部官兵和广大民兵参建参治，针对开福区常见自然灾害，现地勘察险工险段，开展针对性应急演练，拉动点验17个民兵分队，做好应急准备。开展“学雷锋”活动，配合联点社区做好文明创建、慰老爱幼等志愿服务工作。

（郑应谅）

人民防空

【概况】2022年，开福区人防系统以《开福区国民经济与社会发展第十四个五年规划纲要》为引领，建立准确高效的全区人防电子化数据档案，推进人防战备建设和营商环境优化。全年开展“5・12”防灾减灾活动日、“11・1”防空警报试鸣日等人防宣传教育主题活动6次。

【指挥通信】2022年，开福区新装防空警报器，组织参加人防工作业务集训、准军事化封闭集训，通过训练提升指挥操作人员业务能力，加强人防队伍“准军事化”建设。

【人防宣传教育】2022年，开福区组织参加省市区相关法律法规培训，提高人防工作人员法律意识和行政水平。结合“5・12”防灾减灾日、“11・1”防空警报试鸣日，开展爱国主义教育、人防教育和普法宣传教育活动，全年开展人防宣传教育主题活动6次，开展进机关、进社区、进学校、进媒体、进企业活动30余次。

【人防工程维护管理】2022年，开福区优化智慧人防系统，加强各类人防工程档案管理和维护监管，通过购买服务充实人防工程巡查监管力量，利用智慧人防系统巡查采集功能，随时掌握人防工程维护管理动态，确保人防工程始终处于良好的战备状态。印发开福区人防工程防汛抗灾工作方案、全区人防领域消防安全专项整治方案，落实街道属地责任，做好人防工程安全生产工作。

【平战结合和民兵整组】2022年，开福区人防系统以“平战结合、融合发展”为工作主线，围绕“战时防空、平时服务、应急支援”的使命任务，坚持“履行战备职能、参与城市建设、支援应急管理、服务经济发展”的方向定位，加强人防工程口部房出租管理，推进人防各项工作。落实基干民兵组建要求，组建地下指挥工程抢修抢建连，完成民兵编组工作。开展民兵点验、封闭集训和年度集结拉练工作，提升民兵服从命令、听从指挥的能力和水平。

（赵　娜）

经济管理与监督

发展和改革

【概况】2022年，开福区坚持“项目为王、项目为先”的理念，强化谋项目的意识、争项目的实效、服务项目的水平，实现投资稳定增长。全区全年铺排重大项目307个，年度计划投资390.6亿元，完成投资420亿元，超额完成年度目标任务。全年批复政府投资项目立项303个，批复总投资50.52亿元；完成企业投资项目备案办理75件，备案投资总额131.7亿元。

表1　2018—2022年开福区项目建设统计一览表

序号	年份	年度项目总数（个）	年度计划总投资（亿元）
1	2018	176	306
2	2019	203	333
3	2020	227	363.6
4	2021	218	378.4
5	2022	307	390.6
6	总计	1131	1771.6

【发展规划编制】2022年，开福区编制《长沙市开福区进一步纾困暖企稳定经济运行若干措施》及实施细则，兑现扶持资金4433.36万元。开福区信用体系建设成效明显，入选长沙市2022年度信用体系建设真抓实干督查激励名单。在2022年度全省优化营商环境评价—县市区信用监管考评结果中，开福区信用监管排名全省第三。

【体制改革】2022年，开福区推进供给侧结构性改革，为全区高质量发展夯实基础。稳住经济大盘，防范化解重大风险。全年实现服务业增加值增速4%（位居全市内五区第二）。推进简化流程，降低企业制度性成本。持续简化企业办事流程，对奖励发放采取“免申即享”方式，兑现服务业企业区级奖励资金80万元；兑现2021年度市级新增“四上”服务业单位奖励资金192万元、龙头企业奖励资金100万元。向上争取资金，培育企业技术创新。争取省、市现代服务业发展（引导）专项资金630万元，支持全区企业加快技术、产品、业态等创新，推进成长型企业的发展壮大，发挥企业区域经济的支撑作用。

【能源管理】2022年，开福区做好固定资产投资项目的节能评估审查监察工作，严格执行固定资产投资项目的备案审查制度，配合市局完成荷叶美苑、家家红冷链、湘雅医院等项目的能源监察。完成相关新能源充电桩场（站）、光伏站点和再生能源管理项目建设。开展“蓝天保卫战”“安全生产月”“节能宣传周”等宣传活动，抓好节能降耗、油气管道、电力设施管理、新能源设施设备场地保护的日常监督检查、隐患排查。

【价格监管】2022年，开福区坚持以“优质服务群众、高效保障民生”为目标，努力在规范审批、科学监测、强化预警、高效认证以及价费政策宣传上下功夫，完成价费服务管理的各项目标任务。全年完成普通商品住宅前期物业服务收费备案8个，完成中小学、幼儿园伙食费备案17个，完成辖区内1500个机动车停车泊位服务收费备案。全区9个物价监测点坚持定期监测与商业超市现场实时采集相结合，对辖区内居民生活必需品、主要农产品开展价格监测和信息报送，为全市、全省保供稳价提供第一手资料，为各级科学决策提供依据。做好价格认证服务，全年办理各类涉案财物价格认证436件，涉及金额716万元。做好价费政策宣传答疑，妥善化解价费矛盾，促进社会和谐稳定。

【行政审批】2022年，开福区争取中央预算内项目19个，争取到中央预算内资金1.36亿元。推进专项债发行工作，全区有4个项目发行专项债获批，发债总额6.06亿元。落实项目审批管理，启动《开福区政府投资建设项目管理办法》实施细则的修订工作。加强固定资产投资项目管理，全年批复政府投资项目立项192个、批复投资金额52.5亿元；完成企业投资项目备案143件，备案投资金额192.83亿元；办理中介服务业务委托1031件；办理施工业务委托288件。

【重大项目集中开工活动】2月7日，长沙市一季度重大项目集中开工活动（开福分会场）在长沙金霞经济开发区湖南超精密制造产业园项目现场举行。26个重大项目集中开工，总投资129.2亿元。长沙市委常委、市委宣传部部长陈澎、市人民政府副市长邹特及开福区、金霞经开区领导和项目单位有关负责出席活动。集中开工的26个项目，主要涵盖基础设施、产业项目和社会民生项目三大类，以先进制造业、产业链建设项目为主，兼顾投资规模大、聚集程度高的其他产业项目以及影响力强的重大基础设施项目和社会民生项目，项目科技含量高、投资规模大、产业带动力强。其中新开工的重大产业项目有湖南超精密制造产业园等12个，总投资116亿元。

4月23日，长沙市奋力实施“强省会”战略重大项目集中开工活动（开福分会场）在长沙金霞经开区谷医堂智慧物流园及大健康产业总部基地举行。18个项目集中开工，总投资76.8亿元。长沙市政协党组书记、主席陈刚宣布项目集中开工，市领导陈剑文、骆正平，开福区、金霞经开区领导和项目单位有关负责人出席活动。集中开工的18个重大项目涵盖智能制造、商贸物流、社会民生、基础设施等领域。

11月1日，长沙市第四季度重大项目集中开（竣）工（开福分会场）活动在马栏山视频文创产业园兴旺科技总部基地举行。78个重大产业项目开工、竣工，总投资279亿元，其中新开工项目14个，总投资68亿元；竣工项目64个，总投资211亿元。长沙市委常委、市委宣传部部长陈澎出席并宣布重大项目集中开（竣）工，开福区、马栏山视频文创产业园和项目单位有关负责人出席活动。竣工项目兴旺科技总部基地是马栏山视频文创产业园引进的长沙市通讯科技产业重点项目，重点打造通讯科技总部基地、视频产业商业化孵化基地，为入驻企业提供云储存和云计算服务、商务运营服务，5年后可实现总产值25亿元、税收1.8亿元，提供就业岗位3000余个。

【全市重点项目建设拉练观摩活动】7月20日，湖南省委常委、长沙市委书记吴桂英率队开展“奋力强省会，喜迎二十大”全市重点项目建设拉练观摩活动。观摩团一行察看开福区长沙仲景医院、中国商飞长沙航空产业及研发基地2个项目，听取区、园区主要负责人关于半年度经济社会发展及项目建设情况的汇报。长沙仲景医院定位为应急抢险救灾工程和长沙落实“强省会”战略的民生工程，设置病房床位2320张，将助力长沙提高应急抢险救治能力。中国商飞长沙航空产业及研发基地项目是长沙市10个重大科技创新标志性项目之一，该项目分两期建设，一期工程主要建设大飞机地面动力学试验平台及相关配套设施，于2022年底竣工。二期工程将围绕飞机起降系统开展研发成果转化和配套产业孵化，进行飞机起降系统试验验证、研发、制造工作。

（宁芊芊）

财 政

【财政收支】2022年，开福区全区完成地方一般公共预算收入64.1亿元，其中税收收入45.22亿元，非税收入18.88亿元。全区完成一般公共预算支出82.33亿元。2022年，开福区财政局获得全省预算管理一体化建设一等奖、全省行政事业性国有资产报告工作先进单位、全省财源建设工作成效突出单位等荣誉，开福区财政预决算公开工作排名全省第二、财政日常工作整体水平被省财政厅评为A级、财政管理工作获得长沙市人民政府真抓实干督查激励。

【收入征管】2022年，开福区紧盯收入组织和财源建设，加强部门联动，强化重点行业、重点税源、重点企业监管，确保应收尽收；加强与税务部门及各街道的对接，督促各单位勤征细管，确保税收及时入库；加强联动协作，按月对收入完成情况通报，以旬保月、以月保季、以季保年，调动各单位收入组织积极性。从堵塞漏洞、做实罚没收入，加强联动、做强其他收入，调整思路、做优国有资源（资产）有偿使用收入等多方面入手，做好非税收入征管工作，全年完成非税收入18.88亿元。

【税源培育】2022年，开福区制定《开福区提升骨干税源企业税收贡献度行动方案》，高标准培育市场主体，推动辖区内企业高质量发展。建立联席会议机制，及时研究、分析和解决财源建设工作中的重大问题，形成全区上下齐抓共管财源建设的良好氛围。按照百名干部联千企“送政策、解难题、优服务”行动方案，建立定期走访服务机制，主动为企业服务。落实“放管服”要求，采取预留采购份额、价格评审优惠、优先采购等措施，支持中小企业发展，累计授予中小企业采购合同额占总合同的98.12%。

【服务重点项目】2022年，开福区围绕服务重点工程项目主线，加大各级财政资金统筹力度，适度提前加大支出强度，为老旧小区提质、城市管网建设、市政道路建设、学校建设等重大项目的推进做好资金保障。2022年，统筹安排春节、端午节气资金5.08亿元，确保重大项目建设顺利推进。在节气资金审核拨付中，结合农民工工资支付要求，把关工程款支付，并督促预算单位加快直达资金的使用进度。

【预算执行】2022年，开福区以建立节约型财政保障机制为目标，推进政府“四本预算”统编、统批、统管，实现收入“一个盘子”、支出“一个口子”；坚持“有预算不超支，无预算不开支”，部门预算执行完毕前一律不追加预算，预算调整前一律不追加预算；聚焦预算编制各个环节，全年预算编制重点压减一般性支出，严格控制非刚性、非重点支出，专项经费统一压减5%，资金使用进度滞后的再压减5%。

【财政统发工资】2022年，开福区做好工资审核、录入、发放等工作，保证全区在编在岗干部工资及时发放到位，2022年，纳入全区工资统发单位160个，其中区直单位58个、教育系统86个、街道16个；纳入工资统发人数5163人，其中区直机关1512人、教育系统2876人、街道775人。

【民生民本保障】2022年，开福区坚持人民至上原则，构建优质均衡的公共服务体系，及时调整支出预算安排，延缓非重点、非急需支出，确保财政资金安全平稳运行，全年民生民本支出占地方一般公共预算支出的85.06%。建立直达资金使用台账，确保“一杆子到底”惠企利民，对资金使用滞后的部门限期整改。全年通过湖南省惠民惠农财政补贴资金一卡通系统代发区民政局、区农业农村局、区退役军人事务局等12个业务部门85项惠民惠农补贴，发放30.13万人次，发放金额1.92亿元。

【绩效评价】2022年，开福区将绩效目标设置作为单位预算申请的前置条件，严格执行无目标不安排预算要求，对163个预算单位整体绩效目标和1011个项目支出绩效目标编制进行业务指导和审核反馈。精选重点评价项目16个，涉及财政资金4.7亿元，覆盖产业政策、教育、就业、城市建设、政府采购、部门整体等领域，委托第三方专业机构，形成高质量评价报告16份。

【财政评审】2022年，开福区出台《开福区政府投资建设项目委托中介机构评审管理办法》《长沙市开福区财政评审中心评审时限规定（试行）》《开福区评审员薪酬暨绩效考核办法》等管理制度，逐步建立以制度管人、以制度管事的工作机制。2022年，完成预算评审项目207个，审定金额25.77亿元，审减率4.99%；完成结算评审项目209个，审定金额15.58亿元，审减率11.08%。

【国库集中支付】2022年，开福区落实保密承诺制、岗位轮换制，规范国库集中支付行为，全年完成财政资金国库集中支付12.12万笔，金额72.28亿元；累计核退或纠正事项1853笔，保障财政资金支付安全。加强队伍建设，提升工作效能，2022年，区国库集中支付中心被共青团中央审查认定为“一星级全国青年文明号”。

【预算决算公开】2022年，开福区坚持多部门合力、全流程协同，主动上门对160余家预算单位进行一对一辅导；借助第三方机构专业优势，制定公开模板，统一公开标准，做到“一把尺子”量到底，确保全区各单位预决算公开格式更规范、内容更准确、时间更及时、渠道更统一、责任更明确。

【资金管理】2022年，开福区出台《开福区关于全面落实“艰苦奋斗、勤俭节约”和“过紧日子”要求的通知》，细化13条工作措施，明确“过紧日子”应该“怎么紧”“紧多少”。成立全区向上争资工作专班，将争资任务完成情况与下年度预算安排情况挂钩，多点发力向上争取资金；鼓励相关部门加大项目包装力度，向上争取专项转移支付资金及专项债券资金，保障全区重点项目建设资金需求。精准测算国库资金，合理安排库款，突出“两个注重”：注重收支预测，及时与税务部门对接，做好当月库款来源预测；注重库款调度，建立先“三保”支出、债券支出，后其他支出的库款保障次序，确保库款保障系数处于合理区间。

【财政监督检查】2022年，开福区制定全区内部控制报告编报工作实施方案，以内控报告编制推动预算单位强化内部权力制约，规范经济业务活动，建立健全高效的制约和监督体系；针对民生领域资金政策性强、数据涉及面大等特点，将“互联网+监督”平台作为财政资金监督的重要抓手，对全年民生资金目录进行核对和梳理，确保相关单位的收入和支出数据及时录入，完成“互联网+监督”各项工作任务。

【政府采购监管】2022年，开福区强化对代理机构、采购人的监督检查力度，建立健全政府采购监管机制，制定《开福区政府采购常见违法违规行为清单》《关于进一步规范服务项目采购的通知》《关于加强采购人政府采购管理工作的通知》等文件，对政府采购预算编制、预算调整、预算执行、采购管理、合同管理、履约验收等进行全方位、全过程、全覆盖规范，夯实政府采购工作基础。

【会计管理】2022年，开福区贯彻执行《中华人民共和国会计法》，提高会计信息质量；运用办公电话、网上留言等方式，及时解答会计人员在信息采集过程中遇到的各种问题。同时，按照上级文件精神，对申报人员填报的信息和提交的证明材料进行网上审核，确保辖区内会计人员信息的真实性和完整性。

【街道财务管理】2022年，开福区抓好基层财务监管，规范街道预算管理、财务收支、债权债务、资产资源等管理。2022年，清水塘街道财政所被评为“湖南省示范财政所”。

【财政票据管理】2022年，开福区实行“专人管理、凭证购领、限量供给、缴旧领新、不得代开、不准转让”管理方式，实现票据管理与资金上缴监管的有机结合。加强票据年检工作，发挥以票管收作用，采取日常检查和重点检查、定期和不定期检查相结合的方式，加强对财政票据的监督检查，确保票据使用合法、合规。

【债务风险防控】2022年，开福区落实“一债一策”管理全口径债务，精准调度重要平台、重点融资方式、关键节点债务兑付情况，确保风险排查、资金筹集、合规化解“三个到位”。执行负面清单，坚决执行政府专项债券、平台公司融资、政府购买服务和PPP项目的负面清单管理，完善融资举债约束机制。

【财政专项检查】2022年，开福区围绕区委、区政府中心工作、财政重点工作以及社会关注焦点，按照上级的工作部署和要求，全年开展七大领域的财经秩序专项整治行动、涉农涉诉资金检查、“三公”经费自查自纠和代理记账行业检查等多项财会监督检查工作，严肃财经纪律，规范资金管理，提升监管效能。

【国有资产管理】2022年，开福区执行年初资产配置预算和配置标准，优先资产调拨使用，全年核减超编配置计划348件，节约财政资金149.51万元。坚持实物管理与价值管理相结合，督促单位做好资产实物及信息数据维护，加强对资产实时动态管理，树牢“过紧日子”思想，坚持“能调就不买”的原则，区内单位之间资产调拨378件（其中车辆11台，通用资产367件），节约资金376.5万元（其中车辆99.3万元，通用资产277.2万元）。坚持按年限、按程序进行报废、变卖处置，全年完成资产处置20批次，实现国有资产处置收入903.96万元。2022年，开福区被评为全省行政事业性国有资产报告工作先进单位、长沙市盘活“三资”工作先进单位、长沙市行政事业性国有资产管理工作先进单位。

【“三资”盘活工作】2022年，开福区强化资产、资金、资源管理“一盘棋”，探索建立行政事业单位资产共享共用机制，实现数据统一和资源互通，形成国有资产数字化管理，全年盘活“三资”7.38亿元，盘活闲置土地7.76公顷，完成新动工开发报建税费 7517 万元，实现产值和税收双提升。

【国有企业监督】2022 年，开福区出台《开福区区属国有企业违规经营投资责任追究暂行办法》《长沙市开福区国有企业综合绩效考核办法（试行）》《长沙市开福区国有企业综合绩效考核实施细则（试行）》，为实施全方位国企监管奠定基础、提供政策依据。按照省、市工作部署，对区属国有企业境外经营、民企挂靠、专网通信业务等问题进行专项对照梳理，组织学习相关法规，强化风险意识和底线思维，确保国企运行更加安全有序。根据《长沙市开福区国企改革三年行动实施方案（2020—2022 年）》，细化分解形成改革任务清单，明确责任主体和完成时限，从完善法人治理结构、坚持党建引领、健全市场化经营等方面，推进区属国企改革走深走实。

（郑和堂）

【非经营性资产管理】2022 年，开福区对全区非经营性资产进行摸排清查，严格执行非经营性国有资产处置审批程序，坚决杜绝非经营性国有资产流失，收集全区 102 个部门及机构办公用房管理使用信息，完成全区资产调拨 73 批次，资金总额 6426.84 万元；开展安全生产排查，完成非经营性资产东风路 224 号综合楼房屋检测，并启动加固工作；加强国有非经营性资产的管理及保值增值，完成资产的非税收入上缴工作，确保区属 11 处房产保值。调配使用办公用房，全年对区政府机关大院办公用房调整 12 间次，解决办公用房紧缺难题，节约国家资源，提高办公用房使用效益。贯彻落实湖南省深化政府采购制度改革，完成政府采购项目 190 批次，资金总额 2113.98 万元。

【公务用车管理】2022 年，开福区启用“开福区公车管理”系统，采取“三定、五统一”（定点维修、定点加油、定点保险，统一购置、统一编制、统一标识、统一调度、统一处置）管理模式，实现对公务用车“申请、审批、运行、管理、统计”的全过程动态监管。用“严审核、强监管、计行程、核油耗、拒违章、控维修”等手段，对车辆出行审批、定点停放、记录资料、行程数、车辆油耗、加油地点等相关方面进行综合管理；利用公车管理系统、“北斗”定位系统及燃油管理系统，杜绝公车私用、公油私加现象。全年调派公务出行 108 台车辆，公务出行 1.2 万余次，实现交通零事故，调度无差错，用车单位满意度 100%，无公车私用等违纪情况发生。

（易与凡）

税　务

【概况】2022 年，开福区税务局设有 5 个税务分局、7 个税务所，负责辖区各项税收、社会保险费和有关非税收入征收管理。2022 年，开福区全区完成全口径税收收入 104.13 亿元，其中市区级税收收入 76.24 亿元；完成社保和非税收入 73.11 亿元，同比增收 1.31 亿元。2022 年，开福区税务局被评为湖南省文明标兵单位、公共机构节约型示范单位。

【退税减税】2022 年，开福区建立“区局预审、团队复审，提级审核”减税降费工作机制，组合式税费支持政策落地见效。开展多渠道全方位的减税降费宣传辅导，通过芒果帮女郎微信公众号和抖音号双网直播《税惠“开”讲》，80 万人次观看直播。通过腾讯会议 App，开展 2021 年度企业所得税汇算清缴专题培训，1700 人参与直播培训。全年办理留退抵税 27 亿元，完成“六税两费”退抵税 1648 万元，制造业退减免缓 6999 万元，房税、土地税“两税”困难减免 3307 万元。

【组织收入】2022 年，开福区坚持税费皆重，做好“依法征收、管理促收、培源增收”工作。全年累计完成各项税费收入 204.42 亿元，全口径税收收入 104.13 亿元，其中市区级入库 76.24 亿元；社保与非税收入 73.11 亿元，同比增收 1.31 亿元。完成土地增值税清算项目 31 个，入库税款 8.73 亿元。建立健全欠税管理长效机制，全年累计收回欠税 1.94 亿元。

【纳税服务】2022 年，开福区落实首问责任制、领导值班制，推行税收业务预约办理、错峰办理，全年办结各类业务 136.87 万件，好评率 99.99%。开展“便民办税春风行动”、千人联点千企“纾困增效”活动，邀请 106 家涉税中介服务机构代表召开座谈会，及时收集意见诉求。深化税务“放管服”改革，落实降低制度性交易成本、优化税务执法和监管、提升办税缴费便利度3大类15项具体改革举措，减轻市场主体负担，增强纳税企业发展动力。

【税源管理】2022年，开福区优化税收征管资源配置，取消税收管理员制，实行专业化团队“管事”制，税源管理单位内部设立综合保障组、日常管理组、调查核实组、风险应对组，实行分类管事、团队协作的专业化管理。按照分行业分类分级管理为主的原则，调整部分重点行业和重点企业到税源管理科，实现重点企业精细化、重点行业专业化、特定事项集中化、属地税源规范化的管理，提升税源征管效能，防范税收执法风险和廉政风险。

【风险防控】2022年，开福区抓实风险管理系统平台中各类风险任务应对，接收风险管理提示提醒、税务核查和纳税评估任务116批次，3034户次，入库税款3.05亿元，滞纳金433万元。接收异地协查案件320户次，协查涉案发票6811份，涉案发票金额5.82亿元。在即增即退、增值税汇总纳税企业核查、建筑业异地预缴核查、重点涉税事项“回头看”等工作中查补税款1291万元。强化内部控制监督平台运用，加大执法过错责任追究力度，全年责任追究7人次。

【智慧税务建设】2022年，开福区实施发票电子化改革，推广电子发票服务平台，提高电子专票使用率。提升智能税费服务水平，推动“自行判别、自行申报、事后监管”范围不断扩大。全区“湘税通”推广率83.76%，全市系统排名第二。成立纳税缴费服务“小呼中心”，配置6台（套）坐席端，实行纳税服务全程辅导。5G智慧办税微厅在马栏山视频文创园试点推行，实现智能提示、远程辅导、评价反馈等一体化服务。

【“税惠‘开’讲”微直播】4月2日，开福区税务局联合湖南公共频道通过芒果帮女郎微信公众号、帮女郎一帮到底抖音号双网推出，为纳税人缴费人宣讲最新的组合式税费支持政策，80万人次观看直播。为扩大受众的覆盖面和影响力，制作宣传“税惠‘开’讲”微直播短片及宣传海报，通过湖南公共频道、办税大厅电子显示屏等渠道滚动播放，宣传造势。同时，广泛动员全区税务干部通过微信群、QQ群等转发直播链接，让更多的纳税人缴费人关注直播，并通过直播更深层地吃透税惠政策，享受税改福利。直播间，开福区税务局税政业务骨干从增值税、企业所得税、“六税两费”、延缓缴税以及个人所得税五个方面详细解读2022年国家出台实施的一系列组合式税费支持政策。在分享优惠政策的同时，税务主播还通过案例分析、问题答疑等与观众开展互动交流，特别对增值税存量留抵税额和增量留抵税额如何区分，自然人能否享受小规模纳税人免征增值税优惠，3岁以下婴幼儿照护专项附加扣除能否在2021年度个税综合所得汇算清缴中申报等老百姓比较关心的问题进行重点解答。

【税务纳税缴费服务“小呼中心”上线】4月25日，开福区税务局举行纳税缴费服务“小呼中心”揭牌仪式。为拓宽“非接触式”办税缴费覆盖面，给纳税人缴费人提供更加便捷高效的咨询服务体验，开福区税务局针对远程办税模式在推广应用中的堵点难点，充分运用云计算、可视化、呼叫中心等现代信息技术，建立“一台受理、一席多能”的纳税服务远程辅导坐席，正式开通纳税缴费服务“小呼中心”。纳税缴费服务“小呼中心”是税务部门推进“办问分离”向“办问协同”转变的一项全新实践，可以实现纳税人疑难“电话答”、涉税事项“来电办”。对于部分简易涉税事项，“小呼中心”接线员可以边接听电话，边登录操作系统，通过电话直接帮助纳税人缴费人解决涉税问题。

【马栏山税务智慧微厅揭牌运营】11月17日，长沙市首个“税务智慧微厅”的揭牌仪式在长沙市开福区马栏山企业和人才服务中心举行，18家企业代表参加。“税务智慧微厅”是全市税务系统税收征管改革的重要举措，承担着打通税费服务“最后一公里”和探索新型智慧税务服务模式的重要使命，集成“互联网＋”、人工智能、人脸识别、视频交互、视频协助等多种功能于一体，落户马栏山视频文创园，实现园区企业纳税人自助办税业务。

（莫凌珂）

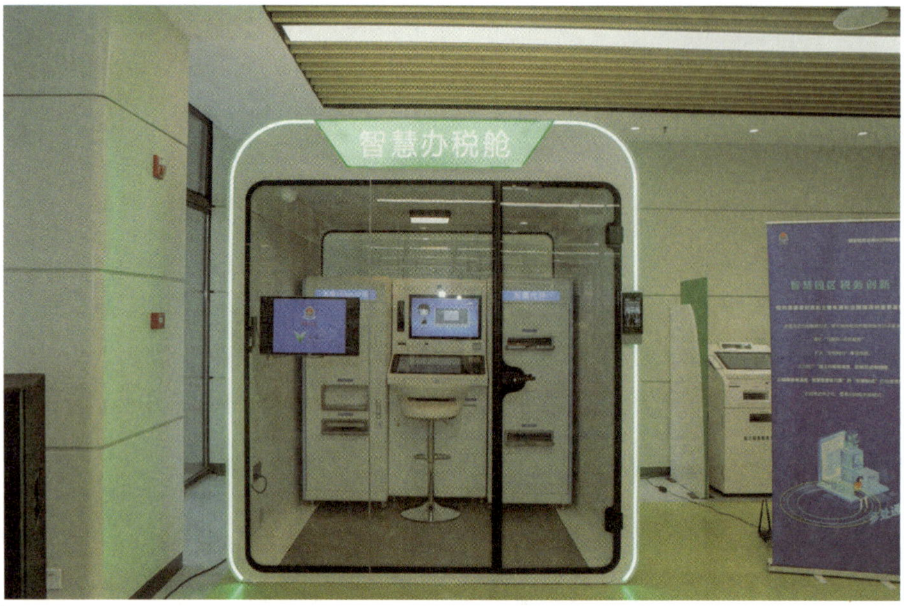

2022 年 11 月 17 日，全市首个“税务智慧微厅”揭牌仪式在开福区马栏山企业和人才服务中心正式启动（区税务局 供图）

审 计

【概况】2022 年，开福区完成审计项目 31 个，查出违规金额 1143 万元，管理不规范资金 11.36 亿元，督促调减投资额 813 万元，上缴财政金额 759.9 万元，移送问题线索 12 条。2022 年，区审计局继续保持“市文明标兵单位”荣誉，获得“市级优秀审计项目一等奖”1 个、“省级优秀审计项目一等奖”1 个。

【预算执行审计】2022 年，开福区对 2021 年度区本级和区医疗保障局、区发改局、区市场监督管理局 3 个部门的预算执行情况和其他财政收支情况开展审计；连续三年利用大数据并结合现场审计，对区本级 72 个一级预算单位和 16 个街道实行审计全覆盖，强化对预算执行、预算公开、财政支出标准体系建设、资金使用绩效等的审计监督，助推财政资源统筹和深化财政管理体制改革。

【经济责任审计】2022 年，开福区对区医疗保障局、区发改局、区市场监督管理局 3 个部门和月湖、伍家岭、青竹湖 3 个街道的 11 位领导干部开展经济责任审计，并对青竹湖街道主要负责人开展自然资源资产审计。加大对领导干部经济决策权、经济管理权、资金使用权及自然资源资产保护利用等方面的监督力度，以审计监督的实效促进领导干部依法用权、秉公用权、廉洁用权。

【重大项目投资审计】2022 年，开福区对区城市人居环境局 2020—2021 年老旧小区提质改造工程建设情况和史家坡学校、植基中学等 6 所学校政府重点投资项目开展跟踪审计，对开福区财政评审中心 2021 年 10 月至 2022 年 9 月结算评审项目质量情况开展专项审查。重点关注建设单位项目审批、工程招投标、工程结算等程序的合法合规情况，推动政府投资建设项目的规范管理。

【内部审计】2022 年，开福区举办全区内部审计工作培训班，引导全区内部审计人员严格按照相关要求开展内部审计工作。全年完成青竹湖街道办事处下属 5 个社区、月湖街道办事处下属 3 个社区、伍家岭街道办事处下属 3 个社区财务收支审计工作，促进社区规范内部管理、防范风险隐患、加强廉政建设。

【审计成果运用】2022 年，开福区召开区审计协作联席会议第一次会议，研究审计发现的拟移送区纪委监委和相关主管部门的问题线索情况。深化纪审、巡审联动协作，形成监督合力，压实各方责任，推动将审计成果作为部门及领导干部个人述职评议参考依据，实现审计成果多部门互通共享。2022 年，区审计局向区委、区政府报送专项资金审计调研报告 1 篇，为区委、区政府决策参考提供依据。

【区委审计委员会第六次会议召开】6 月 7 日，开福区召开区委审计委员会第六次会议，区委书记、区委审计委员会主任罗玉环主持会议。会议传达学习习近平总书记关于审计工作的重要指示精神和李克强总理关于审计工作的讲话精神、全国审计工作会议精神、新一届省委审计委员会第一次会议精神、市委审计委员会第七次会议、全市审计工作会议精神，听取全区审计工作情况汇报，审议并通过《开福区2022年度审计项目计划》《关于2021年度区管领导干部经济责任审计情况的综合报告》等文件，研究部署区委审计委员会下阶段工作。

（黄婷婷）

统　计

【概况】2022年，开福区开展各专业领域常规统计调查和各项重大专项调查，优化联网直报基层管理模式，规范数据质量控制操作流程，提高统计数据质量。注重做好统计服务，发挥参谋助手作用，编印反映地区经济发展的《开福区统计提要》《经济运行快报》等多种刊物。加强经济运行跟踪监测和分析研究，围绕区委、区政府确定的全区年度发展目标和产业项目建设加强调研，捕捉经济运行趋势性、苗头性问题，及时报送主要经济指标运行情况专报，开展月度经济运行情况综合分析，为区委、区政府决策提供参考。完成《开福区规模工业调研报告》《2022年首批“年度新增”四上企业情况汇总》《开福区建筑业调研报告》《开福区四大支柱产业和新兴产业发展现状》《关于加强四方商贸城消费数据统计的研究报告》等调研报告。开展“双基”（基层统计网络、基础工作）达标建设，夯实统计基层基础。落实长沙市委办公厅、长沙市政府办公厅联合下发的《关于进一步加强乡镇街道统计工作的通知》文件精神，按照全市统一部署，有序推进街道统计站规范化建设，创建星级街道统计站5个。

2022年9月20日，开福区举办“中国统计开放日”活动，群众参与现场答题

（区统计局 供图）

【依法治统】2022年，开福区加强统计法律法规宣传，特别是加大对基层统计人员和统计调查对象统计法律法规的宣传，做到“四上”企业统计普法全覆盖，督促企业自觉遵守统计法律法规。在五矿彩虹G广场举办统计开放日暨政务公开活动，发放统计法治宣传资料2000余份，营造依法统计的良好氛围。加大数据核查力度，制定“新增项目核查表”，对新入规企业和项目开展全面数据核查。严格统计执法检查，全面落实统计执法“双随机、一公开”抽查制度，全年对51家企业组织开展统计执法检查，对执法检查发现的问题，责令企业进行整改。聚焦国家统计督察反馈问题，落实统计督察整改，细化整改方案，明确责任要求，认真履行整改主体责任，强化责任担当，严格销号管理，各项整改任务全面完成。

【部门联动】2022年，开福区统计部门加强与区商务局、区发改局、区市场监管局、区税务局等部门联动，实现部门信息互惠共享。充分利用楼宇经济摸底成果，动态掌握入驻企业情况，为名录库更新提供基础资料。定期与区工信局、区发改局、区商务局、区农业农村局等部门进行协调论证，防止“数出多门”。

【制度建设】2022年，开福区建立和完善统计规章制度，根据《长沙市乡镇、街道统计工作规范化建设标准》及其实施细则，区、街道建立健全统计规章制度并张贴上墙，以规章制度管人、管事、管数据，做到各项工作有章可循。完善信息化建设制度。以国家、省统计直报网络和统计内网为平台，加强统计信息化建设，实现统计数据处理微机化、统计数据传输网络化、统计数据保存电子化和办公自动化。辖区内单位均通过“企业一套表”平台进行网上直报，联网直报率100%。加强与下属单位的网络联系，为便于统计工作的开展，街道统计站均建立统计工作QQ群、统计微信群，提高统计工作效率。加强统计基层基础工作，规范统计工作流程，对照长沙市基层统计工作考评体系，结合开福区实际，制订《开福区街道统计站目标管理综合考评细则》，为街道统计站加强自身建设提供更为明晰、操作性更强的对照依据。

【基层基础建设】2022年，开福区统计部门按照区政府制订的《关于加强统计基层基础工作的实施意见》，落实文件中有关统计机构、队伍、经费等方面的规范性要求。要求各街道要配强配优统计人员，凡街道统计人员调整要报区统计局备案；以高标准、严要求为目标，培养和打造政治、业务和作风过硬的统计队伍。全区16个街道均设立统计站，配备2名及以上专职统计人员；开展全区统计员备案管理工作，对全区驻区报表单位的三级统计人员实行在册登记、动态管理。依托区统计局、街道、社区（村）、驻街单位四级统计网络，按照“一盘棋”的工作模式和“网格化”管理的要求，在全区建立以村（社区）为单元的到位、到点、到人的统计数据质量网格化管理体系。完善社区统计平台建设，将统计调查服务纳入社区公共服务中心，每个社区政务均在服务大厅设立统计服务窗口。抓统计人员素质培养，形成较为完备的逐级培训体系，即区培训街道，街道培训社区和统计单位。每年区对街道培训不少于4次，对全区各调查单位的直接培训不少于2次；街道对社区和统计单位培训不少于2次。不定期召开座谈会、经验交流会，为街道统计员之间，同一行业不同单位统计员之间相互交流创造平台。

（杨 亮）

市场监督

【概况】截至2022年年底，开福区有市场主体14.89万户，其中企业6.76万户，个体8.13万户。2022年，开福区市场监督管理局被评为湖南省特种设备安全监察工作优秀单位；市场主体倍增工程、质量强市工作和知识产权工作获得市政府真抓实干督查激励。

【商事制度改革】2022年，开福区推进商事制度改革，升级“一网通办”，推出“1+N”套餐办理，企业全程电子化办件率98%；优化“一日办免费办”，为企业节约开办成本；承接长沙市市场监督管理局部分药品经营许可和备案、特种设备作业人员证核发权限，实现更多事项“就近办一次办”。推进“个转企、小升规、规做精、优上市”提档升级，市场主体综合实力、创新能力、经济效益不断提升；“证照分离”深入推进，压减事项76%，精简

表2　　2022年长沙市内五区市场主体发展情况一览表

行政区划	市场主体总数（户）	总量排名	同比增长（%）	增幅排名	完成进度（%）	进度排名	企业总数(户）	企业排名	同比增长（%）	增幅排名	完成进度（%）	进度排名
芙蓉区	151362	3	14.53	3	100.67	4	70197	3	21.44	1	124.62	1
天心区	141456	5	16.54	1	105.55	2	65461	5	17.95%	3	105.51	4
岳麓区	245722	1	8.36	5	60.73	5	129921	1	13.89	5	93.62	5
开福区	149286	4	15.24	2	105.91	1	67587	4	18.14	2	106.45	3
雨花区	240083	2	13.77	4	103.10	3	95037	2	17.59	4	109.95	2

材料85.5%，压缩时限65.6%，惠及企业1256家；扩大告知承诺制改革范围，2.1万户市场主体实现准入即准营。全年新登记市场主体3.6万户，增长27.5%，其中净增企业9349户，增长16.06%。截至2022年年底，全区市场主体14.89万户，同比增长13.87%，增量、总量、质量均有较大跃升。

2022年5月17日，开福区市场监管局组织开展特种设备防灾减灾应急知识宣传暨大型游乐设施应急救援演练活动（区市监管局 供图）

【质量强区】2022年，开福区推进“质量强区”建设，发挥标准引领作用，组织制定沙坪湘绣地方标准，填补湘绣标准空白，为湘绣地理标志保护提供技术支撑。长沙玉诚环境景观工程有限公司等4家单位获得省级标准化项目专项资金补助；湖南粮食产品质量监测中心等2家企业获得长沙市标准创新奖励。推进企业标准自我声明公开，截至2022年年底，全区有47家企业在全国企业标准公共服务平台上报171项标准。开展质量提升行动，对全区品牌企业库50家企业进行帮扶，培育企业10家次，质量帮扶企业10家次，质量诊断1次，推荐湖南广播影视集团有限公司获得第七届省长质量奖，友谊国际工程咨询股份有限公司、湖南高岭建设集团股份有限公司获得第七届省长质量奖提名奖，获奖占比居省内县市区第一。

【知识产权强区】2022年，开福区成立开福区知识产权工作协调领导小组，将知识产权工作纳入区政府绩效考核内容，纳入区“十四五”规划，通过“五位一体”工作举措，打造知识产权强区。2022年，全区专利授权4270件，其中发明专利1988件，同比增长39%；全区有效发明专利量7572件，万人有效发明专利拥有量89.08件，居全省全市县市区前列。新增注册商标1.64万件，有效注册商标保有总量5.29万件；拥有地理标志证明商标3件，地理标志保护产品1个，推动全区地理标志产品运用服务产业发展，实现产值2.3亿元。全年达成专利版权质押融资8628万元，专利转让358次，专利许可14次，实现更多“高精尖”成果就地转化为先进生产力。迎接国家市场监督管理总局发展研究中心地理标志保护专题调研，对“沙坪湘绣”产业促进文旅融合给予高度肯定。开福区获得国家第一批知识产权强国建设试点县、省知识产权建设强县、省级地理标志保护示范区等荣誉，“沙坪湘绣”地理标志品牌促进区域经济发展获得国家商标品牌建设优秀案例。

【食品药品安全监管】2022年，开福区推进国家食品安全示范城市创建，申报省级食品安全示范区建设。建立健全食品安全“两个责任”机制领导架构，将全区1.35万家监管对象按规模大小、业态类型等分为A、B、C、D四级，压实区、街道、社区、网格“四级”监管责任，全区实现食品安全主体排查到位率、处置销号率100%。加强冷链食品疫情防控，“湘冷链”平台注册企业610家，发放溯源码71.3万张。及时发现和处置食品安全风险隐患，全年完成食品生产、流通和餐饮环节定量抽检2304批次，合格率95.27%。完成28家农贸市场（生鲜超市）食用农产品快速检测项目2.8万批次，合格率99.8%。开展“守查保”“护苗”等食品专项整治行动，结合文明创建、疫情防控等工作，开展全领域全链条整治，检查食品生产经营主体1.77万家，发现并整改风险隐患603个，立案查处食品违法案件345起。开展农村药品安全、清廉医保、化妆品等专项整治，检查药械化生产经营单位1027家（次），立案查处药品违法案件51起；完成1家疾控中心、21家新冠疫苗接种单位、3家新冠病毒检测试剂使用单位全覆盖检查；报告药品不良反应337例、器械不良事件49例、化妆品不良反应49例；开展科普宣传活动3次，组织业务培训2次，推进“平安药店”创建。督促全区零售药店做好常态化疫情防控工作，指导药店做好“湖南省零售药店常态化疫情监测警戒系统”注册登记及上报工作，对购买“四类”药品的顾客进行登记和上报，全年上报数据74.33万条。

【特种设备安全监管】2022年，开福区履行特种设备安全监察职责，盯紧重点区域、重点行业、重点设备和重点时节，严格安全监管执法，强化风险管控，深化隐患排查，强化特种设备三年行动安全生产检查和专项整治巩固提升。开展“年关守护”“特种设备超期未检”等专项检查，检查相关单位885家，排查隐患322条；下达监察意见指令148份，停运设备112台（套），重大事故隐患“一单四制”治理17起，立案41起。推进全区燃气气瓶质量安全隐患排查整治，确保液化石油气瓶实行“一瓶一码、扫码充装”。

【产品质量安全监管】2022年，开福区开展电线电缆、电器、儿童玩具、电动自行车、消防产品、燃气产品等专项整治，强化危险化学品及包装物、容器和油品质量监管，检查市场主体300余家次，办理案件23起。结合开福区实际情况，制订区级重点工业产品监督抽检计划，抽样检测成品油、涂料等重点工业产品55个批次，开展不合格产品后处理，处置率100%。

【社会信用体系建设】2022年，开福区加快信用体系基础建设，优化完善“信用开福”网站，上传行政处罚264条、行政许可3.47万条、列入经营异常名录4.57万户，移出经营异常名录2290户。深化市场监管领域信用体系建设，建立食品生产企业信用风险分类管理专业模型。推动联合惩戒和社会共治，指导督促21个部门归集公示涉企数据12万余条；建立健全信用修复机制，助力企业信用修复2645户；推进“双随机、一公开”监管工作，组织19个区直部门完成抽查任务86项，年度抽查计划完成率、公示率100%；完成企业年报率88.6%，居长沙市内五区前列。推动查处无证无照常态化管理，查办案件16件。

【市场秩序规范】2022年，开福区组织开展打击传销专项整治行动217次，劝遣传销人员46人次；加强网络传销监测，加大网络传销打击力度，传销举报率下降54%，无传销社区创建率97%。开展涉企收费、水电气、教育、医疗、粮食等领域价费专项检查，检查涉嫌电价违法行为的转供电主体19家，累计退还多收电费91.98万元。推进长沙“网络市场监管与服务示范区”创建，开展“网剑”专项整治，监测网络交易主体800余家次，责令整改网站网页86个次。强化电视媒体广告监管，排查涉嫌违法广告线索339条，下达整改通知书24次、暂停发布违法广告通知书6次；监测各类广告5万条次，查办案件58起。推进“铁拳”“打非断链”等17项综合执法行动，聚焦广大人民群众“急难愁盼”问题，狠抓执法办案，全年查办案件610起，罚没322.21万元，2起案件入选省级典型案例，3起案件入选市级典型案例。

【消费维权】2022年，开福区建立开福区市场监督管理局重大、疑难投诉举报及舆情风险分析研判及信息预警机制，定期对重、难点及敏感工单进行摸排，确保疑难、重点及群体性投诉得到及时有效处理，化解群众“急难愁盼”问题。出台《长沙市开福区市场监督管理局投诉举报处理工作规范》，规范投诉举报处理流程，提高工作效率。对于辖区内投诉举报较多的重点企业进行重点了解和点对点指导、培训，开展行业行政指导约谈会，强化经营者的主体责任。利用ODR发展平台在线解决企业纠纷，截至2022年年底，开福区通过ODR平台提供消费纠纷在线解决服务的企业28家。推进零食很忙马栏山店开展线下无理由退货试点工作，妥善处理“广运体育馆城市海洋门店失联不予退费”“富

表 3　2022 年开福区各街道市场主体发展情况一览表

街道	2021 年末实有数		2022 年目标任务数				2022 年目标完成情况														
	市场主体总数（户）	企业实有数（户）	2022 年总目标数（户）	2022 年净增企业目标数（户）	2022 年净增个体目标数（户）	2022 年“个转企”目标数（户）	实有数（户）	新增数（户）	净增数（户）	净增企业数（户）	净增个体数（户）	年度总量净增完成率（%）	年度企业净增完成率（%）	新增注销比（户）	企业迁入 / 迁出数（户）		重点企业迁入 / 迁出数（户）		重点企业回访（户）	“个转企”数（户）	综合排名
望麓园	8991	3481	10250	557	702	9	10285	2005	1294	584	710	102.78	104.85	2.59	113	91	2	1	5	10	6
通泰街	13397	5615	15273	899	977	12	14890	2999	1493	938	555	79.58	104.34	2.17	199	180	11	8	5	12	13
伍家岭	10121	4550	11538	728	689	9	11950	3377	1829	942	887	129.08	129.40	2.52	75	100	5	4	5	11	2
东风路	7517	3372	8570	540	513	7	8532	1726	1015	606	409	96.39	112.22	2.17	88	83	5	2	5	8	9
湘雅路	4553	1577	5191	253	385	6	4980	879	427	392	35	66.93	154.94	1.92	42	53	0	1	5	7	10
四方坪	12342	5292	14070	847	881	11	13652	2862	1310	502	808	75.81	59.27	2.40	105	113	11	2	4	9	14
洪　山	6085	2897	6937	464	388	6	6899	1640	814	408	406	95.54	87.93	1.94	60	53	7	2	4	7	11
捞刀河	5938	2147	6770	344	488	7	6396	1303	458	289	169	55.05	84.01	1.48	51	36	3	0	5	5	16
芙蓉北路	12657	5161	14429	826	946	11	14483	3962	1826	992	834	103.05	120.10	2.98	68	70	8	0	5	11	3
新　河	13184	7038	15030	1127	719	10	14744	3130	1560	742	818	84.51	65.84	2.07	134	144	13	3	5	10	7
清水塘	3855	1898	4395	304	236	4	4498	1247	643	558	85	119.07	183.55	1.42	57	44	4	1	5	5	4
浏阳河	6128	2884	6986	462	396	6	7358	2211	1230	995	235	143.36	215.37	1.96	141	59	9	1	5	7	1
月　湖	6354	3054	7244	489	401	6	7002	1300	648	382	266	72.81	78.12	1.97	97	78	26	2	5	10	8
沙　坪	4028	1934	4592	309	255	4	4505	1081	477	151	326	84.57	48.87	1.73	60	21	7	1	5	4	15
秀　峰	9370	4412	10682	706	606	9	11358	3902	1988	458	1530	151.52	64.87	2.07	85	128	4	3	5	8	12
青竹湖	6245	2915	7120	467	408	6	7370	2385	1125	411	714	128.57	88.01	1.88	76	51	16	3	5	7	5
小　计	130765	58228	149077	9323	8990	123	148902	36009	18137	9349	8788	99.04	100.28	2.03	1451	1304	131	34	—	131	—

说明：1. 净增数 = 新增企业数 + 新增个体数 − 注销企业数 − 注销个体数 + 迁入企业数 − 迁出企业数；

2. 根据市对区绩效考核目标：区域内市场主体总量同比增长 14% 以上，企业总量同比增长 16% 以上；“个转企”按定量指标纳入绩效考核兴时代豪园合同欺诈、虚假宣传”等事件。全年受理投诉举报4.08万件（其中“12315”平台2.07万件，“12345”平台2.01万件；投诉3.07万件，举报1.01万件），同比增长36.26%，办结率为96.73%，满意率为99.4%。全年为消费者挽回经济损失771.76万元。

【区知识产权纠纷人民调解委员会成立】6月23日，开福区知识产权纠纷人民调解委员会授牌仪式在湖南省展览馆举行。知识产权纠纷人民调解委员会（以下简称“知调委”）是专门面向知识产权领域的人民调解委员会，其成立目的在于发挥人民调解机制在化解知识产权纠纷中的重要作用，有效预防和化解专利、商标、著作权、商业秘密等各类知识产权纠纷，为企业和创新主体提供高效、便捷、低成本的知识产权纠纷解决渠道，为全区各类行业科技创新发展保驾护航。知调委由区知识产权局牵头，区委宣传部（版权局）、区司法局，区法院负责具体工作指导，受理知识产权纠纷、与知识产权相关的合同纠纷、权属和侵权纠纷，以及与其有关的竞争纠纷等。知调委下设18个纠纷调解室，分别设在全区16个街道及马栏山视频文创园、金霞经济开发区。

【2起违法广告案被查处】湖南省幸福树袋熊品牌管理有限公司在2021年11月17日发布的《OMG！玩美咖》节目中，广告违反《中华人民共和国广告法》第二十八条第二款第二项规定，9月5日，开福区市场监管局对其发布违法食品广告行为，依法作出没收广告费11.3万元并处罚款11.3万元的行政处罚。2022年3月1日，开福区市场监管局接到长沙市市场监管局关于长沙棉花糖传媒有限公司涉嫌虚假网络交易的案件线索交办通知书，经查长沙棉花糖传媒有限公司在2021年5月，分别为湖南省旺辉食品有限公司和湖南柒和医疗美容有限公司在大众点评平台的“飞旺现拌辣条（董顺桃臭豆腐博物馆）”“七和医疗美容”店铺提供线上推广数据服务，通过打造点评基数、以真人刷单形式提升店铺的排名，帮助商户在大众点评平台内提高星级。当事人与该两家公司签订“推广合作协议”为店铺进行刷单，通过刷空单的形式提高商家在大众点评平台上店铺的销售量，以其虚假信息误导消费者，当事人收取推广服务费21.46万元。当事人组织虚假交易的行为违反《中华人民共和国反不正当竞争法》第八条第二款规定，2022年11月3日，开福区市场监管局对长沙棉花糖传媒有限公司组织虚假交易的违法行为，依法作出罚款21万元的行政处罚。开福区市场监督管理局查处湖南省幸福树袋熊品牌管理有限公司发布违法广告案、长沙棉花糖传媒有限公司组织虚假交易案2起案件入选省级典型案例。

（罗　萍）

物流与口岸服务

【概况】2022年，开福区物流产业实现产值780亿元。截至2022年年底，全区物流企业1086家，其中“四上”企业106家，经国家标准评估认定的AAA级及以上物流企业15家（较2021年增加1家），其中AAAAA级企业2家，AAAA级企业11家，AAA级企业2家，湘通国际铁路港获批国家发改委“国家骨干冷链物流基地”。2022年，中欧班列（长沙）保持稳量增长，新开通长沙—二连浩特—拉脱维亚新线路、长沙—蒙古国（乌兰巴托）线路和德国杜伊斯堡—长沙西欧回程线路，运行线路增至14条，全年发运1012列，排名全国第三。长沙新港完成货物吞吐量1227.41万吨，其中集装箱完成进出箱量21万标箱，同比增长5%。

【产业发展】2022年，开福区立足现代物流产业实际，经调查研究，形成“开福区集装箱生成情况调研报告”和关于“抢抓钢铁物流产业发展机遇，建设长沙北智慧钢铁现货交易中心”的调研报告，其中“开福区集装箱生成情况调研报告”被纳入全省集装箱生成情况调研报告，得到省长批示。调研成果推动出台《关于湖南省标准集装箱运输车辆高速公路差异化收费实施方案》，对进出长沙霞凝港、岳阳城陵矶、怀化国际陆港的合法装载并安装使用ETC预约同行及结算车辆通行费的国际标准集装箱运输车辆，按其在湖南省境内同行路段通行费收费标准的50%（含ETC5%）收取车辆通行费。2022年，开福区推荐区内物流企业争取上级农产品冷链物流贷款贴息、农产品冷链物流体系建设等奖励扶持资金407万元。

【通道建设】2022年，开福区对标国际一流，抢抓国家“一带一路”建设、长江经济带建设的发展机遇，拓宽铁路、水路国际物流大通道，初步形成通江达海、物流全球的枢纽体系。中欧班列（长沙）俄罗斯线路天班运行，新开发带电产品运输服务。中南陆港集装箱拼箱中心一期建成投产，长沙新港（三期）铁路专用线项目完成合龙轨安装铺设，长沙市首条“水铁联运”铁路专用线全线铺轨贯通。

【口岸降本增效】2022年，开福区口岸开行中欧班列（长沙）省内制造业定制化专列113列，山河智能、省茶叶集团等本土企业新加入制造业专列，山河智能专列于5月17日首发。长沙集星集装箱码头在服务中联重科、三一重工等省内企业基础上，新增中伟新材料公司物流服务。长沙集星集装箱码头出口直装、进口直提项目完成系统升级改造，实现与海关互联互通。2022年，全省第3台全智能化海关闸口H986系统在长沙集星集装箱码头验收成功，该查验设备投入运营，标志着长沙霞凝港海关查验进入“智能”时代，节省50%以上的人力成本，水运口岸通关时间压缩至5分钟以内，提升口岸通关效能。

【口岸营商环境优化】2022年，开福区组织开展口岸收费目录清单监督检查，确保口岸收费公开、透明。开福区“单一窗口”整体提前申报率90%以上，打击走私综合治理工作在全市考核中排名各区县第一。开福区按照“全覆盖、条块结合、分级分类”的原则，统筹开展全区仓储物流安全生产工作，全面摸排、动态更新仓储物流企业名单底册，逐一梳理隐患整改台账，建立健全责任机制，落实隐患问题整改。全区全年摸排各类物流相关企业1000余家，开展联合专项检查100余次，检查企业101家次，收集并落实隐患整改257处，平台检查率100%，编印下发《安全生产宣传手册》1500余册。

（符 毅）

农　业

综 述

【概况】2022年，开福区全年实现农林牧渔业增加值1.2亿元，同比增长1.2%，全年粮食种植面积1200公顷，生猪出栏1.37万头，家禽出笼6.21万羽。全年乡村休闲旅游接待游客总人数200余万人次。2022年，区农业农村局被评为水利部《公民节约用水行为规范》主题宣传活动优秀组织单位，长沙市林长制工作、河湖长制工作、落实长江禁渔要求真抓实干督查激励先进单位；长沙市松材线虫病除治工作、动物疫病防控工作优秀单位等。

2022年8月16日，开福区政府主要负责人带队调研农业农村工作

（区农业农村局 供图）

【乡村振兴】2022年，开福区打造“荷花鱼”“稻花虾”“锦鲤”等一批种养一体、农牧渔结合的示范样板，推进农业产业发展升级。全区农业产业化龙头企业15家，全年农产品加工产值125亿元。实行旅游业态“转型工程”，坚持“以农促旅，以旅彰文”，以开福民俗文化和非遗资源为设计导向，组织开展“奋进新时代、创意聚开福”开福区首届“金霞杯”文创产品设计大赛、湘绣文创设计大赛。聚焦城市新貌和美丽乡村，开展“献礼二十大、魅力新开福”摄影大赛，推动沙坪湘绣、汉回民俗等特色乡村文化的传承和发展。整合区内特色文化、休闲农业、美丽乡村等优势农文旅资源打造精品旅游片区，推进农文旅深度融合、乡村旅游转型升级，全年乡村旅游接待200万余人次。开展美丽宜居村庄建设工作，整合区域优势资源，实施环境、产业、文化同步建设，打造美丽宜居村庄8个、美丽庭院350个。开展农村基础设施“提质行动”，完成农村公路提质改造4千米、农村公路路面大中修6.8千米，农村公路养护率100%、优良中等路率90%以上；完成开福移动5G 700M站点建设10个、开福联通宏基站建设60个、绿地汇聚机房3个；完成电网改造任务，农村快递业网点全覆盖；整治水塘塘体23口，疏浚、整修排渠1520米、灌渠1920米。筑牢村民建房安全防线，建立村民建房巡查网格化管理制度，统筹抓好村民住房规划、宅基地审批、建筑施工、建后监管的全生命周期的动态管理，对农村新（在）建住房、养殖业用房、农业及水利设施附属用房等房屋建筑开展排查，发现并整改安全隐患5户。加大农村移风易俗治理力度，细化村规民约，发挥优秀村规民约（居民公约）在提升基层社会治理水平和文明程度中的重要作用，推荐捞刀河街道金竹河社区等7个社区（村）申报省、市级优秀居民公约（村规民约），整合社区图书阅览室、道德讲堂、市民学校、综合文化服务中心等阵地资源，加强新时代文明实践中心（所、站）建设，组织开展群众性文化活动、家庭家教家风评选活动，评选区级“好家庭”8户、“好家风”5户、“好家训”2户、“好家书”5户，重点打造竹安村、檀木岭村、金竹河社区等移风易俗、乡风文明示范村（居）。全年在华声在线、长沙文明网上发布移风易俗专题报道5篇。

【对口帮扶】2022年，开福区召开专题会议研究对口帮扶工作，审议通过“开福区2022年对口帮扶城步苗族自治县乡村振兴工作专项行动计划”“开福区2022年对口帮扶龙山县内溪乡乡村振兴工作专项行动计划”“开福区2022年乡村振兴对口帮扶考核任务责任分解表”，审定 2022 年对口帮扶项目和资金。为巩固脱贫攻坚成果，防止脱贫人口动态返贫，开福区保持原有支持政策不变，在稳岗就业、消费帮扶资源上给予重点支持：开福区联合湖南省城步苗族自治县就业服务局依托村级就业和社会保障信息员平台，组织招工小分队赴各村开展宣传和招聘活动，开福区 83 家次企业参加，发布岗位 1735 个，全年帮扶实现就业 507 人，转移到长沙就业的农村户口人员 44 人，脱贫人员 34 人；在城步苗族自治县丹口镇羊石村组织 50 名脱贫、农村转移劳动力开展为期 15 天电工培训班；通过工会组织在电商平台、消费扶贫示范平台采购扶贫农特产品 388.14 万元；财政“832”平台等多途径采购扶贫产品 306.87 万元；机关食堂、学校等优先采购城步南山牛奶 135.53 万元，全年消费帮扶 830 万余元。为深化产业发展深度合作，建设产业“飞地园区”，引导区内龙头企业与城步苗族自治县企业、农民合作社等建立产业结对帮扶合作，重点围绕产销对接、企业合作、外贸数据挖掘、湘商回归、金融扶持、招商引资、人员跟班学习等方面推动“飞地园区”建设，从而带动城步产业发展。截至 2022 年年底，全区有长沙罗莎食品有限公司、长沙康师傅食品有限公司、湖南金湘权食品有限公司、湖南大业食品有限公司等 5 家企业表达初步接触意向。支持城步南山乳业成功和湘报严选达成合作，南山牛奶奶制品已经入选平台，开福区家家红实业有限公司与邵阳点点甜果业股份有限公司达成战略合作协议，由点点甜加工，产品营销则依托家家红销售体系。区内企业湖南一品佳餐饮管理有限公司运营城步四中食堂项目，2022 年投入 2 万元采购设备，收购食堂所需蔬菜、猪肉及土鸡等本地农产品 280 万余元，直接带动 30 户菜农增收。开福区继续选派由 1 名正科级干部、2 名帮扶工作人员组成的工作组到城步苗族自治县挂职，从教育、卫健系统分别抽调 4 名专技人员到城步苗族自治县任职交流；城步苗族自治县派驻 3 名干部、4 名专技人员到开福区交流学习。引导区内 4 所中小学机构与城步县学校结对帮扶，疫情期间通过远程课堂教学方式，开展线上送课送教、远程教学培训、教研探讨交流等活动 12 期，参与人数 420 余人。全年对口帮扶项目铺排项目 20 个，援助资金 2900 万元，并落实工作经费 85 万元。组织引导区内单位、企业通过捐资、捐物方式，开展社会帮扶行动，全年援助资金、各类物资 99 万元。

种植业

【概况】2022 年，开福区总面积 188.3 平方千米，其中农村面积 83 平方千米（含林地面积），耕地总面积 20.4 平方千米，辖区内 4 个涉农街道，32 个村（社区），469 个村民小组，农村人口 7.2 万人，常住人口 15 万人。全年粮食种植面积 1200 公顷，粮食总产量 9600 吨，油菜种植面积 166.67 公顷。

【农村改革】2022 年，开福区鼓励闲置的集体“四荒”地、学校、医院、厂房、仓库等资源实现再利用，让资源变资产，资产变股金，把资源红利转化为村集体经济发展的厚实家底。青竹湖街道新太安社区利用毗邻青竹湖湘一外国语学校的优势，发展房屋出租业务和教育培训，每年社区综合楼，农贸市场等房屋租金 200 万元。探索构建村集体与农户紧密的利益联结机制，让农村集体经济发展成果惠及全民。捞刀河街道高岭社区以异地置换的模式，与长沙兴明房地产开发有限公司合作开发“两安用地”10.07 公顷，完成调规变性，实现农民股权“分红”长效化。2022 年，全区集体经济总收入 5663.51 万元，其中经营收入 1316.76 万元、发包及上交收入 512.92 万元、投资收益 155.44 万元、其他收入 3678.39 万元。集体经济收入 50 万元以上的村（社区）13 个，占总数的 40.63%，32 个涉农（村、社区）实现总收入 20 万元以上，且经营性收入 5 万元的目标。

【农村人居环境整治】2022 年，开福区全年铺排美丽宜居村庄建设资金 2289 万元，累计建成垃圾分类分拣中心 15 个，村级垃圾转运收集站（含压缩式中转站）16 个，处理能力 63.88 吨 / 天，集中式生活污水处理设施（含小微水体治理示范片）20 个，处理能力 4200 吨 / 天。各村（社区）均按照 150 户 / 人的标准设立保洁员，全区配备专职保洁人员 156 名，兼职人员 168 名，对村级主干道、公共区域实行“一日一扫，

2022 年 4 月 7 日，开福区农业农村局在沙坪街道开展农资打假宣传

（区农业农村局 供图）

全天保洁”，动态巡回捡拾作业，建立起“全时段、无缝隙、全覆盖”的保洁机制。区财政投入 230 万元，作为 2022 年农村人居环境常态化管理工作经费，部分村根据村情制定 60 元 / 户 / 年的垃圾收运付费制度，以稳定专业保洁队伍和管护资金来源。全年开展以清理主次干道沿线、周边、村内巷道、房前屋后的垃圾杂物为重点，整治范围辐射全域村庄清扫行动 221 次，清理村内沟渠 2.99 万米、河道 2.14 万米，清理私搭乱建 15 处、乱堆乱放 635 处，清理广告牛皮癣 2058 处，拆除残垣断壁 25 处，砍青除杂 414 处；完成小微水体治理 3 处、“一江三河”流域综合治理 69 项，清理各类垃圾 2030.7 吨。加强农村片区 17 处小型一体化污水处理设备和 34 处黑臭水体后续维护工作；开展农村厕所问题摸排整改工作，摸排 2013—2020 年新（改）建厕所 3640 户，发现问题厕所 476 户，完成整改 476 户，整改率 100%。开展屋场夜话、党员干部“敲门行动”、党建活动、村民会议等宣传教育活动 126 场次，党员带头群众参与清扫行动 1970 人次。21 个村（片区）设立“红黑榜”，开展“文明庭院”“最美庭院”“五好家庭”等评比活动。完善“一约三制”（一约即将环境卫生要求纳入村规民约，三制即门前三包制度、公共区域维护制度、文明卫生户评比制度），加强对破坏人居环境行为的约束管理。出台《长沙市开福区 2022 年农村人居环境常态化管理工作评比方案》，建立“月排名、季通报、年总评”的环境卫生检查评比机制，全区 4 个涉农街道的 15 个涉农村（社区）纳入评比范围。以检查评比促工作落实，对 4 个涉农街道 23 个村（片区）每月开展暗访考核，建立区对街道、街道对村、村对组、组对户四级联动的评比机制，坚持问题导向，严格落实问题交办制度。

【农机管理】2022 年，开福区开展农机安全生产宣传教育 3 场，发放宣传资料 1000 余份，向农机手发送农机安全提示 800 余条，媒体宣传报道 2 篇；年检拖拉机 53 台，签订农机安全生产承诺书 53 份；开展联合执法 22 次，检查拖拉机 36 台，查处各类交通违法行为 3 起，报废拆解拖拉机 1 台，需报废拆解拖拉机动态清零。将街道农机安全生产工作纳入区安委考核范围，对照责任目标，列出清单，逐一细化，进行责任分解，4 个涉农街道配备农机安全专干 8 名，32 个涉农村（社区）配备农机安全员 32 名，实现农机安全监管无盲区。在人流密集的农贸市场、小区广场、农家屋场集中开展安全生产宣传活动。

【农产品质量监督】2022 年，开福区纳入日常监管的重点主体 21 家，其中生产主体 9 家（种植业 1 家、养殖业 8 家）、经营主体 12 家（农药 3 家、兽药 9 家）。落实生产记录、产地准出、质量承诺、质量追溯、从业人员培训等制度。全年检查种植企业 15 家次、养殖企业 55 家次。建立生产经营主体名录，强化农药、兽药、饲料等农业投入品市场准入管理，落实经营主体进销存台账、合法票据查验等工作，全年检查农药经营企业（门店）43 家次、兽药使用企业（门店）93 家次、饲料生产企业 25 家次。开展农产品质量安全定性快速检测 5870 批次，其中蔬菜 3000 批次、畜禽产品“瘦肉精” 2700 批次、水产品 170 批次，合格率 100%。

【土地改良】2022年，开福区制定出台“开福区2022年受污染耕地安全利用工作方案”，根据湖南省农业厅下达的详查图斑和加密图斑，全区入户调查图斑范围内农户5021户，调查面积986.67公顷，其中农作物种植为水稻211.85公顷、蔬菜水果莲藕等其他农作物663.35公顷；水产养殖或流转75.92公顷、被征用35.55公顷。为保护耕地土壤环境质量，减轻土壤污染，保障粮食安全与农产品质量安全，对图斑范围内及周边水稻种植区实施喷洒叶面阻控剂306.33公顷，撒放石灰500吨。按照湖南省农业厅采样技术要求，在安全利用区内采样送检农产品50份，检测合格率90%以上。

2022年8月17日，开福区参加市森林消防业务技能大赛

（区农业农村局 供图）

林 业

【概况】2022年，开福区土地总面积1.87万公顷，全区林地面积3362.7公顷，活立木总蓄积量46.46立方米，森林覆盖率36.7%，涉林街道主要集中在沙坪、捞刀河、秀峰、洪山、青竹湖5个街道。辖区有省级森林公园——青竹湖森林自然公园，面积480.26公顷、市级生态公益林333.98公顷；涉及3个街道8村（社区）；湿地42处，面积1852.5公顷；天然林353.3公顷。2022年，全区实现林业总产值1.05亿元，其中第一产业0.21亿元，第二产业0.32亿元，第三产业0.52亿元。

【林长制工作】2022年，开福区全面推进林长制工作，健全区、街道、村（社区）“一长四员”（林长，林业科技员、监察员、执法人员、专职护林员）林长制体系建设，构建党政同责、属地负责、部门协同、全域覆盖的长效机制。全域设立林长公示牌68块，网格公示牌15块，向全社会公示所在区域林长名单、管护面积、林长职责和监督电话等基本概况，推动各级林长履行职责，带动全民治林。

【森林资源保护】2022年，开福区构建“林有人管、事有人做、责有人担”网格化管理格局，全年各级林长开展巡林1037次，专职护林员巡林4699人次，省林长制巡护系统使用率100%。加强对松材线虫病监测和防控，落实专项经费185万元，完成清除枯死松树4270株，枯死木清除率100%，完成松褐天牛防控533.33公顷。加强新《中华人民共和国森林法》等林业法律、法规政策的宣传，以森林督查为契机，严厉打击破坏森林资源违法行为，坚持依法依规实施林木采伐、使用林地审批等行政许可事项。开展自然保护地风险灾害调查，完成自然保护地整合优化及问题线索图斑核查上报工作，全年自然保护地实现零违法。投入35万元，开展生物多样性资源调查及国土空间绿化适宜性评估调查工作。

【森林防火】2022年，开福区科学编制《长沙市开福区生物防火林带建设规划（2022—2035年）》，完善生物防火林带网格体系建设，实施“五个”加强（加强巡查巡护、加强宣传教育、加强应急演练、加强经费投入、加强检查督查），全面落实森林防火措施，确保全年无森林火灾事故及人员伤亡事故发生。全年签订“森林防火承诺书”9500余份，发放“野外禁火通告”2万余份，张贴湖南省封山禁火令1.1万份，改造抚育生物防火隔离带5千米。投入21.1万元，充实防火装备，开展培训演练3次、检查督查77次，整改安全隐患8处。

畜牧业

【概况】2022年，开福区作为退出养殖的内城区，随着城市建成区的不断扩大，传统养殖规模略有下降。全区有养殖户5070户，养殖生猪存栏量1.31万头，家禽13.99万羽，牛存栏291头、羊存栏328只、犬2566只；辖区有动物诊疗场所36家，兽药经营门店16家、饲料生产企业5家。

【动物卫生防疫】2022年，开福区制定下发“开福区2022年春季重大动物疫病集中免疫工作方案”，全年免疫猪口蹄疫疫苗1.47万头，猪瘟疫苗5429头，猪蓝耳疫苗5319头，禽流感疫苗27.84万羽，新城疫疫苗24.21万羽，狂犬病疫苗3366只，牛羊口蹄疫疫苗1345头，羊小反刍兽疫苗790只。制定布鲁氏菌病防控五年行动计划，开展牛羊疫病的宣传、排查、监测工作，实现免疫全覆盖。制定春季非洲猪瘟等重大动物疫病“大清洗、大消毒”专项行动实施方案，组织非洲猪瘟、禽流感等重大动物疫病防控工作2次，消毒专业养殖户69家、无害化处理暂存点及车辆4台次、备案车辆28台次、楚家湖消毒点4处；排查生猪3585头，牛40头，羊102只，鸡1.17万羽，鸭2352羽，消毒面积3.79万平方米。全年累计向4个涉农街道48个社区（村）、农贸市场和冷库发放消毒药品4.5吨。

【动物卫生监管】2022年，开福区与辖区存栏生畜20头及家禽200羽以上养殖场（户）签订非洲猪瘟、禽流感防控承诺书108份；与5家冷库企业签订夯实企业安全生产主体责任承诺书、消防安全自评自查自改公开承诺书和强化冷库监管防控非洲猪瘟疫情承诺书13份，与16家兽药店、36家动物诊疗场所，签订相关承诺书61份。全年开展宠物诊疗机构监督检查140次，兽药GSP监督检查38次，兽药使用企业监督检查93次，动物产品交易场所监督检查7次。全年检疫生猪1.14万头。全区生猪运输车辆备案14台，全年开展生猪运输车辆排查34次，查处违规调运线索2件，移送违法销售兽药线索2件。

水产业

【概况】2022年，开福区有水产养殖企业28家。推进水产品质量监管，与金欧农业科技有限公司签订委托检测协议书，全年完成水产品检测170批次。与各养殖企业签订农产品质量安全承诺书，保证水产品药品、饲料投入质量，确保上市水产品安全。推广“名、特、优”健康养殖技术，全年引入黄金草鱼、抗低氧鳊鱼、罗氏沼虾获得成功，观赏鱼锦鲤养殖获得良好的经济效益，对辖区企业养殖提质增效起到引领示范效果。

【禁捕退捕】2022年，开福区成立重点水域禁捕退捕工作领导小组、“利剑行动2022”专项行动领导小组、“洞庭清波”专项整改小组、“百日攻坚”专项行动小组，制定实施《开福区长江流域重点水域禁捕退捕工作实施方案》《关于建立完善长沙市开福区禁捕水域网格化管理体系的通知》等操作性文件。全年发放宣传手册1.27万余册，制作网格化管理宣传公示牌92块，设置禁渔宣传告示牌18块。开展各类宣传活动10次，媒体上稿26篇，其中浏阳河生态养护经验被《中国渔业报》专题宣传推介。全年开展禁渔工作专项整治行动60次，巡查2359余次，出动人员10539余人次。公安机关办理刑事案件2件、行政处罚案件4件，行政处罚7人，行政处罚金额5000元，对违规钓鱼人员进行教育1075人次、收缴违规钓具2097件，检查水产制品销售经营点30次。投入资金28万元，完成“智慧渔政”一期工程，实现重点区域0.45平方千米的实时监控。

【水资源生态环境保护】2022年，开福区加强水生野生动物经营利用的监督管理。开展增殖放流活动，全年组织社会团体、志愿者人工放流18次，投放四大家鱼等鱼种1446万尾，促进湘江流域水资源生态环境修复。

水利

【概况】2022 年，开福区有市级河流 4 条（湘江、浏阳河、捞刀河、沙河），长度 44.1 千米；区级河流 3 条（白沙河、金竹河、沙坪河），长度 32.2 千米；区管湖泊 3 座（月湖、年嘉湖、楚家湖），水面面积 1.15 平方千米，总库容 228 万立方米。全区有小（2）型以上水库 4 座，小微水体 464 处。全区水域面积 2000 公顷，蓄水总量 4000 万立方米。全区防洪大堤 75 千米，有千亩以上堤垸 11 个，其中万亩堤垸 3 个（苏托垸、涝湖垸、朝正垸）；泵站 27 处，总装机容量 3.6 万千瓦，其中市级管理 11 处、装机容量 1.8 万千瓦，区级管理 16 处、装机容量 1.8 万千瓦。

【河长制工作】2022 年，开福区全年区街村三级河长巡河 5350 次，召开区级河湖长会议 10 次，解决问题 29 个，处理投诉问题 60 个。落实“河湖长 + 检察长”工作机制，联合巡河 5 次，开展专项行动 3 次。完成“一江三河”69 项综合治理任务，沙坪街道竹安村八家冲成功创建市级小微水体管护示范片，完成省市部署的中小河流和水利工程划界复核工作。全年开展河湖长制培训 3 次，志愿服务活动 14 次。

2022 年，开福区加强小微水体改造和管护，图为新源社区小微水体管护示范片区　　（区农业农村局 供图）

【水利项目建设】2022 年，开福区启动苏托垸堤防三期、涝湖垸涵水隐患治理项目建设，完成河冲、烟坡、铁炉寺、鱼翅塘 4 座山塘维修加固，完成墙板厂泵站改造及闸门检修。

【水行政管理】完成“洞庭清波”专项整治任务。青竹湖水库成功创建市级“放心满意小型水库”。完成水利部、湖南省水利厅、长沙市政府交办的 42 个项目图斑复核，整改遥感监测问题 4 个。下达责令改正通知书和监督检查表 14 份，推动开福区 10 个生产建设项目水土保持“网格化、标准化、信息化”三化管理。

【水旱灾害防御】2022 年，开福区按照“防大汛、抗大旱、抢大险、救大灾”的总体要求，修订完善水旱灾害防御应急预案，落实防汛抗旱物资、器械储备，充实防汛技术人员力量。组织各水管所对辖区内涵管涵闸、穿堤构筑物、山塘水坝以及险工险段进行全面排查，处置隐患。完成戴家河、甘嘴坨等泵站水泵更新改造，确保主汛期暴雨期间平安度汛。成功应对 2022 年历史最长时间干旱，启用抗旱机 3 台，抗旱机组引水 140 万立方米、保障灌溉面积 333.33 公顷，未出现生产生活饮水供水困难问题。

（翟思佳）

工业与信息化建设

综　述

【概况】2022年，开福区工业经济稳中有进，全区有规模以上工业企业98家，全年完成工业总产值137亿元，同比增长0.3%，增加值增速3.8%。新增规模工业企业16家，其中规模以上软件企业25家，新增规模软件企业13家，全年完成营业收入22.94亿元，同比增长36.38%。实现国家级专精特新“小巨人”企业零的突破，被工信部授予“一带一路”（长沙）中小企业合作区。

【软件产业】2022年，开福区全区64类互联网及其相关服务业完成营业收入13.61亿元，同比增长28.3%，增量3亿元；65类软件和信息技术服务业完成营业收入9.33亿元，同比增长50.2%，增量3.1亿元。以飞腾信息技术有限公司、巨獭网络科技有限公司为代表的重点企业，发展迅猛，完成营业收入8亿元。全年新增规模软件企业13家，新增登记软件信息企业1462家，超额完成目标任务。

【招商引资】2022年，开福区实现国家级专精特新“小巨人”企业零的突破，申报成功2家（新亚胜光电股份有限公司和长重机器股份有限公司）；新增省级“专精特新”中小企业4家；新增创新型中小企业66家。截至2022年年底，全区国家级、省级、市级“专精特新”中小企业28家，居长沙市内五区第一。2022年，区工信部门累计对接招商项目46个（其中信息技术应用创新产业项目24个，航天、航空、航海“三航”尖端科技产业项目11个），落地项目20个（其中信息技术应用、创新产业项目13个，航空航天技术产业项目4个），新引进亿元产业项目1个，完成境内省外到位资金9000万余元。

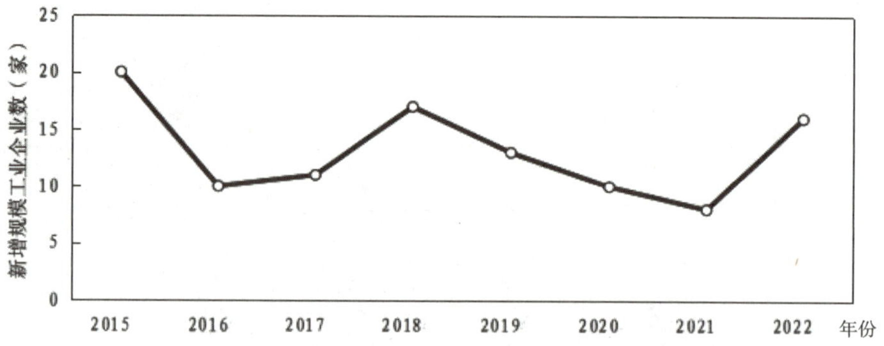

图1　2015—2022年开福区新增规模工业企业数图

【企业服务】2022年，开福区工信部门组织企业争取省市制造业专项发展资金8977.38万元，区内经济发展奖励2444.34万元，其中纾困暖企资金18万元。开展“送政策、解难题、优服务”干部联企行动，全年派出联企干部230人，走访企业1062家，解决企业反映问题740个。开福区“政企晚餐会”助企纾困工作经验获得湖南省工信厅推介。2022年，开福区累计完成5G基站1260个，完成年度目标任务。下发问题交办函5批，交办问题28个，协调解决5G网络基础设施建设物业进场、不合理收费、阻工等问题30个。组织18家工业企业参加市级原辅材料替

3月4日，开福区举办专精特新“小巨人”企业专题培训班　（区工信局 供图）

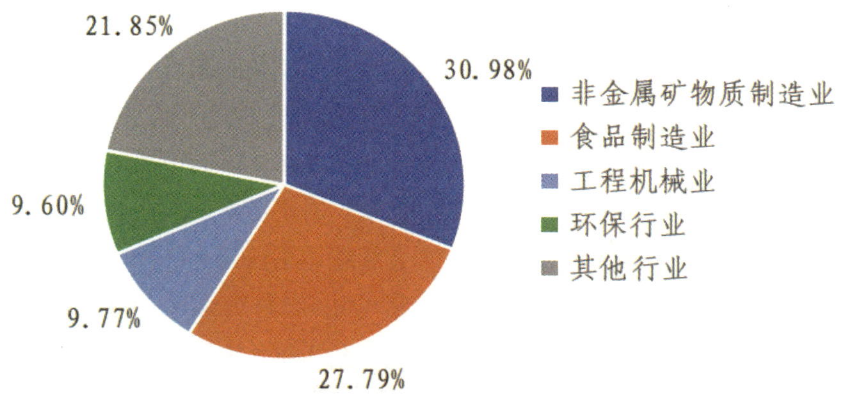

图 2　2022 年开福区各行业规模工业产值图

代应用奖补项目，指导培育 4 家企业、金霞园区纳入湖南省绿色制造体系创建计划名单。

【专精特新“小巨人”企业专题培训会召开】3 月 4 日，开福区专精特新“小巨人”企业专题培训会在航天之星长沙创新研究院报告厅举行。培训采取集中授课、座谈交流等多种方式进行，内容涵盖政策解读、项目申报、安全生产、金融服务等。通过培训让企业更了解国家、省市出台的专精特新“小巨人”企业的支持政策、专精特新“小巨人”企业未来的发展趋势与主流技术、面临的机遇与挑战等。

【“政企晚餐会”助企纾困】7 月 12 日，“聚力强省会·共创新高地”开福区开放型经济“政企联心、共话发展”晚餐会在长沙金霞经开区举行，金霞保税、星沙海关、区直相关部门与财盛国贸、天泽信息等单位和企业负责人参加。全年各街道利用下班时间举行“政企联心·共话发展”助企纾困晚餐会，辖区 282 家重点企业负责人参加。同时，开福区组织开展“百名干部联千企”行动，各街道均成立专项工作领导小组，将区内经济发展奖励政策申报方法制作成“口袋书”，发放到各帮扶企业。全年帮扶队员走访全区重点企业 1062 家，收集问题 794 个，解决问题 578 个，问题解决率 72.7%。全年落实帮扶奖励项目 499 个，集中兑现发展奖励资金 8048 万元。

【区 2 家企业入选国家级专精特新“小巨人”企业】8 月 12 日，湖南省工业和信息化厅发文，对工信部第四批专精特新“小巨人”企业培育和第一批专精特新“小巨人”企业复核通过审核的湖南企业名单予以公示，开福区有湖南长重机器股份有限公司、湖南新亚胜光电股份有限公司 2 家企业入选。

重点行业发展

【概况】2022 年，开福区有规模以上工业企业 98 家，分属 20 个工业大类，42 个行业中类。根据 2022 年度规模以上工业产值数据，排名前四的行业分别是非金属矿物质制造业、食品制造业、工程机械业、环保行业。

【非金属矿物质制造业】2022 年，开福区有规上企业 19 家，年产值 42.4 亿元，占工业总产值比重 31%。其中含装配式建筑企业 4 家，产值 5.3 亿元。

【食品制造业】2022 年，开福区有规模以上食品制造业企业 15 家，年产值 38.1 亿元，同比增长 18.8%，占工业总产值比重 27.79%。开福区食品加工企业主要聚集于佳海工业园，龙头企业为长沙统一企业有限公司，年产值 14 亿元；长沙市最大米粉生产企业银洲米粉有限公司，年产值 5479 万元。

【工程机械业】2022 年，开福区有规模以上工程机械企业 21 家，年产值 13.4 亿元，占工业总产值比重 9.77%。开福区工程机械企业主要为三一重工、中联重科、山河智能关键零部件研发制造配套企业。

【环保行业】2022 年，开福区有规模以上环保类企业 5 家，年产值 13.2 亿元，同比增长 18%，占工业总产值比重 9.6%。重点企业有仁和环保科技有限公司和仁和环境股份有限公司，均为长沙市城市生活垃圾与餐厨垃圾综合处理和利用企业。

重点企业

【湖南新亚胜光电股份有限公司】湖南新亚胜光电股份有限公司（以下简称“新亚胜”）创立于2001年，是一家集研发、生产、销售于一体的专业LED全彩显示屏制造企业。销售网络覆盖全球100余个国家和地区，为北京冬奥会、迪拜世博会、日本G20峰会、湖南/北京卫视跨年演唱会等项目提供专业显示服务。2017年，新亚胜实现新三板挂牌，未来将继续在LED显示屏业务上保持增量投入，以IPO上市为短期目标，加大对显示屏标准化、创意化、智能化的投入和发展，力争成为LED显示领域杰出企业。截至2022年年底，新亚胜被评为“国家科技创新型中小企业”，荣膺“国家重点新产品推荐企业”“中国湘商·富民强省贡献单位”，并被省市区三级政府列为重点扶植企业。新亚胜通过ISO 9001质量管理体系认证、3C认证和CE认证，并获得“信用等级AAA企业”“质量、信誉、服务AAA企业”等荣誉。2022年，新亚胜被评为国家级专精特新“小巨人”企业。

【湖南长重机器股份有限公司】湖南长重机器股份有限公司（以下简称“长重机器”）创建于1958年，位于开福区金霞经济开发区，占地40公顷，注册资金12.2亿元，主导产品有斗轮堆取料机、圆形料场堆取料机、刮板取料机、圆筒混合机、大型城市垃圾处理装置、港口设备等。长重机器是一家集大型装备设计、制造、销售为一体的高新技术企业，也是散装物料装卸运输工程制造行业的骨干企业。公司集湖南省专精特新“小巨人”企业、长沙市创新型单位、长沙市知识产权示范企业、长沙市工信类“小巨人”企业、中国设备管理协会及散料装卸机械金牌供应商、湖南省智能制造系统解决方案供应商于一体。公司内燃机车废气净化研究成果获得全国科学大会奖，13辊板材矫正机、PE25鄂式破碎机获得机械工业部优质证书，公司产品先后被评为“名优新机电产品”“中国机械工业优质品牌”，斗轮堆取料机被评为湖南省名牌产品并荣获第三届“芙蓉杯”国际工业设计创新大赛企业组最高奖项——创新奖，自动化料场智能堆取料作业系统设备获得湖南省循环经济科技三等奖。2022年，长重机器被评为国家级专精特新“小巨人”企业。

【湖南毂梁微电子有限公司】湖南毂梁微电子有限公司（以下简称“毂梁微电子”）成立于2018年2月，是一家致力于国产数字信号处理器（DSP）、微控制器（MCU）、模块电源和嵌入式板卡等产品的研发与技术服务的高科技企业，为先进制造、智能装备、移动通信、数字电源、轨道交通、新能源汽车等新兴产业发展提供“中国芯”解决方案。毂梁微电子通过ISO 9001:2015质量管理体系、国家高新技术企业和两化融合管理体系认证；获得授权发明专利6项、软件著作权10项、PCT国际专利3项、注册商标5项、集成电路布图登记4项。该公司是国家级新一代自主安全计算系统产业集群“两芯一生态”产业链骨干企业、中国汽车芯片产业创新战略联盟会员单位，拟申报国家级专精特新“小巨人”企业。

【飞腾技术（长沙）有限公司】飞腾信息技术有限公司（以下简称“飞腾信息”）是国内领先的自主核心芯片提供商，由中国电子信息产业集团、天津市滨海新区政府和天津先进技术研究院于2014年联合支持成立。飞腾信息及核心产品、团队获得国家科学技术进步一等奖、“中国芯”年度重大创新突破产品奖、中国电子信息博览会金奖、中国青年五四奖章集体等多项荣誉奖项。飞腾技术（长沙）有限公司（简称“飞腾长沙公司”）是飞腾信息下属全资控股子公司，位于开福区富兴时代T2栋，成立于2020年5月，是飞腾信息布局的全国研发中心及区域总部。

（谭文琪）

商　贸

综　述

【概况】2022年，开福区全年完成社会消费品零售总额605.86亿元，同比增长3.7%，居长沙市中心城区第一，高于湖南省和长沙市1.3个百分点，其中完成限上社会消费品零售总额318.7亿元，同比增长8.8%，居长沙市中心城区第一；外贸进出口额316.5亿元，同比增长10.73%，总量居长沙市中心城区第一；外商直接投资5980万美元；实际到位内资279亿元，同比增长10.28%。全年引进重点产业项目91个，总投资290亿元，其中新注册“三类500强”企业10家，居长沙市中心城区第一。开福区入选全国投资竞争力百强区，获得湖南省全面促进消费真抓实干成效明显地区督查激励、长沙市打造内陆地区改革开放高地真抓实干成效明显地区督查激励和先进单位。开福区发展新型零售商业模式工作经验获得商务部推介，消费升级工作经验获得长沙市市长郑建新批示肯定，并在《湖南商务》《长沙要情》推介。

【招商引资】2022年，开福区出台《长沙市开福区关于加强2022年招商引资工作的实施方案》《长沙市开福区招商顾问聘请管理办法（暂行）》等系列文件，组建“8+1”产业招商攻坚专班，构建“工作统筹、区园融合、机制完善、资源整合、信息优享”的“大招商”“招大商”工作格局，引进重点产业项目91个，总投资290亿元，其中新注册“三类500强”企业10家。发布招商云地图、招商引资白皮书，编发工作动态简报9期，分流项目信息218条，实现签约落地项目26个。举办重点片区（优质地块）招商推介大会暨集中签约仪式、2022年土地招商推介会、“抱团取暖·招商共赢·开创幸福”晚餐会，完成民革中央助力现代化新湖南建设招商大会嘉宾开福考察工作。全省首推“政企联心·共话发展”恳谈会活动，举办活动47场，参会企业587家，解决问题292个。

【商贸发展】2022年，开福区新增潮宗街、四方商贸城2条省级改造提升试点步行街，捞刀河偃月刀剪、金湘权、湘楚李氏正骨3个“湖南老字号”，大悦城、华创国际等17个长沙市夜间消费示范点，万达广场获评省级绿色商场。全年围绕长沙城市北中心商圈建设，开展促消费活动42场次，携手银联发放“助商惠民”消费券450万元，拉动消费4亿元。开展开福区“网红品牌、门店、打卡地”及“放心消费示范单位”评选活动，评选新晋网红和示范单位40家，活动访问量超129万人次。承接举办第十六届中国品牌节年会、第三届中国城市夜间经济发展峰会等重点会展活动30余场次。

【“三外”工作】“三外”即外贸进出口、利用外资、对外投资。2022年，全区新设外资市场主体42家，累计613家，外贸实绩企业389家。开福区实施《长沙市开福区进一步扩大利用外资促进经济高质量发展的实施细则（试行）》，成立开福区开放型经济招商引资攻坚小组，引进文和友、韩国捷尼赛思汽车、霭云科技、三安光电4个重点外资项目，推进国能开福区屋顶分布式光伏顺新项目开工。指导企业获批省、市领扶持资金2419万元。服务兴旺科技巴基斯坦全国光缆网投资建设运营项目、沙坪建设柬埔寨产业园、中扬建设对非承包工程等重点外经项目，全年实现对外直接投资实际投资额198万美元。2022年，开福区外贸产贸融合工作入选省商务厅复制推广外贸主体创新发展典型经验，湖南财盛国际贸易有限公司入选省级外贸供应链平台示范企业，埃索凯、新亚胜入选湖南省上市后备资源库。

【市场监管】2022年，开福区开展商贸领域安全生产大检查及重点行业领域潜在风险隐患排查整治专项行动，组织检查150余次，覆盖企业70余家，跟踪整改安全隐患350余个，全年未发生安全生产责任事故。强化专业技术支撑，聘请第三方专业公司提供专业指导100余次，出具《2022年开福区商贸行业安全生产检查情况分析报告》，组织开展燃气安全管理线上培训、全区商贸企业安全生产推进暨专项培训。开展联合执法行动6次，取缔非法加油点6个，拆除违规储油罐2个，扣押非法改装车辆4台，安全转移油品5吨。完成12座加油站三次油气回收改造，任务完成率100%。

【打造内陆开放高地企业恳谈会举行】1月23日，“共商共赢、同心同行”2022年开福区打造内陆开放

2022年1月23日，开福区在兴旺V视界招商中心举办"共商共赢 同心同行"2022开福区打造内陆开放高地迎新春企业恳谈会　（区商务局 供图）

高地迎新春企业恳谈会举行。湖南省商务厅党组成员、副厅长周越，长沙市商务局副局长汪东华，区领导蒋君、易海威及园区相关领导、相关部门及街道负责人参加活动。活动现场为28家企业颁发"开福区2021年最佳开放型经济贡献奖"和"开福区2021年开放型经济最具活力奖"奖项，中国银行湖南省分行、中国出口信用保险公司分别进行国际业务和中小微企业扶持政策分享。

【"湖南商品走进中东线上博览会"开福专场推介活动】3月18日，"湖南商品走进中东线上博览会"开福专场推介活动——2022开福区优品产业线上推介会在湖南企业国际化经营服务平台上展播，新湖南云快手号、华声在线新闻网同步直播，线上打卡、互动观众超10万人次。开福区政府、湖南新亚胜光电股份有限公司、湖南馨创科技开发有限公司、长沙市湘绣研究所、湖南省沙坪湘绣博物馆等单位负责人走进直播间，就各自领域与网友交流分享。

【沈裕谋到开福区调研商圈建设工作】4月13日，湖南省商务厅党组书记、厅长沈裕谋率队到开福区调研，实地考察潮宗街、北正街等开福区特色街区和高岭商贸城，调研特色街区打造、智慧商圈建设、传统商城转型等工作。沈裕谋肯定开福区在历史文化街区打造上取得的新成果，在持续优化商圈布局、推动传统商城转型推进上取得的新成效。他强调，开福区的商圈建设要有目标，"潮宗街历史文化街区"要向国家级示范步行街区目标迈进；要有方法，要用"活"巩固传承法、调整升级法、创新发展法；要有手段，要在"一把手工程""四位一体"等方面着力，用好人力、财力、物力、算力、动力。

【汽车消费节活动举行】4月29日，"购车得券包、HIGH欢大开福"开福区2022长沙北中心商圈四季主题消费节暨"春之约"汽车消费节活动在高岭香江国际汽车城启动。湖南省商务厅、长沙市商务局、长沙市开福区、金霞经开区等相关领导出席启动仪式。现场发布开福区汽车消费场景和促消费政策。4月29日—6月30日期间，开福区联合中国银联发放200万元购车补贴和100万元助企纾困消费券，优化消费供给，

2022年3月18日，"湖南商品走进中东线上博览会"开福专场推介活动——2022开福区优品产业线上推介会在湖南企业国际化经营服务平台上展播　（区商务局 供图）

激发消费潜力。该活动带动汽车销售 729 台，直接带动汽车消费 1.49 亿元。消费券发放活动有 175 个商户、893 个门店报名参加，其中 93 个商户、646 个门店实现消费券交易，优惠金额 82.58 万元，直接带动消费 358.42 万元。

【区重点片区（优质地块）招商推介大会暨集中签约仪式举行】 5 月 28 日，开福区重点片区（优质地块）招商推介大会暨集中签约仪式在北辰国际会议中心举办。活动通过“线上线下”相结合方式，吸引 100 余家房地产百强企业、“三类 500 强”企业、大型央企、先进制造业企业、高端服务业企业、现代物流企业、湖南省异地商会、行业协会、深圳市长沙商会等单位代表参加。推介会发布开福区招商引资白皮书和招商云地图，以及开福区金霞新城、黄兴北路、白霞片区等 10 大重点片区规划图。湖南金航航空服务基地、湖南省汽车服务业商会总部、文和友城市文创店等 11 个重大项目现场签约，总投资 103 亿元，项目涵盖智能制造、现代物流、高端服务、片区开发等多个领域。

2022 年 5 月 28 日，2022 年开福区重点片区（优质地块）招商推介大会暨集中签约仪式在北辰国际会议中心举办
（区商务局 供图）

【区“网红品牌、门店、打卡地”及“放心消费示范单位”评选活动】 2022 年，开福区“网红品牌、门店、打卡地”及“放心消费示范单位”评选活动征集候选名单 125 个，根据评选规则，63 个提名候选地入围大众投票阶段。11 月 4—13 日，通过网友投出 60 余万张选票，评选出 2022 年“开福区新晋网红系列”称号。10 大新晋网红品牌：来怡茶、洲际酒店、湖南马复胜食品有限公、金湘权、伊飞湘绣、优鲜海选、沙坪绣乡院子、湖南再红湘绣有限公司、金元源、玉玲湘绣。10 大新晋网红门店：佳尝便饭菜馆、天下客饭店、桃源集农场、太食獣、朝阳三毛烧烤大排档、止间书屋、渔夫鱼、长沙十二楼五城餐饮管理有限公司、青岛酒馆、海鲜 E 族。10 大新晋网红打卡地：然后森林、长沙音乐厅、潮宗街、长沙世界之窗、离朱艺术空间、长街虾市、阿波罗尼亚、国宝李渡省博知味轩、标星立场、河村非洲园。10 大放心消费示范单位：佳尝便饭菜馆、卜蜂莲花、六间海餐饮、白熊盒子、潮宗街、长沙富力万达文华酒店、墨泉峰味、渔夫鱼、味上湘菜馆、长沙爱康国宾。

【第三届“潇湘韵、中国风”老字号嘉年华活动举办】 12 月 17 日，第三届“潇湘韵、中国风”老字号嘉年华暨 2022 开福区冬之味——开福邀您迎新年消费节在开福区潮宗街启动。玉楼东、双燕楼、九芝堂、马复胜、沙利文、天利刺绣、杨裕兴等湖湘著名老字号和潮品潮牌齐聚。活动由湖南省商务厅主办，长沙市商务局、开福区人民政府协办，汇聚全省 46 家老字号企业，开展老字号技艺展示、非遗表演、文化体验、网上直播带货等，促进消费者对老字号的认识和了解，拓展湖南老字号的品牌价值和影响力。参展企业中，既有久负盛名的九芝堂，享誉三湘的风味小吃沙利文、刘聋子米粉、长乐街甜酒，还有历史积淀的双燕楼、天利湘绣，也有独具湖湘文化特色的白沙溪黑茶等。活动现场，老字号品牌企业还结合迎新春主题推出多项消费优惠活动。

（赵琴）

楼宇经济

【概况】截至2022年年底，全区有5000平方米以上商务商业楼宇165栋，总面积723.6万平方米，其中商务面积407.6万平方米，商业面积239.8万平方米。全区新引进楼宇企业601家，其中500平方米以上的楼宇企业70家。全区16个街道楼宇总去化面积24.93万平方米。全区53栋重点楼宇实现税收55.91亿元，其中税收过1亿元楼宇18栋，税收5000万~1亿元楼宇12栋，税收1000万~5000万元楼宇23栋，楼宇经济实现楼宇去化、楼宇税收“双增效”。

【楼宇招商】2022年，开福区成立开福区楼宇招商经济专业委员会，释放长沙市楼宇中介、经纪等楼宇招商市场主体的潜力与活力，推动全区楼宇招商去化和安商稳商；推行“服务上楼宇”稳商行动，延伸全区10个楼宇政企服务站触角，每周二“企业服务日”实行楼宇上门服务，打通服务企业的“最后一百米”，全年累计服务楼宇入驻企业600余家、党建活动覆盖楼宇员工3000余人次。

【楼宇宣传】2022年，开福区推行“党建兴楼宇”品牌建设，创新开展“音乐思政课”“电影思政课”进楼宇活动，举办“资产管理视角下写字楼运营管理策略”“聚力楼宇物业管理，强化楼宇运营服务”等政企服务培训对接会6期，提升楼宇运营管理能力。打造创业者联盟活动品牌“北咖汇”，举办女性创业者专场沙龙。强化楼宇宣传，以短视频、图文等形式，在全区30余个重点楼宇项目开展多期专题推介。

【平台建设】2022年，开福区新设楼宇经纪招商委员会、创业者联盟等开福区楼宇经济促进会分支机构，推动行业与行业、行业与企业之间的“资源整合、信息共享、人才交流、联动宣传”。推行“互联网+楼宇经济”数字化平台管理，升级打造楼宇经济信息管理服务平台、开发“开福楼宇”小程序，实现高效便捷的对外发布楼宇招商展示推送、政策宣传发布、政企互动交流合作，提升楼宇经济的数字化、智能化、信息化、平台化管理水平。

【开福区被评为“中国楼宇经济（总部经济）标杆城区30强”】2022年9月，开福区在中国国际服务贸易交易会2022中国楼宇经济（总部经济）北京论坛上被评为“中国楼宇经济（总部经济）标杆城区30强”，为全省唯一获评城区。中国国际服务贸易交易会（以下简称“服贸会”）是由商务部和北京市人民政府共同主办的重大展会，中国楼宇经济北京论坛是服贸会唯一的产业载体板块主题论坛，由商务部投资促进事务局指导开展。新华网、中新网、《中国日报》、《香港经济导报》、《湖南日报》、新湖南、红网、掌上长沙、智慧长沙、长沙新闻频道等16家媒体平台对“开福区获评中国楼宇经济（总部经济）标杆城区30强”进行新闻报道。“开福区楼宇经济发展经验”作为典型案例入选《2022中国楼宇经济（总部经济）高质量发展蓝皮书》。

【重点楼宇】2022年，开福区全区有5000平方米以上楼宇165栋，其中税收过1亿元重点楼宇18栋，税收5000万~1亿元重点楼宇12栋，税收1000万~5000万元重点楼宇23栋，全年重点楼宇完成税收55.91亿元。

北辰三角洲 该项目位于开福区湘江中路三段1200号，由北辰房地产集团开发建设，总占地面积110万平方米，总建筑面积达500万平方米，商务楼宇含AAAAA甲级写字楼——北辰时代广场（7.2万平方米）、文创特色星级楼宇——北辰文化创意产业园（4栋10万平方米）、北辰健康城（3栋5.2万平方米）、北辰A2写字楼（待建）。商业楼宇含：北辰国际会议中心（20万平方米）、北辰洲际酒店（6.4万平方米）、北辰凤凰海购物中心（4万平方米）、欧葆庭养老中心（2.4万平方米）、北辰大悦城（14万平方米）等。项目集金融商务、文化旅游、动漫游戏、健康养老、大型商业、国际会议六大产业于一体。入驻知名企业有中信银行、南方水泥、南方新材料、日立电梯、戴德梁行等。

华创国际广场 该项目位于芙蓉路与开福寺路交会处东北角，由湖南华创商业发展集团开发建设，总占地面积3.87公顷，总建筑面积30万平方米，项目涵盖3栋超高层AAAAA甲级写字楼（16.6万平方米）、高端商场——华创购物中心、时尚低密度街区（8万平方米）、威斯汀五星级酒店（3.5万平方米）、盒马鲜生、万达杜比影城等，项目以金融服务为主，打造集特色商务、休闲、娱乐为一体的体验式生活中心。项目作为区级金融服务专业楼宇，入驻知名企业有人寿财险、平安财险、浙商银行、山东高速、渣打银行、华创证券、西部证券、普华永道、德勤、平安普惠、中信证券、永安期货、江海汇鑫、华润置地、赢时胜、乔治白、吉祥航空、奥林巴斯、巨景证券、东原地产等。

泊富国际广场 该项目位于芙蓉中路与湘春路交会处，由泊富地产开发建设，总投资32亿元，总占地面积4.67公顷，总建筑面积28.8万平方米，包括228米超高层AAAAA甲级写字楼（9.7万平方米）、168米超高层辉盛名致公寓（4万平方米），泊富ICITY购物中心（3万平方米）、NEWLAND潮流生活街区（5万平方米）。开发商自持写字楼面积2.3万平方米，总部公司入驻面积超过4.8万平方米，是区级总部经济特色楼宇。入驻知名企业有新华书店、中国银联、湖南科技出版社、新华保险、平安保险、台湾合作金库银行、新韩银行、三星集团、中海集运、英大证券、达晨文化、永康生物、金证投资咨询等。

新湖南大厦 该项目位于芙蓉中路与湘春路交会处，由湖南日报集团开发建设，总建筑面积15.7万平方米，由两栋AAAAA甲级写字楼及商业裙楼组成，其中事业大楼（4万平方米），为湖南日报集团及旗下子公司自用，产业大楼（8.4万平方米）对外租售，项目以文化和金融为核心，以高端现代服务业为主导，旨在吸引国内外知名文化、金融企业入驻，打造集商务金融、文化艺术及休闲娱乐为一体的“文化金融商务生态区”。项目作为区级文化创意专业楼宇，入驻知名企业有《湖南日报》华声在线、中国人保、财信证券、万联证券、联合利国文化产权交易所、《三湘都市报》、《文萃报》、凤凰旅游、湖南广电集团等。

开福区在泊富国际广场举办“开福夜肆美食节—开福区夜经济消费节”

（区商务局 供图）

富兴世界金融中心 该项目地处芙蓉中路与德雅路交会处，由湖南富兴集团开发建设，总投资180亿元，总占地面积8万平方米，总建筑面积120万平方米，含34万平方米AAAAA甲级写字楼群、20万平方米富兴CFC购物中心、6万平方米临街地铁商业街区、20万平方米高端住宅、5万平方米酒店式公寓，停车位8000个，是区软件产业星级商务楼宇。项目以金融服务为主导，商业为重点，结合休闲娱乐、都市居住等功能，打造长沙城市中心的超级城市综合体。入驻知名企业有阿里巴巴、飞腾信息、麒麟软件、中国人寿、恒大人寿、平安保险、太平洋保险、银河证券、华泰证券、蓝月亮、长房海创、戎腾科技等。

长沙绿地中心 该项目位于芙蓉中路一段319号（芙蓉路与德雅路交会处），由绿地集团开发建设，总占地面积2.31公顷，总建筑面积26万平方米，项目由1栋200米的超高层国际AAAAA甲级写字楼（T1栋9.4万平方米），1栋100米的AAAAA甲级写字楼（T2栋3.7万平方米）与1栋100米的公寓式办公（T3栋3.3万平方米）及3万平方米的裙楼商业组成的商业办公综合体。项目依托绿地集团世界500强的资源优势，以金融+健康医疗为产业主导，是区级医疗健康星级商务楼宇。已入驻知名企业有富德生命人寿、绿地湖南事业部、中梁地产、体运通、北京红牛、五矿地产、华夏保险、海尔家居、中国平安、天安财险、PMIC等。

开福万达广场 该项目位于湘江大道与橘子洲大桥交会处，由万达控股集团有限公司开发建设，总投资超100亿元，建设用地12.18万平方米，总建筑面积约100万平方米。商务楼宇含5栋甲级写字楼——万达广场（A栋、B栋、C1栋、C2栋、C3栋共37.7万平方米）；商业楼宇

2022年10月20日，盒马生鲜奥莱店首店在北辰奥城E4区开业(区商务局 供图)

含万达广场商场（10万平方米）、开福金街（10万平方米）、富力万达文华酒店（3.5万平方米）。项目是集甲级写字楼、购物中心、商务酒店、时尚步行街等多种功能于一体的临江城市综合体，是区级创新实践星级商务楼宇。入驻知名企业有安信证券、呈美文化、三菱电梯、居众装饰、海外旅游、德惠尔医疗、美纳多健康、雨虹建筑等。

运达国际广场 该项目位于芙蓉路与营盘路交会处，由湖南运达实业集团开发建设，总占地面积1.79公顷，总建筑面积10.5万平方米，由2栋塔楼组成，1栋为写字楼（4.22万平方米），1栋为喜来登酒店。项目是一座集国际五星级酒店、AAAAA甲级写字楼、国际酒店式公寓、国际名品家具商场于一体的高端商务商业综合体。项目主体部分采用弧形造型设计，高端挺拔，曾荣获“中国建设工程鲁班奖”“十大城市地标”等奖项。项目作为区级商务服务星级商务楼宇，入驻知名企业有浦发银行开福支行、加加酱油、中兴通讯、通用电气、长颈鹿网络、轻盐创投、丽兹卡尔喜运医美、达漫电子商务、3M等。

华尔街中心 该项目位于芙蓉中路与湘雅路交会处西北角，由湖南金色地标房地产开发有限公司开发建设，写字楼总建筑面积5.8万平方米，高158米，于2014年3月交付使用，是金融商务区首栋落成并交付使用的全精装专业写字楼。项目作为区级金融创新星级商务楼宇，入驻知名企业有广发银行、中国信达、华夏人寿保险、大金空调、毂梁微电子、优美西点等。

天健中心 该项目位于开福寺路与芙蓉中路交会处，为天健集团于2021年新建成交付的AAAAA甲级写字楼，天健中心写字楼商务面积5.97万平方米，高192.8米，配套街区式商业4.5万平方米。项目地处“五一路、芙蓉路、伍家岭”三大商圈黄金分割点，周边配套齐全，处于全面招商销售阶段。

友谊咨询大厦 该项目位于金霞经济开发区核心商务地段，地处芙蓉北路和兴联路交会处东北角，由湖南友泽房地产开发有限公司开发建设，定位为AAAAA甲级写字楼，总建筑面积4.5万平方米，写字楼商务面积2.5万平方米，商业面积1万平方米。项目作为“湖南工程建设服务产业基地”及区级工程咨询星级商务楼宇，入驻知名企业有友谊国际工程咨询股份有限公司、湖南医药集团有限公司、湖南天剑海洋工程设备有限公司等。

凯乐微谷 该项目位于栖凤路与陡岭路交会处，由A股上市公司凯乐科技下属子公司开发建设，总占地面积4.42万平方米，总建筑面积14万平方米，由4栋写字楼（7.7万平方米）、商业裙楼（1.5万平方米）、8座企业公馆组成。项目作为开福区软件产业星级商务楼宇，入驻知名企业有国科亿存、艾科诺维、泛联新安、宇正智能、上海芯钛、宏大日晟、中国移动通信设计院（湖南分公司）、中铁一局、中科空间（长沙）信息科技研究院等。

湘域智慧广场 该项目位于车站北路与三一大道交会处西南角，由长沙域佳房地产开发建设，占地面积1.1万平方米，总建筑面积3.64万平方米，容积率为2.49，含东栋商务写字楼、南栋SOHO办公楼共2.35万平方米，庭院式商业街区5000平方米，入驻率95%。项目聘请国际顶尖专业设计团队——美国GLC商业地产设计公司设计打造，成为长沙城北美学综合体，四方坪商业新地标。（陈芬芬）

金 融

综　述

【概况】2022年，开福区引进金融区域性总部机构6家，汇聚金融总部机构、分支机构和新型金融机构300余家，其中税收规模50万元以上的金融机构69家。2022年，全区实现金融业增加值162.4亿元，同比增长7%，占全区GDP比重13.8%；实现金融业税收20.87亿元，同比增长1.48%，占全区税收比重15.9%。

【金融产业招商】2022年，开福区新增金融区域性总部机构6家，分别为太平人寿湖南分公司、建信人寿湖南分公司、湖南府院联动破产企业管理合伙企业、湖南长银数字科技有限责任公司、洋浦乾鸿保险经纪有限公司湖南分公司、华闻期货长沙分公司。2022年，开福区走访金融企业100余次，推进长沙银行新金融产业园项目于5月25日由长沙银行以3.92亿元成功摘牌，9月26日举行开工仪式，将建设成为省内一流、中部领先的金融产业园。完成数字人民币试点任务。组织开展宣传活动，发放宣传资料5万余份，协同多个银行、企业推进数字人民币示范区建设。开福区10家单位于9月实现工资以数字人民币形式发放。开福区人民政府被评为长沙市2022年数字人民币试点优秀组织单位。

【金融产业服务】2022年，开福区金融事务中心指导辖区企业申报兑现省、市、区上市奖补资金610万元。推荐12家企业纳入省上市后备企业库、18家企业纳入市上市后备企业库。新增恒昌医药和埃索凯科技2家递交上市材料企业，新增报辅企业1家。全年组织金企对接会5场，引导50家金融机构为180余家企业提供金融服务。组建“开福金融服务团”精准服务企业，协调多家银行机构为重点企业授信5亿元，指导企业通过“信易贷”平台获得授信44.69亿元。指导7家企业申报兑现区级贷款贴息奖补14.26万元。协调长沙银行为恒泰湘壹府项目办理按揭准入3000万元支持“保交楼”工作。引导驻区银行、融资性担保公司降低中小微企业贷款门槛，加大对中小微企业信贷支持，缓解企业融资难题。

【金融环境优化】2022年，开福区开展防范非法集资宣传教育活动，全年累计印发防范非法集资宣传制品6万份，开展“五进”(进社区、进企业、进学校、进农村、进家庭)宣讲活动310次，参与人数11.58万余人。开展企业防范非法集资排查1800余家，其中组织第三方财富管理公司排查企业242家。全年处置非法集资风险隐患6起，清退资金650万元。推进非法集资陈案化解工作，截至2022年年底，陈案审结4起，结案11起，完成市对区绩效考核任务。按照省市监管工作的统一要求，对小额贷款公司(3家)、融资担保公司(4家)及典当公司(6家)等地方金融组织开展日常监管工作，规范机构经营行为，有效防控行业风险。

【银企对接会】1月18日，开福区新年首场“党建引领、助力千企”银商企对接会在长沙金融商务区核心区域望麓园街道举行，6家银行为30家小微企业定制金融产品，帮企业解决融资难问题。开福区副区长易海威出席，区金融事务中心、区商务局等部门负责人参加。30余家企业分别来自医疗、建筑、商贸、旅游、广告等多个行业。长沙银行、中国银行等6家银行现场宣讲企业融资产品，介绍针对民营企业、小微企业量身打造的融资产品和普惠金融业务，详细阐述各类信贷产品的准入条件、抵押担保或信用贷款方式、贷款利率、还款灵活度等要素。

4月26日，由开福区政府主办，开福区金融事务中心、开福区科技局承办的“强产兴城、金融助力”开福区金企对接会在富兴世界金融中心举行。活动邀请40余家辖区内高新技术等企业、20余家金融机构现场交流。活动中，北美孚新材料、红船科技等7家有融资需求的企业对公司基本情况和融资计划进行详细介绍。中信银行、长沙银行等5家银行类金融机构分别向企业家们宣传推荐“科技贷”“专精特新贷”等各项优惠贷款政策，并结合各行金融产品特点，一对一为企业答疑解惑，提出解决建议。活动现场，顺天集团、长重股份等3家企业分别与2家银行、1家基金公司签订合作协议，达成融资意向6亿余元。

【长沙银行新金融产业园项目开工】9月26日上午，长沙银行新金融产业园举行开工仪式。该项目位于开福区金霞片区核心区域，用地面积4.3公顷，定位为企业金融服务中心和创新研发中心，以数据生产、科技研发、

2022 年 9 月 26 日上午，长沙银行新金融产业园举行开工仪式

（区金融事务中心 供图）

集中作业、员工培训为主要功能，同时涵盖基础办公、档案管理、子公司、分支机构等营业办公功能，项目建成后，总建筑面积超 24 万平方米，进驻办公人员超 5000 人，将打造成为省内一流、中部领先的金融产业园。肖正波等市领导及市相关部门领导，罗玉环、高伟、晏成方、欧干军、蔡冰、黎明、朱江、蒋君、易文斌、张胜良、江璜等区领导及相关职能部门负责人参加开工仪式。

【长沙银行开福支行“保交楼”】2022 年 10 月，长沙银行开福支行为恒泰湘壹府项目办理按揭项目准入，解决项目复工复产资金问题。恒泰湘壹府项目位于开福区青竹湖街道开福大道与星月路交会处西南角，该项目于 2018 年启动开发建设，总建筑面积 29.6 万平方米，是长沙市防范化解房地产项目风险重点项目之一。项目于 2021 年 12 月初实现复工复产，但该项目有 10 栋 520 户未交付，项目复工复产账户可用资金非常有限，无银行办理按揭准入，面临即将再次停工的风险。长沙银行开福支行深入项目实地调研，申请总行支持。经过 2 个月反复研究，最终为恒泰湘壹府项目办理按揭项目准入，协助政府做好“保交楼”金融服务。该项目为开福区第一笔得到银行按揭支持的复工复产项目，为房地产行业风险化解探索出新的经验。

（李 俊）

银 行

【概况】截至 2022 年年底，开福区有银行省级总部 7 家，其中国有银行 2 家，股份制商业银行 2 家，外资银行 2 家，台资银行 1 家。

【浙商银行长沙分行】浙商银行股份有限公司长沙分行（以下简称“浙商银行长沙分行”）于 2018 年 7 月 18 日正式开业。下辖 1 家二级分行、2 家同城支行。截至 2022 年年底，浙商银行长沙分行累计实现全资产投放超 2060 亿元。2022 年，浙商银行长沙分行获得“湖南优秀文旅金融服务机构”、国家外汇管理局湖南省分局“外汇便利化政策畅通年活动”优秀单位、长沙市金融创新三等奖等荣誉。

经营业绩 截至 2022 年年底，浙商银行长沙分行各项存款余额 202.59 亿元，增幅 41.58%；各项贷款余额 169.85 亿元，增幅 17.1%；存、贷款增幅均居省内股份制银行前列。

普惠金融 2022 年，浙商银行长沙分行贯彻落实省委、省政府“稳经济大盘”有关决策部署，围绕总行“全面顶格、能出尽出、精准高效”工作要求，履行责任担当，主动对接金融服务，持续加大对民营小微企业的信贷投放和减费让利力度。截至 2022 年年底，普惠型小微企业贷款余额 11.82 亿元，较年初新增 5.31 亿元，增幅 81.43%；累计减免企业利息 2326 万元，累计减免企业手续费 561 万元，惠及客户 2909 户。

服务特色 2022 年，浙商银行长沙分行参与湖南省产业链“一链一行”主办行机制，推出“区块链 + 供应链”金融服务模式，全面解决产业链供应链上下游企业“融资难”问题。浙商银行长沙分行供应链金融产品帮扶物流企业纾困的案例被中国人民银行总行微信公众号、《金融时报》、湖南卫视等媒体报道或采用，与邮储银行合作落地跨行再保理业务案例被中国银行业协会官方微信公众号采用。

（李 俊）

保 险

【概况】截至 2022 年年底，开福区有省级保险总部机构 13 家，其中财产保险 5 家，人寿保险 6 家，出口信用保险1家，信用保险1家，健康保险1家。

【建信人寿保险湖南分公司】建信人寿保险股份有限公司湖南分公司（以下简称“建信人寿湖南分公司”）于2017年3月挂牌成立，是中国建设银行股份有限公司控股的人寿保险公司，在湖南省设有14家分支机构，其中业务部1家、中心支公司6家、服务团队7家。2022年4月，建信人寿湖南分公司搬迁至开福区芙蓉北路二段163号悦荟商业中心办公，有员工119人。2022年，累计实现总保费22.74亿元，在湖南省银行系保险公司中排名第二。

保险服务 2022年，建信人寿湖南分公司牢固树立客户导向理念，坚持“销售高诚信、服务高质量、理赔高效率”的经营方针，提供多种方式的电子化业务渠道和交互，承保、保全和理赔手续合理简化，实施重疾先赔的新业务流程，为重大灾害事件提供理赔绿色通道，减免部分申请资料，实施主动排查和上门理赔服务。全年累计理赔金额6718万元，理赔件数2.42万件，理赔获赔率99.4%，在湖南银保监局消费者权益保护考核评价寿险同业公司中排名第一。

普惠金融 2022年，建信人寿湖南分公司参与“长沙惠民保”业务，惠及长沙市民超80万人。贯彻党中央乡村振兴战略部署，实现裕农通业主、下乡驻村干部、裕农快贷有贷户三类核心人群赠险保障方案在建行裕农通平台上线，为重点涉农客户4055户累计提供风险保额3.88亿元。履行国有企业社会责任担当，与中华志愿者协会开展战略合作，开发志愿者专属保险保障产品，为全国1.7万名志愿者提供风险保额34亿元的人身意外保障，被总公司纳入全国推介典型案例。

【太平人寿保险湖南分公司】中国太平人寿保险集团有限公司湖南分公司（以下简称“太平人寿湖南分公司”）成立于2007年6月，开设包括12家市州中心支公司在内的55家机构。截至2022年年底，太平人寿湖南分公司获得全国保险业“优质服务窗口”“湖南100强企业”“湖南服务业50强企业”“省级文明窗口单位”“湖南金融科技力量”“脱贫攻坚先进集体”等荣誉。

保险业务 太平人寿湖南分公司按照“央企情怀、客户至上、创新引领、价值导向”的总体要求，坚定高质量发展的经营思路，业务规模、价值稳步增长，业务品质稳定在行业领先水平。2022年，实现保费收入38.01亿元，个险、银保新单期交双项正增长，业务品质保持行业前列。

保险服务 太平人寿湖南分公司实施“秒赔”服务，解决“理赔难”“理赔慢”问题，实现全程透明化服务，可随时在App上查看理赔进度情况，让客户理赔更加安心。截至2022年年底，公司期末有效保险金额7299亿元，期末有效承保人次超过125万人次，累计向客户支付理赔款和生存金总额超30.7亿元。

【湖南德益保险代理有限公司】湖南德益保险代理有限公司（以下简称“德益代理”）成立于2005年6月，公司位于开福区清水塘街道芙蓉中路一段319号绿地中心T1栋。主要代理销售各家保险公司经营的财产保险、车辆保险、责任保险、意外伤害保险、健康保险、养老保险和人寿保险等业务。

保险服务 德益代理组织机构健全，内控制度、后援服务平台完善，拥有一支优秀务实的专业团队。能为客户量身定做最佳的保险方案，选择最适合的保险公司，帮助客户真正实现“以最小支出获得最大的风险保障”，最大限度满足客户的各方面保险需求。

经营宗旨 德益代理秉承“讲诚信、重务实、不放弃、不抛弃”的企业精神，以“用心经营、诚信服务”为经营宗旨，坚持以诚信可靠的保险代理人队伍为依托，以“打造最受保险代理人和客户欢迎的保险代理公司”为愿景，以“诚信服务”为使命，努力成为保险代理人真正的归属之家。公司坚持“规范经营、科学管理、稳健发展”的管理模式，致力于打造湖南服务最好的保险代理品牌，并逐步形成以保险服务为基础的综合性金融服务集团。

（李　俊）

证券·期货·资产管理

【概况】截至2022年年底，开福区汇集省级证券营业部9家，省级期货公司7家，国有资产管理公司3家。

【东方资产管理湖南分公司】中国东方资产管理股份有限公司湖南省分公司（以下简称“东方资产湖南分公

司”）是中国东方资产管理股份有限公司驻湘营业机构，前身为中国东方资产管理公司长沙办事处，成立于 2000 年 4 月，2016 年 11 月更为现名，位于开福区芙蓉中路 593 号湖南国际金融大厦。东方资产湖南分公司主要处置不良资产，服务实体经济，支持区域经济高质量发展，维护金融稳定大局。

经营业绩 2022 年，东方资产湖南分公司坚持聚焦不良资产主责主业，参与湖南区域金融不良资产一级市场，防范化解金融风险。创新发展理念，服务实体经济，服务国家“双碳”战略和绿色发展战略，支持新能源龙头企业做大做强。履行金融央企社会责任，助力乡村振兴，驻村帮扶工作经验在人民网、中国网、光明网、网易新闻等平台推介。

业务宗旨 东方资产湖南分公司专注金融不良资产收购处置，服务实体经济本质，突出“整合资源、创造价值”功能，提升主业能力，顺应政策和市场趋势，致力于推动银行存量不良资产加速出清，清除实体经济中产生的不良资产，消除经济发展过程中的风险隐患，形成防范化解系统性金融风险的合力，提高服务实体经济质效。

【普华永道中天会计师事务所长沙分所】普华永道中天会计师事务所长沙分所（以下简称“普华永道长沙分所”）于 2016 年 7 月在开福区华创国际广场正式开业，有员工 70 人，其中持有 CICPA、ACCA、HKCPA、CTA 资格证书的员工 20 人。主要企业客户有安克创新、中联重科、戴永红、步步高、广汽三菱、三一重工等，政府客户覆盖长沙市、株洲市、常德市、张家界市等地州市的各级政府和部门。

业务范围 普华永道中天会计师事务所为超过 1.1 万家国内及跨国公司提供审计及鉴证服务，为各行各业的企业向国际市场发展业务和跨境兼并收购搭建理想的资本运作平台，是众多优质上市项目的审计师。普华永道连续 19 年在中国注册会计师协会发布的“年度会计师事务所综合评价前百家信息”中名列第一。普华永道中天会计师事务所中国企业税务服务团队为客户提供全面的税务筹划及咨询服务，协助客户管理税务风险，提高税务效率及合规管控。综合商务咨询团队作为企业与政府的桥梁，提供全面覆盖政府产业咨询与项目招商服务的服务。风险与控制服务主要面向政府、监管机构、企业及海外投资项目，提供风险评估、合规检查、管理流程梳理再造、资产全生命周期管理、信息及数据安全等服务，全面优化管理运作流程，完善信息系统安全建设，提升风险控制与资产安全水平。管理咨询与交易服务主要提供战略咨询、人才和组织变革管理咨询、网络安全与隐私保护；尽职调查、估值服务、并购税务重组、并购交易增值服务、企业重整与清算，帮助客户赢得市场优势，创造可持续的最大化价值。

经营宗旨 2022 年，普华永道中天会计师事务所发布“新方程 = 信任 + 成就”战略布局，推进前沿科技在各项业务中的运用，并针对数智重塑、数字产品及解决方案、ESG 可持续发展、区域协调发展、未来人才五大领域重点投资，助力客户。

【湖南中鑫融资租赁有限公司】湖南中鑫融资租赁有限公司（以下简称“中鑫租赁”）成立于 2021 年 10 月，注册资金 1 亿元，是湖南金霞发展集团旗下全资子公司，拥有长沙市开福区唯一融资租赁牌照，业务范围立足金霞，辐射全省，为中小微企业提供设备融资租赁和综合金融服务。

业务目标 中鑫租赁立足金霞经开园区，服务园区实体企业，助力园区转型升级；响应国家“双碳”政策，大力开展新能源、节能环保等“绿色租赁”业务。

经营业绩 2022 年，中鑫租赁实现租赁业务零的突破，服务金霞园区企业数十家。同时，在新能源汽车租赁、节能环保、光伏、充电桩等领域，开展绿色租赁业务，储备多家优质客户。

服务实体企业 中鑫租赁坚持“立足园区、服务园区”的宗旨，与园区新入驻的某粮油企业开展售后回租业务，支持其扩大产能，经一年时间，企业从刚入驻时 1 亿元的销售额增长到 7 亿元。中鑫租赁响应国家“双碳”政策，与滴滴某运营商达成 100 辆新能源乘用车的合作协议；与湖南省益阳市某生态修复企业达成 3000 万元售后回租业务合作协议，支持其开展生态修复业务；与某能源投资企业达成大科城园区分布式光伏电站合作协议，支持光伏电站建设，实现节能减排目标。

（李 俊）

交通・公路

农村公路管理

【概况】2022年，开福区农村公路涉及4个涉农街道，全区农村公路总里程数511.67千米，按照道路等级划分，其中区管县道50.88千米、乡道43.75千米、村道417.04千米；按照路面结构划分，其中沥青路面123.6千米、水泥路面320.53千米、砂石路面67.54千米。推广路长制App运行，确保各级路长、分路长、路管员路长制App下载，使用率100%。推动长沙市"四好农村路"示范城市扩建，在省交通运输厅组织对全省农村公路养护考评工作中，开福区农村公路养护工作自动化检测评定优良中等路率92.74%，排名全省前列。

【交通站点优化】2022年，开福区协调长沙市交通运输局做好公交线路的增设、优化和调整工作，为未来科技产业城、福城社区、长沙市青少年宫、长沙医药产业园等园区、企业调整优化129路、257路、283路、112路等公交线路，为秀峰街道顺天御岭小区增设公交站点，全年处理群众投诉建议18起，为市民提供良好的公交出行服务环境。贯彻"城区农村公交实现全覆盖"的要求，完成农村公交线路C3线路（沙坪湘绣城—园林生态园）通车，C4线路（青竹湖公交首末站—新源社区）通车，解决捞刀河街道罗汉庄村，沙坪街道茶子山村、双塘村、竹安村、汉回村，青竹湖街道新源社区等地不通公交车难题。推进全区市容环境公交专项整治工作，督促市属达美广告公司、开福区城投、金霞发展集团等建设单位对公交站台进行清洁、整改，全年修复公交站点外观破损20处，处理公交站点广告掉画与褶皱66处，清洁公交站点"牛皮癣"小广告432处，清洗站牌380块，维修站牌198块，更换破损褪色公交站贴216条，更换褪色公益98幅。

【运政行业监管】2022年，开福区推进运政行业数字化办公建设，打造"一网通办"的政务服务品牌；加快道路货物运输市场诚信体系建设，规范道路运输企业经营行为。通过上门走访的形式，对全区2家道路货运站（场）、64家道路普通货物运输企业进行质量信誉考核。全年开展治理超限超载联合整治行动43次，并对有5台以上重型车辆的企业重点走访，查处超限超载车辆614台，卸载货物6037吨；查处非法改拼装企业2家，责令改正、处罚源头企业5家，下达问题整改交办单67份。全区有道路运输经营业户1598家，有道路运输车辆5060台，全年新增道路运输经营业129家，新增道路运输车辆364台；注销道路运输业户237家，注销道路运输车辆462台；完成2246台车辆道路运输证年审工作，完成维修企业维修备案35家。引导汽修行业健康发展，督促辖区维修企业按照行业标准完善环保设施，严格落实环保制度，按照行业规范标准进行操作。区交通运输部门会同区环保部门对辖区维修企业开展检查，定期查看企业环保制度制定和落实情况，检查危险品、废弃物分类处理和汽车喷漆作业情况，全年检查维修企业157家，下达环境问题整改交办单39份。

【农村公路建管】2022年，开福区推进农村公路建设，投资1200万元，完成各涉农街道农村公路土路硬化、提质改造、路面大修等10.7千米新改建；投入655万元，完成沙坪街道4.43千米和青竹湖街道2.73千米美丽宜居村庄道路提质改造；投资1100万元，完成汉沙公路南延线全线5.1千米续建项目"白改黑"提质改造，并完善沿线安保和排水设施；投入480万元，推进开福区城乡公交村村通线路提质改造项目。提升农村公路养护，深化农村公路养护体制改革。从2022年度区级农村公路养护经费中列支305万元作为日常养护专项费用，保障全区511.67千米农村公路的日常养护。其中，投入98万元，对50.88千米县道日常养护继续采取市场化养护模式实施服务外包，制定《2022年开福区县道日常养护考核办法》和《2022年开福区涉农街道乡道、村道日常养护考核方案》对其分别进行考核，保证养护资金的效益最大化。强化农村公路路面破损修复，投入资金326万元，完成黄乌线（X039）汉回段520米路段大修，并对全区养护系统内破损严重的10条村组公路进行路面中修，对湖南省交通运输厅考核检测线路中18千米农村公路实施重点养护。全面推行农村公路"路长制"，将全区511.67千米农村公路（县道、乡道、村道）全部纳入"路长制"工作范围，对各级路长、分路长和路管员进行培训，构建长效闭环的监管体系。开展农村公路整治，排查发现道路安全隐患76处，均及时整治到位。投入资金29.6万元，采用工程性措施，完成9处重点路段安全隐患整治。通过应急工程，投入资金63万元，完成青竹湖街道太阳山社区、金霞新村社区、沙坪街道沙坪社区等水毁隐患路段整治。

【交通安全执法】2022年，开福区制定交通顽瘴痼疾和铁路安全环境整治工作方案，推进隐患排查整治。严格落实“双段长”责任制，加强路地联动，及时处置并消除秀峰街道辖区内石长线树木倒伏重大安全隐患。以隐患整改、对账销号为目标，完成上级交办的6处铁路沿线安全隐患整治任务，督促长沙供水公司与铁路部门签订渡槽管养协议。推进铁路沿线安全环境整治，组织青竹湖街道等8个涉铁街道召开铁路沿线安全隐患大排查工作部署会，定期组织辖区基层26名三级段长，开展“加强路地协调联动，深化铁路安全环境整治”专题培训，督促各街道全面排查铁路沿线各类安全隐患和风险，全年涉铁街道排查整治隐患109处，投入整治资金63万余元，57处报湖南省铁路安全隐患综合治理指挥部处理。开展货运车辆“治超”专项整治，加强与道路运输各源头单位的对接，建立源头企业工作群，将更多数据接入市、区治超信息管理平台。制定《开福区道路运输行业联合执法行动方案》，开展道路运输违法行为联合执法行动，全年开展各类联合执法行动82次，对100家运输企业（个人）开展约谈，通过常态化联合执法和警示约谈，压实企业安全生产主体责任，减少安全事故发生。抓好“两客一危”企业安全监管，区交通运输局与区交警大队建立常态化联合检查机制，形成安全监管检查合力，提升“两客一危”企业安全生产管理水平。推进开福区道路运输智慧监管平台建设，利用大数据监管手段，掌握企业经营资质、经营范围、从业人员、车辆情况、日常安全管理等信息，推动安全监管职能化建设，有效提升对行业企业安全生产监管的效率，培养企业安全管理习惯，降低企业生产安全事故发生率。

【开福区交通运输行业安全生产工作会议召开】2022年3月10日，开福区组织召开全区交通运输行业安全生产工作会议。开福区委常委、区人民政府常务副区长蒋君，区人民政府副区长王乐君，区人民政府二级调研员刘新兰出席会议。会上，集中观看交通运输安全生产宣传教育片，并就2021年全区交通运输安全生产工作进行讲评。会议还传达上级有关安全生产工作会议精神，分析当前安全生产形势，对2022年度交通运输安全生产工作做全面安排部署。长沙市交通开福执法大队、区交警大队、长沙汽车北站、湖南速珀瑞渣土运输有限公司、中升丰田汽车销售服务有限公司、湖南长沙新港有限责任公司等单位代表分别做表态发言。

【路政宣传月活动】2022年5月，开福区交通运输局组织区交警大队、长沙市交通开福执法大队、区治超办、涉农街道以及重点货物源头企业、公路养护企业联合在青竹湖街道街道新港码头开展以“守护公路安全，争当服务先锋”为主题的路政集中宣传活动。出动宣传车辆3台，参与宣传人数200余人、现场发放公路宣传资料2000余份、路政主题宣传板5块，接受群众咨询100余人次，并在农村公路重点路段增设3块大型道路交通安全宣传标识牌，营造公路安全保护工作良好的社会环境。

【道路运输安全生产月宣传活动】2022年6月，开福区组织开展“遵守安全生产法、当好第一责任人”道路运输安全生产月宣传活动。活动采用宣传展板、发放安全知识手册、文艺演出等方式进行。同时，开展道路运输行业违法行为联合执法行动，长沙市交通开福执法大队、区交通运输局、区交警大队就个别企业因经营不善、安全管理形同虚设等突出问题，对长沙畅通物流、湖南川纳海供应链管理、湖南灵通供应链3家违法企业进行处罚。执法部门还在湘江北路和青竹湖路交会处设立联合检查卡口，查处货运车辆超限超载和其他道路交通违法行为。2022年，开福区道路交通安全事故数、死亡人数同比分别下降52.9%、50%。

（周立峰）

城市交通管理

【概况】2022年，开福区全区道路交通一般程序事故立案、交通事故致死亡人数、交通事故致受伤人数较2021年分别下降7.81%、10%、4.17%，未发生较大及以上道路交通事故，全区早、晚高峰拥堵延时指数分别为1.57、1.79，为内六区最低。2022年，区交警大队被评为湖南省文明标兵单位、全省公安交警系统党的二十大安保维稳工作成绩突出集体，刘清被评为全国公安机关成绩突出青年民警，肖卓被评为全国公安交警系统党员先锋岗。

【便民服务】2022年，开福区落实“放管服”改革，推广交通事故快撤直赔、货车通行证网上审批等，引导群众在“掌上”App处理轻微事故，对涉及水、电、气等涉路应急工程加快审批流程，对老人、孕妇以及有特殊情况的群众开辟业务办理“绿色通道”，提升群众对窗口的满意率，严打非法中介扰民，净化窗口服务环境。全年办理“12345”涉及城市交通工单3895件，办理满意率98%，湖南省公安厅回访满意率98.58%。全年区交警大队执行级别警卫任务24个91趟次，常规保畅任务218次，完成省、市“两会”，第十四届中国金鹰电视艺术节，世界计算大会，湖南卫视“跨年晚会”等大型会议、活动的交通安保任务47场次，投入警力1.4万余人次，保障各类大型活动交通安全。

【交通安全宣传】2022年，开福区坚持“宽严相济、少罚重教”理念，依托“精准宣教”系统，发挥新媒体效能，创新推进“七进”宣传，深入“戴帽工程”、“屋场会”、“大喇叭宣传车”、文明劝导员进社区宣教活动，推动交通安全宣传纳入中小学、幼儿园的教学计划。全年“双微”发布132条，开展交通安全“七进”宣传活动144场次，发放头盔4万余顶，发送提示短信4.5万余条，组织媒体报道120余次，发放交通安全倡议书5万余张，张贴、摆放、悬挂交通安全宣传挂图2万余张，现场宣教“摩电”驾驶员35万余人次，戴帽率提升至95%。

【隐患排查治理】2022年，开福区发挥道路交通安全综合治理办公室、交通顽瘴痼疾整治领导小组办公室平台效能，强化交通安全综合治理，整改省、市交办重点交通安全隐患41处、农村隐患道路6条，整改率100%。排查整改东风路沿线斑马线、晴岚路、中岭立交桥、银盆岭大桥沿线等道路安全隐患741处，施划热熔标线2.98万平方米、安装减速带标线2358平方米、标志标牌408块、爆闪灯8套、红绿灯17套。

【交通秩序整治】2022年，开福区成立“交通问题顽瘴痼疾集中整治”、交通事故“减量控大”工作专班，开展“蓝天保卫战”“拂晓行动”。根据“城内保畅通，城外防事故”的原则，设立勤务岗点42个，重点整治酒驾醉驾、“三超一疲劳”、涉牌涉证、电动车不戴头盔、货车闯禁等交通违法行为。全年查处各类交通违法行为80万余起，其中查处酒驾1622起、醉驾786起，不礼让斑马线5万余起，驾驶摩拖车、电动自行车不戴头盔20万余起，闯红灯3万余起，通过集成指挥平台查缉交通违法行为4007起，维护辖区道路交通秩序。

【重点车辆和驾驶人管控】2022年，全年排查整改逾期未检验、未报废车辆5344辆；“客、危、货、校”等营运车辆驾驶人逾期未审验、未换证1032起，其中前往外地查缉9台，约谈“两客一危”运输企业30次，下发整改通知书128份。向相关区县（市）政府、应急管理部门发送抄告函31份，加强校车管理，采用政府主导、企业投资、财政补贴、部门监管模式，实行公司化运营，校车运行连续18年零投诉、零事故、零伤亡，被省交通问题顽瘴痼疾整治领导小组典型推介。

【交通组织优化】2022年，开福区根据日常数据分析、上级交办、群众来信来电反映情况，实施路口、路段优化、信号调优以及常态化管控措施，解决群众关注的医院、学校和商圈周边的拥堵问题。精准治理盛世路筒车坝路口、三一大道车站路口、四方商贸城、芙蓉路湘雅路口北口等一批老大难堵点，实施德雅路、陡岭路沿线2个交通微循环改造项目。全年完成交通组织优化73处，改造样板示范路口13个，调优交叉路口信号600余次，优化交通信号路口273个，以点带面，推动全区路口交通组织的整体提升。

（廖　江）

园区建设

马栏山视频文创产业园

【概况】2022年，马栏山视频文创产业园实现企业营业收入633.9亿元，同比增长21.95%；实现税收33.18亿元，同比增长10.01%；完成重大项目投资77.4亿元，超年度任务5个百分点；新注册企业1027家。在中宣部、科技部对55家国家文化和科技融合示范基地绩效评价中，获评“优秀”等次。截至2022年年底，马栏山视频文创产业园相继获批国家级广播电视产业园区，获评国家文化和科技融合示范基地、中国创新创业典型示范基地、全国版权示范基地等，入选国家级文化产业示范园区创建名单。

【项目建设】2022年，马栏山视频文创产业园全年铺排重大项目39个。乐田智作视频文创产业基地、中广天择总部基地（一期）、兴旺科技总部基地等8个产业项目建成投产。中南国家数字出版基地、马栏山动漫影视大厦、马栏山国际新媒体中心等6个产业项目正在抓紧施工。华为湖南区域总部、竞中心、芒果马栏山广场（二期）3个项目取得进展。兴旺科技总部基地等项目获得省级、市级建筑工程类奖项11个。鸭子铺路全线建成通车，园区“一带一桥两翼五道七支路”全部建成，“三纵三横一环”的交通大格局形成，“一轴一带，两片多岛”的规划功能结构基本成型。鸭子铺220千伏变电站、马栏山数据中心建成投产，马栏山人才公寓和2所公办小学建成投入使用，马栏山新中学和2个产业配套住宅项目加快推进建设。建设儿童友好型园区，马栏山儿适化改造项目获批国内首批儿童友好型城市创建示范项目。建成98.4公顷生态公园。

【招商引资】2022年，马栏山视频文创产业园全年引进华太电子、七维视觉科技第二总部等30家头部企业，引进“三类500强”项目华为湖南区域总部。对接一批关键技术底座项目，引进国防科大视频先进技术研究院、天津先进技术研究院长沙分院。引导湘籍企业“回流”，引进西鲸文化传媒、侦侦日上等企业。围绕工业化影棚集群，引进瑞励视听科技、利亚德光电、秀加科技等企业。围绕楼宇生态招商，以移动互联网企业为重点，引进任意门科技、词源教育等企业。以科研企业或机构为重点，引进雷电云网络科技、算筹信息科技等企业。以BIM技术产业生态为重点，引进中核二十五建设。以MCN、大数据产业为重点，引进春播万象科技、未来可7等企业。举办“中国新媒体大会”“IEF·马栏山国际数字娱乐嘉年华”“马栏山杯”国际音视频算法大赛等大型节会赛事活动10余场，通过节会签约多个重点项目，扩大马栏山的知名度和影响力。

【产业发展】2022年，马栏山视频文创产业园全年企业研发费用超3亿元，同比增长超15%；新增规上企业5家、入规企业52家、高新技术企业34家。华为湖南区域总部完成

马栏山视频文创产业园全景图（马栏山视频文创产业园 供图）

公司注册。马栏山视频产业云平台累计上云企业128家，数字人、视频AI等6条生产线上线。“火石计划”保障12家企业后期制作生产，为40个项目提供上云及制作技术支持。5G高新视频多场景应用国家广电总局重点实验室“芒果幻城”上线。马栏山视频超算平台打造“超算+高新视频”技术体系，形成多项重大科技成果。投建并运营2个XR虚拟影棚和1个动作捕捉影棚，打造国内功能最齐全、技术最领先的影棚集群。完成《毛泽东在1925》《刘少奇的44天》等4部影片的4K彩色修复。AI手语播报系统推广到321家电视台和融媒体中心，服务北京冬残奥会和中共二十大新闻中心。5G云VR公共服务平台打造张家界数字虚拟形象代言人，助力全省首届旅发大会。5G智慧电台签约914家广播电台频率。“中国V链”2.0上线，版权存证超10万条。“优版权”项目版权交易额突破12亿元。2项影视修复技术成果获得国家广电总局第二届广播电视和网络视听人工智能应用创新大赛大奖。

【营商环境优化】2022年，马栏山视频文创产业园落实省市支持马栏山发展的一揽子政策，建好“马栏山企业综合服务平台”，实现102项行政审批事项“园区事园区办”、48项文化审批服务全程帮代办。信息无障碍政务服务中心、24小时“智慧办税仓”“顺路办”服务驿站成“全省首创”，“马栏山、马上办、马上好”优质营商环境再上新台阶。全年累计兑现各类惠企政策资金1.5亿元，惠及企业300余家。为16家企业提供风险补偿贷款4570万元。产业引导基金组建迈开坚实步伐，出台“马驹计划”暂行管理办法，完成6只子基金立项，初步搭建“引导基金+马驹计划+子基金”投资架构。推荐7家企业获得省市级发展专项资金、引导专项资金845万元。马栏山企业和人才服务中心建成并投入使用。推进专委会建设，25名金融、广电、文化产业等领域专家加盟“智库”。129名人才“不出园区”获评职称，7名企业高管成功申报长沙市高层次人才。马栏山新媒体学院开展“3+1”人才培养模式改革试点。998套人才公寓投放市场，园区人才“拎包入住”并可享受补贴。2所公办小学开学，新增优质学位2400个。全年举办“马栏山大讲堂”19期，线上线下超50万人次关注互动。

【中南国家数字出版基地马栏山园区项目开工奠基】2022年1月10日，中南国家数字出版基地马栏山园区项目开工奠基仪式在马栏山视频文创产业园举行，标志着湖南出版全面进入马栏山。该项目总投资24.49亿元，建筑面积29.3万平方米，规划建设产业办公楼、服务型公寓、多功能中心、数字文化艺术中心、演播中心等，预计2025年投入使用。建成后将进一步优化湖南出版集团产业布局，致力打造融办公基地、创意中心、数据中心、媒体艺术中心、创业孵化器、出版博物馆等新型业态，融短视频新媒体、互联网教育、新老人服务等新兴产业于一

体的出版“梦工厂”。

【长沙市实验小学马栏山文创学校开学】2022年8月29日，长沙市实验小学马栏山文创学校开学，优先解决园区引进人才子女教育问题，优化园区教育配套，服务产业发展。该学校由马栏山视频文创产业园、开福区教育局、长沙市实验小学教育集团合办，位于马栏山视频文创产业园枫林塘路和芒果路交叉口西北角，是一所高起点、高品质、高标准的现代化公立小学，占地面积1.43公顷，建筑面积1.7万平方米，项目总投资1.3亿元，办学规模18个班。当日，清水塘绿地小学同步开学，两所学校共为园区新增优质学位2400个。

【2022中国新媒体大会之“马栏山上话国潮”文创盛典专题活动举行】2022年8月31日，2022中国新媒体大会之“马栏山上话国潮”文创盛典专题活动在马栏山视频文创园创智园1号演播厅举行。中国记协党组成员、书记处书记吴兢出席开幕式，湖南省委宣传部副部长（兼）、省广播电视局党组书记、局长张严出席并致辞，湖南出版投资控股集团有限公司党委书记、董事长，中南出版传媒集团股份有限公司董事长彭玻，长沙市委常委、市委宣传部部长陈澎，湖南广播影视集团有限公司（湖南广播电视台）党委委员、副总经理、副台长朱皓峰，长沙市委宣传部常务副部长、市新闻出版（版权）局局长杨长江等出席。活动以“马栏山上话国潮——中国造·正当潮”为主题，围绕“红色马栏山”“科技马栏山”“国潮马栏山”“创意马栏山”四大主题，体现马栏山视频文创园利用创新思维和科技手段，自觉承担起举旗帜、聚民心、育新人、兴文化、展形象的使命任务，弘扬主旋律、传播传统文化，展现习近平总书记考察园区近两年以来的创新发展成果。当日，360数字安全科技集团、黑威兰影视文化传播有限公司等12家企业与马栏山视频文创产业园签约，业态包括内容制作、技术研发、虚拟拍摄、产业研究等领域。

【乐田智作马栏山科技文创基地封顶】2022年9月16日，乐田智作马栏山科技文创基地封顶仪式在马栏山视频文创园举行。该基地位于万家丽路高架旁，地铁5号线鸭子铺地铁口处，项目总占地面积4.87万平方米，净占地面积3.54万平方米，是全国最专业、设施设备最齐全、科技含量最高的超大型智慧演播基地。项目规划建设5000平方米演播厅1座、8000平方米演播厅1座、8000平方米演播厅配套楼2栋。5000平方米演播厅主要用于制作全国头部平台顶级的S+级以上综艺、大型活动、跨年演唱会等；8000平方米演播厅主要满足园区内视频企业的综艺、大型晚会制作需求。

【马栏山企业和人才服务中心揭牌】2022年9月16日，马栏山企业和人才服务中心正式揭牌运营。中心总面积2300平方米，定位于打造“一站式”涉企服务，共设置16个窗口，为园区企业提供企业开办、政策兑现、规划建设、文化审批、金融服务等领域的全流程审批和服务。同时，针对园区从业人员年轻化、高知化特点，中心在物理空间上设置企业共享空间、有声书吧、24小时自助服务区、高层次人才服务专区等区域。

【华为湖南子公司落户马栏山】2022年5月6日，位于开福区朝正垸的长沙市032号地块被华为技术有限公司摘得，华为湖南子公司正式落户马栏山。2022年9月9日，华为湖南子公司正式注册成立。华为湖南子公司将开展产品研发、业务创新和销售与服务，为湖南数字化转型提供技术、产品及解决方案和服务支撑，赋能助力“三高四新”战略定位和使命任务。产品研发方面，长沙研究所将与华为总部研究所协同，聚焦云计算、音视频技术创新、人工智能、业务软件及鸿蒙操作系统的研发，打造具有核心竞争力的产品及解决方案。业务创新方面，将持续在音视频产业、智能网联产业、智慧城市&政务云、软件开发和数字能源等领域进行业务创新，做好孵化和市场推广。销售与服务方面，将面向湖南政企、运营商和消费者进行销售及服务，帮助湖南客户实现数字化转型。

【马栏山影视级XR虚拟影棚启用】2022年11月30日，由马栏山视频文创园、乐田智作（湖南）影视技术服务有限公司、马栏山先进视频技术研究院有限公司、瑞励集团联合打造的湖南首家、中部地区最大的XR虚拟摄影棚正式启用。该影棚总投入1亿元，以马栏山2号演播厅为基础，由马栏山视频超算提供算力，搭载XR虚拟拍摄设备，为影视、综艺、广告、游戏、动漫等行业提供从虚拟制片、虚拟资产制作、虚拟拍摄、数字人等应用提供一站式解决方案，构建“视频超算”生态圈，助力马栏山虚拟视频产业链发展，加速实现马栏山“文化＋科技”深度融合。

（陈　旋）

长沙金霞经济开发区

【概况】2022年，长沙金霞经济开发区（以下简称“金霞经开区”）全年完成技工贸总收入1027亿元，同比增长22%；完成规模工业总产值（含物流）653.29亿元，同比增长17.27%；完成规模工业增加值（含物流）163.32亿元，同比增长10.6%；完成税收总额50.02亿元，同比增长21.26%；完成外贸进出口额259.28亿元，同比增长15.04%，主要经济指标均在全市省级园区中处于领先。2022年，金霞经开区获得“五好”园区建设、深化“放管服”改革、安全生产、打造内陆地区改革开放高地4项长沙市人民政府“真抓实干”督查奖励，被评为全省商务工作先进园区、省工信厅“绿色园区”、省环保厅“诚信园区”、长沙市打造内陆地区改革开放高地先进单位、长沙市安全生产和消防工作考核先进单位、长沙市文明标兵单位等。

【产业培育】2022年，金霞经开区主导产业由消费类电子转向先进技术产品转化及应用，特色产业由现代物流调整为医疗器械及医药物流，招商引资数量、体量、质量都取得新突破。全年签约引进项目（含平台项目）109个，新增供地面积155公顷，累计合同引资229.1亿元，实际使用外资1392万美元，同比增速127.82%。其中“三类500强”项目4个，100亿元以上项目、50亿~100亿元项目1个，20亿~50亿元项目2个。全年统筹推进重点产业项目59个，完成投资118亿元。完成国际领先、国内唯一的大飞机地面动力学试验平台土建部分建设。国内首个集超精材料、超精密加工、超精密装备制造为一体的超精密制造产业园，其首个入园项目天创精工投产运行，实现“当年开工、当年竣工、当年投产”目标；长沙新港（三期）铁路专用线全线贯通，接入中国国家铁路集团序列，园区多式联运集疏运网络形成。全年新增企业1990家，新认定高新技术企业68家，新入库科技型中小企业146家，净增规模工业企业9家，增量和增速均居全市各区县前列。新亚胜、长重机器两家企业成功入选国家第四批专精特新“小巨人”企业名单，德荣医疗科技股份有限公司获评省级“上云上平台”标杆企业，三能房屋股份有限公司获评省级“绿色工厂”。恒昌医药集团有限公司通过深交所两轮问询，德荣医疗科技股份有限公司正在申请上市验收中。

【改革创新】2022年，金霞经开区推动区园深度融合发展，全面完成深化改革各项任务。优化调整各单位（部门）职能职责和岗位设置。优化干部队伍结构，通过竞争上岗，新聘任中层干部2名、优化中层岗位3个，新聘任专业技术人才6名。湖南金霞发展集团完成国企三年改革任务35项，市场化经营机制不断健全，率先在湖南省级园区内获得AA+信用评级，资本市场融资能力大幅提升。出台亩均效益管理措施和评价办法，全年处置批而未供土地17宗、闲置土地10宗、低效土地5宗，总面积132.44公顷，均超额完成年度任务。落实“极简审批”，实现项目施工图审查用时全市最短，助力企业实现“交地即开工”，将项目竣工联合验收时间压缩至进窗后8个工作日内，确保项目“建成即使用”。打通数据壁垒，主动对接长沙市信息中心升级报批系统，首推“两图合并”审查模式，在省级园区中率先实现报建图核面和总图核指标不出园区。园区“洽谈即服务”改革，助力“五好”园区建设和“放管服”改革护航项目建设，分别纳入长沙市“揭榜竞优”工作经验汇编和工作纪实。

【开放合作】2022年，金霞经开区以金霞为核心申报的中西部地区首个“一带一路”（长沙）中小企业合作区完成授牌，“一路两园”国际经贸合作平台项目成功签约，湖南自贸试验区金霞协同联动区申报工作有序推进。中欧班列（长沙）全年发运1012列，跻身全国第三；长沙新港首迎万吨级货轮靠泊，全年对非贸易

2022 年 1 月 24 日，湖南省药品评审与不良反应监测中心金霞创新服务站揭牌仪式举行（长沙金霞经开区 供图）

突破 10 亿元，同比增长 96%。金霞保税物流中心主营业务完成情况在全国 85 家保税物流中心中排名前列，超额完成省口岸办下达的年度考核目标任务，进出口总额增幅在全省七个海关特殊监管区中名列第一。

【发展环境优化】2022 年，金霞经开区开展“火炬暖企”“新春第一访”活动，创新企业服务专员等自有品牌，落实“送政策、解难题、优服务”“政企晚餐会”等规定动作，帮助企业解决难题 118 个，兑现政策资金 1.43 亿元。其中产业扶持资金 1.06 亿元，惠企政策资金和减免租金 3761 万元，惠及企业 526 家。“免申即享”逐步由 4 项拓展为 14 项，为 129 家企业兑现资金 1044.65 万元。全面开展既有厂房和仓库大排查大整治、工贸行业重点领域重大事故隐患“清零”等行动，党政领导全年带队开展安全生产检查 124 次，整治隐患 345 处；推进“利剑”行动，全年开展巡查监管 193 次，排查整改上级部门交办问题 12 批次 16 个；出台《平安园区建设工作方案》，建立健全分级负责、快速反应、统一指挥、协调联动的工作机制；开展“平安企业”创建工作，长沙正大集团、老百姓医药 2 家企业申报市级行业平安创建先进单位；按照上级疫情防控要求，做好园区 24 个平台、55 家重点企业的疫情防控工作，安全稳定局面持续巩固。

【省药品审评与不良反应监测中心金霞创新服务站揭牌仪式举行】1 月 24 日，金霞经开区医疗器械产业政策发布暨湖南省药品审评与不良反应监测中心金霞创新服务站揭牌仪式在金霞未来科技城举行。金霞创新服务站是长沙市首个医疗器械技术审评创新服务站，将符合要求的创新型医疗器械和临床急需的医疗器械纳入优先审批程序。同时，为医疗器械企业提供医疗器械法规培训、技术咨询和产品注册、生产指导以及提前初审把关，减少重复环节，提升企业的质量管理水平与控风险能力。为加快医疗器械产业高质量发展，全面提升自主创新和核心竞争力，金霞经开区出台《关于加快推进医疗器械产业高质量发展的若干政策》《医疗器械产业发展三年行动计划》，从平台建设、产品注册、研发创新、市场拓展等方面给予企业重点支持。

【省现代冷链物流控股集团总部项目签约】3 月 24 日，湖南省现代冷链物流控股集团有限公司总部项目在金霞经开区签约。该项目凭借金霞

2022 年 3 月 24 日，湖南省现代冷链物流控股集团有限公司总部项目签约仪式在金霞经开区举行（长沙金霞保税物流中心 供图）

现代物流承载区的独特定位，借助中欧班列东盟通道，国家骨干冷链物流基地建设等契机，利用现代农业集团、合作股东及全省优质冷链资产，聚焦服务农副产品和大健康两大核心产业。项目集销售、加工、运输、仓储、配送“一站式”服务，建立协同、开放、共享的生态型平台。项目建成后，将填补金霞冷链物流龙头企业的空白，夯实园区冷链配套设施基础，补齐冷链物流要素，完善冷链物流产业生态。

【毛伟明考察中国商飞大飞机地面动力学试验平台项目】4月13日，湖南省委副书记、省长毛伟明在长沙调研航空航天装备产业发展情况。先后考察湖南航天有限责任公司、长沙鑫航机轮刹车有限公司和位于金霞经开区的中国商飞大飞机地面动力学试验平台项目。调研中，毛伟明高度肯定大飞机地面动力学试验平台项目推进情况。

【中欧班列（长沙）山河智能专列首发仪式举行】5月17日，中欧班列（长沙）山河智能专列首发仪式在金霞经开区长沙国际铁路港举行。专列将运输山河智能制造的500台挖掘机和滑移装载机到欧洲。湖南省绝大部分工程机械通过公路或水路转海运出口，受疫情影响，通道受阻，企业尝试通过中欧班列将货物运往亚欧等地。中欧班列相较海运模式，运输时间缩短20余天，运输成本降低15%。专列的发运有效提升运输效率，降低物流成本，助推企业外贸高质量发展。

【“一带一路”（长沙）中小企业合作区授牌仪式举行】11月30日，“一带一路”（长沙）中小企业合作区授牌仪式暨新闻通气会在通程国际大酒店举行。“一带一路”（长沙）中小企业合作区是中西部地区首个设立在省会城市的中小企业合作区，也是全国第三个以“一带一路”命名的中小企业合作区，将通过中小企业对外合作先行先试，打造制造业与物流业联动融合示范，争取把合作区建设成为与“一带一路”沿线国家及地区中小企业的合作高地、中小企业产业合作与双向投资贸易制度创新的试验区、中小企业高质量发展的先行区。

（蒋　溪）

2022年11月30日，“一带一路”（长沙）中小企业合作区在金霞经开区举行授牌仪式暨召开新闻通气会

（长沙金霞经开区　供图）

长沙金霞保税物流中心

【概况】2022年，开福区获得工信部批复同意以金霞为核心承载区设立“一带一路”（长沙）中小企业合作区。2022年，长沙金霞保税物流中心完成外贸进出口额259.28亿元，同比增长15%；完成主营业务进出口额24.67亿元，同比增长155.1%，在全国运行的85家保税物流中心中，长沙金霞保税物流中心排名第17名，较2021年同期上升13位。2022年，长沙保税物流中心被评为长沙市打造内陆地区改革开放高地先进单位、湖南省商务工作先进园区、长沙市商务系统真抓实干成效明显地区激励表彰以及湖南省政府口岸办通报表彰、长沙市青年文明号等。

【营商环境优化】2022年，长沙金霞保税物流中心探索大宗贸易发展路径，组织20余家大宗贸易及物流企业召开金霞大宗商品进口合作座谈会，并与广东卓志、农发国际、湖南黄金、中外运等企业沟通业务合作。与阿里巴巴、跨境电商协会对接，建立跨境电商企业孵化库，定期开展跨境电商企业孵化和培训工作，促传统外贸企业转型发展。定期走访入园企业，挖掘其上下游及合作企业资源，逐一联络拓宽招商资源。筛选分析外贸200强、跨境100强、供应链金融、生产型外贸等企业名单，围绕外贸做实做大的发展目标，多方寻找资源对接各大项目。提质升级海关系统，H986水运码头集装箱查验设施和集中审像中心投入使用，进出口货物实现“管得住、通得快”（H986系统全省仅3个，其中金霞片区有2个）；优化企业服务，鼓励本地企业抱团开拓国际市场，举办首届开福区开放型经济企业“政企连心”座谈会，政企交流协作全面深化。组织企业参加2022年湖南（长沙）跨境电商政企恳谈会、交易会，2022年中国国际进口博览会，帮助企业“走出去”“引进来”。对201家税源企业明确联系部门，实行跟踪服务，细化税收管理，确保应收尽收、颗粒归仓。

【招商引资】2022年，长沙金霞保税物流中心全年新增市场主体70家，供应链金融和大宗贸易企业招商引资有新突破，其中农发国际、陆港德裕、和生智能等项目为做实外贸提供有力支撑，中老铁路“一路两园”国际经贸合作平台等项目落地，湖南省现代冷链物流控股集团有限公司入驻园区，作为冷链物流龙头企业，将助力本地冷链物流产业加速发展。

【物流通道服务】2022年，长沙金霞保税物流中心全年发运中欧班列（长沙）1012列，稳居全国第一方阵，新开通长沙北至拉脱维亚、蒙古乌兰巴托新线路和西欧进口班列，累计运行线路14条，通达欧亚100个城市，逐步“连点成线”“织线成网”；中南陆港集装箱拼箱中心一期投入运营；长沙新港（三期）铁路专用线顺利接入国铁序列。长沙金霞经开区作为中非经贸深度合作先行区片区之一，对非合作持续深化，全年完成对非贸易进出口额13.26亿元。

【长沙跨境电商政企恳谈会举行】2022年7月22日，2022年湖南（长沙）跨境电商交易会暨长沙跨境电商政企恳谈会在圣爵菲斯大酒店举行。该恳谈会由湖南省商务厅指导，长沙市人民政府主办，长沙市商务局、开福区人民政府、金霞经开区承办，金霞保税物流中心执行。该次政企恳谈会将进一步助推跨境电商第三城发展步入全面发力的“快车道”，繁荣跨境电商产业生态圈，将长沙打造成中部地区跨境电商产业发展的新标杆。

【“单一窗口”协同平台建设】2022年，长沙金霞保税物流中心积极推动长沙“单一窗口”协同平台，推进“空铁水”协同平台建设，打造口岸物流通关服务新模式。构建包括水运口岸物流协同、铁路口岸物流协同、空运口岸物流协同在内的子系统，畅美口岸“最后一公里”服务。依托长沙市政务云和城市“超脑”等建设成果，打造基于“通关＋物流”的“一个窗口、一次申报、一网通办、一站共享”的口岸物流通关服务新模式，同海关、码头、铁路、民航、银行、船东、货代等信息系统对接和数据交换，打通全市主要口岸作业区信息网络，为跨境生态圈企业提供细心贴心放心的通关物流服务，推进营商环境持续优化。

（陈嫣文）

长沙市洪山管理局

【概况】长沙市国营综合农场成立于1957年，1996年从原来的郊区移交到开福区管理，在其基础上成立长沙市洪山旅游区管理局，为副县级全民事业单位。2005年，长沙市洪山旅游区管理局改名为长沙市洪山管理局，同时，成立洪山街道办事处作为区政府的派出机构，与洪山管理局实行“统一管理、统一领导、两块牌子、合署办公”，并继续保留长沙市国营综合农场的名称及机构。2013年，洪山街道析置为洪山、月湖、浏阳河3个街道，与洪山管理局不再合署办公。截至2022年年底，长沙市洪山管理局和长沙市国营综合农场一直实行“两块牌子、一套人马、合署办公”，主要负责长沙市征地补偿安置条例实施办法“60号令”拆迁遗留问题处置、集体资产管理、集体经济组织相关事务以及综合农场人口安置、局属公司原有人员管理等。2022年，洪山管理局设办公室、财务科、建设管理科、综合管理科4个正科级机构。局下属有洪山物业公司、洪山土石方公司、长沙月湖大市场、洪山旅游公司、综合农场农机管理站5家公司。

2022年5月9日，洪山管理局组织专业拆迁队对局属集体资产长大综合楼楼顶违章建筑进行拆除
（洪山管理局 供图）

【服务保障】2022年，洪山管理局把服务马栏山文创园定位为重要的工作职责，将局下属月湖大市场发展定位为马栏山视频文创园配套服务，多措并举推动月湖大市场稳定发展，保障马栏山地区拆迁群众长远生计，维护地区社会大局稳定，为园区高质量发展营造安全稳定的外部环境。成立3支应急处突志愿队，支持洪山地区3个街道疫情防控、综合治理等重点难点工作，支持和参与长沙大学周边配套服务区用地（西地块）项目征拆和提质改造工作。

【遗留问题化解】2022年，洪山管理局加快推进长沙市征地补偿安置条例实施办法“60号令”剩余生产发展用地手续办理和安置房权证办理。把群众最关心关切的问题作为工作的重中之重，组织专班强力推进，已完成龙湖项目中12.69平方千米生产发展用地处置，增补用地指标6.15平方千米，另外4宗54.39平方千米地块完成统征、拆迁结算与交地程序，其中3宗地块的调规工作完成指标入库。截至2022年年底，60号令安置房权证办理完成房地测绘数据入库和相关资料收集，推进208栋安置房“栋证”“户证”办理。

【集体资产管理】2022年，洪山管理局对下属各公司、各分场集体资产开展全面清查核实，全面登记造册，明确管理权限，制定出台综合农场集体资产管理办法，清理规范集体资产租赁合同40余份，收回集体资产管理权房屋1栋400余平方米，收回集体资产租赁租金131.2万元，确保集体资产不流失，并保值增值。

【安全生产排查整治】2022年，洪山管理局对综合农场集体资产自建房开展安全生产大排查大整治，拆除违章建筑2097.12平方米，并对存在安全隐患房屋进行全面提质改造，保障人民群众生命财产安全。坚持每月开展安全生产大检查大督查，坚持定期组织相关人员开展安全生产培训，明确局属分场属地管理责任，压实企业主体责任和部门监管责任，形成齐抓共管的工作合力，把安全生产责任落到实处。全年领导带队检查60余次，下发整改通知书70余份，发现和整改安全隐患90余处，实现安全生产零事故的目标。

【维护社会稳定】2022年洪山管理局针对洪山管理局下属企业人员包袱重、管理风险大的问题，研究制定编制外人员只出不进和到龄必须解聘制度，逐步消化局体制改革遗留人员。

【长沙学院周边提质改造】2022年5月7—19日，洪山管理局开展长沙学院周边所属集体资产房屋安全隐患排查整治，拆除违章建筑2097.12平方米，对片区内整治行动起到示范效果。2022年8月，洪山管理局投入资金399.83万元，对长沙学院南门西侧的国营综合农场建设的4栋9400平方米存在外墙脱落、户外设施老化等安全隐患的房屋，进行全面提质改造，提升区域整体环境品质。

（简定荣）

城乡建设和管理

自然资源管理和城市规划

【概况】2022 年，开福区全年核发建设工程规划许可证 41 项，其中审批个人住宅 29 项，审批临建 11 项，农民安置房 1 项。全区 45 个项目纳入房产办证遗留问题化解，涉及 212 栋，8934 户。完成既有多层住宅加装电梯备案审查 190 台。

【规划编制】2022 年，开福区立足开福未来“北中心”定位，经多轮反复推演，科学划定“三区三线”（“三区”即城镇空间区、农业空间区、生态空间区。“三线”指城镇开发边界线、永久农田保护红线、生态保护红线），实现耕地保有量和永久基本农田应保尽保，重点保障金霞新城、重点片区用地诉求。以“打造世界级、高品质的生态公园”为目标，推进苏托垸片区整体高品质开发的规划实施。科学编制村庄规划，启动第二批 8 个社区（村）的村庄规划编制工作，实现规划全覆盖。配合市资规局完成 30 个片区的土地征收成片开发方案编制工作。

【用地需求保障】2022 年，开福区完成预征地项目 29 个，拟征地面积 75.34 公顷。完成 17 个批次用地报批工作，报批用地面积 50.8 公顷，新增建设用地 44.68 公顷。全年促成挂牌成交土地 13 宗，总出让面积 62.35 公顷，累计成交金额 34.82 亿元。

2022 年 5 月 25 日，开福区自然资源和城乡规划局工作人员在进行地质灾害隐患排查

（区自然资源和城乡规划局 供图）

【征地拆迁】2022 年，开福区在拆项目 95 个，其中新启动拆迁项目 39 个（需征地面积 65.55 公顷，需拆迁房屋 61 栋，需动迁人口 198 人），包含 28 个按新程序启动的项目和 11 个按老程序启动的项目，发布二公告的项目有 39 个，发布三公告的项目有 7 个。续拆扫尾项目 56 个，包含 35 个按新程序启动的项目和 21 个按老程序启动的项目。

【资源盘活】2022 年，开福区为盘活存量拓展土地要素保障，持续开展闲置土地“支帮促”工作，截至 2022 年年底，盘活“1094 地块”、金马美食城、中南国家数字出版基地马栏山园区、枫树湾路、马栏山加油站等开发项目，盘活面积约 156.67 公顷。印发开福区批而未供土地处置三年行动计划工作方案，成立以区长为组长的区批而未供土地处置工作领导小组，全年完成批而未供土地处置率 35%。

【耕地保护】2022 年，开福区出台关于全面推行田长制严格耕地保护的实施方案，推进田长制，实行书记、区长担任“双总田长”，构建区、镇（街道）、村（社区）、网格四级“田长”体系，明确确保耕地数量不减少和粮食播种面积稳定作为刚性指标，实行严格考核、一票否决、终身追责。加强“非粮化”整治。2022 年，长沙市政府下达开福区耕地保护目标为 2040 公顷，基本农田保护目标为 846.67 公顷。截至 2022 年年底，湖南省自然资源厅下发开福区耕地卫片图斑 159 个，占用耕地 25.38 公顷，其中永久基本农田 4.04 公顷，涉及扣减耕地指标 27.67 公顷，水田规模指标 23.07 公顷，粮食产能指标 500.68 吨。开福区按照“一宗一策”开展坑塘水面专项整治攻坚行动，实现 12 宗新增问题清零，完成 2021 年度净减少 30.27 公顷耕地的整改任务，前期因耕地“非农化”“非粮化”冻扣的耕地指标得到湖南省自然资源厅全部解冻解扣。完成耕地恢复任务。2022年，市级下达开福区全年耕地恢复任务68公顷（省级下发49.47公顷，市级追加18.53公顷）。截至2022年年底，全区完成耕地恢复71.4公顷，并通过省级审核，超额完成省市下达的耕地恢复任务。

【执法监管】2022年，开福区出台开福区集体土地违法使用管控方案、开福区集体土地违法使用管控工作责任追究办法、开福区2022年违法用地"双零"行动工作方案，厘清各部门、街道职责和分工，落实"早发现、早制止、早处置、严查处"的工作模式，保持违法用地"零新增"。做到日常巡查、卫片核实、街道全程参与，确保即知即改、立行立改。全年统筹安排各涉农街道组织动态巡查3493次，通过"街道吹哨、部门报到"的工作机制，及时处置违法用地苗头20余起。2022年，自然资源部、湖南省自然资源厅下发卫片图斑1298宗，监测面积1042.4公顷，耕地面积317.36公顷，无违法图斑。按照"一地一策"，对存量违法用地逐宗研究、分类施策，对未按节点要求完成整改的，通过周报等形式予以提醒、督促、批评。通过多措并举强力推进，存量违法用地问题在全市降至较低水平。全年完成项目放线、建设位置复验、竣工检查等批后管理149次，各个环节的检查到位率100%，实行一个台账管到底的建设项目全流程监管方式，实施"一周一报、特事特报"机制，执行行政执法全过程记录。对违法建设实行"零容忍"，全年下达停工通知书13份、整改通知书5份、行政处罚决定书13份、移送城管案件11份、出具违法建筑规划专业咨询意见318份，确认违法建筑面积约6.32万平方米，打击和遏制违反城乡规划的违法建设行为。

【专项整治】2022年，开福区开展自建房专项安全整治。针对全区266宗过期临建，实现全立案查处，形成以拆除为惯例、不拆除为特例的处置模式，推进长沙学院周边专项整治行动、浏阳河街道铁路沿线安全隐患整治行动，拆除违法建筑面积3700平方米，红网时刻、掌上长沙、《潇湘晨报》、新湖南等多家媒体进行专题报道。开展仓储物流专项整治。针对湖南省自然资源厅交办的30宗过期临时建筑逐宗核实现状，全部立案查处到位，采取分类处置措施实现有效处置。开展地灾隐患治理。对全区"房地一体"调查中确定为切坡临坡建房的2455户进行逐户摸排调查，确定为高风险3户，中风险229户、低风险2044户、无风险179户。对151户自建房疑似存在地质灾害隐患房屋，组织开展有关调查核实，其中40户不存在地质灾害隐患，111户属于切坡建房，均纳入切坡建房台账，将开展专项治理消除安全隐患，确保人民生命财产安全。

（张紫羚）

城乡建设

【概况】2022年，开福区有资质以上等级的总承包和专业承包建筑企业88家，全年完成建筑业总产值465.5亿元，同比增长3.4%，房地产业纳税总额为35.42亿元，同比下降13.16%，占全区税收比重26.97%。区住建系统全年窗口受理各类审批事项1529件次，办结1506件次。完成招投标行政监督项目75个，总中标价25.26亿元，节约财政建设资金1.14亿元，中标优惠率4.3%。全年检查在建工程项目497个次，发出责令整改通知书130份、停工通知书37份，"打非治违"立案处罚43起，罚款金额90万余元。完成既有小区品质提升项目25个，既有房屋电梯加装备案190台，新增停车泊位1.56万个，实现13个项目1万套房屋全面复工复产，3个项目1254套房屋竣工交付，2468套房屋完成毛坯竣工验收备案。开福区获得长沙市"提升城乡建设品质，实施精美长沙建设"督查激励。

【行政审批】2022年，开福区住建系统优化审批程序，推行审批绿色通道，服务项目建设。为东鹏饮料长沙基地项目、中国商飞长沙航空产业及研发基地项目、湖南中巨科技产业园、汤家湖路农民安置房建设项目等20余个重点项目办理质安监提前介入服务。实现分阶段核发施工许可证，办理时限精简到2个工作日，竣工验收备案2个工作日办结。推行落实"多验合一"，实现建设工程竣工联合验收线上办理。全年窗口受理政务服务事项1529件次，办结1506件次。完善马栏山文创园区住建领域区级工程建设项目审批权限赋权工作，制定公共建筑二次装饰装修工程审批程序指南。推进审批服务便民化，落实政务服务“就近办”，完成业主委员会备案、房屋租赁登记备案下放街道实现“就近办”，全年街道直接办理、业主委员会备案（含变更）22个，房屋租赁登记备案事项212个。

【物业管理服务】2022年，开福区按照“四有”原则（现实有需求、资金有保障、业主有意愿、完成有把握），投资6800万元，完成既有小区品质提升项目25个；创新党建引领小区治理，实现小区党组织覆盖率90%，业委会（物管会）成立率80%，物业服务覆盖率80%；落实四级物业调解机制，辖区内物业矛盾纠纷属地化解率90%以上，解决小区治理难题；开展“红色物业”品牌建设，申报“红色物业”企业10家、“红色物业”服务项目20个；规范物业专项维修资金使用，全年办结应急维修173笔、一般维修211笔，拨付资金2272万元（含往年转接项目）。

【房地产市场管理】2022年，开福区完成12个商品房项目价格会商，全部通过市级价格监制，分批上市销售。新建商品房累计供应220.04万平方米，同比减少32.27%，其中新建商品住宅供应187.67万平方米，同比减少23.15%；新建商品非住宅供应32.37万平方米，同比减少59.88%。新建商品房累计成交189.89万平方米，同比减少30.34%，其中新建商品住宅成交151.69万平方米，同比减少32.85%；新建商品非住宅成交38.19万平方米，同比减少18.19%。新建商品住宅均价11429元/平方米，同比下降6.65%；非住宅均价10889元/平方米，同比增长6.91%。全年房地产业完成全口径税收35.42亿元，同比下降低13.16%，占全区税收比重26.97%。新增“四上”房地产业4家。完成恒大和风苑、恒大揽湖苑以及恒泰湘壹府3个项目启动，复地崑玉国际项目销号；实现3个项目996户业主交房（恒泰湘壹府154户、阳光城檀悦266户、绿地V岛项目576户），君悦新天地项目（1368户）实现毛坯竣工验收。

【供排水工作】2022年，开福区新建市政污水管网13.45千米、雨水管网13.1千米，完成排水部分投资6149万元；改造完成雨水管网3.65千米，污水管网4.6千米，涉及排水改造部分投资1220.6万元。提质改造完成紫荆花园小区、陡岭铁路沿线小区等12个老旧小区雨污分流，改造排水管网8.25千米；完成开福、长善垸污水处理厂纳污区（一期）雨污混接点改造，中岭及湘粤农安小区实现雨污分流。核发城镇污水排入排水管网许可6件。针对五矿沁园小区、921医院等单位对雨污错接问题，下达整改通知书12份。对广泽上苑、保利北中心、国欣向荣广场、秀峰一品、一号线北延线、新力琥珀园、兴联路过江通道、轨道1号线沙河停车场等8个项目开展排水情况执法检查，督促未办理排水许可的项目办理排水许可。做好第二轮中央生态环境保护督察排水问题的整改，制定印发排水问题整改方案，推进临山撇洪渠等片区雨污分流整治工作。制定出台开福区城区居民住宅小区二次供水设施户表改造实施方案，完成港务局宿舍、菜店宿舍2个小区二次供水设施改造，启动世纪春天等5个小区二次供水设施改造。开展第31届全国城市节约用水宣传周活动。

【项目建设服务】2022年，开福区按照“四精五有”（精准规划、精美建设、精致管理、精明增长；有颜值、有气质、有内涵、有格调、有品位）的标准，落实绿色建筑、装配式建筑、BIM技术应用和“精美街道”规划建设管理相关要求，完成青竹湖街道农安房等项目审查初步设计项目45个，方案设计项目4个，受理施工图审查项目213个，办结196个，完成市级“精美长沙”示范项目建设13个，其中渔业路（湘江北路至开福大道）全要素提质、湖南广播电视台节目生产基地（七彩盒子）、长沙北辰三角洲大悦城覔书店等3个项目被选为市级A类（优秀）项目。推进湘雅路过江通道、轨道1号线北延线等10个重大基础设施项目建设。完成既有多层住宅增设电梯190台。全区停车场657处、停车泊位24.6万个，新建停车场28处，新增停车泊位1.56万个，完成305处停车场数据接入市级智慧平台。解决潮宗街片区、湘江世纪城等10个重点区域停车难问题。

【建设安全监管】2022年，开福区办理施工许可进入受监督程序的在建

2022 年 6 月，开福区住建局在金霞阳光里项目举办“安全生产月”观摩活动

（区住建局 供图）

项目 23 个，其中房建项目 22 个，建筑面积 118 万平方米，市政项目 1 个，造价 3184 万元。区住房和城乡建设局以安全生产专项整治三年行动为抓手，开展节能施工、混凝土质量、外脚手架和模板支架、雨季汛期、深基坑、高边坡、建筑起重机械设备、“百日攻坚”等专项整治行动，检查在建工程项目 497 个次，对存在问题的项目和单位发出责令整改通知书 130 份、停工通知书 37 份。“打非治违”立案处罚 18 起，罚款金额 44 万元。开展建筑施工领域“安全生产月”宣传活动、市级质量安全标准化观摩活动，组织建筑安全生产知识教育培训活动 8 场次，培训生产一线工作人员 434 人。

【房屋安全管理】2022 年，开福区完成自建房“四性”（建设合法合规性、结构完全性、消防安全性、经营安全性）排查 2.24 万栋，经营性自建房安全隐患整治全面完成。采取“整体拆除、分步实施”的方案，打造长沙学院周边自建房安全整治示范工程。统筹发展与安全，推动全区自建房安全专项整治常态长效、走深走实。强化高层建筑安全，对全区 1816 栋高层建筑安全隐患进行排查，形成建筑底数台账和问题隐患清单，联合消防部门和街道督查隐患整改。

【招投标管理】2022 年，开福区全年监督区财政投资项目 75 个，总中标价 25.26 亿元，节约财政建设资金 1.14 亿元，中标优惠率 4.3%。金霞经开区“放管服”项目 30 个，总中标价 12.92 亿元，节约园区建设资金 4937 万元，中标优惠率 3.7%。区城投集团招租项目 1，社会投资类房地产项目 11 个。加强招投标行政监管和大数据对比，发现问题线索 2 条，对 1 家投标单位的虚假业绩行为进行立案查处，处理违规违纪专家评委 14 人。开展项目标后稽查 18 次，下发标后稽查通报 8 份、不良行为记录 2 份。

（赵 娜）

开福城投集团

【概况】2022 年，长沙开福城投集团有限责任公司（以下简称“开福城投集团”）全年实现营业收入 29.06 亿元，完成投资 45.16 亿元，融资到位 75.15 亿元，集团资产总额 470 亿元，继续保持全市内五区城投公司第一。

【项目建设】2022 年，开福城投集团全年铺排农民安置房建设项目 10 个，总建筑面积 121 万平方米，可安置指标 1.02 万个，完成福鑫美苑、湘粤、福竹园 3 个项目建设，新增安置指标 3316 个，500 户拆迁群众圆梦安居。湘一史家坡学校竣工开学，新增优质学位 3060 个。完成长沙学院周边综合整治任务，打造全市自建房整治亮点。汽电地块完成挂牌出让。环宇地块在长沙市国土资源交易中心成功出让，总出让金额 10.38 亿元。“花之谷 · 动趣王国项目”开门纳客，月均流量 3 万人次，月均营业收入 350 万元，成为长沙城北亲子旅游热门目的地。

【市场化转型】2022 年，开福城投集团北鑫物业诚信等级由三级资质提升至二级资质，为物业拓展奠定有力基础，为市场化转型提供资质支撑。开福城投集团与长沙市建发集团联合成立的长沙市江城置业有限公司挂牌，标志着开福区“保交楼、保民生”进入实质进程，全年完成11宗土地、119套房屋资产保全，保全资产价值30亿余元；申请3.19亿余元专项借款支持房地产项目，有效化解房地产风险。开福区首个地产开发项目中石化营销中心大楼项目成功封顶，助力中石化湖南分公司落户开福。秀峰一品项目竣工验收，成功创建“城投房地产”品牌，城投市场化转型取得关键性成果。

【品牌打造】2022年，开福城投集团将党的建设贯穿到生产经营全过程，打造党建+项目、党建+物业、党建+有机更新、党建+企业文化等系列品牌。其中“党建+项目”助力项目攻坚克难，荷叶美苑项目提前半年完成封顶，秀峰一品顺利完成竣工验收。开福城投集团协议单位省儿艺公司整合省市资源，创作的湖南首部本土儿童文学IP儿童剧《笨狼的故事》在湖南大剧院首演。潮宗街历史文化街区被评为“长沙市十佳文旅项目”“省级旅游休闲街区”“长沙市夜间消费示范街区”“国家AAA级旅游景区”。潮宗街作为开福区首个有机更新示范街区，入选CCTV1《泱泱中华 历史街区》节目推介。

（姚泓宇）

2022年12月，开福区金霞发展集团第一个商业地产项目——湘一·书香里如期交付

（区金霞发展集团 供图）

金霞发展集团

【概况】湖南金霞发展集团有限公司（以下简称金霞发展集团）战略定位为金霞新城城市开发运营商，拓展“片区开发、资产运营、产业项目投资、金融服务、股权投资”等五大主营业务，推进金霞新城公司、金滨公司、北城兴业、开福文旅投、开福金控等子公司市场化转型。截至2022年年底，金霞发展集团总资产规模超300亿元，外部信用评级双AA+。2022年，金霞发展集团推进基础设施新建项目19个、续建项目10个、预备项目13个，年度投资1.7亿元。完成荷莲路等13条道路的水、电、气、通信设计，组织100余次设计技术审查会，确保各项目按时启动建设。配套设施建设方面，为增进开福区民生福祉，彰显国企担当，抢抓工期，用时2个月顺利完成开福区社会福利中心项目装修任务（湖南省十大民生项目之一、长沙市对开福区重点考核项目之一、开福区首个公办养老服务中心），交付区民政局运营；高岭智慧物流停车场竣工验收，沙坪智慧生态交通停车场开工建设，梅杉道社会停车场启动主体建设，高岭市民广场完成土方施工。落实项目建设、中介服务、零星工程、质量管控等一系列制度，在财评上限值或其他规范计价文件基础上，政府投资项目整体优惠率8%。

【土地运营】2022年，金霞发展集团统征储备土地4个，面积5.06公顷，划拨基础设施用地16个，面积49.33公顷。确保天创精工、长沙银行等10个产业项目顺利落地，出让面积47.46公顷，总摘牌地价款9.75亿元。湘荷一号统征地、三安光电人才公寓地块等5个商业用地的调规取得阶段性进展。调动整合资源，超额完成批而未供处置率目标。

【融资化债】2022年，金霞发展集团融资到位92.16亿元，保障还本付息、征地拆迁、基础设施建设、股权投资及市场化项目开发等各项资金需求。在发改委、银行间市场、交易所直融渠道全覆盖的基础上，发行第一笔境外债9.68亿元，登陆海外资本市场。在集团信用评级提升的利好下，平均融资成本持续降低。实施“一债一策”，化解隐性债务 3.41 亿元。有效挖掘账面潜力，账面协定年利率最高 2.51%。

【资产运营】2022 年，金霞发展集团自持招租物业面积增长至 72.15 万平方米。新引进比亚迪、湖南医药集团等 30 余家企业入驻，年租金收入 7000 万元（含减免租金 711.12 万元）。首次实现自有资产内入驻企业（恒昌医药、德荣医疗）进入上市培育期。通过协商、上门等多种方式催收租金，引入绩效考核机制，保障国有资产租金应收尽收。物业板块承接园区内 50 万平方米资产，业态涵盖专业园区、大型工厂、人才公寓、商业街区、住宅小区等。全年为 74 家企业落户园区提供工商注册服务，提升园区税收。

【地产开发】2022 年，金霞发展集团立足自身优势，深耕片区地块，打造符合区域发展特性的特色地产板块，逐步形成集标准化厂房、工业地产、商住项目、物业服务、商业运营于一体的全生命周期地产开发体系。工业地产方面，金霞未来科技城项目引进企业 100 余家，涵盖医疗器械、环保科技、新材料等多个新经济领域。集聚区 1·1 期项目厂房全部去化，研发大楼正在招商中。金霞医疗器械产业园核心区项目完成招标挂网。金霞·阳光里在装修阶段，引进 1 家职业院校。独资开发的湘一·书香里项目，打造“平层公寓 +LOFT 公寓 + 街区式商业”，公寓去化率 80%，其街区型商业引入温德姆酒店、肯德基、长沙银行、仟吉、绿叶水果等知名品牌。

【文旅融合】2022 年，金霞发展集团依托开福区创建全域文旅示范区工作，鹅羊山公园、滨江全民健身中心、青竹湖文体中心 3 个项目启动设计、审批及建设。集聚区 1·1 期自营四星级商务酒店“北城·戴斯温德姆酒店”开展试营业；自创餐饮商业超市品牌“莫凡餐厅”、兰舍咖啡、“金小二”智慧超市和“人才之家”健身房等配套项目投入运营；正在与湖南博物院、烈士公园、长沙园林生态园、享梦游探索合作，开发 AAAAA、AAAA 景区及民宿、湘江游线、主题露营等文旅项目。

【金融服务】2022 年，金霞发展集团立足区域产业发展，主动撬动金融资源，为重点产业提供多维度、多层次的供应链金融业务。国贸板块开展贸易业务 32.42 亿元，业务量较 2021 年增长 35.4%。新开发的商业保理、融资租赁板块为区内医药流通、智能制造、食品粮油等行业的优质企业提供投放 1.68 亿元，全年实现零业务风险。

【股权投资】2022 年，金霞发展集团按照区、园区决策部署，对区内 3 个重点项目进行股权投资，确保产业及时落地投产。为重点支持战略新兴产业、优势产业发展，正在筹备设立金霞经开区首支产业投资基金。

【金霞发展集团获 AA + 主体评级】2022 年，金霞发展集团获得联合资信（市场公信力排名前二）、东方金诚的 AA+ 主体评级，成为全省首个获得 AA+ 评级的省级园区平台公司。该评级的获得，标志着资本市场对金霞发展集团的高度认可，大幅提升企业品牌影响力和公信力，为金霞新城建设注入强大动力。

（江俞颖）

公共工程建设

【概况】2022 年，开福区全年铺排公共工程建设项目 43 个。截至 2022 年年底，完成滨河北路、双河北路、星光路、开福区社会福利中心项目（一期）、前进小学等 6 个项目建设并移交；完成潮宗街二期（立面、弱电）项目、清水塘二期、洪山片区路网、洪山路、2020 年“630 电网”项目等 9 个项目建设并通过验收；完成接贵街及藩城堤巷、油铺街及毛家桥巷历史步道建设，正在办理验收移交相关手续；完成区公安刑侦业务楼、新欣路污水管检修疏浚提质工程等 15 个项目建设；湘春路至开福寺路重要历史建筑节点提质工程、家园路、腰塘路等重要考核项目正在扫尾；横河路南段（斗门路—双河路）及电力杆迁、捞刀河南岸岸线整治及市政工程（双河北路—开福大道段）、2022 年 630 电力埋管等 8 个重要考核项目正在抓紧建设。留芳岭路拓宽提质、望麓园派出所等新建项目前期手续正在抓紧推进，为项目开工做准备。

【民生实事工程】2022 年，开福区以骏豪路、洪山路、前进小学、星光路、区公安刑侦业务楼、双河北

2022年7月23日，区公建中心组织对省委变配套“电力630”项目进行现场踏勘调研
（区公建中心 供图）

路绿化等事关民生实际的项目为实施重点，解决“学位、床位、车位、厕位、梯位”等人民群众关心的重点、难点、痛点问题。全年由区公共工程建设中心承建的项目新增学位1620个，规划养老床位300个，新建车位201个。全年处理“12345”热线工单597条，满意率100%。

【审计促管理】2022年，开福区完成前进小学建设项目跟踪审计。区公共工程建设中心把该项目跟踪审计作为中心发现潜在问题、规范内部管理、提高干部能力素质的重要契机，以点带面，举一反三，组织全中心的项目内审工作，开展全面排查，发现问题、整改问题、压实责任。通过促进工作标准化、流程制度化、制度体系化，抓实审计工作的成果运用，做好、做实审计后半篇“文章”。重点针对完工未移交、未进行竣工结算的历史遗留项目，通过成立专班、有效调度、规范流程等方式，理清项目存在的问题，明确处理方案，切实破解难题。

【安全环保】2022年，开福区公共工程建设部门坚持业务工作与安全生产、蓝天保卫等工作协同部署、统筹推进。全年开展月度安全生产大检查及节假日安全隐患排查15次，领导带队检查70余次，下发整改通知书120份，及时发现并整改质量问题、安全隐患260处，实现“安全生产零事故，项目建设优发展”目标。全年落实蓝天保卫管控令84次，回复区蓝天办交办问题10条。

【清水塘前进小学建成开学】2022年，开福区政府投资，由区公共工程建设中心承建的清水塘前进小学秋季如期开学。清水塘前进小学地处滨河北路与家园路交会处东南角，占地面积3.56公顷，总建筑面积3.1万平方米，学校办学规模为36个班。该学校的建成为长房·雍景湾、龙湖·春江天玺等周边小区适龄儿童提供优质学位1620个。该建设项目被评为2022年“长沙市建筑施工绿色工地”、长沙市建筑长沙市结构优良工程，正在争创湖南省优质工程奖。

【区社会福利中心建设工程一期项目验收并交付使用】2022年，开福区社会福利中心建设工程一期项目通过验收并交付使用。该项目位于开福区长铜路南侧，总净用地面积1.78公顷，建设1栋养老综合楼，建筑面积1.9万平方米，其中地下室2580平方米，养老床位数300个，停车位96个。养老综合楼主要包括养老居室、办公室、会议室、娱乐活动用房、厨房、餐厅等。

【洪山路（万家丽路—骏豪路）竣工通车】8月19日，开福区洪山路（万家丽路—骏豪路）正式贯通并向市民开放。该条道路由开福区公共工程建设中心建设，道路工程走向由西向东，路线全长542.6米，宽30米，设计时速40千米，起点接万家丽路，与月湖路十字交叉，终点接正在建设的骏豪路。该项目是开福区“为民办实事工程”，项目周边有恒大雅苑、归心苑等居民小区，项目的建成打通片区交通微循环，提高市民出行效率。

【湘春路至开福寺路重要历史建筑节点提质工程】2022年，开福区实施并完成湘春路至开福寺路重要历史建筑节点提质工程。该项目北起开福寺路，南至湘春路，全长 1650 米，以毛家桥巷、竹山园街、油铺街、三角塘巷为主轴，改造长沙市历史步道示范线沿线重要历史建筑，打造开福寺文化广场、花鼓戏剧院、陈太宜墓等节点。其中开福寺广场作为历史步道示范线北起点，建筑面积 8200 平方米，建设主要内容包括福门、福坊、福台、福墙、福碑等“福”文化为主题广场，该项目采用 EPC 总承包，项目总投资 2997 万元。该项目的顺利建成将改善周边 10 万户居民居住环境，增加公共活动空间，打造成开福区新网红 IP 打卡地。

（陈 帅）

2022 年，开福区实施百街千巷环境综合整治提升工程，图为提质后的四方商贸城

（区城管局 供图）

城市管理

【概况】2022 年，开福区开展“百街千巷”环境综合整治，完成 164 条街巷环境综合整治提升。全年处置“12345”政务服务热线城管类工单 583 件、城管“110”群众投诉问题 1.35 万次，办理人大城管类建议 6 件、政协城管类提案 3 件。办理城管类行政审批事件 1250 件，拆除违法建设 862 处，拆除违章户外广告招牌 159 处。2022 年，开福区城市管理工作在长沙市内五区排名第二，被评为全市城市管理工作一类单位。

【城市精细化管理】2022 年，开福区开展市容环境全域提升达标工作。细化环卫保洁、立面保洁、背街小巷、城乡接合部、闲置地块、建筑工地、桥下空间的管理要求和标准，全年梳理责任清单 677 项，处置市级交办案卷 176 条、区本级交办案卷 1867 条，提升全区市容环境。加强城市管理薄弱环节治理。规范桥下空间管理，拆除各类建（构）筑物 52 处，清退违法经营行为 45 次；加强闲置地块管控，认定维护管理责任主体 48 处，清理垃圾堆物，规范围挡设置、覆绿裸露黄土。推进垃圾分类，全年收运厨余垃圾 10.25 万吨、可回收物累计收运量 13.65 万吨，创建生活垃圾分类省级示范街道 1 个、示范社区 9 个、达标社区 20 个，建设并通过验收垃圾分类厢房 161 个，迎接中国环境科学研究院、湖南省环境科学研究院和长沙市市长调研，开福区生活垃圾分类工作经验《让垃圾分类引领低碳生活新时尚》得到长沙市委《内参》转发推介。打好污染防治攻坚战。坚持，严控渣土扬尘污染，办理渣土案件 1124 件，罚款 190.17 万元；加强露天烧烤整治，办理案件 50 件，罚款 2.6 万元；开展垃圾焚烧巡查，制止垃圾焚烧 265 起，办理垃圾焚烧案件 54 件，罚款 3.26 万元；推进餐饮油烟信息化治理，实施 706 家规模以上餐饮门店油烟在线监测，办理油烟类案件 47 件，罚款 11.42 万元；开展河堤河滩清扫保洁巡查 1306次，交办问题2739个，守护“开福蓝”“城北清”。全年办理人大城管类建议 6 件、政协城管类提案 3 件，处理“12345”热线工单 583 条，回复“问政湖南”群众留言 72 条，城管“110”接处警 1.35 万次；完成区政府交办的北二环秀峰立交桥下交通组织优化应急处置和洪山西路安全隐患应急处置，解决群众出行难的问题。

【城市安全隐患排查整治】2022 年，开福区开展燃气安全隐患排查整治行动。规范燃气供应站点管理，取消全区挂靠燃气供应站点 37 家，改为燃气经营企业的直营；督促 5200 余家餐饮门店安装燃气报警装置，排查整改餐饮场所使用非燃气 300 余户，移交应急部门丙烷气罐 129 个；对四方商贸城、太阳山小区、马栏山老街等重点区域集中开展燃气执法专项检查行动，整改安全隐患331处；承办长沙市供气事故应急演练，提升队伍应急救援能力；完成23.35千米铸铁管、2.1千米市政干管、10.6千米庭院管、4.8千米户外立管和1千米户内立管的燃气管网改造任务。全年办理燃气案件204件，罚款67.09万元，查处黑气窝点8处，关停隐患液化气供应站点13家，移送公安行政拘留2人、刑事拘留4人。加大违法建设拆除力度。开展自建房安全整治“百日攻坚”行动，成立自建房整治专班，组织执法队员和特勤队员下沉至16个街道，参与摸排建档、安全隐患排除和违法建设调查，拆除长沙学院周边、马栏山金海岸重建地、下麻园岭机电仓库等自建房违法建设。同时，对新建、违建仓储、压占燃气管道的违法建设一并实施拆除整治，全年组织各类集中整治行动373次，拆除有安全隐患的自建房和其他各类违法建（构）筑物862处，面积11.5万平方米。加强渣土运输车辆管理。每季度对全区25家渣土运输企业组织安全生产检查，约谈违规运输企业工地85次；坚持守点执法，联合交警、交通、渣土办开展执法专项整治行动50余次，对违规运输车辆进行先行登记保存等行政强制措施212台次。整治户外广告安全隐患。开展“三纵三横”广告招牌整治和户外广告和招牌设施安全隐患“大排查大整治”行动，督促28家企业完成大型户外广告安全检测，拆除户外广告招牌159处，拆除面积13万余平方米。

【服务中心工作】2022年，开福区办理城市管理审批服务事项1250件，制定印发明确城管线政务服务事项办理及批后监管职责的通知，厘清细化许可审批、监督管理、行政处罚的步骤流程，提升服务效率和质量；完成龙杉路、谭湾路等24条道路（路段）以及北辰人行天桥、地铁三号线站点的移交工作；公开城市管理类信息168条，提高工作透明度；组织“裁执分离”强制执行行动4次。做好省党代会、中国新媒体大会、2022世界计算机大会、2022年亚太绿色低碳发展高峰论坛、第三届全国城市夜间经济发展峰会、2022中国（长沙）新消费城市峰会、2022年第五届航天航空产业发展论坛等重大活动的市容秩序保障，以及“三考”期间考点周边市容秩序管控。完成10个夜景亮化维护项目的招标和3个夜景亮化维护项目的续签合同，并开展日常维护巡查和管理，确保重大活动和节假日期间“一江两岸”等重点区域城市照明效果。成立服务马栏山视频文创园城管工作专班，参与园区社会事务管理，加强园区人行道违停的管控力度。

【“百街千巷”环境综合整治】2022年，开福区制定并印发开福区“百街千巷”环境综合整治提升工作实施方案，由区城市管理和综合执法局牵头，按照“成片整治、分类施策”的原则，采取“整治、整治+提质和提质”的方式，完成164条街巷的环境综合整治提升。结合街巷的历史文化，征求居民群众的意见，因地制宜、“一街一策”地制定设计方案、整治方案，打造潮宗街历史文化街区和四方商贸城夜市街区等街巷整治特色街区，创建西园北里、东风路六条巷、西长街、连升街、知行路、北二环秀峰立交桥辅道等特色和亮点街巷，完善基础设施、解决乱象问题、提升街巷品质。成立门店自治协会，组织提质改造沿线单位、门店和沿街住户召开会议，共同参与到“精品名街”建设中来；推行门前三包“四位一体”（街道干部、社区专干、城管协管员、城管执法人员于一体）工作机制，与所有门店签订门前市容环境卫生责任书；强化巡查管控，整治店外经营、流动摊贩、违规设置灯箱广告和牛皮癣等问题。深化党建“一社区一品牌”，吸引网红门店在老街发展，结合网格化管理，实施品质街巷精细管理，美化街巷环境秩序，利用主题党日学习活动广泛听取民意，共议街巷整治难题，建立共治共管长效机制。

（朱泽宇）

市容环境卫生维护

【概况】2022年，开福区有11个环卫所，维护作业面积覆盖全区16个街道范围，市容环境卫生维护作业人员2000余人。开福区用于道路维护的作业车辆266台，其中传统燃油作业车辆238台，新能源作业车辆28台。2022年，区市容环境卫生维护中心被评为长沙市“以四精五有标准、建设精美长沙”工作先进单位。

【道路清扫】2022年，开福区组织2000余名环卫工人、260余台作

2022 年 1 月 31 日，开福环卫工人在兴联东路铁路桥上铲雪（区环卫中心 供图）

业车辆每天高频率对全区 200 余条主次干道、1500 万平方米维护面积及道路两厢的城市家具进行常态维护作业，每周安排环卫所集中人员、设备对重点区域进行深度清洗，每月结合市区考核要求，对维护作业开展情况进行讲评排名。通过每天清洁、每周清洗、每月讲评的工作方式，保障全路段、全区域的常态化精细作业，确保全区道路维护作业水平始终走在全市前列。

【设施清洗】2022 年，开福区安排 100 余台养护车每天人机配合对路名牌、电线杆、果皮桶、公交站台等城市家具进行不定时清洗维护，做到城市家具洁净。安排 18 台专业的护栏清洗车每天凌晨开始，利用高压冲洗与人工擦洗相结合的方式，对全区 13 万余米交通护栏进行全面清洗，确保全区交通护栏的整洁美观。

【垃圾清运】2022 年，开福区制定垃圾清运服务外包验收考核标准和流程，要求服务外包单位 60 余台垃圾运输车辆每天对全区 128 座公共垃圾站、221 座社会垃圾站的垃圾进行及时清运，建立垃圾清运台账，准确把握全区垃圾量总数，每天进行实时监管比对，不定时、不定期安排专人抽查垃圾清运情况，确保全区垃圾高效有序清运。全年累计清运生活垃圾 28.5 万吨，收运餐厨垃圾 3.7 万吨，清运大件垃圾 742 车、家装垃圾 346 车，处置有害垃圾 68.95 吨。全区生活垃圾总量相比 2021 年下降 7%，厨余垃圾占比 27.81%，超额完成市对区厨余垃圾占比考核任务，在全市各区县排名第一。

【站厕管养】2022 年，开福区对全区 128 座公共垃圾站、145 座公共厕所，按照“一站（厕）一人”的标准，配置管养人员，实行内城区 7:00—24:00、外城区 7:00—22:00 的常态管理养护，每天对公厕进行全面清洗、保洁、消毒，确保公厕洁净。管养人员每天指导周边小区、单位、门店产生的生活垃圾有序进站，并做好垃圾站的设施设备管理养护，保障公共垃圾站常态运转。全年新建公厕 8 座、提档升级公厕 28 座，新增厕位 180 个。新建的公厕严格按照全市示范类公厕建设标准，配置智能设备、第三空间、新风系统等便民设施。对重点区域、人流量大的公厕进行提质改造，主要安装负压除臭设备、无障碍通道、无障碍设施等，全方位提升公厕的服务功能，解决公厕异味扩散难题。

【蓝天保卫战】2022 年，开福区市容环境卫生维护中心作为蓝天保卫战的“主力军”，执行区蓝天办的工作调度，安排 3 台雾炮车、75 台洒水车每天循环雾化降尘和洒水降尘作业。通过日常监管和部门联动，加强渣土扬尘治理工作，强化“谁污染、谁负责”的渣土扬尘管控措施，落实各项目单位处置渣土必须配备专用洒水降尘车辆，坚决压实降尘的主体责任。全年完成市对区下达的 350 万立方米渣土消纳任务。

【机构改革】2022 年 3 月，开福区市容环境卫生维护中心推行内部机构改革，专门成立人事劳资科、采购管理科、车辆安技科，加强对政府采购、人员管理、车辆管理等工作的专项管理。同时，将部分科室的职责职能进行优化整合，健全完善各项规章制度和工作流程，实现一把手亲自抓、分管领导具体抓、责任科室专项抓的工作机制，构建更加科学合理、务实高效的内部管理体系。

（汤 毅）

市政设施维护

【概况】2022 年，开福区加强日常维护，及时修补路面，疏浚各类管沟，排水管网，修复各类井盖井座。快速处置市政设施数字化个案、“12345”热线工单、城管“110”及市民来电等事项。开展防汛抢险应急演练，确保汛期能快速排除积水，减少内涝风险。加强道路改造和提质。2022 年，开福区完成市级重点提质改造项目 5 个，区级重点提质改造项目 4 个。

【日常维护】修补路面 9.11 万平方米，修补人行道 3.1 万平方米，修补侧平石及锁口石 5163 米，安装修补隔离柱 / 球 2449 个，疏浚各类管沟 97.63 万米，排水管网调查 86.2 万米，更换防坠网 3528 个，清淘各类井 10.8 万座、化粪池 2453 座，修复各类井盖井座 1639 个。处置捞刀河派出所前地坪破损、湖南省体育局前路面破损、秀峰公园停车场整修等上级交办问题 21 个；完成通泰街泰安里道路各类管道改造后坑洼不平、福乐巷路面改造、便河边路面塌陷等“街道吹哨、部门报到”问题 11 个。

【路政管理】2022 年，开福区全年对辖区内主、次干道及背街小巷进行道路巡查 1984 人次，对违规破坏市政设施行为进行制止，并联系城管执法中队上门进行执法。督促施工单位将破坏的市政设施按照市政建设标准恢复，每天进行巡查记录，建立问题处理台账 109 个，保证市政设施的完好率。提高服务意识，及时对因需要临时占用、挖掘城市道路的单位或个人占道、挖掘地点、面积、挖掘的路面种类进行现场查勘，占用、挖掘修复费核算，定期对占道、挖掘办证的后期施工情况进行监管，建立“证后管理台账”315 个，对未按审批时限、超面积施工、未按要求围挡作业或回填达不到要求，渣土清运不及时情况督促整改，并协助相关部门做好破路挖掘施工后的恢复工作。对煤气、自来水抢修开挖的市政设施向市应急中心进行备案 196 处，对因煤气、自来水抢修破路、证后恢复及时现场核实修复面积并开具破路修复通知单 293 张，督促做好抢修期间施工围挡及施工安全工作。对辖区范围内各重点项目、排水改迁、路面大面积开挖等施工流程实施监督管理，建立台账 22 个，及时督促建设单位对因施工原因造成的市政设施损坏、修复不及时、不规范等行为进行整改，保障城市道路、人行道、排水设施及其他道路附属设施的正常运行。

【防汛应急】2022 年，开福区组织各成员单位召开城区防涝排渍动员会、开展防汛抢险应急演练，增置 7 台排水抢险车，总排渍能力为 1.02 万立方米 / 小时，确保汛期能快速排除积水，减少内涝风险。对各成员单位的防汛人员、物资进行全面督查检查；对小王家巷、开福区政府周边、毛家桥水果市场等 3 处易涝风险点制定“一点一策”应急预案，建立联排联调机制。对巡查过程中发现的因管径过小、管道塌方造成的 28 处小型堵点进行管道更换和改造，改造管道 271 米，新建泄水井、检查井 15 座。全年出动巡查抢险队伍 36 次，抢险人员 2914 人次，车辆设备 593 台次，确保城区无大面积、长时间积水情况发生。

【专项整治】2022 年，开福区开展道路大面积翻浆病害、无障碍设施以及人行道难点问题的整治工作，对秋月路、月岛路、福元中路人行道难点问题进行整治，改造人行道 1671 平方米、安装侧平石 388 米；对黄兴北路、江天路等 93 处无障碍设施问题进行整治；对东二环桥下、兴联路路面翻浆问题进行整治，修复路面 1.68 万平方米，保障路面平坦通畅。配合浏阳河、通泰街、望麓园等 10 个街道开展“百街千巷”环境综合整治提升，解决问题 307 个，修复路面 5455.8 平方米、人行道 760.5 平方米，修复井座井盖 174 处，保障居民群众出行安全。

【提质改造】2022 年，开福区完成市级重点提质改造项目 5 个。分别为开福污水处理厂纳污区雨污混接点改造项目（一期），改造雨水管道 700 米、污水管道 640 米，新建雨水检查井 69 座、污水检查井 75 座，有效解决片区范围内雨污混接问题；

知行路（渔业路至滨河北路）提质改造项目，提质道路面积4804平方米、人行道1877平方米，交通标线优化310平方米；广铁路（滨河南路至滨河北路）提质改造项目，提质道路2.46万平方米、人行道7264平方米，交通标线优化1627平方米，打造功能完善、安全舒适的全新街巷；捞刀河以北片区农安小区雨污分流改造项目，对中岭小区、湘粤小区新建雨水主管299米、雨水连接管1631米、污水主管3001米，雨污水立管改造4478米，保障楚家湖水系的水质；临山撇洪渠清淤及检测项目，清淤2.36万立方米，新建管道952米，新建检查井23座，改善撇洪渠沿线生态环境。完成区级重点提质改造项目4个。分别为人行立体过街设施项目，对青竹湖路湘一外国语学校路段新建人行过街天桥1座，对湘春路蔡锷路口省妇幼保健院人行过街天桥加装电梯，对周南中学段人行天桥防护栏杆进行改造；交通微循环改造项目，对凤羽小学校门口路段、花城小学校门口路段等14个点位进行改造及8个隐患路段进行整改，安砌花岗岩侧石280米、提质道路面积1097平方米、提质人行道115平方米，交通标线施划1903平方米，优化居民生活环境；老旧化粪池改造项目，对城区无物业管理破损、沉塌的化粪池及化粪池管道进行修复，改造60个点位，新建管道2544米，新建检查井276座；大型管道疏浚项目，淤泥外运3031.44立方米、石渣外运569.9立方米，缓解内城区污水管网堵塞。

【校园出入口道路交通应急改造项目】2022年，开福区市政设施维护中心组织对清水塘绿地小学、长沙实验小学马栏山文创学校出入口道路交通进行应急改造，主要是在朝正路等出入口两侧设置护学通道、人行道护栏、长拒马和布置黄色网格线；在出入口位置设置监控设施；在学校周边路口斑马线位置增设人行红绿灯等，项目总投资为128.96万元。项目由湖南华罡规划设计研究院有限公司设计，湖南华越工程管理有限公司监管，湖南泓恒项目管理有限公司开福分公司施工，8月1日进场施工，8月29日完成施工建设。

【上麻园岭巷（下麻园岭巷—鸳鸯井巷）提质改造项目】2022年，开福区市政设施维护中心组织对上麻园岭巷（下麻园岭巷—鸳鸯井巷）进行提质改造，主要是对上麻园岭巷（下麻园岭巷—鸳鸯井巷）路段的道路、人行道、排水管道、立面整治等方面进行提质改造。项目总投资为121万元。该项目直接委托中外建华诚工程技术集团有限公司进行设计，由长沙政和工程项目管理有限公司进行监管，湖南大有建设工程有限公司为项目施工单位。项目于11月22日召开技术交底会，施工单位12月7日进场施工，年底完成施工建设。

【老旧化粪池疏浚改造项目】2022年，开福区市政设施维护中心组织对全区老旧化粪池疏浚改造项目进行具体实施。主要是对辖区内严重破损、沉塌，影响居民正常生活的老旧化粪池进行疏浚改造。项目总投资373.75万元。项目委托中外建华诚工程技术集团有限公司设计，湖南安泰工程项目管理有限公司监管，湖南大有建设工程有限公司施工，9月16日进场，年底完成施工建设。

（魏锦芳）

园林绿化维护

【概况】2022年，开福区完成全区公共绿地整体核量，核定面积，加强绿化管理，新增绿地32.2公顷，完成绿化提质改造项目23个。全年在省、市级媒体宣传推广园林工作信息40篇。全年处理“问政湖南”市民留言7条，交办舆情9条，处置率100%。全年完成人大、政协交办件7件。2022年，区园林绿化维护中心被评为区优秀提案承办单位、区重大活动保障先进单位，盛世路街角花园、胜利社区街角花园被评为2022年度长沙市“人民满意公园”。

【绿化维护】2022年，开福区完成全区公共绿地进行整体核量，核定面积690.3万平方米（不含社区绿化）。其中由区园林绿化维护中心自主维护的公共绿地466.83万平方米（另含社区绿化61.99万平方米），服务外包维护及卫生保洁的公共绿地285.46万平方米。细化生产维护月度目标，科学应对极端天气，开展抗旱保苗工作、防寒防冻、应急处置等工作；提升数字化及网格化案卷处置质效，全年处置率100%。全年修剪乔木9.5万株，浇水23.4万吨，

2022 年 4 月 12 日，开福园林人在芙蓉北路进行道路绿化专项整治工作

（区园林绿化中心　供图）

除杂草 1933 万平方米，中耕做围 18 万平方米，补种乔、灌木 61.5 万株，栽种、摆放花草 140 万盆，为全年重大节会氛围营造、“百街千巷”环境整治项目的推进提供保障。

【项目建设】2022 年，开福区落实长沙市创建国家生态文明城市工作要求，由区园林绿化维护中心作为牵头部门，与市创建国家生态文明城市办公室协调对接，推动创建工作走在全市前列，在道路绿化提质、河堤改造、公园提质以及重要节点园林景观常态化布置方面铺排项目。全年完成项目 23 个，其中三一大道湖南省广电中心节点大型绿雕孔雀造型在全市绿雕评比中获得特等奖；营盘路节点的花卉绿雕被湖南省纪委选做清廉建设主题雕塑；林荫路建设（盛世路—渔业路、栖凤路）项目被长沙市人大作为全市重点观摩及调研项目并向全市推广。 截至 2022 年年底，五年内共计建设街角花园 14 个，新增绿地 234.51 公顷。

【绿化管理】2022 年，开福区全年新增绿地 32.2 公顷，绿地率 40.91%，绿地覆盖率 43.24%。严格按照要求处理临时占绿，开展城市树木伐移申请现场查勘，完成 68 家单位临时占绿、城市树木伐移申请的现场查勘；全年接到死危树木砍伐修枝报告 400 份，全部处理到位；查处占绿毁绿事件 198 起，其中车辆肇事毁绿事件 33 起，私自毁坏公共绿地事件 15 起，督促恢复数字化案卷 90 起，另外 60 起占绿毁绿事件均处理并整改到位。完成辖区内所有古树名木的巡查、复壮及救治工作，三年累计内救治、复壮古树 24 株。

【义务植树活动】2022 年 3 月 10 日，开福区委书记谢伟峰带领区机关工作人员及志愿者 500 余人到中青路义务植树基地参加义务植树活动。开福区义务植树活动新增绿地 0.87 公顷。2022 年度开福区义务植树活动主题为“绿色发展、魅力开福”，以义务植树和义务植保两种形式分阶段进行。同时，采取线上线下双结合的方式，推进“互联网 + 全民义务植树”活动，倡导广大市民登录湖南省全民义务植树网参与线上植树活动。全区建设义务植树基地 2 个，分别为中青路市级义务植树基地和万家丽路区级义务植树基地；设置植保基地 6 个，分别为月湖公园市级植保基地 1 个，及湘江风光带（中山路—湘雅路）、植基塔公园、捞刀河风光带（滨江北路段）、秀峰山公园及栖凤路社区公园区级植保基地 5 个。

【古树名木复壮保护】2022 年 6 月 28 日，开福区在芒果马栏山广场举行古树修复成果交接仪式。位于马栏山片区的古树为树龄超 300 年的二级古樟，区园林绿化维护中心前期巡察发现其树洞和树体均出现不同程度的腐烂，古树生长受到严重影响。经科学制定修复方案，多措并举采取有效措施，帮助古树“重焕生机”，恢复长势。开福区全年完成古树名木复壮修复 6 株，其中三级保护古树 5 株，二级保护古树 1 株。截至 2022 年年底，全区在册登记古树名木 200 株，品种以樟树、银杏为主，另有桂花、红榿木等 23 个品种。

（陈静怡）

征地工作

【概况】2022 年，开福区全年实施拆迁项目 95 个，其中新启动项目 39 个，完成签约 31 个，结算交地 5 个；

扫尾项目56个，完成签约47个，结算交地32个。全年累计实现腾地206.73公顷。

【新项目实施】2022年，开福区启动新项目39个（含28个新程序项目），征地72.73公顷，完成腾地31.33公顷。其中仓储物流用地等5个项目全面清零实现结算交地；市公共卫生救治中心原址改扩建工程等23个新程序项目完成签约倒房，待用地手续到位即可办理结算交地；植基路等3个老程序项目完成签约倒房，正在办理结算交地，剩余8个项目在推进中。

【老项目扫尾】2022年，开福区扫尾项目56个，完成腾地175.4公顷。高岭仓储、板塘统征地五等32个项目全面清零实现结算交地；龙杉路等15个项目完成签约倒房，正在办理用地手续和结算交地手续；剩余9个项目正在抓紧扫尾清零。

【安置指标审核】2022年，开福区全年完成44个项目130批次5304个安置指标的审核工作，其中申购保障住房指标数5302个，申请货币补贴指标数2个。完成68个项目143批次6331人的延期过渡费审核工作；报送“半边户”（一方为农村居民，一方为城镇居民的夫妇）资格申请51户，批回资格确认单50户。

【安置住房分配】2002年，开福区完成福竹园三期分房工作，实现沙坪街道2018年前实施的征拆项目安置户全部分房安置到位。针对福鑫美苑房源不足问题，分析房源供需对比，对回购方案、分配方案、资金来源、分房时序等具体问题进行分析，优化方案，统筹解决群众的多元化安置诉求，争取尽快顺利分房。组织福嘉园、荷韵园、滨河嘉园、翠隐佳苑等小区剩余房源分配，全年累计实现分房964套，484户拆迁群众获新居，安置指标1267个。

【遗留问题化解】2022年，开福区排查集体土地征地拆迁安置领域信访矛盾源头，着力攻坚涉拆遗留问题化解，全年化解征拆遗留问题29个。对全区范围内按长沙市政府60号令拆迁的社区“两安”（生产安置、生活安置）用地指标情况及处置工作进行前置把关，依法推进四方坪街道胜利村拆迁遗留问题处置，进行收益分配，完成鹅羊山“两安”用地问题处置，为全区“两安”用地处置积累经验。

（蒋登凡）

城市人居环境

【概况】2022年，开福区有序推进城市更新项目4个，城中村改造项目4个，老旧小区改造项目118个，危房改造20栋。完成棚改征收任务110户，历史建设修缮项目6个，街区微改造项目10个。2022年，开福区人居环境局被评为长沙市棚户区改造工作突出单位、“城中村”改造工作突出单位、城镇老旧小区改造工作突出单位、历史文化名城保护更新工作突出单位、城市体检工作突出单位、行政审批工作突出单位，区民生实事真抓实干先进集体。

【城市更新】2022年，开福区探索建立政府引导、市场运作、公众参与的城市更新可持续实施模式，有序推进城市更新项目4个。其中，湘雅医院及周边环境综合整治项目中长期任务10项完成4项。开福文化公园完成建设任务，新河老街的相关配套和主体建设正在有序推

2022年11月9日，长沙市政府负责人督查开福区枫林小区改造工作

（区人居环境局 供图）

进。华夏路城市更新项目完成可研批复，正启动贷款投放；潘家坪路项目征收户79户，全部完成签约；开福文化广场项目完成整体94%。陡岭支路更新项目取得更新立项批复、发改立项批复，正在编制可研报告、办理可研批复、融资等相关工作。

【老旧小区改造】2022年，开福区完成2021年老旧小区改造项目30个，以及补调的2019年项目施工10个。2022年，铺排老旧小区改造项目118个（其中民生实事项目75个），房屋919栋，居民3.36万户，建筑面积271.87万平方米，总投资6.69亿元，涉及12个街道、43个社区，改造户数占全市年度计划的35.1%，占全省计划7.78%，是全省投入资金最多、改造任务最重、工作难度最大的区（县）。

【棚户区改造和危房改造】2022年，开福区完成棚改任务110户，改造面积1.3万平方米；办理并发放棚户区改造安置补贴150户。启动植基社区等4个社区“城中村”改造、区属危房改造20栋。完成历史建筑修缮项目6个、微改造项目10个，实现路平、水畅、灯亮、景绿。启动铁路沿线人居环境整治项目4个。

【老旧小区入户调查】2022年，开福区根据中央、省、市老旧小区改造政策要求，组织开展拟改造老旧小区居民意愿入户调查。全区老旧小区改造入户调查工作涉及12个街道，118个小区，919栋房屋，3.36万户居民，收回调查问卷3万余份，居民反馈的意见全部形成问题清单，集中反馈到相关设计单位完善设计方案，做到问需于民、问计于民。

【“多改合一”提升城区品质】2022年，开福区以城市更新为引领，统筹推进老旧小区和危旧房改造、棚户区和城中村改造、街区微改造、历史建筑修缮等。探索建立政府引导、市场运作、公众参与的城市更新模式，各类改造项目稳步推进。同时，遵循城市发展规律，坚持调优增量与提质存量并重，加强工作统筹，“多改合一”整合各类资源，采取“留、改、拆、补、建”等措施，确保“由点及线、以线带面”，联动实施各类改造，促进房屋、小区、社区、街区、片区、城区品质同步提升。

（刘昕昱）

征收工作

【概况】2022年，开福区实施国有土地上房屋征收项目15个，其中新启动项目4个（272户），续征扫尾项目11个（涉及未签约33户、终止征收项目1个）。全年累计完成征收签约310户，完成10个项目签约清零、腾地18.75公顷。

【老项目扫尾】2022年，开福区有续征扫尾项目11个，其中新港三期铁路专线、新港铁路专线西辅道、黄兴北路S1-1地块、东风二村二期、六堆子、丝茅冲三期等6个项目实现腾地，火车北站棚改二期（下大垅地块）项目完成签约清零，潮宗街项目完成征求意见、听证、专家论证、风险评估、合法性审查等工作，终止征收程序。

【新项目实施】2022年，开福区启动实施新项目4个，其中庆和里路百善台片区地块棚改项目、火车北站棚改二期（三维地块）完成清零腾地，田家炳实验中学综合楼建设项目完成签约清零，潘家坪路项目完成签约76户（共79户），签约率96.2%。庆和里路百善台片区地块棚改项目涉及45户，于4月16日启动签约，4月26日完成签约清零，9月1日完成拆除腾地；火车北站棚改二期（三维地块）涉及100户，于4月16日启动签约，5月26日完成签约清零，9月7日完成拆除腾地；田家炳实验中学综合楼建设项目于12月2日启动签约，8天完成48户签约清零，新项目征拆速度不断刷新。

【服务保障】2022年，开福区按期完成百善台项目、新港铁路专线及西辅道项目腾地，确保湘雅路派出所及新港铁路专线项目建设顺利推进。统筹推进项目结算和征收地块内产权清理销户等工作，全年完成吉祥巷、东风二村二期等19个项目征收结算工作，完成黄兴北路S8地块结算及销户工作，确保项目按期挂牌出让。

（谭 燕）

城市管理综合执法

【概况】2022年，开福区查处各类城市管理领域行政案件4.5万余件，罚款773.4万余元。其中一般程序案件4279件，罚款362.2万余元；简易程序案件4.11万件，罚款411.2万元。全年受理“12345”电话工单5.33万件、“12345”平台工单323件、“84558181”电话投诉1.35万件，办理网络信访件27件，均依法依规妥善处置。

【市容环境管控】2022年，开福区对照“六个到位、六个严格”（“六个到位”指：重点区域清洗到位、背街小巷环境维护到位、城乡接合部综合整治到位、闲置地块常态管理到位、建筑工地文明措施到位、桥下空间精细管理到位。“六个严格”指：严格责任落实、严格采集交办、严格督查通报、严格拉练考核、严格依法执法、严格问责问效）的标准，整治市容环境顽瘴痼疾，推进市容环境常态化精细化管控全覆盖，查处各类影响市容环境案件4279起，罚款362.2万余元。在户外广告规范设置上，坚持中队每周专项巡查，领导每月带队检查，重点加强湘江大道、三一大道、芙蓉路、车站路、营盘路、福元路等主干道临街立面、楼顶违规广告招牌，以及“一店多招”等问题的巡查管控，采集、整改问题58处，拆除贝诺医院、人瑞建材市场等违规广告招牌159处13万余平方米，督促28家企业完成广告招牌安全检测。在餐厨垃圾集中收运上，坚持每周1次以上的夜间专项整治，以四方坪、湘江世纪城、月湖二期等餐饮集中区域为重点，联合餐厨垃圾收运企业进行巡查和蹲守，查处违规收运处置餐厨垃圾、餐厨垃圾与生活垃圾混装等行为，累计查处违规行为160起，罚款12万余元。在静态交通日常管控上，由主次干道向背街小巷延伸，全时段、全方位整治机动车违停、共享单车乱摆乱放等问题，累计抄罚违停机动车4.11万台次，清理共享单车6000余辆。

【安全管理】2022年，开福区贯彻落实“三管三必须”（管业务必须管理安全、管行业必须管安全、管生产经营必须管安全）的要求，锚定消除安全隐患杜绝责任事故，防范和遏制城管领域安全生产事故的发生。开展自建房安全排查“百日攻坚”行动，组织集中整治373次，拆除长沙学院周边、下麻园岭机电仓库等909处13.77万平方米（自建房411处5.17万平方米，历史违章建筑498处8.6万平方米），同时加强对新建、违建仓储及压占燃气管道的违法建设的整治，累计拆除91处7405平方米。开展城镇燃气安全整治，累计排查自建房用户1000余户、餐饮场所1200余家，督促5200余家餐饮门店安装燃气报警装置，整改隐患问题980余处，对四方商贸城、太阳山小区等重点区域常态组织执法专项检查，办理燃气案件225件，查处黑气窝点8处，移送公安机关行政拘留2人、刑事拘留4人。开展渣土车辆交通顽瘴痼疾整治，组织专项整治行动50余次，累计检查车辆1.1万余台次、卸土工地6000余次，每季度对全区25家渣土运输企业组织安全生产检查，整改隐患247处，约谈违规运输企业85次，对违规运输车辆采取先行登记保存等行政强制措施212台次。开展桥下空间安全普查，整改隐患183处，拆除与桥梁设施无关的各类建（构）筑物52处，取缔桥下餐饮、商店、汽修、娱乐室、训练场等各类经营性场所72处。

【蓝天保卫战】2022年，开福区对标“蓝天保卫战”新三年（2021—2023年）工作要求，贯彻“源头控、路上查、末端治”的思路，严把渣土出口关、线路关、卸载关，打击车身不洁、沿途撒漏、随意倾倒等违法行为，摸排区内裸露黄土地块并建立台账，督促相关单位进行平整覆绿，全年查处违规处置渣土案件1124件、罚款190.17万元。加大对露天焚烧、露天烧烤、油烟直排、燃放烟花爆竹等行为的查处力度，协助街道、社区开展禁烧宣传劝导，查处相关案件151起，罚款17.3万元。常态与区垃圾分类办公室联动，针对湿垃圾收运量异常的企业、物业，主动介入调查，查处案件25起，罚款7670元。

【服务中心工作】2022年，开福区组织“裁执分离”强制执行行动5次，确保潘家坪道路建设、板塘统征地、捞刀河白霞安置地、火车北站指挥部东风二村地块棚户区改造等项目征迁腾地进度。完成省党代会、区“两会”、中国新媒体大会、2022年世界计算机大会、2022年生态绿色低碳发展高峰论坛、各级领导视察调研，以及高考、中考、学考等重要活动的市容环境管控。

2022 年 12 月 21 日，开福区城管执法队在餐饮门店检查燃气安全使用情况

（区城管执法队 供图）

【未经许可从事餐厨垃圾收集运输被处罚】2021 年，开福区城市管理综合执法大队依法对长沙某环保能源有限公司涉嫌未经许可从事餐厨垃圾收集运输的违法行为进行调查处理。经查，该公司未经许可，在多家餐饮门店收集餐厨垃圾，其位于捞刀河街道中岭村某组的仓库存储废弃食用油脂 8 吨。2021 年 12 月 9 日，该公司法定代表人（独资股东）张某隐瞒公司被行政处罚的事实向登记机关申请注销，企图“注销换壳”逃避行政处罚。为维护法律权威，打击违法行为，经大队党委集体讨论，决定追加张某为本案共同当事人，并依据《长沙市餐厨垃圾管理办法》有关规定，给予张某行政处罚 3 万元。该案被评为 2022 年长沙市十大典型行政执法案例，是全市城市管理系统唯一入选案例。

【长沙市首例公共安全领域行政公益诉讼案】2022 年 2 月，开福区人民检察院对长沙县某化工燃气有限公司开福区瓶装燃气供应站安全监管行政公益诉讼案举行公开听证会。该案为长沙市首例公共安全领域行政公益诉讼案。2021 年 7 月，开福区城市管理综合执法大队查实长沙县某化工燃气有限公司 8 名从业人员在开福寺路 25 号新河供应站多次擅自进行倒灌、充装瓶装燃气的违法行为，依法对该公司处责令停止违法行为、罚款 5000 元的行政处罚，并将案件移送公安机关、抄送检察机关，同时报备区安全生产委员会、区应急管理局。

【长沙市首起燃气经营者向未取得燃气经营许可证的个人提供燃气经营的违法行为被查处】2022 年 3 月，开福区城市管理综合执法大队执法人员巡查中发现长沙县某化工燃气有限公司存在向未取得燃气经营许可证的个人提供液化石油气经营。大队立即成立专案组进行调查取证，经大队党委集体研究，决定依法对当事单位处罚款 10 万元，并没收违法所得 37.38 万元。该案为长沙市燃气领域首起燃气经营者向未取得燃气经营许可证的个人提供燃气经营违法行为的典型案例。

（姜登高）

生态环境

综　述

【概况】2022年，开福区落实上级决策部署，推进区域生态文明建设和生态环境保护工作。区委常委会、区政府常务会、区环委会全会多次专题学习习近平生态文明思想，研究部署全区生态环境保护工作。区主要领导定期讲评点评，区领导带队巡河，分管区领导多次专项部署调度并深入现场督导，推动任务实施。区人大常委会专题听取生态环境保护工作汇报，区纪委监委将突出环境问题纳入"洞庭清波"专项行动，区环委办、区蓝天办、区河长办统筹抓总，各部门及街道各司其职、协作配合，辖区形成"主要领导亲自抓、分管领导负责抓、责任部门具体抓"齐抓共治大环保格局。

【环境质量状况】2022年，开福区全年空气质量优良天数累计309天，较2021年增加6天，优良率84.7%，较2021年提升1.1%；$PM_{2.5}$年均浓度再创新低，首次实现"30+"，下降至36微克/立方米。水环境质量稳中向好，"一江四河"国省市控考核断面水质稳定达到Ⅲ类及以上，主要水污染物浓度持续下降。土壤环境质量总体安全稳定，土壤环境风险有效管控。声环境质量稳定达标，全区声环境质量良好，王家垅、湘江世纪城点位噪声排放符合Ⅱ类功能区标准要求。

【环境应急管理】2022年，开福区制定长沙市生态环境局开福分局安全生产大检查"百日攻坚"行动方案、2022年"安全生产月"活动实施方案、做好"五一"期间安全防范工作方案，印发分局内设机构安全生产职责分工及分局党政领导干部安全生产工作责任清单通知，对生态环境安全生产大排查大整治工作进行全面铺排和部署，全年领导带队检查安全生产160余次。建立危险废物安全监管长效机制，制定分级分类管理办法；全区迎接全省2022年安全生产考核3次，编制突发环境事件应急预案备案88件（一般风险86件，较大风险2件）。

2022年6月1日，开福区举办"6·5"环境日主题宣传活动。图为市民在碳中和市民互动区交流（区生态环境局　供图）

【环境风险管控】2022年，开福区开展防范化解重大生态环境风险隐患"利剑"行动，整改风险问题11个，立行立改杏林物流园物料未覆盖密闭、扬尘污染等督察反馈问题。妥善处置楚家湖鱼类死亡舆情，及时处置浏阳河、捞刀河开福段蓝藻水华，青竹湖街道非法侵占林地问题处置案件被评为长沙市突出生态环境问题整改十大典型案例。截至2022年年底，完成五批次环保督察转办的信访件536件，1件未办结，其中9项反馈问题销号2项，7项共性问题有序推进。

（孔文杰）

污染防治

【水污染防治】2022年，开福区完成开福污水处理厂三期扩建工程建设并投入运营，完成长沙市金霞污水处理厂扩容提标工程建设，完成苏托垸污水处理厂配套收集管建设等项目建设，提升区域纳污能力。完成捞刀河以北片区农安小区雨污分流改造、星月水库截污纳管、雨污分流改造工程等截污工程建设，确保污水得到有效收集处置。完成金竹河治理修复项目，推进小微水体和农村环境整治。完成全区34个入河排污口建档立牌工作，针对需要整改的14个排口，制定"一口一策"

清单，完成5个排口整治工作任务。捞刀河流域综合整治成效显著，平均水质达到Ⅱ类，主要污染物浓度呈逐年下降趋势，水质状况持续向好。工业园区水污染整治工作稳步推进，完成工业园区污水设施评估报告编制及上报工作，制定园区“一园一策”整治方案，并完成问题整治。做好辖区“一江四河”水质保障工作，委托第三方专业公司对重点水体蓝藻开展应急处置工作，推进饮用水水源保护地建设。

【噪声污染防治】2022年，开福区根据2022年长沙市大气、水、土壤和噪声污染防治行动计划、长沙市生态环境保护工作责任规定、长沙市较大生态环境问题（事件）责任追究办法、开福区生态环境保护委员会成员单位工作职责等文件要求，制定并下发加强全区声功能区噪声污染防治工作的通知，确保声环境功能区监测点位（2类功能区王家垅东风一村56栋406室阳台外、湘江世纪城咏江苑1栋）全年均达到功能区噪声点位标准要求。

【土壤污染防治】2022年，开福区根据长沙市生态环境局提供的2021年、2022年“一住两公”（住宅用地，公共管理与公共服务用地）并获得建设工程规划许可证地块清单进行梳理，督促用地单位开展场调，全年完成21个（其中2021年17个、2022年4个）项目场地调查。

【大气污染防治】2022年，开福区为有效应对重污染天气，提升全区挥发性有机物综合治理水平，减少挥发性有机物的排放，完成紫荆花“一企一策”编制工作，完成湖南省生态环境厅关于开展挥发性有机物治理突出问题综合整治相关问题整改。根据长沙市生态环境局关于开展2022年度重污染天气应急减排清单修订工作的通知要求，结合排污登记企业详细信息名册，长沙市排污登记库等名单，对全区涉气企业进行摸底调查，排查涉气企业510家，其中纳入全区重污染天气应急减排重点行业管控清单117家。对全区涉气100家企业安装智能电表，并根据长沙市蓝天办的管控信息，对全区涉气企业进行监管，并对未按照要求错峰生产的企业进行通报，街道上门劝停。对不予以配合的企业，召开约谈会议3次。全年审核非道路移动机械714台，制作号牌606块。办理夜间施工审批次数330次。

【危险废物整治】2022年，开福区有危险废物经营单位2家，危险废物产生单位345家，医疗废物产生单位23家。开福区结合《长沙市关于贯彻落实〈湖南省危险废物大排查大整治工作实施方案〉的通知》，在大调查大排查工作基础上，完善“四个清单”（危险废物产生单位清单、拥有危险废物自行利用处置设施单位清单、危险废物经营单位清单、危险废物重点监管单位清单）。对在“湖南省固体废物管理信息平台”上管理的企业，开展自查自评工作，督促企业针对发现的问题，边查边改、立行立改，短期难以解决的问题，指导企业采取必要的应急防范措施降低环境风险，制定切实可行的整改方案，按照整改方案，按时推进落实整改。全面督促危险废物产废单位、经营单位按照要求及时在省系统中申报登记2021年年报和2222年管理计划，强化企业主体责任。

（孔文杰）

环境审批

【概况】长沙市生态环境局开福分局行政许可事项为：建设项目环境影响评价文件审批、危险废物收集经营许可证核发、排污许可证核发、辐射安全许可证核发、建设项目防治污染设施的拆除或闲置批准审批、危险废物管理计划备案事项审批、危险废物转移联单管理事项审批、贮存危险废物超过一年的批准事项审批等，2022年，开福区严把生态环境审批关，依法进行行政许可审批。

【审批服务】2022年，开福区依法审批环评报告表项目27个，出具环评报告书预审意见2份，组织召开环评专家评审会17次，办理简化管理排污许可证业务58项，重点管理排污许可证预审业务4项。办理辐射安全许可证业务52项，危险废物经营许可证（临时证）1本。金霞“见章盖章”项目环评批复23个。启动建设项目环评专项检查和固定污染源排污许可质量核查。各审批事项均在“互联网+”政务服务一体化平台、长沙市“多规合一”平台、全国排污许可证管理信息平台、全国核与辐射安全监管系统等国家、省、市政务系统中，按照公开、公正、合理、合法的原则实施审批，无越级审批、超期审批情形。全部行政许可审批案卷并按规定归档。

（孔文杰）

环境监察与执法

【排污权有偿使用和交易】2022年，开福区组织开展2021年度和2022年度排污权使用费催缴工作，组织15家排污单位报送执行污染物特别排放限值（第一批）公告实施情况。开展排污权补充初始分配工作复核评审。配合长沙市委巡察组，落实排污权审计整改工作。

【生态环保宣传】2022年，开福区围绕生态环境业务工作，加强与主流媒体沟通对接，宣传环境保护典型案例和工作亮点，承办2022年度“六五”环境日长沙主场活动。全年报送新闻信息79篇，其中市级湖南省生态环境公众号采纳2篇，长沙市生态环境局公众号采纳42篇，《新湖南》采纳7篇，《长沙晚报》采纳1篇，长沙市政务公开网采纳1篇。办理“问政湖南”、“云目信息”、红网、百姓呼声等平台交办舆情5件次。制作“山水开福廉洁新语”小视频、在《清风》杂志发表署名文章——《持续擦亮“清廉环保魅力开福”亮丽名片》，在《长沙晚报》、“学习强国”等平台发表“只此‘清绿’添彩大美城北”，宣传清廉环保。

【区生态环境保护工作推进会召开】4月15日，开福区以“四会合一”形式，召开全区蓝天保卫战、生态环境保护、市容环境、河（湖）林长制工作推进会，分析存在问题，安排部署下步重点任务，推进全区生态环境改善和市容环境全域提升。区委副书记、区长高伟出席会议并讲话。会上，与会人员观看开福区生态环境问题警示片，区蓝天办、区环委办、区城管委（办）、区农业农村局（河长办）做表态发言。

【“共建清洁美丽世界”世界环境日主场活动】6月1日，开福区承办“共建清洁美丽世界”的“六五”环境日长沙主场活动在开福区滨江文化园举行。湖南省委常委、长沙市委书记吴桂英宣布活动启动，并为2021年长沙市生态文明建设示范乡镇、村授牌。湖南省生态环境厅副厅长、民进湖南省委会主委潘碧灵，市领导刘拥兵、张白云、刘汇、黄锋出席。活动现场，长沙市生态环境局发布2021年长沙市生态环境状况公报，现场设立长沙市生态环境治理成果展区、长沙市新能源与清洁环保产业展区、长沙市碳中和市民互动区三大板块，还开展长沙市环保摄影绘画征集比赛，征集内容为环保主题的摄影、绘画作品。通过一系列活动让更多长沙市民了解环保、参与环保、支持环保，携手共建生态宜居的现代化新长沙。

【区生态环境保护委员会第2次全体会议召开】9月23日，开福区生态环境保护委员会2022年第2次全体会议暨市容环境、蓝天保卫战工作讲评会召开。区委书记罗玉环出席并讲话。会议传达2022年全市蓝天保卫战工作半年度讲评会会议精神，听取全区半年度蓝天保卫战、生态环境保护、市容环境工作情况，并就下阶段全区组织、策划、包装具体项目等工作进行安排和部署。会议要求全区持续推进大气、水、土壤、噪声等污染防治，力争在重点区域、重要领域、关键指标上实现新突破；及时回应群众关切，开展问题整改“回头看”，最大限度化解隐患，确保问题不反弹、不回潮；加大环境保护宣传力度，营造环境保护的浓厚氛围，强化科技赋能，推进技术转化和产业升级的同时不断加强制度建设。会上，区环卫中心、芙蓉北路街道相关负责人就蓝天保卫战工作、生态环境保护和市容环境工作情况做典型发言。

（孔文杰）

教　育

综 述

【概况】2022年，开福区辖区内有各级各类学校84所，在校学生12.5万人。区属公办教师6544人，离退休教师1765人。

2022年，开福区获得全国网络学习空间应用普及活动优秀区域、湖南省平安校园建设示范区、湖南省人工智能条件下教育社会实验区、长沙市中学教育质量综合评价结果应用实验区、长沙市人工智能助推教师队伍建设试点区、长沙市校外培训综合改革试点区、长沙市中学教育质量综合评价结果应用实验区。开福区教育局获得国家语言文字推广普及先进集体、全国少年儿童图文创作优秀组织奖、湖南省文明单位、湖南省教育评价改革典型案例、湖南省幼小衔接优秀典型案例、湖南省第5届基础教育成果奖一等奖、湖南省中小学信息素养提升实践活动优秀组织奖、湖南省第7届中学生建制班合唱比赛优秀组织奖、湖南省青少年体育模型比赛暨人工智能创新挑战赛优秀组织奖、湖南省教育系统关心下一代工作先进集体、湖南省少儿戏曲梅花奖优秀组织奖、湖南省青少年体育模型比赛暨人工智能创新挑战赛优秀组织奖、第23届湖南省中小学生信息素养提升实践活动优秀组织奖等。

【教育改革】2022年，开福区制定开福区推进中小学校全面建立党组织领导的校长负责制若干制度，完成中小学校党组织校长负责制试点50%。研究制定长沙市开福区深化新时代教育评价改革试点方案、关于落实长沙市开福区深化新时代教育评价改革重点任务的通知，清理不符合规定的评价文件，修改完善中小学评价办法。推行“管办评分离”改革试点，激发学校办学活力改革案例获得长沙市一等奖、湖南省教育厅典型案例，被湖南教育新闻网专题推介。成立规范民办义务教育发展工作专班，出台青竹湖湘一外国语学校转公办方案，完成青竹湖湘一外国语学校“民转公”工作，新增学位5000余个。

【“双减”工作】2022年，开福区建立“五项管理”长效机制，对中小学生作业、睡眠、手机、读物、体质管理进行常态化督查指导。开展校外培训治理，创建长沙市校外培训综合治理改革试点区，创新“网格化督查”模式，构建“学校＋社区＋区直部门＋工作专班”4位一体工作机制，做到问题早发现、早预防、早处置。校外培训机构减少至61个（比2021年同期减少75个），资金监管率100%，学生校外培训时长较“双减”前降低50%以上。开福区“双减”工作经验获得全国校外培训机构风险防范工作会议、《湖南教育快讯》等推介。

【督学责任区建设】2022年，开福区出台关于调整和完善区督学责任区工作制度的通知，划分4个责任区，新增教育督导专干4名任责任区督学组长，启动片区教育督导、同级同类学校督导，促进教育优质均衡发展。督学责任区建设工作经验在教育部《中国教育发布》推介。

【“双拥”共建】2022年8月23日，国防科技大学与开福区人民政府签订“双拥”共建框架协议，合作共建国防科技大学八一小学。国防科技大学八一小学系国防科技大学附属小学改建而成，开福区将致力把国防科技大学八一小学建设成“三湘名校”和全国“双拥”共建示范学校。

【五育并举工作】2022年，开福区聚焦“智慧德育、智慧课堂、智慧体育、智慧美育、智慧实践”的新型教育体系，创新开展“省区共建”，开福区被评为“全国红领巾中队”，首批100名社会实践营小小红色讲解员接受团中央调研并获得好评，112人获得区级以上“新时代好少年”称号。践行“学练赛评”智慧体育教学模式，11所学校入选省首届中小学生“绳彩飞扬”跳绳云赛前100强，获得长沙市第3届“神采飞扬”快乐寒假跳绳比赛优秀组织单位等。强化劳动教育，打通学生学科知识与社会实践的“最后一公里”，7所学校获得市级以上中小学劳动教育实验校。推行智慧课堂赋能课程融合，打造70余间AI智课教室，开福区被评为中央电教馆智能研修平台应用试点工作区、湖南省人工智能条件下教育社会实验区等。

【区教育考试中心】2022年，开福区承担各类教育考试13次，参考人数累计8.42万人。累计动用考点60个，考室2968个。全年召开区教育考试协调领导小组工作会议4次。针对新冠疫情突发状况，组织省音乐联考、研究生考试，全区抽调198名教师补充到青竹湖湘一外国语学校、长雅中学、长沙市立信中学3个考点，做好服务工作，确保研考“应考尽考”。

2022年，开福区教育考试中心保密工作提标加强，高考、学考、中考试卷运送保卫工作由长沙市特警支队承接，中心保密室由内保大队承接，区保密局、区纪检监察全程参与监督管理。建设长雅中学考点、青竹湖湘一考点试卷流转保密通道2个，新增开福区第一中学考点。2022年，开福区教育考试中心被评为“长沙市国家教育考试工作先进单位”、中央电视台《新闻联播》《新闻直播间》报道开福考区周南秀峰考点自考工作，自考工作被全省通报表彰。

学前教育

【概况】2022年，开福区有注册幼儿园180所，其中公办幼儿园70所，普惠性民办幼儿园84所，非普查性民办幼儿园26所。全区在园幼儿3.29万人，其中公办幼儿园在园幼儿2.18万人，占比57.57%；普惠性民办幼儿园在园幼儿1.24万人，非普惠性幼儿园在园幼儿3859人。开福区在回收的小区配套园中，完成移交恒高紫荆项目配套幼儿园、万境潇湘项目配套幼儿园、长房雍景湾项目配套幼儿园，新增公办幼儿学位1295个。全年投入资金3260万元，提升公办幼儿园办园条件。2022年，开福区有3所结对园校被评为省级试点园校、2所结对园校被评为市级试点园校，17所结对园校被评为区级试点园校。全年全区幼儿园有781人次获得国家级奖项，757人次获得省级奖项，142人次获得市级奖项。

【区域幼小衔接工作】2022年，开福区出台2022年开福区区域推进幼小衔接工作实施方案，推进幼小衔接工作。2022年，开福区承办由长沙市教育局主办的全国学前教育宣传月启动仪式暨长沙市幼小科学衔接工作推进会，会上，区教育局做题为“打造开福‘1+N’模式，打通幼小衔接新路径”经验分享。区教育局“区域推进科学衔接——开福区教育局幼小衔接片区“1+N”工作推进经验”获评为省级幼小衔接优秀典型案例，“区域推进幼小‘双向衔接’实践研究”获评省级重点资助课题。

【第七届保育老师专业技能竞赛】2021年11月，开福区组织开展第七届保育老师专业技能竞赛，经过层层筛选，13名选手参加决赛。竞赛分为保育专业知识笔试、专业知识答辩、现场安全救护演示、卫生消毒技能演示、讲故事、自制教（玩）具等六个项目。国防科技大学一号园区幼儿园戈佳和长沙师范学院附属第一幼儿园李英杰2名教师获特等奖，开福区教育局北辰第一幼儿园秦玥等4名教师荣获一等奖，国防科技大学第三附属幼儿园曾晶晶等7名教师荣获二等奖。

【普惠性民办幼儿园评估认定】2022年，开福区制定“关于做好2022年普惠性民办幼儿园评估认定工作的通知”于4月12—14日，组织四组评估人员对全区31所普惠性民办幼儿园开展区级普惠园评估认定工作，5月16—25日，迎接长沙市教育局对全区一、二级普惠性民办幼儿园进行复评认定，6月中旬，区三四级普惠性民办幼儿园接受其他区县交叉抽查。9月5日，全区2022年普惠性民办幼儿园名单在开福区政府网上进行公示。

【北辰第一幼儿园】开福区教育局北辰第一幼儿园（以下简称“北辰第一幼儿园”）创办于2017年，该园位于开福区北辰三角洲秋月路121号，占地面积6930平方米，办园规模为21个班。2022年，该园在园幼儿756人，教职员工105人。

教学工作 北辰第一幼儿园在省编《多元整合幼儿园教育活动资源包》和《幼儿养成教育活动资源》课程基础上，遵循幼儿的兴趣与需要，探索“项目式园本化”幸福课程，开设科学启蒙、种植实践、球类运动、幸福体验、快乐游戏课程等特色课程。开展“运动日、义卖日、探究日、告别日”等“幸福仪式”活动，让幼儿感知幸福、体验幸福。通过调整作息、优化场地、规划场域、投放材料、编制幼小衔接专项课程、指导家长幼小衔接云课堂的录制、参观小学等方式，推进长沙市“安吉游戏”和“幼小衔接”两项试点工作。

教育科研 北辰第一幼儿园课

2022 年 6 月 17 日，开福区教育局北辰第一幼儿园组织幼儿开展爱劳动实践活动　　（区教育局 供图）

题“中班幼儿沙水活动组织策略的研究”获得区二等奖。湖南省“十三五”规划课题“幼儿园生态式科学教育实践研究”、省级微课题“种植活动中幼儿探究能力的实践研究”、区级微课题“幼儿园中班进餐环节中劳动教育的实施现状和策略研究”开题。参与省级重点课题“区域推进幼小‘双向衔接’实践研究”研究，开展“幼小协同家园校”三方联合教研，形成试点经验，被评为长沙市“幼小衔接优秀单位”。全年开展各类研训活动 69 场次。

教学成果 2022 年，北辰第一幼儿园以“五周年园庆”为契机，探索项目式生活化课程，创设“小辰宝历险记”主题环创。该园角色游戏案例“北辰星影楼”获得长沙市大型主题角色游戏案例评选二等奖，角色游戏案例“大悦城”获得开福区角色游戏案例评选一等奖。大班养成教育案例“玩转西游记”获得开福区养成教育案例评选特等奖。全年度教师论文评选获奖 49 人，面向开福幼教集团和对口帮扶园开放活动 12 次。

特色活动 北辰第一幼儿园坚持社会主义核心价值观教育为立德之基，明确中华优秀传统文化教育为立德之要，倡导幼儿道德教育为立德之核。通过每周一的晨会活动、传统节日以及重要时间节点开展“节约粮食”“小交警”“妈妈辛苦了”“爷爷奶奶我帮您”“喜迎二十大——美好如你 筑梦未来”“法制宣传”“低碳环保引领新时尚”“爸爸助教日”等主题活动，促进幼儿全面发展。

【浏阳河幼儿园】开福区教育局浏阳河幼儿园（以下简称“浏阳河幼儿园”）位于开福区陡岭路 8 号，占地面积 3500 平方米，建筑面积 3700 平方米。2022 年，该园有 9 个教学班，在园幼儿 352 人，教职工 44 人，其中高级教师 1 人、一级教师 2 人、二级教师 12 人。

教学工作 2022 年，浏阳河幼儿园结合足球校园特色，成立校园足球队，设立足球普开课，开展足球赛。开展幼儿社团、创意美劳、围棋、舞蹈等特色课程，探索开展项目化课程。为推进幼小衔接，开展园本课程，组织教师培训，与浏阳河小学联手开展家长调查、幼小衔接教研、参观小学、毕业典礼等活动。

教育科研 2022 年，浏阳河幼儿园围绕省教育学会“十三五”规划教育科研重点课题“幼儿园户外活动课程建设实践研究”，组织教研活动 11 次，园本培训 16 次，教师评比 4 次。课题论文“幼儿园户外自主活动的现状研究”在国家级刊物《幼教 365》上发表，课题案例“好玩的球”“哇，立交桥”“种植区的秘密”获省级特等奖和二等奖。课题阶段性研究成果接受省教育学会专家中期评估，并获得通过。

教学成果 2022 年，浏阳河幼儿园秉承“用心教育，用爱滋养，促进幼儿全面发展”的办园理念，全年有教师 39 人次、幼儿 50 人次获得各级各类奖项，3 篇教育研究成果在《年轻人·幼师园地》《幼教 365》《开福课改实验通讯》等刊物上发表。

特色活动 2022 年，浏阳河幼儿园结合传统节日、重大纪念日开展“扬帆奋进新征程，童心献礼二十大”等幼儿活动 13 次，“雷锋家乡学雷锋”等主题教育活动 15 次，每周开展“国旗下的讲话”，为幼儿扣好人生第一粒扣子。

【钱隆世家幼儿园】开福区教育局钱隆世家幼儿园（以下简称“钱隆世家

幼儿园”）位于开福区秀峰街道，是福晟·钱隆世家住宅小区的配套幼儿园，占地面积3700平方米，建筑面积2565.67平方米。2022年，该园开设9个班，在园幼儿354人，专任教师18人，其中高级教师2人。截至2022年年底，该园获得第九届国际环保四联漫画大赛优秀组织奖、长沙市文明校园提名奖等荣誉。

教学工作 2022年，钱隆世家幼儿园作为长沙市户外自主游戏试点园，投入130万元，改造户外活动场地和增添游戏器材，建成沙水区、草坡区、感统区等多功能区。作为长沙市幼小衔接试点园，与周南秀峰学校通过多种形式做好幼小衔接工作，推进家园亲子教育。

教育科研 2022年，钱隆世家幼儿园申报湖南省学前教育规划课题“基于幼小衔接背景下的幼儿园教师家庭教育指导策略研究”“幼儿园户外自主游戏的环境规划与创设研究”，并开展研究。区级微课题“促进幼儿体能发展——幼儿园户外体能大循环的研究”结题，并获得区二等奖。

教学成果 2022年，钱隆世家幼儿园获得全国促进幼儿教师专业化优秀组织奖，全年教职工获奖80人次，其中国家级24人次、省级4人次、市级20人次。

特色活动 钱隆世家幼儿园开设“我·家·国”主题课程，开展勤俭节约、敬老爱亲、热爱劳动、爱家乡爱祖国等廉洁文化教育，“缤纷夏日，快乐‘六一’”“重阳敬老，孝润童心”等主题活动，促进幼儿健康成长。

【山语城幼儿园】开福区教育局山语城幼儿园（以下简称“山语城幼儿园”）占地面积6458.14平方米，建筑面积4351.3平方米，配套教学班级12个。2022年，该园有教学班级12个，在园幼儿417人，教职工53人，其中一级教师3人，二级教师7人。

教学工作 2022年，山语城幼儿园开设户外自主游戏、篮球课程、国画课程等常态化特色课程。结合省级课题，开展大班组参观小学活动、我做时间小主人、小学畅想曲、书包里的秘密等幼小衔接专题系列活动。

教育科研 2022年，山语城幼儿园省级课题“幼小衔接中数学教育的问题及策略研究”有序开展，并进入结题阶段。开展幼小衔接中的数学教育家教专题研究，课题主研人黎巾晖、唐尧撰写的论文分别在《年轻人·学校天地》《年轻人·幼师园地》上发表；阳佳妮、杨玉玲等教师撰写的论文在湖南省教育教学科学研究论文评选及学前教育优秀教科研成果评选中获奖。

教学成果 2022年，山语城幼儿园幼小衔接工作在长沙市学前教育协会“全国学前教育宣传月”主题系列宣传中被推介，贯彻落实开福“1+N”模式的幼小衔接工作在开福教育公众号中得到推介。全年教师参加各类竞赛获奖40余项，各项教学成果获得省级一等奖3人次，省级二等奖3人次，省级三等奖11人次，市级二等奖2人次。

特色活动 2022年，山语城幼儿园始终坚持以习近平新时代中国特色社会主义思想铸魂育人，通过重大节日等时间节点，开展开园第一课、第四届阅读节、喜迎中共二十大主题研学、幼儿自理能力比赛等主题活动，促进幼儿全面发展。

2022年10月10日，开福区钱隆世家幼儿园开展“童心诵祖国·浓浓爱国情”师幼红歌会比赛（区教育局 供图）

基础教育

【概况】2022 年，开福区辖区义务教育阶段学校 78 所，其中区属公办中小学 67 所（其中小学 54 所，中学 8 所，九年一贯制学校 5 所），市属公办中学 3 所（周南实验中学、明德华兴中学、田家炳实验中学）；民办学校 2 所（长沙市立信中学、长沙市德成学校），附中、附小 5 所（湖南第一师范学院附属第二小学、长沙师范学院附属小学、国防科技大学附属小学、长沙学院附属中学初中部、国防科技大学附属中学初中部）。全区有中小学生 10.09 万人（其中小学生 6.31 万人，初中生 2.38 万人，高中生 1.4 万人），其中区属公办中小学生 7.37 万人（区属公办小学 5.8 万人，区属公办中学 1.57 万人）。

【特殊教育】2022 年，开福区推进融合教育，成立开福区特殊教育专家委员会，加大特殊教育学位供给，全区适龄残疾儿童义务教育入学率 97.3%。开福区在沙坪实验小学建设首个特教班，经实地考核调研后，在沙坪实验小学建立全区首个普特融合学校。2022 年，开福区沙坪实验小学被评为长沙市融合教育示范校；组织全区各学校参加省、市特殊教育教师教学基本功比赛和融合教育优秀教育教学案例遴选活动，有 4 所学校 6 个案例获评省市奖项；提交 67 篇融合教育论文和案例参与市级评选，全面提升特殊教育水平，让每一位有特殊需要的学生均能接受合适的教育。

2022 年 8 月 29 日，开福区清水塘绿地小学组织开展“喜迎二十大 童心感党恩”活动，图为二年级学生表演手势舞《生长吧》（区教育局 供图）

【课后服务】2022 年，开福区坚持“全覆盖、广参与”，全区中小学全面推进课后服务工作，区属中小学参与课后服务学生占学校总人数的 90%，其中小学 86.77%，中学 99.71%。各校按照“一校一案”工作措施和“3+2”或“4+1”的服务模式，在作业答疑的基础上，开发符合学生成长成才需要的各类社团，涵盖人文、艺术、体育、科技创新等多个领域，增强课后服务的吸引力和有效性；为个别不能及时接送的家庭提供延时服务，为群众办实事。

【中小学生减负】2022 年，开福区贯彻落实中小学生“双减”政策，结合实际，抓住重点，从课堂提质、作业减负、课后服务增效、考试评价减负等方面发力，成效显著。全年开福区获得教育部网络学习空间应用普及活动优秀区域、国家通用语言文字推广普及先进集体、第五届湖南省基础教育教学成果奖等荣誉；《以“四个突出”推进双减工作落地见效》在《湖南快讯》、湖南省教育厅官网予以推介；《“双减”三部曲，奏响教育最强音》在《年轻人》杂志上专题推介；在国务院督查组“双减”调研、省委副秘书长肖祥清调研长沙市贯彻落实“双减”工作中，开福区教育局做经验发言；《开福区重拳整治校外培训机构促“双减”工作落实落地》在《长沙要情》上予以推介；开福教育微信公众号开辟“双减”开福专栏，推送各类“双减”经验文章 100 余篇。

【“智慧教育示范区”创建】2022 年，开福区继续推进长沙市“智慧教育示范区”建设，建设区级智慧教育示范校 5 所和网络学习空间应用优秀学校 3 所，推荐长师附属创远小学和四方坪小学参与市未来学校创建，推荐清水塘鹅秀小学和长师附属天健小学参与市网络空间应用优秀学校创建。2022 年，开福区完成湖南省电教馆主持的湖南省教育信息化融合应用实验区中期评估，并获得教育部“网络学习空间应用优秀区域”称号。

【清水塘绿地小学】开福区清水塘绿地小学是开福区教育局直管的一所全日制公办小学，学校占地面积 2.84 万平方米，设计 36 个教学班，1620 个学位。学校于 2022 年秋季开学，开设教学班 9 个，其中一年级开设 5 个班，二年级至五年级分别开设 1 个班，在校学生 355 人，教职工 21 人。

教学工作 2022 年，清水塘绿地小学传承清水塘教育品牌深厚的文化底蕴，以“种子教育”为核心办学思想，构建“种子课程体系”全方位育人。2022 年，学校成为开福区中小学心理健康教育名师工作室首席名师研训基地校。在市、区“双减”工作成效调查中成绩显著，获得全区表扬，在“爱阅读，善表达”洪山片区片赛中获得一等奖，在湖南省第二届体育云动会青少年体育书画网络大赛暨 2022 湖南省第二届体育书画艺术节竞赛中获得“最佳组织奖”，全校所有班级在湖南省首届中小学生“绳彩飞扬”跳绳云赛中分别获得团体一、二等奖，学校获得开福区“健康学校”等荣誉。

教育科研 2022 年，清水塘绿地小学以教科研活动为抓手，坚持教研引领，探索教师发展项目的生成机制，组建教师发展中心、课程研究中心、阳光服务中心等新型教师发展共同体，制定基于课程、教学、活动的多元项目，形成“有共同愿景、有可分解任务、有共享规则、有凝聚力量”的教师团队，实现教师队伍的自主专业提升。2022 年，全校有 193 人次教师参加各级各类、线上线下的培训；教师撰写教研论文 20 余篇，其中 1 篇获得省级一等奖；在市、区级赛课活动中，获得市级奖励 1 人次，区级奖励 5 人次；在市、区级活动，获得市级表彰 3 人次，区级表彰 6 人次。学校有在研课题 2 个，其中国家级子课题 1 个、区级微课题 1 个。

教学成果 2022 年，清水塘绿地小学秉承“乐学、笃行、勇毅、奋发”的校训，以“办一所温暖生命、滋养灵魂的未来学校”为办学目标，以“读、写、算、思、创、健”六项核心竞争力的培养为载体，帮助孩子实现“我是”“我能”“我持”“我变”“我达”等个体成长的表征。全年学校获奖省级 2 项、区级 1 项，教师获奖省级 1 人次、市级 4 人次、区级 10 人次，学生获奖国家级 2 人次、省级 290 人次、市级 20 人次、区级 1 人次。

特色活动 2022 年，清水塘绿地小学秉承“让每一颗种子向阳生长”的核心理念，除国家课程之外还开发特色活动课程、生命教育课程、学科融合课程。课后服务以课业辅导和丰富的体育艺术特色课程为主，开设图形化编程、啦啦操、趣味排球、活力篮球、硬笔书法、专注力、益智围棋、创意手工、音乐律动、演讲与主持、小小科学家等 20 余门课程，促进孩子健康成长，全面发展。

【湘一史家坡学校】长沙市湘一史家坡学校是开福区九年一贯制学校，占地面积 5.47 公顷，办学规模 63 个班。2022 年秋季学期，在校学生 1735 人，教职工 103 人。其中高级教师 6 人，市、区级骨干教师 3 人。

2022 年 10 月 24 日，开福区湘一史家坡学校举行少先队员入队仪式，少先队员迈出人生成长中重要的一步（区教育局 供图）

教学工作 2022年，湘一史家坡学校以学生多元发展为中心，以教师专业成长为重点，全面实施素质教育。学校开展行政上示范课、教研组长上名优课、全体教师上汇报课的课堂展示活动。在开福区思想政治教学竞赛中，胡榕执教的“少年有梦”获得一等奖；在开福区初中英语智慧课堂创新教学活动中，彭雅妮执教的初中英语获得一等奖；在湖南省基础教育精品课活动中，谷玉艳讲授的“二战后的资本主义的新变化”获得一等奖。

教育科研 2022年，湘一史家坡学校致力于教师的专业成长，营造开放、多元的研修氛围，培养一批师德高尚、敬业爱生、业务精湛的优秀教师。全年学校开展全体教师集中研修3次、骨干教师和教研组长培训8次，青年教师集中研修3次、跨学段学科主题研修3次。每周开展以教研组、备课组为单位的主题研修和集体备课。副校长钱劲主持的市级规划课题申报成功并开题。

教学成果 2022年，湘一史家坡学校秉承长沙市一中百年名校的优良传统，以“公、勇、勤、朴”为校训，坚持“学校把每一个老师放在心上、老师把每一个学生放在心上”的办学理念，创建一所孩子向往、家长尊重、教师幸福、社会认可的高品质“湘一”学校。在开福区2022年作业设计案例竞赛中，教师赵雪敏获得二等奖，徐月姣、赵苦来、蒋海啸获得三等奖。在长沙市书香少年评比活动中，学校有6名学生获得长沙市“书香少年”称号，小学部三（1）班获得长沙市“书香班级”称号，教师周晶获得长沙市“书香教师”称号。

特色活动 2022年，湘一史家坡学校致力于“把学生培养成他自己期待的样子”，为孩子们搭建各类平台，丰富孩子们的学习生活。组织全校学生开展以“喜迎二十大·红色基因代代传”为主题的爱国教育活动、校外社会实践活动、第一批“湘一好少年”评选活动、“阳光心态·快乐同行”心理健康主题教育等。开展第一届书香校园文化月，组织“共读一本书”“书香教室评选”“好书漂流”“读书分享会”“书香家庭评选”等系列活动，促进学生健康成长，全面发展。

【长雅中学】长沙市长雅中学是一所由百年名校雅礼中学与开福区政府合作创办的公办初级中学，始建于2013年，学校占地面积4.6公顷，总建筑面积4.5万平方米。2022年，该校有教学班42个，学生2000余人，教职员工185人，其中在职在编159人，中学高级教师17人，接收清水塘北辰小学六年级15个教学班借址办学。

教学工作 2022年，长雅中学以提高课堂教学过程质量为重点，以全面实施素质教育为根本目的，推动各项教学活动有效开展。开展“线上教学”工作，解决学生因疫情“上好课”难的问题。落实常规教学，抓实教学评价与信息技术融合、听课备课、提质减负、年级指导等工作，确保教育教学的正常开展。推进课程改革，全年开设32门课程，学生采取走班制，选择自己感兴趣的课程提升个人素养，并评选出校级优秀校本课程。

教育科研 2022年，长雅中学全年在各级刊物发表论文21篇，立项和完成教育科研课题29项；在各类教学比赛中获奖50余人。该校有市级卓越教师6人、市级骨干教师4人、区级卓越教师18人、区级骨干教师19人，区级名师8人，建有长沙市名

2022年1月10日，开福区长雅中学举行校园文化艺术节暨元旦文艺会演

（区教育局 供图）

师农村工作站、唐丽娜英语名师工作室、熊熠文历史名师工作室。

教学成果 2022年，长雅中学秉持“为学生的终身发展奠基”的办学理念，恪守“公勤诚朴”的校训，打造人民满意的好学校。截至2022年年底，该校发展成为长沙市窗口学校，获得全国啦啦操实验学校、全国青少年校园足球特色学校、中国教育国际交流协会第六批中美“千校携手”项目学校、湖南省食品安全示范校、湖南省青少年击剑训练基地、互联网＋时代家校共育行动研究实验学校等100余项荣誉称号。2022年，该校获得市级荣誉4项、区级荣誉11项；教师获得国家级奖项9人次、省级111人次、市级66人次、区级155人次；学生获得国家级奖项12人次、省级16人次、市级53人次、区级44人次。

特色活动 2022年，长雅中学为每个孩子搭建“阳光活泼、身心健康，好学上进、乐学善思，个性张扬、全面发展”的平台，开设击剑、心理、美育等特色课程和活动。该校选送的作品“奔跑的蜗牛”在长沙市第四届中小学校园心理剧评选活动中获得三等奖；学生谭杰瑞在全国青少年儿童书法大赛中获得金奖；学生肖雅庆、段嘉迪等在第二十六届全国中小学绘画书法作品比赛中获得一等奖。

2022年6月24日，湖南省2022年未成年人“传承红色基因·童心向党”主题教育实践活动在开福区少年宫举行 （区教育局 供图）

【**区少年宫**】2022年，开福区少年宫全年组织开展团队、体育、科技、艺术、卫生、城乡少年宫等主题活动40余项。开展区青少年阳光运动会、区中小学乒乓球赛、区中小学羽毛球、“健康湖南”教职工广播操、大课间、市冰雪轮滑、市跳绳比赛、市篮球比赛、省第十四届运动会、“三独”、艺术展演、戏曲进校园、书法绘画摄影、科技创新竞赛、创客节、机器人竞赛、纸质结构模型普及竞赛、环保卫生小报比赛等活动。全年组队参加国家级、省级、市级比赛40次，学生获得市级以上奖项2000余人次。 2022年，开福区少年宫被评为“童心向党、颂百年辉煌”全国少年儿童主题教育活动先进集体。获得湖南省青少年体育模型比赛暨人工智能创新挑战赛优秀组织奖、湖南省少儿戏曲梅花奖优秀组织奖、长沙市第三届“绳彩飞扬”快乐寒假跳绳比赛区县优秀组织奖、长沙市小学生田径运动会优秀组织奖、长沙市青少年科技创新赛优秀组织单位、长沙市青少年机器人竞赛优秀组织单位、长沙市“儿童友好、明天更好”儿童图文创作大赛优秀组织奖、长沙市中小学生现场创意编程竞赛、第五届长沙市青少年创客活动优秀组织单位、长沙市中小学生快乐暑假AI体能云赛区县优秀组织奖、长沙市艺术展演优秀组织奖等。

【**未成年人思想道德建设**】2022年，开福区少年宫组织开展“学雷锋，做好人”“红领巾争章”“我们的节日”“红领巾心向党”“争做新时代好队员”“传承红色基因”等系列主题教育活动。开展“开学第一课”系列活动，从劳动教育、红色教育、安全教育、传统教育等方面入手，创新育人载体，丰富育人内涵；开展少先队辅导员风采大赛，开福区少先队总辅导员李真谛作为全省唯一一位少先队辅导员获得第19届湖南“五四”青年奖章，并选举为第十六届团省委常委；依托开福区红色文博研学基地等文化场馆和社会资源，开展“少年儿童社会实践营”实践活动，成立首批社会实践营小小红色讲解员队伍，培养长沙市博物馆、长沙市党史馆、船山学社等研学基地场馆讲解员100名。推进“体艺2+1”项目实施，全区“体艺2+1”项目达标率87.75%；开展“阳光体育节”系列活动，实施《国家学生体质健康标准》，达标率98%；开展“在阳光下成长”开福区中小学校园文化艺术节系列活动，组织第五届开福区“小戏骨”选拔活动及颁奖仪式，评选出“开福小戏骨”100名；戏曲节目参加2022年湖南省文化馆少儿戏曲春晚，获得最佳表演奖；戏曲节目《媒公调》获得2022年湖南省少儿戏曲小梅花金奖。开展青少年交响乐团、声乐、舞蹈、戏曲、戏剧表演、小主持公益培训；开展“科普大篷车”进校园、“湘江院士进校园”、“星城科学讲堂”、“全国科普日”、“科创中国”等系列活动。组织城乡学校少年宫开展特色课程，创建2所区级城市学校少年宫及1所市级城市少年宫；组织开展“喜迎二十大，共绘同心圆”——开福区少年宫文化志愿者送教下乡活动。

【“雷锋家乡学雷锋，做新时代好少年”主题活动】 2022年3月，开福区少年宫组织各学校开展“雷锋家乡学雷锋，做新时代好少年”主题活动。通过开展“做雷锋精神的种子”主题交流活动、志愿服务活动，帮助孩子们“扣好人生第一粒扣子”，筑牢“小手＋大手”的良好教育生态链。开展“雷锋家乡学雷锋，做新时代好少年”主题团队日、有形作品征集、板报和宣传刊、雷锋章评选、好人中队（团支部）评选等活动，引导全区中小学生学雷锋，做新时代好少年。开展“爱心捐赠零花钱·关爱困难小伙伴”活动，全区各中小学筹集爱心基金70万余元，区少年宫被评为长沙市“爱心捐赠零花钱，关爱困难小伙伴”公益项目贡献单位。

（李 波）

民办教育

【概况】 2022年，开福区辖区有教育行政部门审批管理的校外培训机构61所，其中义务教育学科类机构11所，高中阶段培训机构15所，转非学科机构22所，艺术类机构13所。2022年，开福区成功申报市级校外培训综合改革试点项目承担单位。

【校外培训机构专项治理】 2022年，开福区将违规校外培训机构整治纳入网格区域专班日常巡查范围，发挥属地管理责任，统筹部署、系统治理、综合施策，形成常态治理、全面规范的长效机制。同时，开福区教育局将辖区内70家校外培训机构，全部纳入全国校外教育培训监管与服务综合平台管理。在长沙市内5区完成与长沙银行等银行监管合作，实施“最低账户余额”“预收款滚动拨付”“大额资金预警”等措施，防范培训机构卷款“跑路”风险，实现培训机构资金监管率100%。开福区实施2022年寒假校外培训机构专项治理，打造“沉浸式专项整治值日”和“新网格化”模式。位于长沙市开福区青竹湖太阳山小区内1处打着“家教”的幌子，开展违规培训，被依法取缔关停，并处罚金9.74万元。

【校外培训机构办学评估】 2022年6月17日，开福区召开校外培训机构2021年度办学评估总结暨2022年规范办学工作部署会，加大对校外培训机构资金监管力度，对于拒不配合的校外培训机构，按规定进行严肃处理。同时，会上公布2021年度办学评估的16家优秀校外培训机构。

【校外培训机构“双减”措施落实】 2022年，开福区针对校外隐形变异培训机构，将16个街道进行风险定级，区教育局会同街道联合制定工作方案，对该辖区逐一进行违规变异专项督查。通过走访居民、问询、问卷调查学生及家长等形式进行无死角排查，排查各类机构35家，楼栋146栋，查处以彩虹屋、绘本馆、托管、家政服务等名义开展违规变异机构10余处，行政处罚4个。开福区采取发放公开信，全域公布街道及校监科监督电话等方式，聚焦校外培训理念更新，向社会推送“双减”政策信息20余条，让全社会知晓并参与进来，让隐形变异培训机构难以生存。

师资建设

【概况】 2022年，开福区有教师6544人，其中在职在编教师2987人，备案制教师247人，编外合同制教师393人，校聘教师1152人，离退休教师1765人。

【师德师风建设】2022 年，开福区选树师德典型，评选师德师风先进个人 80 人。开展师德师风进行专项督查，实行网格化督查月报制度，各校组织督查 246 次。查处师德师风失范问题，全年立案 9 起，查处 8 人。区教育局撰写的师德师风建设典型案例“‘四心’涵养师德，推动教育高质量发展”由长沙市教育局作为优秀案例推荐到湖南省教育厅。

【优秀教师人才引进】2022 年，开福区全年开展教师招聘、转聘工作 7 批次，其中招聘 2022 届公费师范生 20 人，公开招聘教师、公开招聘名优教师 379 人；为青竹湖湘一外国语学校择优引进教师 132 人，转聘备案制教师 132 人；区属中小学备案制教师入编 49 人，编外合同制转聘备案制教师 64 人，招聘 2023 届公费师范生 16 人。

【教师职称评审】2022 年，开福区根据教师职称改革的相关精神，成立长沙市开福区中小学教师系列职称改革工作领导小组，制定 2022 年度开福区中小学教师职称评审工作方案，做好职数申报、材料审查等相关工作。2022 年，正高级职称评审通过 1 人，高级职评审通过 35 人，中级职称评审通过 102 人，初级职称认定通过 144 人。

【教师资格注册和认定】2022 年，开福区春季教师资格认定 904 人，其中初级中级教师资格 299 人，小学教师资格 549 人，幼儿园教师资格 56 人。秋季教师资格认定 206 人，其中初级中级教师资格 48 人，小学教师资格 144 人，幼儿园教师资格 14 人。

【教师评优评先】2022 年，开福区 8 名教师获得长沙市优秀教师奖，有 665 名教师分列获得区级师德师风先进个人、优秀教师、优秀班主任、优秀校长（园长）、优秀教育工作者、“三区”支教优秀教师、校园安全管理及疫情防控先进个人、“双减”工作先进个人等奖励。教师杨尚上、李秋菊入选教育部新时代中小学名师名校长培养计划（2022—2025）名师培养对象（湖南仅 6 人）；校长骆文辉、张华入选湖南省新时代基础教育名师名校长培养计划（2023—2025））名校长培养对象；校长喻惠中、周满意被评为长沙市首届教育专家；教师黄玲玲被评为长沙市小学语文名师工作室首席名师。

【“三区”支教和教育扶贫】2022 年，开福区制定长沙市开福区 2022 年实施湖南省边远贫困地区、民族地区和革命老区人才支持计划教师专项计划方案，选拔 36 名优秀教师到湖南省汝城县开展教研、慰问及送课交流等“三区”支教工作。选派 11 名教师到湖南省龙山县、城步苗族自治县对口帮扶学校挂职。

【教师队伍建设】2022 年，开福区创建长沙市人工智能助推教师队伍建设试点区，确定搭建自动化教师管理评价平台、构建区域研修智能生态、拓展“AI 课堂”应用空间的三大发展方向。投资 40 万元，立项建设开福区教育系统人事管理自动化系统，完成 70 余间带有 AI 行为分析的智能录播教室建设，利用央馆智能研修平台开展基于课堂教学行为大数据的智能精准教研活动。做好信息平台的信息更新和维护工作，全区全国教师管理信息系统教师数据更新率 99.87%、完整率 91.02%，在长沙市各区县中排名前列。

（李　波）

科学技术

概　述

【概况】2022年，开福区全年新增高新技术企业123家，全区高新技术企业总数532家，总量和增速均居长沙市中心城区前列。新增省级科技创新平台8家，全区市级以上科研和孵化平台133家，其中国家级5家、省级99家、市级29家。技术合同登记突破1000项，成交额30亿元，同比增长37%。超高清视频算法项目、大飞机地面动力学重大科技基础设施项目等4个项目列入省、市重大科技创新项目建设。开福区成功入选2022年全国“创新百强区”，获评2021—2025年全国科普示范区，科技创新经验在《湖南日报》头版头条报道。

【创新平台建设】2022年，湖南省“四大实验室”之一的芙蓉实验室7月24日正式揭牌；5G高新视频多场景应用国家广播电视总局重点实验室正式启动国家重点实验室创建；长沙大飞机地面动力学重大科技基础设施项目稳步推进；开元国际数学研究院拟落户马栏山信息港；马栏山创智园升级为国家级备案众创空间；长沙创新研究院备案湖南省新型研发机构。

【创新主体培育】2022年，开福区全年认定高新技术企业200余家，高新技术企业总数532家，净增123家，增速30.1%；入库国家科技型中小企业486家，增幅37.7%，总数居长沙市中心城区第二。核工业建设、金辉建设等一大批传统行业重点企业成功转型升级为高新技术企业。鑫远环境、国科锐承、跨线桥等3家科技型企业纳入科创板上市企业后备库。

【重大项目建设】2022年，开福区十大科创项目稳步推进，航天之星项目与长沙市政府签署合作框架协议，进入湖南省第四批JMRH重大示范项目，飞腾技术（长沙）有限公司与区政府正式签订《战略合作协议书补充协议》。推荐“航天之星”创新研究院、飞腾技术（长沙）有限公司、湖南天剑海洋工程设备有限公司申报2023年湖南省100个科技创新项目。

【创新环境优化】2022年，开福区落实由区委书记任主任的开福区科技创新委员会制度，召开第一次全体会议，出台《开福区科技创新委员会2022年工作要点》和《开福区全民科学素质行动规划纲要实施方案（2021—2025年）》。实施《开福区经济发展奖励暂行办法》，兑现2021年科技创新奖励资金1420万元；137家企业获批2022年省级企业研发奖补项目资金2900万余元，全年向上级争取资金8065万元。

【芙蓉实验室（精准医学）揭牌】2022年7月24日，湖南省“四大实验室”之一的芙蓉实验室在开福区揭牌。芙蓉实验室是湖南省重大创新平台，由中南大学牵头组建，集聚国防科技大学、湖南大学、湖南中医药大学、湖南中医药研究院等高校院所的创新资源，联合三诺生物、圣湘生物等生命健康领域相关知名企业，着力打造精准医学战略科技力量。芙蓉实验室计划分三期建设，第一期总投资计划20亿元。2022年，实验室获批国家项目12项，国拨经费2.57亿元，12人被认定为国家杰青等国家级人才。产出人脐带来源间充质干细胞治疗银屑病、糖尿病患者通过猪胰岛移植摆脱外源性胰

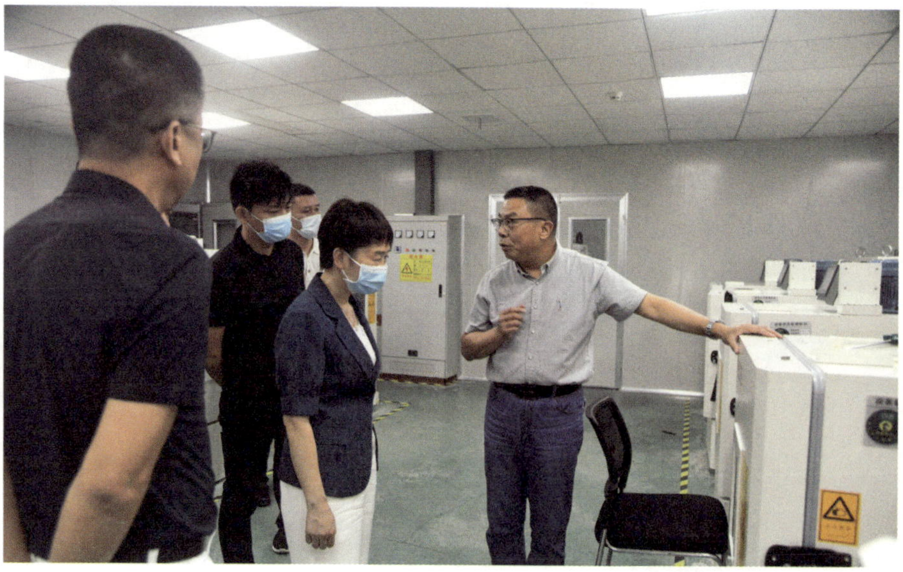

2022年6月14日，开福区委书记罗玉环（右二）走访调研高新技术企业

（区科技局 供图）

岛素等四大“全球首例”重大科研成果，实现四大国际领先的临床技术突破。实验室先后承办中国人类表型组大会、湖湘中医药传承创新论坛、第五届全国智慧医疗创新大赛总决赛等多个重大科创活动。

【区科创委第一次全体会议】2022年6月23日，开福区科技创新委员会召开第一次全体会议。会议审议《长沙市开福区全民科学素质行动规划纲要实施方案（2021—2025年）（审议稿）》《长沙市开福区科技创新委员会2022年工作要点（审议稿）》，听取全区科技创新工作总体情况汇报。会议强调要提高政治站位抓科技创新、要聚焦重点任务抓科技创新、要凝聚工作合力抓科技创新，全区上下必须大力实施科技创新，切实解决短板弱项，以科技创新引领全面创新，为高质量发展提供强力支撑。

【银企对接活动】2022年9月6日，开福区科技局联合中国银行开福支行举办“惠如愿——中银科创潇湘行”银企对接活动。会上，长沙市科技局负责人对长沙市科技型企业知识价值信用贷款风险补偿政策进行详细解读，支持全市高新技术企业、科技型中小企业发展。中国银行开福支行就企业贷款产品及政策进行宣讲。现场对“惠如愿”系列信贷产品做详细介绍，并与企业进行“一对一”的金融咨询服务，达成合作意向40个，为企业提供信用贷款额度8000万元。

（申　瑾）

科技普及

【概况】2022年，开福区组织开展“科技活动周”“科技工作者日”“科普日”等主题宣传活动10余场次。截至2022年年底，全区科技志愿者队伍27支，志愿者人数1156人，科普信息员注册超过2万人。2022年，开福区被评为2021—2025年全国科普示范区，开福区科协被评为湖南省科普中国信息传播工作优秀组织单位、湖南省全国科普日活动优秀组织单位。

【“全国科普示范区”创建】2022年，开福区出台《开福区建设“2021—2025年度全国科普示范区”工作实施方案》，完成2021—2025年度第二批全国科普示范县（市、区）创建验收工作。

【科普网络体系扩容】2022年，开福区依托新时代文明志愿服务相关要求，加快科技志愿者和科普信息员两支队伍建设，全区街道、社区（村）科技志愿服务队伍全覆盖，并吸纳更多专家、学者、科技工作者、“三长”、社会公众等参与科学普及工作，成为科学知识的倡导者、传播者、践行者。截至2022年年底，全区科技志愿者队伍27支，志愿者人数1156人，全年开展科技志愿服务100余次。推进“科普中国”应用落地，联合趣科普发布原创科普内容100余条，全区科普信息员注册超过2万人，科学信息传播量超400万次。

【科普宣传】2022年，开福区延续“星火科学”“星火时间”等系列品牌活动，开展“科技活动周”“科技工作者日”“科普日”等主题宣传。“科技活动周”开展科普联盟共建、科技金融对接、校园创客节、科普进社区和科技服务培训等活动在全区全面铺开，参与人数超过10万人

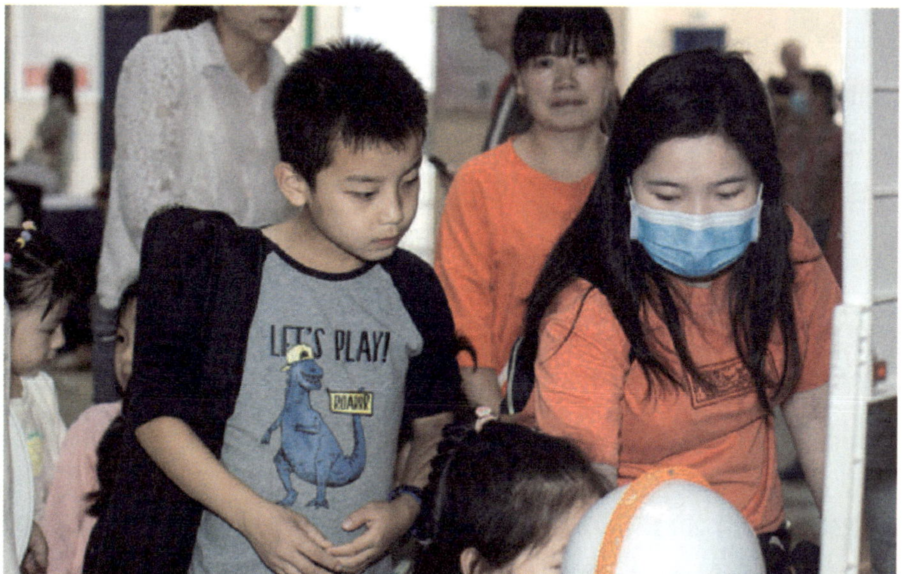

2022年9月24日，开福区举办“喜迎二十大 科普向未来”全国科普日长沙主会场活动

（区科技局 供图）

次。“科技工作者日”组织参与湖南省科协开展的“众心向党，自立自强——党领导下的科学家主题展”。“全国科普日”期间，探索推出线上直播科普互动、科普夜市等特色活动，创新科普宣传模式和活动载体，其中开福区政府与长沙市科协联合举办的“喜迎二十大 科普向未来”2022年全国科普日长沙主场活动暨开福区“星火科学”主会场活动，被中国科技网、《湖南日报》、湖南教育频道等媒体报道。

【全域科普建设】2022年，开福区实施具有开福特色的科普联盟计划，整合区内优势资源，推动区内科技人才、科研院校、科技企业共享共建。国防科大、湘雅医学院、长沙学院成立开福区科普联盟共建队伍，实施“大手拉小手”科技特派员助力青少年科教共建方案，国防科大20名学员受聘为开福区青少年校外科技辅导员。飞腾技术、超能机器人、仁和环境等5家科技企业挂牌成立开福区科普联盟——产业科普馆（基地），设置公众开放日，面向公众开放。发挥湖南广电、马栏山视频文创园、世界之窗、长沙园林生态园、长沙市“三馆一厅”、湖南博物院、湖南省展览馆等资源优势，依托更多的产业科普馆，探索开发“产业科普游”，推进“大科技”“大科普”体系建设。

【“双减”服务】2022年，开福区实施“大手拉小手”科技特派员助力青少年科教共建方案，开展以“体验、分享、交流”为形式的科技教育活动，赋能学生全面发展。聘请国防科大20名学员担任校外科技辅导员，为“双减”注入“科创”活力，支持科普大篷车、校园科技节在全区中小学校园推广，举办湘江院士进校园、星城科学讲堂等特色活动，丰富“双减”载体和内容。开展科技特色学校创建，四方坪小学获评全国优秀科学教育实验基地，形成以四方坪小学、开福区实验小学、科大附小等为代表的科技特色学校。1000余名学生参加各级各类科技竞赛活动，获得多项荣誉，学生在湖南省第43届、长沙市第39届青少年科技创新大赛和长沙市机器人竞赛中分别获得奖项7个、98个、52个，三角塘小学何孜辰获得121届巴黎国际发明展览会银奖。

【服务产业升级】2022年，开福区对接产业、企业、科研机构等各类创新主体，区内企业与清华大学、中科院、国防科大、湘雅医学院、长沙学院等省内外高等院校、科研院所开展技术合作，主动对接芙蓉实验室、大飞机地面动力学平台、“航天之星”创新研究院等创新平台建设，成立东北大学——长重智能制造产业研究院、中科院水环境治理和水生态修复工程技术中心、中科海洋研究院等多所校企合作创新研究院，飞腾芯片CPU+麒麟操作系统的“PK体系”、毂梁微电子的新型DSP芯片等一批“高精尖”科技成果在开福成功转化落地。引导中国科协年会资源，举办开福标准化助推科技创新发展论坛，助力企业创新发展。依托开福区科技专家顾问团，围绕乡村振兴战略，每年开展五期以上现代农业科技培训沙龙活动，组织现代农业生产实用技术培训和科普知识宣传推广，提高全区现代农业生产实用技术水平，促进农业现代化和新农村建设。

【全国科普日长沙主场活动举办】2022年9月24日，以“喜迎二十大 科普向未来”为主题的全国科普日长沙主场活动在长沙市青少年宫举行。活动采取线上线下相结合的方式进行。线上云启动式、趣探科普日，以创新科普传播方式让更多公众可以参与到科普日的主题活动中；线下科技成果与科学家精神展、星火小课堂为公众呈现可触、可视、可听、可感的多重体验。

【“开福合伙人”倍增计划出台】2022年，开福区出台《开福区“开福合伙人”倍增计划》，发挥驻区单位智力优势，搭建校际（学校与学校之间）、校企合作交流平台。围绕“小荷青年人才”集聚计划，推进实施青年“科学家”储备计划，发挥国防科大、长沙学院等科研院所科技人才资源优势，谋划实施“大手牵小手”校外科技导师共建工作。依托“科技活动周”“科普日”等专题活动，深化“星火科学”品牌，通过举办人工智能竞赛、纸质模型竞赛、创客节等活动，加强科普教育。定期组织教授专家开展“园区行”和企业“院校行”等科技成果对接活动，围绕重点产业探索开展高端人才论坛，加强学术对接交流。

（申 瑾）

文化·旅游·体育

综　述

【概况】2022 年，开福区坚持文旅融合目标导向，抓好公共文体服务，区级原创文艺节目《太阳晒在山坡坡》代表湖南省角逐全国第十九届群星奖，组织耀青春合唱团参加长沙市“献礼二十大——放歌新时代”群众合唱比赛，获得金奖，开福区被评为长沙市不可移动文物安全管理先进单位，圣爵菲斯酒店、空空客厅等 6 个文旅项目被评为 2022 年度长沙市十佳文旅项目，开福区入选 2022 年全国市辖区旅游综合实力百强区。

【文化市场管理】2022 年，开福区制定区文化旅游安全生产专业委员会工作规则（修订版）、区文化旅游体育系统行业安全生产隐患大排查大整治工作方案等，根据旅游、文物、文娱、体育各行业的不同特点，举办安全生产培训会 4 次，参训人员 613 人。全年检查文旅场所出动人员 514 人次，排查文旅企业场所 497 家次，发现各类问题隐患 151 处，整改 143 处。处置“12345”市民服务热线工单 188 件，受理、办结行政审批事项 303 件，统计年报 146 家。

公共文化

【概况】2022 年，开福区完成秀峰街道秀峰山社区、月湖街道舟桥路社区、捞刀河街道楚家湖社区、金竹河社区、洪山街道洪山桥社区等 5 个标准化社区综合文化服务中心建设，新建新河街道开福寺路社区、湘雅路街道文昌阁社区等 2 个基层文旅融合示范点，新设烈士公园等 3 个图书流通服务站及 1 台 24 小时自助借还智能图书柜，区图书馆本馆安装新风系统。举办“我的中国梦——文化进万家”2022 墨韵诗意文化惠民活动、“向未来”红色音乐会、喜迎二十大开福区高端人才专场定制中秋音乐会、“匠心筑梦、共赴未来”开福区非物质文化遗产进校园活动、“礼赞二十大、奋进新征程”群众文艺展演等群众文艺活动 32 场。开展阅读推广活动，打造“开福大讲堂”“圈圈故事会”“神奇的图书馆”“悦读开福、幸福北城”等品牌活动 100 余场。

【文艺创作】2022 年，开福区组织文艺工作者深入生活，以中央二十大为主线，创作一批反映时代精神的优秀舞台艺术作品，原创音乐作品“新的征程”“三张照片”参加“喜迎二十大・放歌新时代”2022 年“欢乐潇湘・品质长沙”群众音乐展演。选送节目参加长沙市第七届“百姓大舞台・有艺你就来”群众文艺团队大赛，荣获 1 金 2 银 9 铜奖，并获大赛优秀组织奖；组织文艺团队参加长沙市“献礼二十大—放歌新时代”群众合唱比赛，获得金奖。

【文化惠民】2022 年，开福区开展全民艺术普及，以快板、说唱、高雅艺术进基层等形式推出适合不同年龄层次、多种公益文化艺术培训课程，组织开展国画、剪纸、快板、武术等各种公益文艺辅导培训 300 余次，服务文艺爱好者 2 万余人，图书馆借阅量 30 万册。打造“开福区智慧文旅体云”平台，推出指尖上的课堂——“二十大学习进行时”学习专栏，为群众推送中共二十大报告等学习内容；开辟“学思践悟”分享板块。全年推送活动、科普知识小课堂及党章党规云课堂等信息 200 余条。推进馆校共建，区图书馆与 11 所学校签订馆校共建协议，联合长沙市图书馆，开展图书车进校园服务。

【“春风十里・猜猜你”知识竞赛活动】2022 年 5 月 20 日，开福区文旅体局联合长沙市图书馆在开福区图书馆开展“悦读开福・幸福北城”系列活动之“春风十里・猜猜你”知识类竞猜活动。活动选取中小学生必读书目封面和插画为“谜题”，通过看图来猜书名。开福区图书馆以阅读推广为抓手，成功打造“圈圈故事会”“悦读开福・幸福北城”“开福大讲堂”等全民阅读系列品牌。

【高端人才专场定制音乐会】2022 年 9 月 9 日，“天涯共此时”2022——开福区高端人才专场定制音乐会在长沙音乐厅举行。音乐会邀请在开福区创新创业各类高层次人才代表及家属观看演出，用乐声抒发尊才、爱才之情，用乐章谱写区域与人才相互成就、美美与共的动人故事。湖南民族乐团、浙江音乐学院民族乐队参加演出。

【“礼赞二十大、奋进新征程”群众文艺展演】2022 年 11 月 19 日，“礼赞二十大、奋进新征程”开福区群众文艺展演在长沙湘江风光带风帆广场举行。来自湖南省歌舞剧院的专业演员与开福区群文团体一起，为市民奉献一场精彩的文艺演出。文艺展演设置“岁月峥嵘诗”“繁华似锦路”“奔涌东方潮”“奋进新时代”4个篇章12个节目。节目以歌、舞、乐、杂技、小品、音诗画等多种艺术形式呈现，描绘开福区人民群众的幸福生活画卷。展演现场还特别设计互动采访环节，社区书记代表、企业家代表、非遗传承人代表分别从居民生活、企业发展、文化传承等角度，分享各自的经历。

2022年4月18日，开福区图书馆举办“秉烛夜读”图书馆奇妙夜活动（区文旅体局供图）

【文化产业】2022年，开福区领导带队走访全区各类文化企业60余家次，了解企业发展经营情况，为企业纾困解难。做好区级人才认定和企业发展奖励工作，在文化产业领域认定领军人才2名，创新型高层次人才4名，中初级骨干人才285名，兑现人才奖励资金90万余元，全区40家文化企业获得经济发展奖励523.18万元。在长沙市文化产业“四雁引领”白名单企业、基地申报中，全区6家文化企业入选“头雁”企业，8家企业入选“新雁”企业，2个园区入选“雁阵”基地，全年申请扶持资金690万元。组织开展“奋进新时代、创意聚开福”开福区首届“金霞杯”文创产品设计大赛，征集作品503件，拍摄开福区文化创意产业宣传片，充分展示开福区文化产业发展新面貌。

（赵旭东）

【新闻出版】2022年，开福区组织全区电影、印刷以及出版行业负责人举行疫情防控及安全生产工作培训，开展消防安全实操演练，对电影、印刷、实体书店以及农家书屋开展安全隐患大排查，摸排并督促整改隐患274处。全年办理新增行业许可证98家，其中出版物91家，印刷企业7家，“12345”市民热线办结率100%，满意率100%。推进电影行业繁荣发展，在全市“光影湘村”微电影大赛中，选送作品“青山留下一首歌”“创青春、更多彩”分别获得长沙市微电影大赛一、二等奖。组织开展全民阅读活动，通过捐赠红色书籍、开展星级评定等举措提升全区农家书屋品质。推动“扫黄打非”工作职能移交，常态化开展“双打”和“扫黄打非”工作。在全区新增版权服务点3个，完成一般作品登记1.11万件，完成率130.39%，优秀作品登记3288件，完成率149.45%。完成机关软件正版化，全区有4家单位获评长沙市版权示范企业，2家单位获评长沙市版权推广运用奖，3个作品获评长沙市版权优秀作品奖，《灵草小战士》第一季等6个作品获评版权优秀作品入围奖，长沙市湘绣研究所等2家单位获评版权推广运用入围奖，累计获得奖励资金89万元。

（赵旭东）

群众体育

【概况】2022年，开福区完成20个室外运动场改建、1条健身步道建设、19套健身器材安装，人均体育场地面积2.54平方米。暑期向中小学生免费开放游泳场馆2家，接待中小学生3万人次；6家体育场馆开展免费培训36期，培训3000人次。制订开福区全民健身实施计划（2022—2025）和“幸福向北·运动季”2022年开福区全民健身节系列活动方案。举办第二届健康湖南全民运动会长沙市象棋和跳绳选拔赛、气排球联赛、羽毛球交流赛、3V3 篮球争霸赛、“薪火传承·中国健康跑”沙坪站暨开福区“幸福向北”全民跑等全民健身节系列活动，全民健身成为开福群众新常态。

【区“北强杯”篮球赛】2022 年 5 月 27 日—6 月 2 日，开福区“北强杯”篮球赛在长雅中学篮球馆举行。来自区机关、街道、园区的 8 支优秀球队，131 名篮球爱好者同场竞技。经过 6 天 16 场比赛，黄兴北路片区联队、文教卫联队、政府部门联队分别获得冠亚季军。

【区“幸福向北”全民跑活动】2022 年 12 月 10 日，“奋进新征程、建功新时代”2022“薪火传承·中国健康跑”沙坪站暨开福区“幸福向北”全民跑活动在开福区沙坪湘绣文化广场上举行，900 名跑步爱好者参加。作为湖南省自主培育打造的 IP 赛事，“薪火传承·中国健康跑”赛事旨在传承革命精神、弘扬红色文化、传播全民健身的理念，连续举办 4 年，先后在全国 8 个省（区、市）21 个市（县、区）举办 29 站。沙坪站赛事也是 2022“薪火传承·中国健康跑”的湖南首站，也是赛事活动首次来到长沙城区。比赛设经典跑、健康跑、亲子传承跑 3 个组别，曾文波、黄菲分别获得经典跑男组、女组第一名，谭奇、王勇连分别获得健康跑男组、女组第一名，李俊熙家庭获得亲子传承跑第一名。

2022 年 6 月 10 日，开福区在万达广场举办“文化和自然遗产日”主题活动

（区文旅体局 供图）

文化遗产保护

【概况】2022 年，开福区登记区级及以上非物质文化遗产保护名录 3 批共 26 个项目。其中，列入国家级 1 项（湘绣），省级 5 项（长沙花鼓戏、捞刀河刀剪制作技艺、湖南埃山子午棍、长沙童谣、李氏正脊疗法），市级 8 项（炭精画、长沙棕编、手工热锻嵌钢（夹钢）菜刀技艺、彩带编制技艺、八拳、湖南自然门功夫、湘绣用线漂染技艺、药用湘艾制作技艺），区级 12 项。全区有国家级代表性传承人 3 位，省级代表性传承人 5 位，市级代表性传承人 19 位，区级代表性传承人 12 位。全区建有湖南省湘绣研究所等 9 处市级非物质文化遗产生产性保护基地，长沙市湘绣研究所等 7 个长沙市示范性非遗传习所、展示馆。

【文物保护】2022 年，开福区有不可移动文物点 124 处，其中全国重点文保单位 2 个（含文物点 6 处）、省级文保单位 15 处、市级文保单位 29 个（含文物点 50 处）、一般不可移动文物点 53 处。2022 年，开福区成立文物保护管理委员会，协调、解决文物保护管理中遇到的问题；编制下发《长沙市开福区文物保护利用改革实施方案》《长沙市开福区重要革命文物保护利用工作提质方案》。启动不可移动文物安全管理信息化平台建设，强化全区文物安全管理。推动长沙古城墙潮宗街段遗址修缮及展陈项目建设；启动同仁里、茶馆巷片区等 24 处文物点的修缮工作，其中潮宗街教堂、金九活动旧址、伍毓仑公馆、百善台 151 号公馆、陈太宜墓等文物点完成修缮。在长沙党史馆举办“伟大的足迹——我们的法兰西岁月、留法勤工俭学运动”史料图片展；在湖南自修大学举办“船山讲堂——宣传中国传统文化讲座”第二期，弘扬革命传统、传承传统文化。

【“文化和自然遗产日”活动】2022年6月10日，开福区2022年“文化和自然遗产日”活动在万达广场举行。活动采取现场同步直播，观看人数达6万余人。湖南省文物保护与考古处处长熊建华等领导出席。活动现场分为主舞台区、项目展示区，沙坪湘绣、捞刀河刀剪、长沙弹词、中医传统正骨等非遗文化参加展示。

（郭志慧）

史志档案

【概况】截至2022年年底，开福区馆藏档案全宗115个，档案10.8万卷（盒），档案管理系统数据库条目96万条，全文扫描数据277万幅。

【档案工作】2022年，开福区完成二期馆藏档案数字化项目45个全宗档案数字化整理，并启动三期馆藏档案数字化项目。全年接待查阅婚姻登记、公证书、拆迁协议等档案的群众1510人次，查阅卷宗2100余卷次。开展以“喜迎二十大·档案颂辉煌”为主题的国际档案日宣传活动，在政府一办公楼大厅展示全区档案工作所取得的成就，并组织直各部门及各街道、社区通过电子显示屏、宣传展板、宣传横幅、发放宣传册及线上观看档案知识讲座等形式，向广大居民群众宣传档案知识，提升广大居民群众的档案意识。组织档案业务培训，开展“喜迎二十大·档案颂辉煌”2022年国际档案日主题征文活动，报送长沙市档案局优秀文章2篇。

【党史工作】2022年，开福区完成首批申报文化书社旧址、协操坪旧址、中共湘区工委旧址、德香亭茶社灰日暴动筹备会据点等6处遗址旧址纪念标识工作。开福区党史研究室与《新湖南》合作，对开福区脱贫攻坚相关部门领导及先进个人进行访谈。通过对相关人员进行采访，从开展脱贫攻坚前的基本情况、所在地的现状、如何开展脱贫攻坚工作、工作中遇到的困难、获得荣誉产生的影响、在乡村振兴阶段如何开展工作等方面入手，撰写口述采访材料2篇，上报长沙市党史办。开展“毛泽东湖南足迹”史实史料专题征集编研工作，完成初稿；召开全区2011—2021年开福区党史开福专辑资料征集工作培训会议，就资料征集工作进行部署。

【地方志工作】2022年，开福区完成《开福年鉴（2021）》出版发行工作，完成《开福年鉴（2022）》编纂工作，样稿送湖南地图出版社进行审核。做好《湖南年鉴》《长沙年鉴》组稿发行及“双十”年度人物、年度事件评选工作，上报年度人物4人、年度事件4起。根据省、市年鉴组稿要求，上报《长沙年鉴》编辑部5000余字年鉴组稿，上报《湖南年鉴》编辑部3500余字年鉴组稿。完成《长沙乡镇简志》开福卷编纂工作。

（陈　蓉）

旅　游

【概况】2022年，开福区有A级景区8家、星级酒店8家、星级农庄6家、旅行社91家。全年接待国内外旅游客1450万人次，同比增长6.32%；旅游总收入150亿元，同比增长6.31%。

【全域文旅建设】2022年，开福区以“打造更聚人气的全域文旅示范区”为总体目标，成立开福区全域文旅示范区创建委员会和文旅工作专班，编制开福区全域文旅示范区建设总体规划和区全域文旅示范区建设三年行动计划。明确打造更具活力的湖湘文化传承创新示范区、更具人气的文化和旅游消费集聚区、更具竞争力的文化产业和旅游产业融合发展示范区、更具吸引力的全域旅游目的地的目标定位，制定“三区三廊六组团”空间布局，确定“开心福地，怎能不来”文旅宣传口号，塑造“五彩斑斓绣天下，开心福地润古今”的文旅IP整体形象和“红色开福·伟人故地”“古色开福·楚汉名地”“蓝色开福·文创高地”“绿色开福·生态源地”“夜色开福·网红潮地”五大子IP形象，初步形成“1+5+N”IP体系。

【文旅品牌】2022年，开福区制定区

表4　2020—2022年开福区接待游客人数及旅游总收入一览表

年限	接待游客人数（万人次）	旅游总收入（亿元）
2020	1031.82	126.45
2021	1364.36	141.32
2022	1450.48	150.23

文旅品牌创建总体工作方案和国家级旅游休闲街区创建总体工作方案，助推马栏山视频文创园争创国家文化产业示范园区；潮宗街历史文化街区被评为国家级AAA级旅游景区和省级旅游休闲街区。

【文旅项目建设】2022年，开福区引进的“花之谷·动趣王国”项目投入运营，成为长沙新晋网红打卡地。推进湘江“百里画廊”和浏阳河文化旅游产业带项目建设，服务中广天择总部基地、兴旺科技总部基地项目等25个文旅项目，项目总投资207.3亿元，完成投资94亿元，其中马栏山人才公寓、湖南广播电视台节目生产基地及配套设施建设项目、兴旺科技总部基地项目、马栏山信息港、马栏山公园等8个项目完成建设。

【文旅宣传】2022年，开福区搭建宣传营销体系，发布春季踏青赏花线路攻略等12条精品路线，开展“五一”、端午、国庆开福区文旅节会活动宣传营销活动，举办开福区优秀讲解员评选暨宣传短视频大赛，助力中国金鹰电视艺术节、马栏山音乐节等节会品牌活动。指导景区酒店开展“国际街头艺术节”“麻辣巴蜀美食节”“海洋劳动节”“中国狂欢节”等特色活动，拉动文旅经济消费。制作具有开福区文旅元素的创意口罩。参与“最美开福推荐官”等省市文旅宣传活动，展示宣传开福区特色文旅资源。

【长沙市首届浏阳河文化旅游节开福分会场活动】2022年11月7日，“开心福地、奇妙星空”帐篷节暨长沙市首届浏阳河文化旅游节开福分会场活动在马栏山鸭嘴公园举行。活动设置“后备箱集市区”“城市露营区”“星光舞台区”三大区域。活动现场还推介一条从长沙世界之窗到海底世界、鸭嘴公园、四方坪夜市、滨江文化园的浏阳河潮玩旅游路线。

（郭志慧）

长沙园林生态园

【概况】长沙园林生态园位于长沙市开福区捞刀河街道罗汉庄村的捞刀河畔，是国家AAA级旅游景区，总体规划建设面积200公顷，一期工程（67.6公顷）于2009年3月建成开园。园区内原生植被丰富，山势连绵起伏，绿化覆盖率90%以上，有1000余类植物，建设有杜鹃花、樱花、北美红枫等多种植物专类园。长沙园林生态园是集旅游度假、园林科研、科普教育、园林园艺展示和水上娱乐等多功能于一体的现代生态园，是市民游客旅游观光、休闲度假、普及园林知识的绝佳胜地。

【花之谷·动趣王国建成开园】2022年5月1日，开福区重点产业项目“花之谷·动趣王国”在长沙园林生态园建成开园。花之谷·动趣王国是湖南省首个以动物沉浸式互动与演艺为核心的大型动物主题公园，占地30万平方米，包含八大主题四大剧场，拥有饲养展览动物100余类4000余只，海洋鱼类及海洋生物30余类8000余尾，演艺人员100余人。

【AAAA级景区创建】2022年8月，长沙园林生态园通过湖南省旅游景区质量等级委员会景观评审，纳入2022年度国家AAAA级景区创建名单。长沙园林生态园对照国家级AAAA级旅游景区建设标准，发挥创建主体作用，从硬件建设和软件服务提升两个方面入手，全面开展硬件、软件升级改造。投入500万余元，完成景区游客服务中心、出入口、停车场、卫生间、标识标牌等配套设施提质建设，推进AAAA级景区创建工作。

（李　梅）

旅游资源

【湖南博物院】2022年7月，湖南省博物馆更名为湖南博物院。湖南博物院是湖南省最大的历史艺术类博物馆，院舍总面积11.06万平方米，也是首批国家一级博物馆、中央地方共建的八个国家级重点博物馆之一、全国爱国主义教育示范基地、国家AAAA级旅游景点。湖南博物院藏品18万余件，尤以马王堆汉墓文物、商周青铜器、楚文物、历代陶瓷、书画和近现代文物等最具特色。经过半个多世纪的建设与发展，

湖南博物院

湖南博物院在运营管理、文物收藏、学术研究、陈列展览、教育服务、媒体传播、文创开发等方面获得显著成绩，成为中国最具影响力的博物馆之一，并跻身国际先进博物馆行列。

【长沙滨江文化园】长沙滨江文化园位于湘江与浏阳河交汇处的新河三角洲，国家AAAA级景区。园区占地总面积13.07公顷，总建筑面积15万平方米。园区内有长沙图书馆、长沙博物馆、长沙规划展示馆、长沙音乐厅四个场馆以及游客中心，集图书阅览、文物馆藏、规划展示、音乐会演等功能于一体，以“省会地标，长沙客厅，文化圣殿，百姓乐园”十六字方针为发展目标，致力于为市民游客提供更好更多的公共文旅服务。

长沙滨江文化园

【长沙世界之窗】长沙世界之窗位于长沙市金鹰影视文化城内，由湖南电广传媒股份有限公司、深圳华侨城股份有限公司和中国旅游集团公司共同投资兴建的大型文化主题公园，全国首批AAAA级旅游景区之一。景区占地40公顷，1997年开园，历经20余年发展，年游客接待量130万人，成为湖南文化旅游行业的一张名片。长沙世界之窗作为综合型主题乐园，除每年推出的20大文化主题活动，还拥有50大游乐项目、涵盖室内、室外、陆地、水面、高空、低空等类型全线产品。举办的“万人多米诺，挑战吉尼斯”“西红柿大战”“暑假泼水节”“万圣捉鬼记”“圣诞喷雪大战”等活动在全国具有较大影响。景区是全国一流影视拍摄基地，“超级女声”“快乐男声”“偶像来了”“爸爸去哪儿”等在此拍摄，打造旅游与文化完美结合的经典品牌，成为湖南经典文化地标。

【长沙海底世界】长沙海底世界位于长沙市金鹰影视文化城内，占地7公顷。长沙海底世界成立于1995年，于2000年7月28日建成正式对外营业；2010年5月完成二期扩建工程；2014年提质改造水上乐园、极地海洋馆的内部展示品种更新。长沙海底世界的游览区域由海洋极地馆、科教馆、水上乐园、儿童乐园四大部分组成，是一个集观赏、游乐、科普、休闲于一体的现代化高科技的海洋主题公园，也是湖南唯一拥有极地动物馆的大型海洋科普教育项目。长沙海底世界是国家海洋局、中国海洋协会、湖南省科学技术协会认定的“海洋科普教育基地”，被长沙市科学技术协会授予水生生物科学技术普及场馆，被湖南省畜牧水产局认定为水生野生动物救护工作站。先后获得“湖南省最佳旅游景点”“长沙市文明示范窗口”等荣誉称号。被国家旅游局授予“国家AAAA级”旅游景区（点）。

【潮宗街历史文化街区】潮宗街历史文化街区系长沙市三大历史文化街区之一，保留着明清以来形成的街巷格局，街区内有省、市级文保单位12处、一般不可移动文物点2处和多处传统风貌建筑，是老长沙的文脉和传承所在。2019年，潮宗街历史文化街区获得联合国人居署城市更新指导项目。2022年，被评为国家级AAA级旅游景区、省级旅游休闲街区。这里有最具长沙味的老街旧巷、民国公馆、历史遗迹，实现老字号美食、沉浸式体验、复古潮牌、文创空间、音乐酒吧、酒店民宿等多业态完美融合，是集文化、旅游、商业、居住于一体的综合性历史文化街区。

【汉回民俗文化景区】汉回民俗文化景区是国家AAA级景区，位于长沙市开福区东北部。景区内的汉回民族村是长沙市唯一的少数民族聚居村，全村总面积6.11平方千米，回族村民占三分之一，回族人定居汉回村有300余年历史。汉回村不仅是少数名族聚居村，而且还有佛教、伊斯兰教宗教活动场所，建有铁炉寺、清真寺，长沙市回民公墓坐落于此。汉回民俗文化景区是个以汉回文化为依托，以民俗体验、生态农业、休闲度假为主体，以宗教、美食为配套的新型旅游示范区。先后获得“全国民族团结进步模范村”“中国少数民族特色村寨”“湖南省生态村”“湖南省特色旅游名村”以及湖南省和长沙市“美丽乡村建设示范村”、湖南省“文明风景旅游区”等荣誉称号。

【沙坪湘绣小镇】沙坪湘绣小镇位于长沙市开福区北部，是国内外知名

沙坪湘绣文化广场

的中国湘绣之乡、国家非物质文化传承保护基地和国家AAA级旅游景区。景区依托沙坪湘绣产业和自然资源基础，融合当地特有的湘绣文化、民俗文化，成为国内外知名的以湘绣产业、现代农业、旅游产业为核心的文化旅游特色小镇。沙坪绣坊街作为小镇上的核心景点，融合多种休闲度假业态，科学规划旅游工艺品展览区、湖湘特色餐饮区、湖湘文化展示区等功能区，让游客充分领略湘绣文化的无穷魅力。

【海天山庄】海天山庄位于开福区沙坪街道海棠村境内，成立于2005年，2007年被评为长沙市五星农庄，占地53.33公顷（海天休闲基地25.06公顷＋乌溪种植基地28.27公顷）。

海天山庄

山庄餐饮包厢一次性可接待600人，可供客房45间、208个床位，客源最大容积量2000人，主要经营餐饮、住宿、会务、垂钓休闲、拓展训练、亲子活动、学生研学等项目，获得长沙市中小学生研学基地、长沙市农业休闲旅游先进单位、长沙市休闲农业示范单位、市民喜爱的长沙十佳乡村旅游点。

【和道源农庄】和道源农庄位于开福区沙坪街道汉回村，成立于2009年，占地21.8公顷。农庄建有蓝天白云无柱大厅1300平方米用于各类团队宴席等活动，配套商务用餐接待包厢、团队用餐包厢、商务会议室、多功能厅、KTV、棋牌客房、集装箱主题客房、休闲茶坐、酱酒品鉴、亲子课堂、拓展训练、沙滩篝火晚会等场地。和道源先后与电视媒体合作，挂牌为湖南都市故事会影视拍摄基地、湖南经视《快乐美美向前冲》节目录制基地、湖南经视《映山红》拍摄基地、湖南经视“泥斗士”节目录制基地。农庄先后获得“长沙市农业产业化龙头企业”“长沙市旅游五星级生态农庄”“湖南省休闲农业五星级生态园”等荣誉称号，2014年11月被评为“全国休闲农业与乡村旅游五星级园区”，2016年被选定为“长沙市休闲农业协会会长单位”，2019年获得中国中部农业博览会最具人气奖，2020年8月被评为长沙市“巾帼现代农业科技示范基地”。

【大明山庄】大明生态休闲山庄位于开福区沙坪街道大明社区，占地36.67公顷，2006年正式营业，是一个集会务、培训、住宿、餐饮、垂钓、种植养殖、拓展训练、观光旅游、研学旅行为一体的乡村农业示范基地。山庄拥有三星级酒店一栋，配套休闲别墅10栋。山庄与多家基地和农户建立合作关系，种植和养殖蔬菜、水果、畜牧、家禽等无公害农产品，是推广农业科技的示范基地；山庄设有各类运动基础设施，拓展训练场、CS真人镭战基地、“飞越丛林”探险基地、皮划艇水上基地，为团队户外培训和体验提供最佳选择；山庄设有30多套研学课程，为幼儿园、小学、初中、高中提供不同的研学课程指导和体验，是长沙市教育局认可的研学旅行基地。山庄先后被评为“全国工人先锋号”“全国五星级休闲农庄”“省、市五星级休闲农庄”“湖南省工人先锋号”“长沙市先进旅游单位”等。

大明山庄

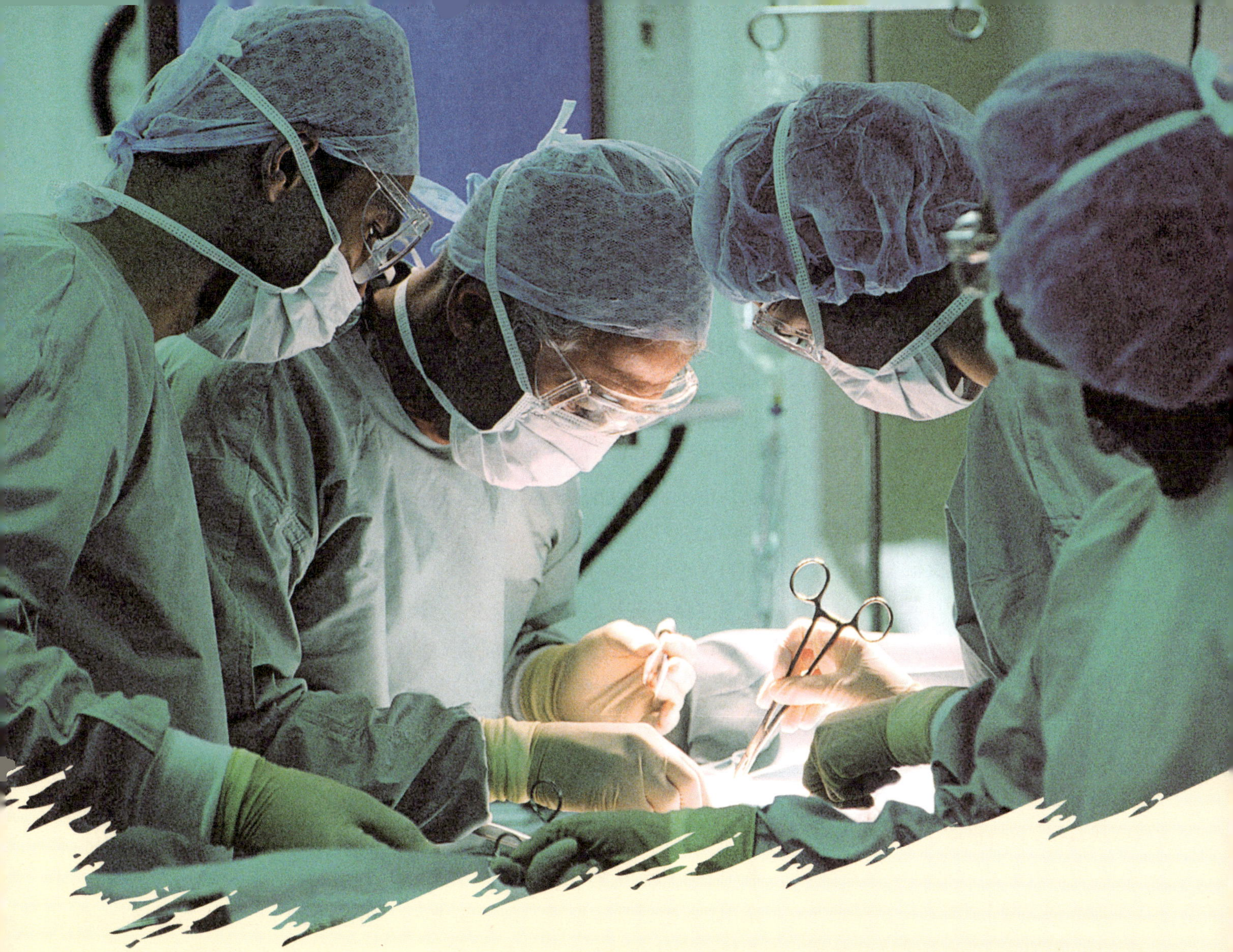

卫 生

卫生健康

【概况】2022 年，开福区辖区内有医疗机构 554 家，其中三级医疗机构 9 家，二级医疗机构 6 家，一级医疗机构 4 家，未定级医疗机构 9 家，其他各类基层医疗机构 526 家（含政府举办的基层医疗卫生事业单位 15 家、社区卫生服务站 29 家、村卫生室 40 个）。2022 年，开福区在省计生协七届十二次理事会暨全省计生协工作会议上做经验交流发言；“开福区发挥计生协作用，推进家庭健康促进行动”案例被列入全国典型经验案例，并在中国家庭健康大会上代表中部地区做经验交流发言；中医药文化进校园，基层社区卫生服务中心开展全国“爱眼日”活动被《人民日报》宣传报道。

【健康民生工程】2022 年，开福区孕产妇免费产前筛查（省重点民生项目）完成率 141.85%，新生儿先天性心脏病免费筛查完成率 117.43%；农村适龄和城镇低保适龄妇女“两癌”免费检查（省重点民生项目）完成率 110.88%；适龄妇女“两癌”免费检查（市健康民生项目）完成率 105.55%；遗传罕见病家系调查（市健康民生项目）覆盖率为参加孕前优生健康检查人群的 133.09%，为参加婚检人群的 61.19%，为参加早孕建册人群的 52.48%。2022 年，完成献血（献血量 150 余万毫升）4294 人次，为市级任务数的 119.27%，在全市内五区排名第二。2022 年，先后发放农扶资金 126.53 万元（1318 人）、特扶资金 1848.76 万元（1693 人）、独生子女保健费 143.99 万元（6293 人）、城市低保金 31.49 万元（556 人）。

【基层能力建设】2022 年，开福区启动新一轮基层医疗卫生服务能力提质增效三年行动，从卫生应急、基础设施、人才引进、健康产业等方面推进实施 17 项行动 44 项任务目标，建设高质量“健康开福”工程。新建清水塘、月湖街道社区卫生服务中心并投入运行。投入 1.8 亿元，建设区公共卫生中心，提高全区公共卫生服务能力；投入 1.6 亿元，建设沙坪街道社区卫生服务中心新址为储备隔离医院，提升疫情防控救治能力。推行“优质服务基层行”活动，浏阳河、通泰街和洪山街道社区卫生服务中心获得湖南省“社区医院”挂牌，东风路街道社区卫生服务中心申报湖南省“推荐标准”，其余 100% 达到基本标准。新河街道幸福桥社区被评为全国示范性老年友好型社区。2022 年，通过公开招聘和对内竞聘等方式招聘专业技术人员 26 名，系统内中、高级职称返聘 8 人，基层卫生人才能力提升培训 6 人，学历教育提升 7 人。全科医生转岗申请 11 人，全科医生达到 3 名 / 万人口。将所有社区卫生服务中心纳入政府光纤网络布局，建立内部局域网及区级数据中心，实现全区各基层医疗卫生机构公共卫生和基本医疗同软件、同平台运行环境，保障基本医疗和公共卫生数据互联互通、资源共享。推进紧密性医联体走深走实，全区 16 家街道社区卫生服务中心与省市级医院建成紧密型医联体，并与长沙市第一医院打造“心电一张网”，率先在全市开展试点建成远程心电平台，推动上级医院资源下沉，让居民患者在基层就能享受到市级医院专家、教授的诊疗服务。

【健康开福建设】2022 年，开福区深入开展健康区建设，贯彻“将健康融入所有政策”策略，打造“10 分钟便民服务圈”“15 分钟卫生服务圈”“15 分钟体育健身圈”。截至 2022 年年底，全区建成健康社区 25 个、健康促进医院 18 家、健康学校 45 所、健康机关 24 家、健康企业 8 家、健康家庭 100 户、健康小屋 30 个、家庭健康指导站 114 个、健康主题公园 3 个和健康步道 3 条。新建基层群众健身工程点 600 余处、街道全民健身中心和智慧社区健身中心 35 个，提质公共小球场 60 余个，各类健康组织 1822 个，室内健康阵地 529 个，室外健康阵地 1200 余个，市级中期评估为优秀，通过市级验收。组织承办湖南省第 35 个“世界无烟日”主题宣传活动和长沙市“全民健康生活方式行动月”宣传月活动启动仪式。坚持中医药与“健康开福”建设、基本公共卫生服务相结合，通过提质扩容服务、优化人才队伍结构、加速产业振兴发展、拓展文化弘扬传播渠道等举措，推进全区中医药事业传承创新发展。全区 16 家街道社区卫生服务中心建成标准化中医馆，其中通泰街中心和捞刀河中心正在打造旗舰中医药馆，28 家社区卫生服务站和 40 家村卫生室均设有中医药综合服务区。建有 3 个名中医工作室（捞刀河、洪山、浏阳河街道社区卫生服务中心）、建成3个中医药培训基地（通泰街、捞刀河、洪山街道社区卫生中心）。各街道社区卫生服务中心均能开展6类10项以上以及村卫生室、服务站开展4类6项以上中医药适宜技术。构建“15分钟健康服务圈”，以家庭为单元组建家庭健康服务中心，通过健康网上服务平台等多渠道，开展健康指导和健康帮扶，普及健康知识，开展群众性健康教育和健康服务，推进家庭健康促进行动。协调辖区湘雅医院等6家三甲医院专家下沉社区，培训发展143名健康指导员、325名健康社工和2665名健康志愿者。

（袁 亮）

妇幼保健

【概况】2022年，开福区全区孕产妇死亡率为0，5岁以下儿童死亡率1.37‰，婴儿死亡率0.69‰，新生儿死亡率0.17‰。辖区助产机构上报活产出生缺陷发生率238.10/万人，新生儿疾病筛查率100%，新生儿听力筛查率100%，婚前医学检查率81.54%，孕前优生健康检查完成全年目标任务的126%。孕产妇系统管理率96.94%，早孕建册率95.33%，产后访视率96.98%，新生儿访视率99.67%；孕产妇艾滋病、梅毒和乙肝检测率100%，孕早期检测率99.54%；辖区剖宫产率46.97%，机构剖宫产率53.67%，首次剖宫产率35.57%。

【妇幼健康体系建设】2022年，开福区政府将妇幼体系建设、出生缺陷防治、妇幼民生实事等纳入“健康开福”和医疗卫生现代化强区的工作重点推进建设。开福区建立稳定的经费投入保障机制，区妇幼保健计划生育服务中心一般公共预算由2021年的1176.81万元上升至2022年的1281.8万元（增幅8.9%），降消（国家为提高孕产妇住院分娩率、降低孕产妇死亡率、消除新生儿破伤风而投入经费实施的一个卫生项目）、特困孕产妇救助、产前筛查、新生儿疾病筛查、适龄妇女“两癌”检查、孕前优生健康检查、地中海贫血筛查诊断、围绝经期妇女取环等项目经费纳入财政常规预算。深化与长沙市妇幼保健院共建妇幼健康服务联合体建设。发挥区域公立综合医院资源优势，与长沙市第一医院推进“深化院地协作十条措施”，开展人员进修培训、巡诊巡讲、双向转诊、妇幼专科重点帮扶等，引导优质医疗资源服务民生。

【妇幼健康管理】2022年，开福区将孕产妇和5岁以下儿童死亡控制工作纳入全区卫生健康工作重点考核指标，纳入助产机构产科质量和爱婴医院评估指标。推进长沙市“网格化管理＋下沉式服务”孕产妇风险管理工作，对孕产妇进行妊娠风险评估分级分类管理，落实高危专案管理，对不宜继续妊娠的孕妇，及时终止妊娠，确保孕产妇生命安全。全年全区管理孕产妇9146人（高危孕产妇5268人），其中新增孕妇6614人、产妇5715人，新增高危3835人，累计专案管理妊娠风险红色孕产妇75人，紫色33人，橙色947人。健全红色预警及危急重症孕产妇和危重新生儿转诊三级网络，畅通急救、会诊、转诊绿色通道，多例危重孕产妇和新生儿得到全力诊治，有效避免人员死亡。完成区级危重孕产妇评审4例，新生儿死亡评审10例，实现1例危重新生儿救治成功案例。开展母婴安全急救技能比武，举办高危产妇管理培训班、妇幼公共卫生项目培训班、新生儿复苏项目培训班，辖区各助产机构定期组织产儿科等相关医务人员开展多学科急救演练，提升全区各机构母婴安全急救技能水平。

【省市重点民生实事项目】2022年，开福区将省市民生实事项目作为工作重中之重，召开省市民生项目工作推进会3次，为辖区5家助产机构筹集资金配备先天性心脏病筛查的仪器设备，邀请长沙市一医院专家到各社区卫生服务中心开展先天性心脏病集中筛查（补筛）。全区孕产妇免费产前筛查服务5674人，筛查出风险人群1319人，确诊异常13例并及时终止妊娠；新生儿先天性心脏病筛查服务4697人，筛查异常64人，确诊患儿22人并及时纳入重点管理；35～64岁适龄妇女（包括农村和城镇低保适龄妇女2384人）“两癌”免费检查服务6966人，宫颈癌早诊率91.49%，乳腺癌早诊率90%；孕妇无创产前基因检测服务5922人，发现异常73例，确诊11例染色体病胎儿，均引产；新生儿多种遗传代谢性疾病免费检测服务5599人，筛查可疑阳性322例，确

2022年9月20日，开福区妇幼保健计划生育服务中心到幼儿园开展“爱牙日”主题活动

（区卫健局 供图）

诊游离肉碱缺乏症1例、酶缺乏基因携带1例、先天性甲低11例、蚕豆病22例；遗传性耳聋基因免费检测服务5598人，发现各类异常基因携带者242例。

【出生缺陷防控】2022年，开福区完成婚前医学检查5538人，检出异常449人；完成孕前优生健康检查2772人，查出风险人群322人；完成婚孕检人群地中海贫血初筛5475人，初筛阳性免费进行基因检测260人，确诊地贫患者118人。

【妇幼公共卫生服务】2022年，开福区定期开展孕产妇及0～6岁儿童健康管理电子档案抽查和现场质控，确保基本公共卫生，服务规范、真实。加强全区预防艾滋病、梅毒和乙肝母婴传播工作的管理，落实综合干预措施。推行避孕方法知情选择，普及避孕节育知识，做好避孕节育全程服务，降低非意愿妊娠。全区免费计划生育结扎术1例，流引产42例，上环19例，取环237例，输卵管吻合术1例。开展“爱心助孕”特别行动，将符合条件的夫妇纳入爱心助孕免费或优惠服务范围，全年试管助孕255人，妊娠158人。全年开展0～6岁儿童眼保健及视力筛查4.52万人，筛查视力异常323人。加强托幼机构卫生保健管理，落实健康检查、卫生消毒、疾病预防等指导。

【妇幼服务监管】2022年，开福区严格母婴保健技术服务机构和人员准入，依法做好相关执业机构和执业人员许可审批。全年全区助产机构签发出生医学证明2.07万张，活产数2.06万人，出生当年领证率96.62%，废证18张，废证率0.09%。健全妇幼信息管理制度，规范信息资料上报、接收、审核、反馈登记，每季度开展妇幼信息质控和漏报调查，及时发现问题，限期整改；严格落实信息系统安全措施，信息安全责任到人，确保数据和信息的安全。

（袁　亮）

疾病预防控制

【概况】2022年，开福区全年报告并规范处置新冠阳性本土病例389例（含入境）。新冠疫情防控后期，及时调整防疫重点，将防疫重点转移到疾病监测、健康宣教、风险评估、政策解答等方面，完成各项疾病防控工作任务。2022年，区疾控中心被评为“长沙市青年文明号”，选送宣传作品“及时接种疫苗，保障生命健康”被评为长沙市健康科普十佳作品，“公费接种流感疫苗，助力流感疫情防控”被评为湖南省免疫规划工作优秀案例。

【免疫规划管理】2022年，开福区加强接种单位管理，做好全区新冠疫苗接种及相关接种信息数据统计分析，保障疫苗供应。实施扩大国家免疫规划，突出薄弱地区和重点人群，巩固免疫屏障。落实儿童入学、入托预防接种证查验及疫苗查漏补种工作。

【重点传染病防控】2022年，开福区接诊初诊登记肺结核患者634人，纳入治疗管理332人。全年处置学校肺结核散发疫情13起，判定并筛查密切接触者776人，筛查发现肺结核患者2例。2022年，全区累计新发HIV/AIDS病人522例。区疾控中心对521例进行流行病学调查（即首次随访），流调完成率99.8%。

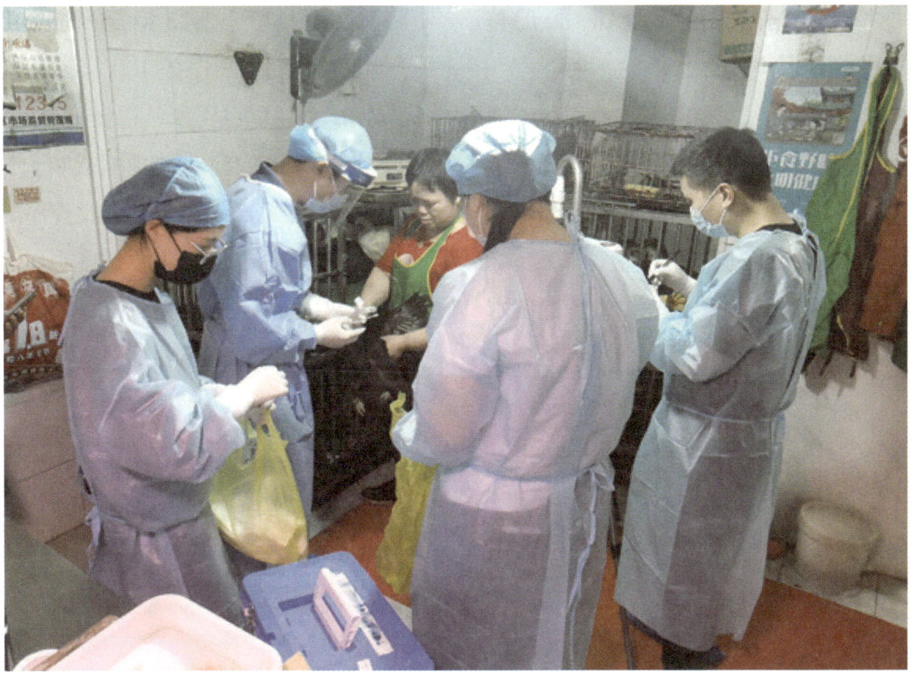

2022年5月19日，开福区疾病预防控制中心检验科、卫生监测科、传防科科员在开福区生鲜市场对可疑出现禽流感现场进行采样工作　　（区卫健局 供图）

艾滋病病毒感染者和病人的CD4检测率97.13%、结核筛查率99.66%、配偶HIV筛查率98.24%、治疗率96.8%，高于全市平均水平。

【公共卫生管理】2022年，开福区采取线上数据通报与现场指导培训相结合的方式，推进街道社区卫生服务中心基本公共卫生管理，查找问题、整改提升。2022年，区疾控中心发布公共卫生通报40期，开展慢性病防控现场业务指导4次、慢性病及精神卫生相关工作推进及培训会4场次，建立居民健康档案74.57万份，65岁及以上老年人健康体检5.32万人，管理高血压患者5.56万人，管理糖尿病患者2.02万人，严重精神障碍患者3247人。

【卫生监测管理】2022年，开福区开展食品安全风险、自备水、二次供水、管网末梢水等监测工作。全年完成食品安全风险监测样品608批次，其中餐具15批次、二次供水16批次、直饮水174批次、农村学校自备水源水60批次、管网末梢水96批次、水海产品120批次、食品中污染物及有害因素监测样品143批次。开展食源性疾病监测工作，全年监测报告病例515例，无食源性暴发事件，无死亡病例发生。

【项目管理创新】2022年，开福区创新实施项目，推进业务工作落实。开展重点人群心理健康线上讲座，打造心理健康读书角、心理咨询室，有针对性提供一对一心理干预服务；开展团体心理干预活动，实施重点人群心理干预项目。选择辖区内5所学校示范开展儿童青少年心理健康促进项目，学生心理健康测评1.13万人；开展为期8天的学校心理老师认知行为治疗专题培训及模拟实操演练，为学生和教职工开展心理健康知识讲座20场次。开展特定人群流感疫苗免费接种项目，全年为中小学生、65岁及以上常住老年人等四类特定人群免费接种流感疫苗5.54万人次。　　（张 艳）

卫计监督执法

【概况】2022年，开福区卫生监管对象1799家，其中公共场所单位1121家，二次供水单位75家，医疗机构554家，学校、幼儿园239家，放射诊疗单位11家，母婴保健服务机构25家。全年立案61起，结案61起，罚款35.75万元，没收违法所得4500元。在长沙市行政处罚案卷评比中获得二等奖，其中“何某某非医师行医案”被评为长沙市2022年度卫生健康行政处罚优秀案卷。

【医疗机构监管】2022年，开福区结合新冠疫情防控、“扫黑除恶”专项行动和打击医疗欺诈专项整治，开展打击非法医疗美容、医疗乱象、传染病防治、消毒产品、医疗废物及污水处置等15个专项行动，立案30起，结案30起，其中简易程序8起，一般程序22起，罚款29.5万元，没收违法所得4500元。规范辖区医疗美容机构信息公示，增加投诉举报、行政处罚信息，统一制作“开福区医疗美容机构公示栏”。

【公共场所卫生监管】2022年，开福区组织对全区94家住宿场所开展专项督查，责令整改20家，立案查处1

家；对43家游泳场馆全覆盖监督和抽样检测，责令整改16家，立案处罚9家；对48家自建房相关经营单位公共场所进行卫生检查，停业整顿3家，责令整改37家；对43家公共单位开展控烟专项督查行动，责令限期整改4家，立案3家；对350家公共场所进行量化分级评定，评定A级3家、B级32家、C级315家，五类经营性公共场所量化率均为100%。

【学校卫生监管】2022年，开福区开展学校（含托幼机构）卫生专项检查，检查学校82所、托幼机构73所。根据国家“双随机”工作要求，抽取7所学校开展教室采光照明、教室人均面积等监督检查，对1所抽检不合格学校立案处罚，督促整改落实到位。

【生活饮用水卫生监管】2022年，开福区对全区75家在册监管二次供水单位全覆盖检查，责令整改2家次。对80所学校开展分质供水、自备水专项整治，督促3所学校新接通自来水，4所学校新打深井，办理分质供水卫生许可证64所。

【职业卫生监管】2022年，开福区组织召开职业病防治执法业务能力培训会，进行工作部署动员，并邀请市局专家进行专题授课，提高执法人员业务能力及政策理解。集中监管力量检查企业20家，下达卫生监督意见书20份，立案查处4起。

【随机监督抽查】2022年，开福区执行国家“双随机”任务100家，监督完成96家，关闭4家，监督完成率100%，立案12起；增加抽取执行任务40家，立案5起，其中一般程序2起，简易程序3起，罚款2.34万元。扩大“双随机”抽检范围，扩检监督单位64家，包含医疗机构48家、公共场所10家、二次供水单位6家，检测内容增加医疗污水、医护人员手卫生、医疗器械消毒情况检测，公共场所空气、空调、布草检测等项目。开展健康危害因素抽检工作，检测学校12所、托幼机构10所、校外培训机构10所、二次供水单位10家和餐饮具集中消毒单位2家，检测内容增加学校空气卫生、噪声、餐饮具消毒等项目。（袁 亮）

人民生活

民政事务

【概况】2022年，开福区城乡低保对象3114户、4753人，全年保障低保人数59667人次，发放保障金3646.82万元。开福区特困对象523户、532人，全年保障特困供养6099人次，发放保障金616.17万元，发放护理补贴1937人次，补贴金额100.5万元。丧葬补助21人，补助金额7.82万元。购买散居全自理特困人员住院期间照料护理保险费304人，保险费15.2万元。2022年，开福区新增社会组织55家，办理变更28家，截至2022年年底，全区注册社会组织388家，街道备案社会组织746家。开福区有养老机构13家，居家养老服务中心86家。2022年，新增居家养老服务中心32家，新增养老机构1家，区社会福利中心建成投用。全年发放各类养老服务补贴1834万元。截至2022年年底，全区有困境儿童677人，其中孤儿14人，事实无人抚养儿童43人，享受低保待遇儿童376人，残疾儿童235人，享受低保、残疾人待遇儿童8人，留守儿童1人。全年办理各类婚姻登记8881对（办理结婚登记4397对，受理离婚冷静期申请2497对，办结离婚登记1507对），其中省域内跨市（州）办理238对，市域内跨区（县、市）办理867对。

【最低生活保障】2022年，开福区低保保障标准为750元/人/月，实行补差保障。全年保障低保人数59667人次，发放保障金3646.82万元。城市低保人均补差588.36元，农村低保人均补差519.95元。

【临时救助】2022年，开福区发放临时救助金513人次、134.44万元，主要保障因病因灾等突发状况，导致基本生活陷入困境，且无能力自救的对象，由民政部门给予应急性过渡性救助。2023年春节前夕，开福区统筹安排全区各级各部门走访慰问困难党员、城乡困难户、部队退役人员、困难残疾家庭、道德模范、机关在职困难干部职工、困难统战对象、困难台胞台属、侨界困难群众等各类困难对象1.76万人次（其中困难党员620人次、城乡困难户1.48万人次、各级各类道德模范和好人125人次、部队退役人员2000余人次、百岁老人28人、孤儿14人），发放慰问金和慰问物品640万元（其中采购米油等慰问物资5932份，价值70万元），争取上级春节慰问专项资金40万元，其中采购2800份慰问物资。按照“兜底线、保基本、救急难、可持续”的要求，采取急难、医疗、住房、就业和基本生活“五帮扶”措施，开展城市困难帮扶1041人次，发放帮扶资金177万元。

【基层民政工作】2022年，开福区全年拨付社区建设资金288.84万元。开展社区（村）书记、主任基层治理业务能力培训。争取110万元“三社联动”服务经费用于奖励和支持社区、社会组织打造“三社联动”示范项目，评定社区服务类项目22个，社会组织类项目6个。建设秀峰街道湘民社区“做靓社区”创新民政民生工作实验点，指导东风路街道砚瓦池社区获评湖南省先进基层群众性自治组织。取消20个不应由基层群众性自治组织出具证明事项。制定《开福区2022年创建幸福社区（村）真抓实干督查激励考核方案》。

【社会组织管理】2022年，开福区新增社会组织55家，办理变更28家，截至2022年年底，全区注册社会组织388家，街道备案社会组织746家。成立区社会组织综合党委及5个街道社会组织联合会。开展社会团体分支（代表）机构专项整治、行业协会商会乱收费专项整治、社会服务机构非营利监管、打击整治非法社会组织、“僵尸型”社会组织整治五个专项行动，注销社会组织6家，9家“僵尸型”社会组织通过中介超市采购第三方配合清理，另有27家社会组织提交注销承诺书。

【养老服务】2022年，开福区有养老机构13家，居家养老服务中心86家。全年新增居家养老服务中心32家，新增养老机构1家，区社会福利中心建成投用，新增养老床位387个。全年发放各类养老服务补贴1834万元。通过招投标形式聘请第三方安全服务机构，对全区养老机构和带托养功能的居家养老服务中心进行安全监督和指导，定期开展养老服务质量和安全生产专项督查。

【社会福利】2022年，开福区全区有困境儿童677人，其中孤儿14人，事实无人抚养儿童43人，享受低保待遇儿童376人，残疾儿童235人，享受低保、残疾人待遇儿童8人，留守儿童1人。开福区投入资金4.88万元，为全区697名困境儿童购买意外保险，完成2个建制村儿童之家提质改造。全年发放孤儿基本生活费23.1万元、事实无人抚养儿童生活补贴39.96万元、困境儿童助学金595人57.1万元。2022年，发放残疾人困难生活补贴4.59万人次、补贴金额642.42万元。发放残疾人重度护理补贴4.05万人次，补贴金额404.91万元。截至2022年年底，全区有80岁以上高龄老人1.49万人，全年发放高龄津贴5.9万人次，津贴金额2063.87万元。开展殡葬改革宣传月活动，推进移风易俗，全年发放惠民殡葬补贴1087人，补贴金额126.93万元。

2022年，开福区婚姻登记处搬至新址，图为5月20日排队登记的新人

（区民政局 供图）

【慈善工作】2022年，开福区开展城乡低保家庭尿毒症患者援助152人次，发放援助金17.68万元；配合市慈善总会开展“生命马拉松公益计划·肿瘤患者大病救助帮扶”两批次，帮扶73人次，5.42万元；开展困难家庭子女高等教育慈善助学，帮扶90人次，59.2万元。成立37个社区发展基金会，并与市慈善会签订合作协议；爱心企业（单位）定向捐赠资金179.88万元。

【救助管理】2022年，开福区民政局生活无着人员救助管理站严格执行省、市民政部门相关文件要求，组织开展“夏季送清凉”、“寒冬送温暖”、文明创建、开福寺祈福安保等多项救助专项整治工作。全年生活无着人员巡查救助435人次，其中医疗救助14人次，站外发放物资1100余份。

【婚姻登记】2022年，开福区婚姻登记处搬迁至新址办公。婚姻登记依法、规范，落实结婚登记全省、全市通办政策，全年办理各类婚姻登记8881对（办理结婚登记4397对，受理离婚冷静期申请2497对，办结离婚登记1507对），其中省域内跨市（州）办理238对，市域内跨区（县、市）办理867对。

【地名普查】2022年，开福区完成与岳麓区行政区域界线的联检工作。完成全国地名信息系统不规范地名审核纠错6412条，新增调整社区、村等信息条目86条。按要求完成6条无名道路命名工作，完成新版区行政区划图编制。

【“老年餐桌”提质扩面】2022年，开福区新增8个社区集中助餐点。截至2022年年底，全区13个街道17个老年食堂有助餐服务对象1.7余人，其中符合财政补助对象2300余人，日平均就餐400余人次。

【社工站建设】2022年，开福区制定《长沙市开福区基层社会工作服务站项目实施方案》，培育社区社会组织6个，建立社工室25个，开展个案32个，联动志愿者925人，志愿服务时长2000余小时，入户探访500余次。举办社工职业考试考前培训，新增持证社工179人。全区有持证社工1106人，居全市各区县前列。指导芙蓉北路街道社工站“四个圈”心理服务体系建设、新河街道社工站“爱在童年、益起健康”城市流动儿童安全教育计划获得2022年度长沙市基层社工站优秀项目。

（尹耀桦）

退役军人事务

【概况】2022年，开福区落实中央、省、市关于退役军人事务工作的决策部署，坚持基础工作抓规范、业务工作抓提升、难点工作抓突破、重点工作创特色，努力"维护退役军人合法权益，让军人成为全社会尊崇的职业"。区退役军人事务系统先进工作经验被中央电视台、《湖南日报》等媒体宣传报道150余次，被退役军人事务部、湖南省退役军人事务厅推介20余次，开福区退役军人事务局（以下简称区退役军人事务局）党组书记、局长张澜被评为退役军人事务部《中国退役军人》宣传工作先进个人，区退役军人事务局被评为2022年度全省退役军人事务信息宣传工作先进单位、长沙市退役军人事务局2022年度信息宣传工作成绩突出单位，谭刚毅被追授为"全国见义勇为模范"，陈利军被评为"长沙市最美退役军人"，马子房等4人被评为"长沙市优秀退役军人"等。

【退役军人服务】2022年，开福区重点打造沙坪街道等3个街道、8个社区文化特色鲜明、硬件设施周全、退役军人满意的"长沙市五优退役军人服务站"。组织开展退役军人、其他优抚对象优待证申领工作，建档立卡完成率97.16%。为全区遭受重大疾病、意外伤害的退役军人和其他优抚对象家庭开展困难援助和走访慰问工作，发放困难援助资金225万元；为全区重点优抚对象购买补充医疗保险金额55.6万元，为全区退役军人、现役军人及家属按每人50元标准，购买意外商业综合保险120万余元，相关工作经验获得退役军人事务部推介。创新"1+2+X"健康服务管理体系，"1"即在四方坪街道胜利社区建设退役军人健康管理服务中心，"2"即在海棠湾社区、营盘街社区建设健康驿站，"X"即逐渐在全区建立多个健康服务站点，为退役军人免费提供健康检查、医养咨询、文娱活动等服务，提供优质便捷医疗保障；组织重点优抚对象开展短期疗养，通过"细心、耐心、用心"服务，使疗养成为优抚对象最期待的活动。

【就业创业】2022年，开福区按要求做好营职以下及专业技术干部、随军随调家属、转业士官的接收安置工作，完成办理入编起薪、党员关系转接等相关手续。组织开展高质量适应性培训，采取线上线下相结合，邀请企业负责人、行业大咖和优秀"老班长"授课，全年召开退役军人军属专场招聘会2场，依托退役军人创业专家指导团，为退役军人创业提供指导。开福区马栏山创智园等2家企业获评长沙市退役军人就业创业基地，湖南红船科技有限公司等5家企业获评长沙市退役军人自主创业优秀企业，湖南鑫盾保安服务集团有限公司等2家企业获评长沙市退役军人就业安置优秀企业。沙坪街道竹安村社区"兵支书"罗胜华建成开福区乡村振兴实践倡导基地，并重点创新打造"农耕文化园"，带动一方百姓实现增收致富。同时，开福区还利用人才优势，招募5名国家级技术经理人，引导退役军人助力乡村振兴。

【双拥双促】2022年，开福区成立社区双拥工作志愿服务队，常态化开展治安巡逻、矛盾调处等志愿服务活动。解放军921医院、国防科技大学附属中学等7家单位被评为长沙市双拥示范点；湖南超能机器人技术有限公司被评为全国"智慧健康养老示范企业"，入选湖南省2022年制造业品牌培育试点企业名单。开展退役军人及其他优抚对象走访慰问，在春节、"八一"建军节、"9·30"烈士纪念日等重要时间节点走访慰问对象、烈士家属，发放慰问物资和慰问金。开展申领优待证、悬挂光荣牌、送发喜报等工作。开展"老兵喜迎二十大、我为长沙添光彩"活动，组织退役军人志愿者与百岁老兵庆祝生日，开展红色教育宣讲、志愿者无偿献血等活动，获得好评。

【优待证首发仪式】2022年5月31日，开福区举行退役军人，其他优抚对象优待证首发仪式，为优抚对象代表颁发优待证。2022年，开福区组织开展退役军人、其他优抚对象优待证申领工作，并签约中国邮政储蓄银行开福支行、中国工商银行中山路支行、中国农业银行开福支行等3家优待证合作银行。针对年龄超过80周岁、身患重病、无自理能力的，或是长期卧床等行动不方便到现场申请的退役军人及优抚对象，区退役军人事务局工作人员主动入户提供优待证办理服务。截至年底，全区退役军人、其他优待对象建档立卡完成率97.16%。

【区促进新时代退役军人就业创业工作实施方案出台】2022年，开福区出台“开福区促进新时代退役军人就业创业工作实施方案”，新企业3年内可享受9000元至14400元不等的税收减免优惠，对个人创业给予最高不超过15万元，联合创业最高不超过75万元的创业贷款贴息，对吸纳退役军人就业的企业给予2000元/人至10000元/人不等的补贴等。自该政策实行以来，共补贴300万余元。建设占地1087平方米的退役军人就业创业智慧服务中心，提供政策咨询、报到登记、指导培训、招聘对接、初创孵化、工商代办等服务。截至年底，中心设行政服务点3个，引入服务机构1家，4家企业长期入驻。区财政100万元奖励退役军人自主创业先进企业、退役军人就业安置先进企业和先进个人。组织开展线上线下相结合的适应性培训，建立学历教育与职业技能培训并行的退役军人教育培训体系，为退役军人开展公务员考前培训、辅警考前培训及叉车工、电工、焊工等职业技能培训。针对年龄较大、学历较低、技能较少、就业较难的退役军人，以寻找和设置合适就业岗位为重点开展服务，安排符合条件的退役军人到街道、社区工作。摸清底数，建立企业库与人才库“两库”清单，每年召开不少于2场退役军人军属专场招聘会。组建创业导师团队，为退役军人提供专业创业指导，定期通过直播沙龙分享退役军人创业故事。

【为退役军人和其他优抚对象购买意外商业综合保险】2022年，开福区通过走访调研，在社会保障的基础上，以公开招标形式，引入商业保险公司，为全区所有退役军人和其他优抚对象购买商业补充保险，为军人军属，退役军人和优抚对象解决“急难愁盼”问题。该保险保障项目涵盖意外身故、意外伤残、见义勇为意外事故、意外住院医疗、传染病身故、疾病身故慰问补贴、重大疾病住院医疗等，个人可获最高赔付21.05万元。全区按每人50元/年的标准，为退役军人、现役军人及家属购买意外商业综合保险120万余元，有效降低退役军人和优抚对象因意外事故或重大疾病而陷入困境的风险。

（彭泫皓）

民族宗教事务

【概况】2022年，开福区为全省宗教重点区县，集佛教、道教、天主教、基督教四大宗教教派于一区，登记宗教活动场所8处，分别为佛教的开福寺、洪山寺、铁炉寺，道教的东岳宫，天主教的长沙市天主教堂，基督教的城北堂、北正街教堂、潮宗街聚会点。全区有少数民族41个，区内拥有全市唯一的少数民族聚居村——汉回村，居住回民800余人，区内清水塘江湾小学等6个单位获得市级民族团结进步示范点荣誉称号。

【民族和睦宣传教育】2022年，开福区开展“民族团结进步宣传月”和“推广普通话，铸牢中华民族共同体意识”主题宣传周活动，印发民族知识宣传手册1万份，做到全区少数民族宣传全覆盖。开展少数民族务工经商人员大走访、大排查、大宣讲活动，普及相关民族知识，铸牢中华民族共同体意识。全年开展“感党恩、守法纪、促交融”宣讲和新疆烧烤店店长培训班2期，提供政策法规培训、就业指导等帮助，助

2022年8月9日，开福区委统战部、区民宗局在北正街教堂组织开展“砥砺初心·携手同行”开福区宗教中国化大讲堂之“湖湘文化进教堂”活动 （区民宗局 供图）

力少数民族务工经商人员更好融入长沙城市生活。加强“五进五好”（“五进”即中共二十大精神、政策法规、国旗国歌、社会主义核心价值观、中华优秀传统文化进宗教活动场所，“五好”即政治品格好、守法遵规好、文明友善好、传承文化好、服务社会好）工作集中宣讲，向广大教职人员宣讲宗教政策法规，提升宗教事务现代化治理能力和水平。在宗教界开展国好法大和反恐宣传教育，推进社会主义核心价值观进宗教场所，组织举办全区宗教界意识形态工作暨消防安全知识培训。开展中共二十大精神进宗教场所宣讲活动，在重大节假日升国旗、唱国歌成为常态。

【宗教事务管理】 2022年，开福区按照《宗教事务条例》和《开福区宗教事务管理办法》要求，常态化开展宗教教职人员政策法规业务培训，对各宗教场所人员信息、人员培训等事项进行登记备案，强化宗教场所人员管理。健全宗教工作“三级网络和两级责任制”，落实好街道属地管理责任，要求各宗教场所建立健全财务管理、安全生产等一系列制度。依法管理宗教事务，指导各宗教场所建立微型消防站8处，联合街道在宗教场所开展消防安全演练8次、安全生产检查20次、宗教团体房屋安全排查和整治10次，确保民族宗教领域的安全稳定。

【民族团结进步创建】 2022年，开福区以长沙市创建全国民族团结进步示范市为契机，成功打造省级民族

2022年7月29日，开福区民宗局组织开展宗教领域意识形态工作和消防安全知识培训，特邀湖南君消消防安全服务中心教官为全体教职人员进行消防安全知识培训　（区民宗局 供图）

团结进步示范点汉回村1个，市级民族团结进步示范点新湘路社区、开福寺路社区、清水塘江湾小学、砚瓦池社区、左岸社区和溪水湾社区6个。做好104名少数民族考生的高考招生优惠政策资格审核工作，帮助辖区少数民族流动人员子女就近入学26人，解决少数民族务工经商人员营业执照办理、门面租赁、个人租房等困难，促进各民族交往交流交融。开展“五进五好”主题实践活动，组织举办宗教中国化大讲堂等主题活动10次。北正街教堂开展砥砺初心·携手同行——开福区宗教中国化大讲堂之“湖湘文化进教堂”活动；城北堂挖掘社会主义核心价值观与《圣经》相融相通之处，给广大信众讲授精品课程《友善》。完善开福寺、洪山寺、城北堂、北正街教堂和潮宗街聚会点5处历史陈列馆、书画馆和文化墙功能建设，形成开福区各宗教场所“一处一特色、一点一故事”格局。

【全区民族宗教工作会议召开】 2月16日，开福区召开全区民族宗教工作会议。区委副书记、统战部部长晏成方，区人民政府副区长廖紫君出席会议并讲话。相关区直部门、各街道民宗工作分管负责人及相关社区书记参加会议。会议传达学习中央、省、市民族宗教工作会议精神，区民宗局、区教育局和湘雅路街道等单位代表围绕民族宗教工作进行交流发言。

【区宗教界“五进五好”实践活动暨民族团结进步创建表彰大会举行】 11月21日，开福区宗教界“五进五好”实践活动暨民族团结进步创建表彰大会在区政府901会议室举行。全区相关部门、各街道、全区8个宗教场所负责人及受表彰人员等100人参加。区委副书记、统战部

部长晏成方出席讲话。大会由区人民政府二级调研员乐俊旺主持。会上，区民宗局党组书记、局长潘格对2022年全区民族宗教工作做总结报告，区委统战部副部长罗小红宣读表彰2022年度开福区宗教界“五进五好”实践活动暨民族团结进步创建先进单位、先进个人决定，区领导为获奖单位颁奖。开福寺法师圆一、城北堂牧师任霞、江湾小学校长李芳分别进行民族宗教工作经验交流发言。

（王　花）

就业创业服务

【概况】2022年，开福区城镇新增就业12586人，失业人员再就业16887人，就业困难人员再就业2416人，城镇调查失业率控制在5.3%以内。发放就业困难人员和高校毕业生灵活就业社保补贴、就业见习补贴1500万余元，发放职业培训补贴12159人次、补贴金额1400万余元。全年向创业主体发放创业担保贷款2131万元，贴息63.49万元。

【创业扶持】2022年，开福区突出政策联动、产业带动、支持自主创业等措施拓宽就业空间和平台，聚焦智能制造、高端服务等四大支柱产业，信创、航空航天航海等四大战略新兴产业，依托马栏山视频文创园、国防科大、湖南广电“三大平台”资源，打造培育以“视频文创”等为特色的创业孵化基地11家，在孵企业323家，在孵实业总收入30亿元，累计吸纳就业5647人。2022年，开福区向创业主体发放创业担保贷款2131万元，贴息63.49万元，发放初创企业经营场所租金补贴、一次性创业补贴100万元。

【就业招聘】2022年，开福区聚焦需求匹配，通过校园现场招聘会、宣讲会、政校企洽谈会、职业培训、直播带岗等多种形式促进创业就业，落实“开福合伙人”倍增计划，连续7年开展“大学生就业在开福”系列就业活动，走进长沙、湘潭、岳阳的20余所高等院校，开展“春风行动”“点亮万家灯火”等“311”就业服务活动，为广大群众提供岗位6.2万个，线上线下服务求职者超9万人。

【就业培训】2022年，开福区坚持把职业技能培训与就业创业紧密衔接，开展多个热门岗位订单式培训，累计开办职业技能培训473期、培训学员2万余人，全年针对大学生开展创业培训2000余人。全年发放就业困难人员和高校毕业生灵活就业社保补贴、就业见习补贴1500万余元，职业培训补贴12159人次、补贴金额1400万余元。

（刘莎莎）

社会保险服务

【概况】2022年，开福区为全区183家企业办理养老、失业、工伤保险企业缓缴登记，缓缴金额1425万元。全区完成社保征缴收入21.36亿元，发放养老待遇44.61万人次，社保参保覆盖率100%。

【社保制度改革】2022年，开福区健全覆盖全民、城乡统筹、公平统一、可持续的多层次社会保障体系，做好城镇职工养老保险与城乡居民养老保险衔接，推进被征地农民养老保障制度改革，实现养老保险城乡统筹发展。2022年，全区完成社保征缴收入21.36亿元，发放养老待遇44.61万人次，社保参保覆盖率100%。

【社保基金管理】2022年，开福区强化对高风险业务的日常核查和重点核查，完善和修订基金内控制度，从内部、源头进行基金风险防范，构建信息系统控制、基金财务控制、人员岗位控制的管理体系，实现内部控制常态化；充分利用科技手段和大数据思维，严防社保基金流失，严控特殊业务办理，保护基金安全。

【社会化管理服务】2022年，开福区坚持尽力而为、量力而为，健全常住地提供基本公共服务制度，探索构建以信息比对为主、退休人员社会化服务与远程认证服务相结合的认证服务新模式，全年开展上门认证、远程认证348人次，加强互联网与政务服务深度融合，实现多部门数据信息实时共享。

（刘莎莎）

住房保障

【概况】2022年，开福完成住房保障审批事项382件次，分配171户困难群众公租房，发放454户困难家庭租赁补贴269.15万元。组织2批

2022 年 2 月，住建部住房保障司到开福区调研发展保障性租赁住房工作

（区住建局 供图）

次保障性租赁住房项目评审，筹集房源 2105 套，完成区“十四五”期间房源筹集总任务 61.6%。筹集优质低价的房源投入全区住房租赁市场，解决新市民群体的租房问题。

【公租房管理】2022 年，开福区开展公租房提质改造，投入资金 30 万元，完成福润园电动车棚新建、福泽园适老设施建设项目 2 个，解决一批群众“急难愁盼”的民生问题，得到保障对象好评。开展公租房领域安全排查 23 次，整改公租房各类安全隐患 30 余处，提高公租房正规化管理水平。

【租赁住房管理】2022 年，开福区开展租赁住房项目排查整治行动，促进管理正规有序。推动开福区存量房数据采集，完成采集招标、人员培训、软件开发和测评等工作，在长沙市内五区率先完成项目初步验收。2022 年，住建部、广东省住建厅、宁夏回族自治区银川市委人才工作局到开福区调研租赁住房管理工作，对开福区发展保障性租赁住房的做法和成效给予肯定，《中国建设报》对开福区发展保障性租赁住房的经验做法进行宣传推介。

【租赁住房保障模式创新】2022 年，开福区主动服务新就业大学生、青年人等群体的住房需求，以“住有所居、住有宜居”为目标，通过土地、财税、金融等政策支持，发动社会力量参与建设和运营保障性租赁住房。探索开福区特有的保障新模式、新思路，明确“盘活存量、园区配套、政策激励、规范管理”的总体要求，重点依托有机更新片区和产业园区筹集保障性租赁住房，找准符合开福区需求实际的发展方向。在 2021 年完成 14 个项目、4059 套房源筹集任务的基础上，2022 年，全区新筹集保障性租赁住房项目 8 个，房源 2105 套，开工率 100%，两年完成房源筹集 6164 套，完成区“十四五”期间总任务的 61.6%，促进全区住房租赁市场稳定。

（赵娜）

医疗保障

【概况】2022 年，开福区常住人口参保率稳定在 95% 以上，特困、低保、孤儿和事实无人抚养儿童、重度残疾人实现应保尽保。全年办理各类报销、救助 6 万余人次，报销、救助金额 6000 万元。实现定点医药机构检查覆盖率 100%，促成医疗机构经自查自纠主动退还医保基金 2.73万元，追回医保基金 33.72万元。2022 年，区医疗保障局获得全市真抓实干督查激励。

【医保政策宣传】2022 年，开福区把医保政策宣传作为落实医保惠民政策的抓手和途径，建立“四个一”医保宣传工作机制（即制作一批医保政策宣传视频、印发一批医保宣传资料（物资）、开展一系列医保“微服务”活动、推出一系列医保工作宣传报道），全年制作宣传视频 4 个，印发宣传资料 3 万余份，开展医保“微服务”活动 4 次，开展“线上线下”业务培训活动 6 次，《湖南日报》、《长沙晚报》、长沙新闻频道等主流媒体宣传报道 12 篇次。推出“开福医保”微信公众号，依托“湘医保”“湘税社保”“长沙银行”等平台，构建“线上线下”2 个医保政策宣传、医保业务经办渠道，让“开福医保”公众号成为服务全区群众知晓政策、办理业务的掌上首选。

【医保待遇保障】2022 年，开福区

2022 年 6 月 29 日，开福区医保局负责人在金霞经开区为园区企业作医保政策宣讲
（区医保局 供图）

全年办理医疗保险异地报销 1240 人次，报销金额 578.49 万元；生育费用异地报销 1028 人次，报销金额 185.29 万元；生育津贴及男职工一次性补助 2449 人次，报销金额 4287.67 万元；办理灵活就业人员医疗退休 1353 人次、跨省医疗关系转移 1130 人次、异地就医备案 1049 人次、拆迁大病困难补助审核 298 人次、特门待遇审核 3228 人次，办理职工医疗保险退费 393 人次，退费金额 33.97 万元，居民医疗保险退费 1102 人次，退费金额 26.69 万元，大额医疗费用补助退费 87 人次，退费金额 1.22 万元，外统筹区个账资金转入 860 人次，上解转移金额 340.54 万元。加强“两病”（高血压、糖尿病）门诊用药保障力度，全区 4.25 万人享受“两病”门诊用药保障，报销金额 520.27 万元。开展医疗救助工作，全年办理城乡居民医疗救助 825 人次，发放医疗救助金 303.75 万元，精神病药物救助 4765 人次、救助金额 49.04 万元，精神病住院救助 333 人次，救助金额 74.54 万元。

【“两定”机构管理】2022 年，开福区下发关于新增协议医疗机构准入管理的通知，规范门诊协议医药机构的准入和退出机制。全年新增定点医药机构 51 家、续签 250 家、退出门诊（诊所、药店）协议机构 21 家，退出医保住院协议医疗机构 1 家，完成 6 家社区卫生服务中心的门诊统筹、生育门诊、特殊病种门诊准入工作。对辖区内一级协议医疗机构通过医保资金总额打包预付 1832.13 万元，总控病种分值、“一站式”业务、门诊统筹及“两病”等审核、结算 4.9 万人次，金额 1739.04 万元。

【医保基金监管】2022 年，开福区建立医保基金监督检查工作制度，做好定点医药机构全覆盖监督检查，全年检查定点医药机构 255 家，实现检查覆盖率 100%，暂停（中止）协议 14 家。开展打击欺诈骗保专项行动、医疗保障基金集中宣传月活动和打击欺诈骗取医疗保障基金自查自纠行动，全年开展大型宣讲活动 1 次，发放宣传资料 2 万余份，发送宣传短信 10 万余条，促成 12 家次医疗机构经自查自纠主动退还医保基金 2.73 万元，稽核追回医保基金 1.69 万元。区医疗保障局与公安、民政、卫健、市场监管等 11 个部门建立开福区医疗保障基金安全联席会议制度，构建部门协同监管、参保人员信息共享工作机制，堵塞医保基金风险漏洞，确保医保基金安全。全年开展联合检查 1 次，行政处罚 4 家医疗机构、追回医保基金 1.16 万元、处行政罚款 1.16 万元，追回已故人员超期享受医保待遇 294 人次、28.07 万元。开通“线上线下”投诉举报渠道，鼓励社会各界举报欺诈骗取医疗保障基金行为，查处案件 1 起，追回医保基金 4500 元。

【医保经办服务】2022 年，开福区贯彻落实省、市医保管理服务真抓实干督查激励实施办法，实施“12345”工程，实现“五个倍增”，即推动医保管理服务“零距离”建设，做实“家门口”服务，全区 16 个街道、114 个社区（村）医保业务经办点全部接入医保专网，11 项医保服务事项下放至街道、社区，便捷倍增；构建“线上线下”2 个医保政策宣传、医保业务经办渠道，体验倍增。区、街道、社区三级医保基层服务示范点全面建成，全区三级医保经办模式全面开启，满意度倍增。加强医保与人社、税务、银行等单位的业务衔接，定期开展部门协商，打破部门界限，实现部门联动、窗口联办，效率倍增。以“四零”工作法持续推进行风建设，努力打造“五星级”政务服务，幸福感倍增。

开福区医保局为老年人提供医保适老化服务，实现医保“办事不出社区”

（区医保局 供图）

【普通门诊医疗费用跨省直接结算】 2022年，开福区实现9家定点医疗机构普通门诊医疗费用跨省直接结算，其中4家定点医疗机构实现5个门诊慢特病治疗费用跨省直接结算。为解决异地就医群众报账“来回跑”，难以真正享受到便捷医保服务的问题，开福区医保局紧盯省市重点民生实事“特殊群体医疗保障”项目目标任务，确保辖区内长沙市第一医院等9家医疗机构提前实现普通门诊医疗费用跨省直接结算，超额完成目标任务。其中4家定点医疗机构实现5个门诊慢特病治疗费用跨省直接结算。

【灵活就业人员职工医疗保险退费流程出台】 2022年5月19日，开福区医疗保障局与区税务局联合发文，在全市率先制定“长沙市开福区灵活就业人员职工医疗保险退费流程”，就灵活就业人员职工医保退费流程、申请资料、办理地点等进行明确，为参保人提供更加便捷、安全、高效的退费渠道和医保服务，有效解决新系统上线后灵活就业人员在医保部门和税务部门办事“两头跑”“跑多次”的问题，相关工作经验被长沙市委办公厅《长沙要情》推介。

【异地就医承诺制备案实行】 2022年11月15日，开福区医疗保障局在全省率先探索实行医保异地就医承诺制备案。在开福区参保的异地安置退休人员、异地长期居住人员、常驻异地工作人员无法及时提供异地居住（工作）证明材料的，只需签署承诺书，无须提交相关材料，即可在“湘医保”“智慧人社”等线上平台或医保经办机构窗口完成异地就医备案。推行承诺制备案后，该事项办结时限在法定时限基础上缩减70%，可解决参保人异地就医烦恼，提升异地就医备案便捷度。相关工作经验被湖南省人民政府办公厅“政务要情与交流”、湖南省医疗保障局“湖南省医疗保障工作”推介，被《湖南日报》《长沙晚报》等媒体宣传报道。

（管 辉）

应急管理

应急管理

【概况】2022年，开福区以“国15条硬措施”为统领，统筹发展和安全，织牢织密安全防控网络，安全生产形势总体平稳。2022年，开福区事故起数、死亡人数较2021年同期下降29.41%，未发生较大以上生产安全事故，被评为省、市安全生产优秀单位。

【安全责任落实】2022年，开福区制定出台“开福区安全生产定期会商制度”“开福区政府领导2022年度安全生产工作任务清单”，将安全风险研判、突出问题治理及安全保障作为区委、政府领导重点研究调度内容，全年召开区委常委会议7次，政府常务会议10次，书记、区长专题研究部署会13次，区长办公会2次，其他常委条线专题会议研究安全生产12次，研究解决自建房、电动车违规充电、交通运输企业违法多发及公共安全隐患治理资金落实难等重大突出问题15项。落实区领导带队检查制度，针对发现问题采取分管副区长约谈、移交执法部门、行业主管部门督办等方式，全部落实“闭环”管理，重大隐患治理实行区、园区领导“包案责任制”，实行每周一调度。全年开展5轮区领导带队检查116批次，检查生产经营单位284家，交办问题隐患803个，现场督办重大隐患单位32家。完善监管体系，将落实“党政同责、一岗双责、失职追责”“三管三必须”，治理突出问题和重大隐患等内容纳入六届区委巡察工作，从严从实压实各方责任，推动区级层面12个专委会健全机制，每月召开风险研判分析会、专委会例会，盘点监管家底，查短板、补漏洞，破解制约安全发展的重难点问题，全面厘清园区与街道职责边界，明确金霞经开区与相关街道安全生产监管范围，明确885家企业监管主体。

2022年，开福区各级各部门组织各类应急救援演练400余场次，参加人员1万余人次。图为开福区2022年综合应急演练现场　　（区应急管理局 供图）

【安全执法检查】2022年，开福区落实“国15条硬措施”要求，坚持高压严管，清理安全乱象。出台深化全区应急管理综合行政执法改革的实施方案，成立开福区应急管理综合行政执法局和开福区应急管理综合行政执法大队，按照标准将原9个编制的应急管理综合执法大队扩编至18个，装配执法设备设施。刚性运用“五个一批”“四个一律”（“五个一批”指依法严惩一批、关闭取缔一批、联合惩戒一批、问责曝光一批。“四个一律”指对检查发现的每一项违法违规行为一律停产整顿、一律关闭取缔、一律上项处罚、一律追究法律责任）执法措施，推进“打非治违”行动，整治无证经营、非法转包、多头挂靠、责任虚置等顽瘴痼疾。从严从快查处热炼星城健身会所，对其未经许可私自改建游泳池对外营业，在多次责令关停后仍再次营业，由主管部门依法取缔，并对游泳池去功能化处理，实施拆除。2022年，全区组织开展联合执法行动95次，发现违法违规行为3224起，行政处罚216家，责令停产停业整顿51家，取缔关闭198家，向公安移送7人刑事立案，处罚金601万元，媒体公开曝光违法企业22起，查实群众举报742起，兑现举报奖励5000元。

【安全隐患治理】2022年，开福区开展安全生产专项整治，治理一批历史遗留重大问题隐患，推进重大风

2022年11月24日，由长沙市城市管理和综合执法局主办，开福区人民政府和江滨社区承办的供气事故应急演练在江滨社区十号重建地25栋前坪举行

（区总工会 供图）

险隐患治理。2022年，全区排查重大隐患193处，整改166家，市挂牌督办4处，整改完毕。四方商贸城综合治理、听香水榭小区外墙皮脱落、佳海工业园、江滨玫瑰园燃气整改、天健芙蓉盛世小区消防隐患整改、湘瓷住宅小区危房整改等项目稳步推进。梳理自建房、电动自行车、教育托管机构、道路交通等12类突出问题，出台长效治理举措，治理全区电动自行车违规充电、道路运输企业违法多发、燃气供应等难题。

【安全宣教培训】2022年，开福区组织区委理论学习中心组第五次（扩大）会议学习贯彻习近平总书记关于安全生产重要论述和《中华人民共和国安全生产法》，组织机关干部、企事业单位职工收听收看专题片公开版10万余次，下发习近平总书记关于安全生产、应急管理、防灾减灾救灾等工作重要讲话及重要批示指示精神摘要汇编1万余册。全区关于安全生产主题的稿件在中央、省、市主流媒体报道300余条，开展典型案例曝光30余次。举办“6·16”安全宣传咨询日、“安全生产知识竞赛”等主题宣传活动，设立咨询台为群众及企业员工答疑解惑。印发《中华人民共和国安全生产法》《中华人民共和国刑法修正案（十一）》等宣传资料10万余份。

【基层应急基础】2022年，开福区完成防汛抗旱职能转隶，制定防汛应急、多部门联防联控联调联动机制，形成“开福经验”。开展防汛隐患处置，全区累计摸排各类隐患75处，消除34处，其余制定一点一策一方案，推进隐患整改。发挥区防汛抗旱办公室牵头管总作用，推进全区内涝点治理、管网疏浚、堵点改造、设备增添、地灾隐患及涉险工程消除等项目实施，成功应对“4·25”“5·9”“6·20”等3次强降雨。建立“四通报一指令”工作机制，形成群防群治、通力合作的森林防灭火工作格局，严格火源管控，采取流动巡查、定点观测等方式，对重点林区、重点部位，开展全方位、全时段火情监测。深化宣传教育，全区设立森林防火检查岗18处，发放宣传资料3000份，出动宣传车60台次，实现全年森林火灾零火点。组织街道和社区开展基层应急能力建设，所有街道全部达标并迎接省市验收；推动应急云广播系统建设并投入使用，建设规范化应急预案体系，组织修编“开福区森林火灾应急预案”等37个区级预案；实施常态化应急演练体系，分灾种、分行业开展常态化演练，全年全区各级各部门组织各类应急救援演练400余场次，参加人员1万余人次。

（罗 韵）

消防救援

【概况】2022年，开福区消防救援大队辖鹅秀、丝茅冲、金霞、伍家岭、星月、潮宗街6个消防救援站，消防执勤车30辆，消防装备1.52万余件（套），负责开福区188.3平方千米防火、灭火及抢险救援任务。

【消防安全责任】2022年，开福区贯彻执行国务院办公厅、湖南省委办公厅《消防安全责任制实施办法》，常态化运行消防安全委员会，统筹解决整治难题。建立健全每月通报、定期会商机制，推动党委政府领导责任、行业部门监管责任、企业单位主体责任，协调应急管理、公安、住建、城管综合执法等多部门建立消防联合执法机制。将消防安全管控纳入共同监管视线，推动区域性火灾防控工作，确保火灾形势平稳可控。

【灭火救援行动】2022年，开福区消防接警出动1540起，与2021年同期相比下降8.7%，其中火灾扑救456起、抢险救援401起、社会救助527起、公务执勤66起；出动车辆3051辆次，出动人次1.73万人次，抢救被困人员452人，疏散被困人员540人，抢救财产价值531万元，保护财产损失266万元。以全员岗位练兵为依托，对标“主力军”标准，抓好抓实各项业务能力训练。贯彻“党委议训、主官抓训、机关领训、全员参训”的原则，执行“周抽考、月普考、季比武”的练兵考核制度，指战员体能技能成绩达标率、优良率较2021年提升27%、14%。针对全区高层建筑、自建房、仓储物流、城乡接合部火灾隐患特点，结合当前各类应急救援需要，及时调整力量部署，明确重点防范区域及部位，结合区域性火灾防控实际，不断健全和完善灭火救援联动机制，联合专职消防队、微型消防站开展联勤联训，提高应急处置能力。开福区消防救援队伍在参加各类实战比武中都取得优异成绩，特别是在参加市消防救援支队体能比武竞赛中获得三个单项第一名、在“星城卫士杯体育联赛”中获得团体第二名的好成绩。

2022年6月16日，开福区举办“6·16安全宣传咨询日”活动并给“最美应急人”颁奖
（区总工会 供图）

【消防安全整治】2022年，开福区重点推进高层建筑消防安全整治工作，推进电动自行车集中管理，整治经营性自建房、大型商业综合体、“多合一”场所、消防车通道、仓储物流场所、消防产品、重大火灾隐患以及重点区域消防安全隐患，推动80%的行业单位落实消防安全标准化管理。全年全区检查单位3160家，整改隐患3890处，查封147家，三停39家，重大火灾隐患单位立案92家、销案90家，现存32家，罚款334.27万元。

【消防安全宣教】2022年，开福区以宣传贯彻新《中华人民共和国安全生产法》为契机，结合消防宣传“五进”活动，将消防宣传触角延伸到全区各个角落。在“5·12”全国防灾减灾日、“11·9”消防宣传日、“安全生产月”、“学校安全教育周”以及其他重要节点，开展多种形式宣传活动，联合媒体曝光火灾隐患8次。每周定期组织宣传服务队开展宣传车进社区活动，招募到消防志愿者800余人，发放宣传资料10万余份，在各类主流媒体进行60余次消防宣传，消防站对外开放80余次，接待参观群众6000余人，区科普教育馆接待参观体验群众1.6万余人次。区消防救援大队通过消防安全学习云平台，在全区范围内开展消防安全知识线上学习活动，全区注册学习人数6.42万余人。

（王 建）

街　道

望麓园街道

2022 年 7 月 15 日，开福区“麓园亭”区域化党建创新项目正式启动

（望麓园街道 供图）

【概况】望麓园街道地处长沙市开福区南端，东起芙蓉中路，与开福区清水塘街道相邻；西至黄兴北路，与开福区通泰街街道接壤；北抵湘春路，与开福区湘雅路街道搭界；南起中山路，与芙蓉区定王台街道相望。辖区总面积达 1.2 平方千米。街道辖荷花池、水风井、营盘街、富雅坪及中山路 5 个社区居民委员会。2022 年年末，望麓园人口总数达 54286 人，23289 户。

【街域经济】2022 年，望麓园街道完成财税收入 3.78 亿元，同比增长 2%，完成固定资产投资 23 亿元，完成限上社会消费品零售总额 46.64 亿元，同比增长 11.8%。全年新增高新技术企业 6 家，新增“四上”企业 2 家。街道 25 栋商务楼宇去化 2.27 万平方米，市场主体突破 1 万户，全年新增主体 1092 户，其中企业新增 470 户、个体 622 户，完成“个转企”10 家。华润置地项目累计销售 6.75 万平方米，销售额 7.6 亿元，被湖南省商务厅授牌“湖南新零售创新中心”。街道落实区“百名干部联千企”行动，开展“送政策、优服务、解难题”专项行动，举办“政企晚餐会”3 场，辖区 40 家企业参与，解决问题 33 个。

【城市管理】2022 年，望麓园践行“四精五有”，坚持建管并举，全面提升街区品质。开展“百街千巷”环境综合整治，持续打好“蓝天保卫战”，全年开展市容秩序专项执法整治 20 次，完成各级环保督察信访件 14 件，学宫街、教育街、东兴园巷等老街巷面貌焕然一新。开展自建房安全整治“百日攻坚”行动，完成辖区 735 栋自建房摸排，消除隐患 278 处，迎接 2 轮自建房整治市级交叉检查，同时，作为全区 2 个代表街道之一圆满完成省检任务。推动文明创建向全域、全员、全程延伸，创新打造“麓园亭”志愿服务品牌，成立全国首个以“自修学习”为主要内容的理论平台——湖南自修大学湘江理论讲习所，获得中组部主流网站及多家主流媒体推介。

【民生保障】2002 年，望麓园街道开展就业、创业帮扶，搭建企业、人才对接平台。全年新增城镇就业 801 人，失业人员、就业困难人员再就业 798 人，各项指标均超任务完成；城镇失业登记率始终稳定在 1.5% 以下；街道就业工作在国务院第十一督察组“百村千企连万家”座谈会上获得典型推介。街道辖区内实施老旧小区改造 24 个，推进 2 个既有小区品质提升工作，完成衡清里 3 栋危房改造，发放房屋功能性完善补贴 403 万元。为 17 户家庭及时申请保障性住房。街道持续加大纾困力度，开展基层群众诉求源头治理，解决群众“急难愁盼”问题，全年发放低保、特困补助等各类救助金 224.97 万元。办理网络问政、“12345”政务热线工单 2512 件，及时响应率、问题解决率等重点指标稳居全区各街道前列。全年办理生育服务证 139 本，其中一孩 85 本，二孩 54 本。全年特别扶助对象 186 人，独生子女保健费对象 188 人，城市低保家庭扶助对象 89 人。以特殊家庭“三个全覆盖”帮扶为重点，通过开展专项行动，实现 100% 落实双岗联系人制度，100% 落实就医协议医院，100% 落实家庭医生签约。完成“两癌”筛查 400 人、孕前优生健康检查 135 人。完成无偿义务献血 236 人。

【综合治理】2022 年，望麓园街道实施安全生产“百日攻坚”，开展危化品、消防、燃气、建筑工地等重点领域联合执法行动 32 次，停业整顿 15 家、行政处罚 17 家。启动高层建筑消防安全隐患整治，聘请第三方专业机构对全辖区 34 栋高层建筑进行消防安全培训，组织应急救援演练 36 次。完成金地大厦消防安全隐患整治，全年街道未发生安全责任事故。依法依规推动信访遗留问题化解，全年化解信访遗留问题 11 件。以“零容忍”态度推进食品药品监督检查，对全街食品药品门店进行常态化监管，做好国家食品安全示范城市创建工作。开展反电信诈骗宣传活动，辖区发案率明显下降，社会大局和谐稳定。

【“政企联心，共话发展”晚餐会】2022 年 6 月 24 日，开福区望麓园街道 2022 年首场“政企联心、共话发展”晚餐会在陋园宾馆举行。中国石化销售有限公司湖南石油分公司、湖南中医药大学第二附属医院、湖南省妇幼保健院党委、华声在线股份有限公司、湖南日报传媒中心有限公司等 16 家辖区重点企业负责人及相关区直部门、望麓园街道负责人参加，开福区委副书记、统战部部长晏成方出席。晚餐会上，企业家们与区直部门、街道谈产业发展、当前机遇，并结合实际，围绕产业融资、惠企政策、银企合作、政务服务等主题提出意见和建议，分享交流经验。针对企业诉求，能现场解决的现场解决，现场解决不了的由相关部门梳理跟进，建立问题台账及时交办。

【“麓园亭”区域化党建创新项目启动】2022 年 7 月 15 日，开福区“麓园亭”区域化党建创新项目正式启动，来自长沙市、开福区的专家、领导以及望麓园驻街单位党组织负责人、志愿者代表、“好人”代表等 220 余人参加启动式。活动当天，由开福区望麓园街道、星辰在线联合创办“湖南自修大学”湘江理论讲习所同步揭牌。“麓园亭”区域化党建创新项目以 5 个“麓园亭”及 24 家成员单位组成的实践点参与志愿服务为主，以党员干部组成的 12 支志愿者服务队伍为基础，创新融合党员教育、志愿服务、为民办实事等多项功能，以学促用、以学促干，打造更具质效的基层治理“共同体”。

（屈炫锦）

清水塘街道

【概况】清水塘街道地处长沙市开福区南端，东接迎宾路、南接八一路，与芙蓉区韭菜园街道相邻；北抵德雅路，与开福区东风路街道相邻；西至芙蓉北路，由南往北依次与开福区望麓园街道、湘雅路街道接壤。辖区总面积 2.93 平方千米。街道辖清水塘、芙蓉路、便河边、四季花城 4 个社区居民委员会。截至 2022 年年底，辖区总人口 24772 人，其中常住人口 20960 人，流动人口 3812 人；总出生人数 102 人（一孩 52 人，二孩 46 人，三孩 3 人，多孩 1 人），其中男孩 62 人，女孩 40 人，符合政策生育率 100%，死亡 108 人，人口自然增长率 -0.2‰。2022 年，清水塘街道获得“长沙市生活垃圾分类示范街道”，市级平安建设考核优秀街道，市级信访工作“三无”街道，市级真抓实干加强基层治理示范街道，市级基层人力资源和社会保障平台标准化建设优秀街道，食品安全市 A 级（先进）单位，长沙市基层理论宣讲基地，街道退役军人服务站被评为市级“双拥创建示范点”和“五优退役军人服务站”。

【街域经济】2022 年，清水塘街道完成税收收入 4.28 亿元；完成其他营利性服务业营业收入 21.87 亿元，完成限上社会消费品零售总额 5604 万元，完成销售额 31.18 亿元；完成固定资产投资 18.91 亿元；完成实际利用内资 17.37 亿元。全年新增高新技术企业 5 家，新增“四上”企业 2 家（湖南湘体运动健康食品有限责任公司、长沙火洲吐鲁番果品有限公司）。全年引进金融保险、医药健康、信息技术等高端服务业企业 320 家；新增市场主体 643 家，实现商业楼宇去化 3 万平方米。走访调研中南出版传媒、捷特等重点企业 240 次，解决问题 76 个，组织召开街道政企连心“晚餐会”5 次，做好企业服务工作；推进北尚国际广场项目阳光补偿签约，保障项目如期启动，总投资 40 亿元的华远•华时代项目年底交付使用，总投资 15 亿元的深业置业项目主体封顶。

2022 年 11 月 6 日，长沙首个学雷锋志愿服务网红打卡点落户清水塘，来自长沙市第一医院的第一批志愿者打卡留影（清水塘街道 供图）

【城市管理】2022 年，清水塘街道按照“百街千巷”市容环境综合整治要求，打造更高品质的街区环境。全年开展全街大清扫活动 200 余次，推行“全天候巡查 + 重点整治”机制，开展集中整治行动 300 余次，清除玻璃贴字和残标 900 余处，清洗油污 3500 余平方米，清理垃圾堆物 500 余车，清理整治违规早夜市 8 个、流动摊贩 300 人次、店外经营 400 余次、占道经营 80 处，城市市容环境秩序控制良好。紧扣全区“打赢蓝天保卫战”生态文明建设工作，执行专项执法 90 余次，发现并整改问题 95 个，行政执法案件 38 例，罚款 3.01 万元；按照“8 个 100%”管理措施要求，对辖区内所有在建工程进行全面排查，督促整改辖区内建筑工地问题 12 处；累计排查自建房 204 栋，其中拆除 4 栋，开展房屋安全鉴定 201 栋，并通过修缮重建、配备消防设施等方式，对其中的 C、D 级危房开展重点整治；按照“应拆尽拆”的原则，组织人员拆除德雅宾馆、海联大酒店、迎宾大厦、科普大厦等自建房及楼顶违章建筑 28 处 2000 平方米。

【民生保障】2022 年，清水塘街道严格落实对城市低保户、特困家庭、退役军人的相关帮扶政策，做到应保尽保。全年新增低保 8 户 10 人；组织开展街道城市特困帮扶四批次，共帮扶 69 人次，发放帮扶资金 9.17 万元；为 134 名残疾人发放残疾人“两项补贴”38 万元；为 400 名高龄老人发放高龄津贴 160 万元；为 9 名困难学子发放教育助学资金 2 万元。开展就业技能培训和“春风行动”线上招聘会，新增城镇就业 501 人，登记失业率为 1.66%。调处农民工欠薪问题 20 余次，通过调解追回欠薪 788 万元。按照市级民生实事重点任务工作要求，在省体育局大院内启动拥有 50 余个床位的综合性居家养老服务中心建设。完成义务献血、孕前优生检测、“两癌”筛查等工作任务，保障居民群众各项合法权益。

【综合治理】2022 年，清水塘街道全年开展涉及欠薪、物业、婚恋等各类纠纷的司法调解 92 起，形成案卷 17 本，调解成功率 100%。做好退役军人服务，打造“国防之星”文化走廊。办理“12345”热线工单、网络问政等 2800 余件，解决群众所需所盼。落实安全生产专项整治三年行动要求，加强对建筑施工、高层建筑、消防、燃气、特种设备等重点行业和领域的巡查监管，检查企业 315 家次，查处并整改隐患 96 处；开展常态化消防应急演练 16 次，组织 16 次安全知识讲座及宣传活动；姚正街试点安装电动车安全充电桩，获得居民群众好评。

【区域化党建联席会议召开】2022 年 3 月 11 日，“党建聚合力”2022 年清水塘街道区域化党建联席会第一次会议在中国共产党长沙历史馆《湘区丰碑》陈列大楼三楼多功能厅召开。会上，湖南省政协办公厅、湖南省委统战部、湖南省科学技术协会、湖南博物院、长沙市第一中学、中国共产党长沙历史馆、湖南出版控股集团、中国银行湖南省分行、华夏人寿保险股份有限公司湖南分公司等27家单位与街道签订党建结对共建协议书。湖南省委组织部组织指导处处长章清，长沙市委组织部基层办常务副主任黄永华，开福区委常委、组织部部长郭峻等领导出席。

【区“就认这个理·开福大讲堂”第三片区宣讲比赛举行】2022年7月28日，开福区“就认这个理·开福大讲堂”第三片区宣讲比赛在清水塘街道举行。该次活动由开福区委宣传部主办，清水塘街道承办，星辰在线协办。活动中，来自望麓园、清水塘、通泰街、东风路等街道的9位宣讲员，以喜迎中共二十大召开为主线，以“强省会”、传递思想火炬、接力照亮“北强”等题材内容为主题，结合自身工作实际，讲述基层“小人物”承载的时代“大情怀”。

【长沙首个学雷锋志愿服务网红打卡点建成开放】2022年11月16日，长沙首个学雷锋志愿服务网红打卡点，在“全国最美志愿服务社区”开福区清水塘街道清水塘社区建成开放。只要学雷锋志愿服务累计满4小时，就能在一顶卡通雷锋志愿者“小红帽”下标注志愿服务时长，并留影打卡，留下签名照片作为纪念。当日，长沙市一医院内科二支部的医生护士党员们结束义诊后，第一批到雷锋志愿者打卡墙前留影。清水塘社区红色服务站将在线上、线下展播学雷锋志愿者照片，传播正能量“网红”。

【张庆伟到清水塘街道调研】2022年11月3日，中央宣讲团成员、湖南省委书记、省人大常委会主任张庆伟到开福区清水塘街道清水塘社区宣讲中共二十大精神并调研。张庆伟与社区的基层代表互动交流，一起学习中共二十大精神，并回答基层代表关于“三个务必”“共同富裕”“增进民生福祉”等方面的提问。他指出，社区是党在城市工作的基础，是连接群众的桥梁，大家要把学习宣传贯彻中共二十大精神，作为当前和今后一个时期的首要政治任务，原原本本、原汁原味地认真学习领会。座谈交流前，张庆伟到清水塘社区公共服务中心、清水塘街道新时代文明实践所，调研了解社区学习宣传贯彻中共二十大精神、区域化党建、志愿者活动等情况，勉励大家进一步坚定信仰信念信心，齐心协力、团结奋斗，在新时代新征程上展现新气象新作为。省领导吴桂英、谢卫江、杨浩东参加。

（宋 洁）

湘雅路街道

【概况】湘雅路街道东至芙蓉路、由南向北与开福区清水塘街道、东风路街道相邻；南接湘春路，由东向西依次与开福区望麓园街道、通泰街街道接壤；西临湘江，与岳麓区银盆岭街道隔江相望；北抵竹山园，与开福区新河街道搭界。2022年年末，湘雅路街道辖区总面积1.47平方千米，街道辖上麻园岭、留芳岭、新湘路、三角塘、百善台、文昌阁6个社区居民委员会，辖区户籍人口4.02万人，常住人口4.69万人。

【街域经济】2022年，湘雅路街道完成财税收入2.45亿元，完成固定资产投资26.9亿元，完成限上社会消费品零售总额1.85亿元，完成高新科技产值6076.2万元，新增市场主体405家。街道重点楼宇中，全年税收超1000万元的有华尔街中心、泊富国际广场。其中华尔街中心全年完成税收3575万元，泊富国际广场全年完成税收1.75亿元。2022年，湘雅路街道完成湘雅路派出所项目房屋签约工作，10天时间实现项目整体签约清零（其中私房42户），刷新开福区城市房屋征收速度。有序推进复地崑玉二期、青熙中心、万致商业中心等项目建设，S8地块顺利摘牌。

【综合治理】2022年，湘雅路街道全年化解信访遗留问题6户。开展安全生产三年专项整治行动、“双百”行动和“百日攻坚”行动，对39家企业开展执法检查，发现安全隐患51处，全部整改完毕。妥善解决宇成广场维权纠纷、盛大金禧群访等问题，完成中共二十大和全国“两会”等特护期安保工作任务，实现“五个不发生”和“三零”目标。开展意识形态领域风险隐患排查，社会大局平安稳定。

【城市管理】2022年，湘雅路街道开展自建房安全整治“百日攻坚”行动，排查自建房408栋，对发现存在安全隐患的204栋房屋依法依规整治到位。以湘雅医院环境整治成效为样板，丰富内涵，拓展外延，结合背街小巷环境整治提升行动，推进

8月31日，开福区湘雅路街道快递外卖小哥“红色之家”在百善台社区成立，辖内十多名快递外卖小哥在此可免费享受休息、阅读、饮水、热饭等系列服务

（湘雅路街道 供图）

街域环境优化升级，完成背街小巷提质改造15条。推进垃圾分类，文明创建常抓不懈，提升城市管理精细化水平。全面落实工地扬尘防治措施，严格落实河长制工作，抓好污染源头管控，坚决打赢“蓝天保卫战”。

【民生保障】2022年，湘雅路街道全年累计发放特困补贴13.6万元、特困供养7.14万元、最低生活保障254.36万元、高龄补贴235.74万元、残疾人“两项补贴”89.46万元、租赁补贴26.04万元，实现应保尽保、应助尽助。对17条欠薪平台投诉进行有效处置，动态结案率100%。开展“我为群众办实事”活动，解决文昌阁50号办事处宿舍房改遗留问题、宇成开福广场垃圾站、凯乐国际城小区消防改造等重要民生实事23件，处罚欠薪投诉问题17件。实行“五方联动＋居民共议”机制，破解无物业老旧小区治理难题，完成凯乐国际城、华盛新外滩等小区提质改造。打造“樟树下”“文物里”“凉亭中”等“流动讲堂”特色教育课程，推动党的创新理论“飞入寻常百姓家”。成立开福区首个社会组织综合党委、23家“两新”党支部，覆盖67家企业、2个“快递外卖小哥红色之家”。打造水电八局小区党群服务中心，开展“小善”代送、医疗讲座、老年义诊、送学上门、结对帮扶等服务项目。

【十间头35号民居楼顶违建被拆除】2022年6月7日，湘雅路街道十间头35号民居楼顶违法建筑被拆除。该民居始建于1933年，是长沙市不可移动文物保护单位。十间头35号民居为砖混结构的二层中式小楼，有房屋8间，其中6间房为马某等6人的私人房产，2间房为社区自管房产，总建筑面积为232.37平方米，占地面积为172.9平方米。该民居东侧开有古色古香的石库门，上砌门房，朝天栏杆颇具特色，外墙以“六一尺”青砖砌成，厚重结实牢固耐用，内部以红砖砌墙，致密紧凑，大方雅观。二楼为木结构，门窗厅房、栏杆扶手、木柱支架、屋顶地板都使用良好。文物部门鉴定认为，该建筑结构完整，保存较为完好，为长沙民国时期民居建筑的典型代表，具有较高的历史、文化、艺术价值。少数居民为生活便利，在该楼顶擅自搭建12平方米的砖木结构杂屋，屋内堆满杂物，具有极大安全隐患。在开展自建房安全专项整治行动中，该违法建筑被依法拆除。文昌阁社区对该文物点进行修缮，打造成公共文化服务空间。

【快递外卖小哥“红色之家”成立】2022年8月31日，开福区湘雅路街道快递外卖小哥“红色之家”在百善台社区成立，社区范围内16名快递外卖小哥在此可享受免费空调午休床位、饮水、热饭等一系列贴心服务。他们享受服务的同时，也成为社区党委民情网格员，利用走街串巷的职务便利，志愿提供为居民跑腿代办、预警安全隐患等服务。社区建立快递外卖小哥“红骑士”微信群，在群里派送红色服务单，实行“包片”负责制，开展“安全隐患我来拍”“好人好事我来做”“治理建议我来提”等9项志愿服务。每季度百善台社区党委将对“红骑士”进行评比奖励。

（李 艳）

伍家岭街道

【概况】伍家岭街道地处长沙市开福区中部，东与开福区四方坪街道为邻，南连东风路街道，西临新河街道，北抵浏阳河与浏阳河街道隔河相望。2022年年末，伍家岭街道总面积6.01平方千米，总人口47253人，其中常住人口37877人，流动人口9376人，辖科大佳园、浏阳河、蒋家垅、紫荆园、建湘新村、陡岭和花城7个社区居民委员会。2022年，伍家岭街道第一湾小区入选全国“加强物业管理，共建美好家园”典型案例（全国100个），伍家岭街道被评为长沙市文明标兵单位、长沙市基层治理真抓实干优秀街道、长沙市信访安保维稳工作优秀集体、长沙市信访工作“三无”街道、长沙市青年突击队建功行动优秀青年突击队、长沙市园林式单位居住区等。

【街域经济】2022年，伍家岭街道全年GDP同比增长8%，完成财税收入2.6亿元，年纳税1000万元以上企业13家、1亿元以上企业2家。实现规模工业增加值1.9亿元，完成限上社会消费品零售总额2亿元，完成固定资产投资14.9亿元，完成营利性服务业营业收入1.42亿元，完成高新技术产值13亿元。新增高新技术企业14家。净增市场主体1742家，其中净增企业787家、个体755家、“个转企”10家。新增“四上”企业4家。开展“百人联千企”活动，走访企业60家，收集、解决问题21个，走访率、问题解决率100%；举办政企“晚餐会”3场，累计邀请企业35家，解决问题30余个。帮助24家小微企业申请工会经费全额返还53.4万元。推荐6名企业人员为开福区2022年度创新型高层次人才，指导26家企业申报56个初中级存量人才、51个初中级新引进人才。

【民生保障】2022年，伍家岭街道帮扶城市特殊困难群体90户，帮扶金额17.22万元。实施大病医疗救助34人次，发放救助金16.5万元。临时救助17人次，发放救助金额5.14万元。办理住房保障业务40户，租赁补贴对象在册58户，发放补贴38.38万元，办理租赁住房备案37份。街道80岁以上高龄老人1623人，其中100岁以上高龄老人2人，全年发放高龄补贴129.08万元。申报困境儿童教育助学46人，发放困境儿童教育助学金4.25万元。全街道残疾人761人，全年发放残疾人“两项补贴”4333人次，98.12万元。街道低保户291户、405人，全年发放低保金285.37万元。新增城镇居民养老保险参保50人，人均年缴费268元。城镇新增就业人数1068人，失业人员再就业人数1276人，困难人员再就业人数264人。街道组织35名失业人员参加创业培训，为29家企业发布用工信息186条，招聘岗位586个，审核网上提交就失业登记申请994人，对其中120人进行就业困难认定。全年解决民生问题100余个，完成老旧小区增设电梯29台，完成率116%。新建电动自行车集中充电位1709个，新建数量居全区各街道第一。

【城市管理】2022年，伍家岭街道全面组织开展环境卫生提升专项行动239次，各类违章行为242起，办理行政处罚案件205起，罚款金额3.61万元，处理各类投诉案件557起，拆除违规广告招牌13块，清除芙蓉北路、三一大道、双拥路、双拥街、陡岭路等违规横幅97条，清除玻璃贴字360处，流动摊贩1910个，店外经营1423起。组织拆除提质改造区域违法建设40处，面积555.05平方米。摸排辖区265栋居民自建房，评估存在安全隐患房屋89栋，其中一般安全隐患14栋，较大安全隐患65栋，重大安全隐患10栋，隐患均整治到位。开展拆除专项整治行动45次，出动人员650人次，拆除违法建设35栋，面积3037.77平方米，拆除重大安全隐患自建房4栋，面积260平方米，封闭关停6处重大安全隐患和较大安全隐患的房屋。D级危房拆除重建3栋。全街道225家中大型餐饮门店全部安装油烟净化器，完成率100%。推进生活垃圾分类工作，每周三开展垃圾分类演练活动，在辖区楼栋单元、电梯间张贴相关提示。街道投入资金80万元，建成垃圾厢房8个。优化停车设施，治理停车乱停车难问题，接入智慧停车系统上线单位24家，促进资源共享。全年实施辖区老旧小区提质房屋201栋、涉及居民8144户，“百街千巷”环境提升街巷7条。

【综合治理】2022年，伍家岭街道常态化开展“扫黑除恶”工作，发放宣传资料2500余份，悬挂横幅30余条，播放电子显示屏42块，展板12

块。排查纠纷200余次，调解纠纷91件，其中一般纠纷11件，疑难复杂纠纷1件，重大纠纷1件，简易纠纷78件，调处率100%，调处成功率100%，履行率100%。开展反电信诈骗活动25场次，发放宣传资料1万余份，全年电信诈骗案同比下降50%。开展禁毒宣传活动71场次，组织驻街单位、在校学生、党员志愿者参观禁毒教育基地6次，开展禁毒清查行动35次，签订“禁毒承诺书”2800余份。全年化解征拆信访遗留问题3件。拆除辖区京广线铁路沿线违章建筑2处，并对京广线蒋家垅社区段垮塌围墙进行修复，消除安全隐患，确保行人、铁路运行安全。

【第一湾小区入选全国“加强物业管理，共建美好家园”典型案例】2022年，伍家岭街道花城社区第一湾小区被国家住建部、中央文明办评选为“加强物业管理，共建美好家园”100例典型案例。2022年，第一湾小区坚持“党建引领红色物业，共建美好家园”，优化“小区党支部+业委会+物业”共商共建机制优势。针对小区建设、居民生活中出现的矛盾纠纷，按照“小事不出小区、大事不出社区”的原则，组织红色议事会15次，完成除“四害”设施添置、高空摄像头加装、小区南门广场提质升级等惠民工程；建设党建红色宣传景观，设置物业中心“跟党一起创享幸福”党群服务点，推动物业管理融入基层社会治理。组建舞蹈队、艺术团、书画室、篮球队等，开展公益植树、消防演练、“全民反诈”、文艺会演等志愿服务活动，发动居民参与共建共治共享，为群众谋实事、办好事。

（余　旭）

新河街道

【概况】新河街道东临芙蓉北路与开福区伍家岭街道相连，南接竹山园与开福区湘雅路街道毗邻，西至湘江与岳麓区银盆岭街道隔江相望，北抵浏阳河与芙蓉北路街道隔河相对。2022年，新河街道总面积6.14平方千米，辖幸福桥、开福寺路、华夏路、紫凤、三角洲、栖凤、陈家湖等7个社区居民委员会。2022年末，新河街道辖区常住人口8.8万余人，其中户籍人口6.8万余人，流动人口2万余人。2022年，新河街道被评为长沙市加强基层治理优秀街道。

【街域经济】2022年，新河街道完成财政收入5.6亿元，完成规模以上工业总产值6400万元，完成社会消费品零售总额12.8亿元，完成固定资产投资32亿元。街道商业商务楼宇28栋，面积101万平方米，入驻楼宇企业累计800余家，包括中信银行湖南省分行、中石油天然气湖南省分公司、南方水泥、沙坪建设等企业总部，北辰时代广场1栋楼宇税收超过1亿元，天健金融广场、北辰文创园、城投大厦、锦绣华天写字楼等4栋楼宇税收超过1000万元，形成北辰金融商贸、商务会展、楼宇经济、动漫文创、健康养老高端现代服务业集聚区。在建和装修的商业商务楼宇2栋，面积12万平方米。实行领导干部联系项目制，北辰D4区、北辰A2区、中山（晴佳）110千伏变电站等重点在建项目进展顺利，推进潘家坪路道路建设项目，P1地块项目2个项目征收拆迁工作，截至2022年年底，分别完成签约93%、91%。优化营商环境，开展“开启新幸福·河你在一企”主题系列服务活动，落实全区“百名干部联千企”行动部署，成立市、区、街、社区四级干部服务专班，建立服务、问题及处置台账，走访企业62家，收集意见建议25条、解决率100%。落实助企纾困各项措施，走访服务企业，定期开展培训，通过街道企业服务中心和社区企业服务站，为楼宇入驻企业提供“一站受理、限时办结”的一站式服务，全程代办各项相关手续，提供“保姆式”服务。新增“一件事一次办”政务服务事项96项。北辰三角洲大悦城被评为2022年长沙市夜间消费示范商圈、阿波罗尼亚被评为2022年长沙市夜间消费示范门店。

【民生保障】2022年，新河街道新增城镇就业944人，失业人员再就业1005人，就业困难对象再就业169人，大学生就业76人。完成“311”（3次职业介绍、1次职业指导、1次技能培训信息）服务对象1651人次，处置欠薪线索反映平台案件242条。城镇职工退休人员认证6431人；企业养老保险新增参保缴费3005人，城镇居民养老保险新增参保26人。全年在册低保181户248人，特困22人，临时救助17户，大病救助 5 户，申请街道困难帮扶人数 37 人。办理居民住房保障 47 户、经济适用住房 2 户、经济适用住房货币补贴 4 户、住房租赁补贴 15 户、非定向公租房 19 户、棚改安置补贴 7 户。全街享受残疾人“两项补贴”328 人。建立街道未成年人保护工作站，全街困境儿童 42 人，孤儿 1 人，事实无人抚养儿童 1 人。完成残疾人无障碍改造 3 户，申报居家托养 14 户，辅具申报 68 户，辅具 132 件，扶残助学 19 户。落实退役军人社保续缴工作，走访慰问优抚对象与参战老兵。推进“健康长沙建设”，做好流动人口儿童疫苗补种、居民家庭健康档案建立、家庭医生签约服务工作，推行服务团队契约式服务，“双岗”联系人制度落实率 100%，就医绿色通道协议医院落实率 100%，家庭医生签约人数 173 人，家庭医生签约人数普通人群服务覆盖率 100%，重点人群签约服务覆盖率 70% 以上。完成孕前优检、妇女“两癌”查治、爱卫运动、老年人健康宣传、婴幼儿家庭教育等工作，组织志愿者参与无偿献血活动 261 人，超额完成任务。新河街道幸福桥社区被评为“2022 年全国示范性老年友好型社区”、紫凤社区被评为“湖南省充分就业星级社区”、栖凤社区被评为“湖南省充分就业示范社区”。

【城市管理】2022 年，新河街道对照“六个到位，六个严格”标准，开展城市管理“品质提升年”行动，整治城市环境顽瘴痼疾，推进城市环境常态化精细化管控全覆盖。全年处置城管数字化案卷 5900 余条，办结率 100%；拆除违法建筑 53 处、7677.43 平方米；推进 3 个社区 8 个片区的老旧小区提质改造项目建设；开展垃圾分类主题宣传及督导演练活动 100 余次，参与人数 2000 余人，发放垃圾分类宣传资料 1000 余份，完成 13 个垃圾分类集中投放点（厢房）建设并投入使用，创建垃圾分类示范和达标社区 3 个；推进“百街千巷”环境综合整治，完成远浦路、秋月路、伍家岭路、陈家湖路、银星路、凤嘴路、植物油路、凤舞路等 8 条街巷整治提质，翻修大型围墙 2 处，修复人行道、路面坑洼地带 1100 平方米，绿化带补种补栽 820 平方米，修缮市政附属设施 60 余处；强化市容环境、噪声、扬尘污染等巡查整治，组织餐饮油烟、工地扬尘污染巡查 48 次，中央及省级环保督察群众投诉信访件全部整改销号；坚持推行“河长制”管理，在全街范围开展涉河湖重点问题排查整治行动及水域“清河净滩”专项行动，开展集中清扫活动 24 次，参与人数 900 余人，清理岸线长度 72.5 千米，漂浮物打捞量 10 余吨。全年街道巡河 24 次，社区巡河 200 余次，湘江、浏阳河水域河岸环境全面改善。

【综合治理】2022 年，新河街道坚持实行每月一次综治工作例会制度，定期检查调度“扫黑除恶”专项斗争工作情况。设立法律服务平台，在商业街市、学校、人员密集场所等地，普及“扫黑除恶”常识，发放宣传手册 2 万册，悬挂宣传横幅 50 余条，张贴宣传海报 200 份。开展涉毒、涉黄排查行动 18 次，清查网吧、宾馆、招待所、民宿等 75 家，现场尿样抽检 200 人。针对重大节日，重点值守开福寺、三馆一厅等公众密集场所，落实安保措施，确保各大主题活动顺利进行。组建信访接待中心，畅通信访渠道，全年调处各类矛盾纠纷 231 起，调解案卷 48 份，其中重大矛盾纠纷 9 起；全年收到来信来访案件 417 件，办结 375 件。

2022 年 5 月 31 日，新河街道华夏路社区“华夏益家”志愿服务站揭牌仪式

（新河街道 供图）

开展“戴帽工程”（查处骑电动车、摩托车不戴头盔等交通违法行为）专项行动，查处违法行为900起，发放宣传资料2000余份。推进反电信诈骗工作，设置宣传栏17个，电子显示屏9块，开展宣传活动62场，发放宣传材料5000余份，处置电信诈骗案件124起，同比下降17.74%。

【安全生产】2022年，新河街道集中力量抓好重点行业领域潜在风险隐患排查、高层建筑消防安全、自建房安全、醇基燃料专项整治及重大隐患整治等重点工作，针对性开展各项专项整治“百日攻坚”行动，排查各种安全隐患。全年排查自建房212栋，一般安全隐患自建房32栋，较大安全隐患自建房180栋，其中经营性自建房106栋，对36栋进行征收，剩余70栋全部完成房屋安全鉴定；排查辖区内高层建筑86栋、超高层建筑87栋，重点关注无避难层建筑。邀请专业力量协助排查辖区内醇基燃料使用情况并指导进行整改，排查企业17家，发现使用醇基燃料的单位7家，按要求全部整改到位。全年开展安全生产检查840余次，发现问题1200余个，整改率80%。对安全生产大检查摸排出的各类安全隐患建立完整资料台账，对重点企业开展计划执法，检查单位272家，行政处罚33次，责令限期整改42家。开展安全生产入户宣传2.19万户次，发放宣传资料3万余份，组织各类安全应急演练130余场，组织企业负责人开展安全生产知识考试1次。全年未发生安全生产责任事故。

【区域化党建联席会议召开】2022年4月22日，开福区新河街道“大工委”暨区域化党建联席会第一次会议召开，驻街11家委员单位负责人参加会议。会上，街道工委为新一届成员颁发兼职委员聘书。新河街道作为长沙市“大工委”制首个示范点，“大工委”制的委员采取“Z+X”模式设置：“Z”代表专职委员，指原街道工委委员；“X”代表兼职委员，由驻街单位及“两新”组织中党组织负责人组成。新河街道“大工委”自2012年成立以来，充分发挥区域内党建资源优势，凝聚辖区各方力量，共建共享，推进街道各项工作取得实效。

【工作调研】2022年7月26日，中国计划生育协会党组成员、副秘书长何翔，国际部联络处处长王丽娟一行到新河街道调研。湖南省计划生育协会副会长梁文明、业务指导处处长刘琼林，长沙市计划生育协会会长芮英姿、开福区政府副区长孙铁龙等领导参加调研。何翔一行在新河街道栖凤社区的健康小屋进行现场调研，了解开福区家庭健康促进工作开展情况和实际操作流程。随后，调研组在栖凤社区召开工作座谈会。何翔对开福区计生协会工作和家庭健康促进工作肯定和高度评价，并指出开福区利用好家庭健康促进行动这个契机，加强与卫生健康行政部门的协同合作，抓好家庭健康指导员队伍建设，扎实开展好各项活动，切实当好党和政府联系群众的桥梁纽带，为全省乃至全国创造更多的经验。

（许　洁）

东风路街道

【概况】东风路街道办事处位于长沙市开福区东南部，东邻车站北路与开福区四方坪街道毗邻；南接德雅路与开福区清水塘街道相连；西至芙蓉中路与开福区湘雅路街道、新河街道相邻；北达三一大道，与开福区伍家岭街道接壤。辖区总面积5.2平方千米，街道辖东风路、精英路、王家垅、砚瓦池、德雅路、蚌塘、浏河、国防科大等8个社区居民委员会，375个居民小组。2022年年末，辖区总人口46649人，其中流动人口5151人、常住人口41498人。

【街域经济】2022年，东风路街道全年完成财税收入2.62亿元，完成固定资产投资31.87亿元，完成社会消费品零售总额3.4亿元。街道纳税100万元以上企业39家。全年完成规上软件业产值2.48亿元，增速148.11%。全街道11栋商业商务楼宇，总建筑面积71.92万平方米，入驻企业948家，全年商业商务楼宇去化面积4.6万平方米；新增楼宇企业105家，其中500平方米以上重点企业7家。引进“创享云”众创服务平台，服务信创产业中小微企业孵化成长，入驻企业14家。街道楼宇形成湘域智慧广场“初创型科技产业楼宇”，富兴T2、T3栋“成熟型软件信息产业楼宇”等特色楼宇。全街入驻软件企业196家，其中重点企业有飞腾、阿里巴巴、戎腾网络、钛芯电子、信创时代等。全街有税源企业2246家，其中年纳税10

万~50万元的企业175家，年纳税50万~100万元的企业38家，年纳税100万元以上的企业41家。全年新引进企业274家，新增税源企业201家，新增“四上”企业3家。结合产业楼宇培育，通过以企招商和产业链招商的方式，在富兴世界金融中心引进楼宇企业76家，在湘域智慧广场培育高新技术企业14家。

【项目建设】2021年，东风路街道完成火车北站棚户区改造项目（二期）三维地块项目的征收拆迁工作。该项目位于东风路街道辖区内潘家坪路以北，占地1.3公顷，征拆涉及1栋楼5个单元、10层楼、居民100户。2022年4月17日正式启动签约，实现火车北站棚户区改造项目（二期）三维地块40天全部签约清零、135天腾房倒地。恒伟金垅地块项目总投资16亿元，7栋住宅楼建设封顶并全部预售完毕；怀通大厦项目总投资8000万元，正在准备竣工验收。有序推进芙蓉依号项目顺利实施和火车北站棚户区改造项目（二期）三维地块的挂牌出让。

【民生保障】2022年，东风路街道组织招聘活动4场次，创业培训35人。全年新增就业730人，失业人员再就业637人，困难人员再就业152人。处置欠薪平台投诉101条，结案率100%。全年对低保、特困、高龄老人等弱势群体，医疗救助47人次，金额21.39万元；特困帮扶85人次，金额20.33万元；慈善助学4人次。办理非定向公租房申请29户，租赁补贴申请25户，经适货补申请4户。完成残疾人家庭无障碍设施改造27户，社区无障碍改造1个。完成街道残疾人联合会换届选举工作。深化“放管服”改革，贯彻落实政府权责清单制度，逐项梳理分析，完成依申请类实施清单六类147项，公共服务依申请类94项。推行“网上办”“就近办”“减证办”“帮代办”等多种工作模式，打通服务群众“最后一公里”，政务大厅全年累计办结政务服务事项2212件，“帮代办”220项，利用“互联网+政务服务”一体化平台，全年办理政务服务事项2.32万件。推进退役军人优待证办理工作，做好退役军人和优抚对象困难帮扶和走访慰问工作。全年完成义务无偿献血274人，爱心助孕妇夫妻17对，“两癌”筛查413人，优生检测154人（77对）。

【城市管理】2022年，投入资金130万余元，完成5条街巷市容环境综合整治提质。全年处置城管数字化案卷6787条，按时处置率100%。落实“门前三包”责任制，全年立案查处108起，罚款18.01万元。其中违章建筑36处，生态修复1起，罚款10万元；工地污染2起，罚款1000元；不规范围挡9起，罚款8300元；乱堆建筑垃圾4起，罚款1100元；油烟污染案3起，罚款1000元；店外经营案件26起，罚款8397元；燃气案件3起，罚款6.03万元；外墙不洁9起，拆除违章广告招牌7处。强化垃圾分类工作，全年设置有害垃圾集中暂存点1个、可回收物中转站1个，建设垃圾分类厢房15处。

【综治治理】2022年，东风路街道全年调处各类矛盾纠纷146起，诉源治理站受理开福区人民法院指派案件14件，完成调解10件，正在调解4件。组织开展反电信诈骗知识专题讲座、宣讲会30场次，发放“防电信诈骗”“防养老诈骗”宣传材料、“居民公开信”1万份，制作“防电信诈骗”宣传牌32个，制作防电信诈骗宣传栏16处，下载国家反诈中心App1万余人次。组织开展自建房排查整治“百日攻坚”专项行动，排查自建房745栋，整改火灾隐患88处，市、区交办隐患问题81条，全部整改到位。开展消防“开窗”行动，割窗、改活动门窗27处。清理电缆井堆物7处，督促6家高层建筑管理使用单位对消防设施、外墙保温、外墙装饰、防火封堵等方面存在的突出问题限期整改到位。排查仓储物流企业、燃气使用场所215处，整治安全隐患92处。开展摩托车、电动车“戴帽工程”专项行动及电动车违规停放、违规充电专项整治行动，整改安全隐患26处。全年开展食品经营户安全检查819户，查处食品安全案件12件，罚款6000元。

【闲置地块专项整治】2022年4月27日，东风路街道组织开展闲置地块专项整治行动，对辖区内三维八栋地块6.67公顷进行集中清理整治。该地块位于潘家坪路北侧、东风路西侧，是民房征收拆迁后遗留大量的闲置土地，附近居民在该地种植蔬菜，造成环境污染，存在安全隐患。行动当日，东风路街道组织城管执法、环卫、社区、长沙城投铁路站场迁建开发有限公司等单位、部门工作人员100余人，开展集中专项清理整治行动，铲除菜地5000平方米，清理垃圾5车，填埋深坑28个。

【街道残疾人联合会第三次代表大会召开】2022年8月30日，东风路街道残疾人联合会第三次大会召开。会议回顾总结过去五年街道残疾人工作，与会29名代表共商残疾人事业发展大计。大会选举产生东风路街道残联主席团成员和参加区第六次代表大会代表，并通过东风路街道残疾人联合会第三届主席团会议选举产生东风路街道残疾人联合会第三届执行理事会成员。

（贺平美）

通泰街街道

【概况】通泰街街道位于长沙市中心城区，东部由北向南，依次与开福区望麓园街道、芙蓉区定王台街道相邻；南部与天心区坡子街街道接壤；西部濒湘江，与岳麓区望月湖街道隔江遥对；北部与开福区湘雅路街道搭界，总面积1.05平方千米。截至2022年年底，辖区总人口34539人，其中常住人口27878人，流动人口6661人。辖轩辕殿、盐道坪、吉福街、连升街、寿星街、湘春路、西园7个社区居民委员会。2022年，通泰街街道被评为长沙市平安建设考核评估红旗等次乡镇（街道）、长沙市无偿献血组织工作先进街道，通泰街街道工会被评为2022年度湖南省百佳乡镇（街道）工会，街道工会联合会万达商圈被评为长沙市“司机之家”和“快递小哥之家”示范点。

【街域经济】2022年，通泰街街道完成财税收入2.16亿元，完成销售总额30.23亿元，完成社会销售品零售总额12.55亿元，同比增长74.5%。市场主体新增1229家，累计1.49万家，新增“四上”服务业单位6家，居全区各街道前列。万达商业广场新能源汽车销售初具规模，写字楼企业发展态势良好。开展“政企联心·共话发展”晚餐会活动，收集并解决问题30个。开展防范非法集资的宣传活动，巩固万达商业广场打击“一非三贷”工作成果。全年引进企业935家，楼宇去化面积1.27万平方米。完成万达商圈环境配套提质升级，万达楼宇企业入驻率92%。

【项目建设】2022年，通泰街街道作为开福区有机更新主战场，推进征拆遗留户攻坚扫尾、城市有机更新、物业日常管理、人防安全和产权处遗等工作，让老城区焕发新的生机活力。街道社区做好潮宗街片区、吉祥巷片区有机更新后招商落地的项目建设服务，推行“班子包户，一包到底”的工作机制，配齐精干力量成立招商小组和工作专班，加强对接协调和要素保障，成功化解信访和征收遗留问题11户。2022年，潮宗街片区公共设施配套建设项目累计投资1377万元，完成竣工验收。万达广场B区商业装修改造项目累计投资1.5亿元，工程施工进入软装阶段，工程进度完成90%。长沙市第二工人文化宫维修改造项目累计投资3226万元，工程进度完成64.52%；潮宗街一期项目终止征收程序，完成意见征集、听证、专家论证、风险评估等工作，正在进行合法性审查。

2022年6月7日，开福区通泰街街道寿星街社区开展经营性自建房安全鉴定宣传和集体签约活动

（通泰街街道 供图）

【城市管理】2022年，通泰街街道按照城市管理“四精五有”标准，落实“品质城市，精美开福”工作要求，全街42条背街小巷完成41条整治提升，验收合格率100%。整顿早市、夜市，取缔违规摊点60处。开展“百街千巷”环境综合整治提升行动，推进自建房整治工作，按照“不漏一房一户”的原则，摸排自建房1247处，拆除85栋违章建筑3993平方米，结构性安全隐患和消防安全隐患全部整改到位。推进全域文旅示范街区打造，“网红计划”“SHOW”探潮宗街获得关注，西园北里、潮宗街、共悦片区成为时尚消费网红打卡地。推进污染防治攻坚战，全面落实河长制，中央和省环保督察反馈问题全部整改到位。引导市民参与垃圾分类和生态环境保护工作，开展各类垃圾志愿者宣传活动70余次，对辖区55个垃圾分类点进行日常维护巡查，建成垃圾分类厢房2个，开展垃圾分类专项执法检查行动10余次。

【民生保障】2022年，通泰街街道以老年人、孕产妇、儿童等重点人群和残疾人、低保户、计生特殊困难家庭等弱势群体为服务对象，以高血压、糖尿病、结核病等慢性疾病和严重精神障碍疾病为服务内容，在城市社区推行服务团队契约式服务。截至2022年年底，家庭医生签约普通人群2977人，重点人群签约3742人，35~64岁妇女“两癌”检查完成373人，孕妇免费孕前健康筛查完成124人，免费产前筛查（省政府民生项目）完成 153人，孕妇外周血胎儿游离DNA检测完成156人，新生儿多种遗传代谢筛查完成156人，新生儿遗传性耳聋基因筛查完成156人。特困供养对象78人，发放补贴60万元；特困帮扶对象27人，发放补贴2.53万元；低保户702户、1075人，发放补贴592万元。全年发放大病救助、困补、低保、高龄补贴等各类补助822万余元，城乡居民养老保险和城乡居民医疗保险实现应保尽保。街道联合万达商圈100余家单位召开“党建聚合力、就业惠民生”专场招聘会，现场达成就业意向80人；全年开展育婴师、茶艺师职业技能培训班3期，培训失业人员和单位内部员工150人，组织创业培训班2期，培训学员60人；为5521人进行养老保险和待遇领取年度认证，全面落实养老保险待遇核查“回头看”工作，核查数据8343条。办理就业创业证206人，认定就业困难对象75人，失业人员再就业585人，就业困难人员再就业152人。推广“一件事一次办”小程序，提高“一网通办”平台的录件量，全年录件1.53万条；及时核处欠薪线索404条；全年网格化综合服务云平台事件录入数2812条，办结率100%，各项考核指标完成，排名全区各街道前列。

【综合治理】2022年，通泰街街道以生产安全、消防安全、交通安全为重点，常态落实领导带队检查和专项整治，结合辖区安全监管点多、面广、线长的实际情况，在消防、建筑施工、危房、特种设备、道路交通五大重点领域展开集中整治。全年检查企业660余家，排查隐患782处，责令整改44起，执法办案16起，罚款2.69万元，追责2·14火灾事故3人。开展安全专题宣传活动5次、安全知识培训20余次、安全应急演练35次。全年调处群体性矛盾纠纷2起。街道联合派出所开展反电信诈骗宣传活动41次，发放宣传资料8000余份，电信诈骗发案率同比下降33.33%；开展禁毒整治行动27次、禁毒宣传活动23次，户籍涉毒人员从271人降低至212人，同比下降21.77%。

【老城区有机更新】2022年，通泰街街道作为全市第一个开展老城区有机更新工作的试点街道，工作成效明显，潮宗街、西园北里等老街巷完成首机更新，成为长沙市新晋“网红点”。老城区有机更新通过精准把握改造和保护的尺度，在改善城市人居环境的同时，保留城市文化和灵魂，有效提升城市形象品质，让老城区宜居宜业宜游。截至2022年年底，经过老城区有机更新，潮宗街历史文化街区获得中国历史文化街区、中国人居环境范例奖、联合国人居署城市可持续发展最佳范例奖、湖南省旅游休闲街区、开福区中小学生“红色文博研学万人行”活动基地、长沙市十佳夜间经济聚集区等奖项。

（周致远）

四方坪街道

【概况】四方坪街道地处开福区中南部，东部及东南部临浏阳河，与开福区月湖街道一衣带水；南部以浏阳河为界相临芙蓉区；西部以车站北路为界与开福区东风路街道和伍家岭街道毗连；北部濒浏阳河下游，与开福区浏阳河街道隔河相望，总面积3.94平方千米。街道辖科大景园、丝茅冲、李家冲、金帆、四方、四季美景、左岸、滨江、胜利9个社区居民委员会。2022年末，四方坪街道总人口11万余人，其中城镇常住人口5万余人，流动人口6万余人。

【街域经济】2022年，四方坪街道完成财税收入2.9亿元，完成限上社会消费品零售总额22.81亿元，完成外贸进出口总额6348万美元，完成规上建筑业建安产值42.2亿元，完成其他营利性服务业营业收入1.39万元。新增固定投资产投资入库项目34个，完成固定资产投资23.93亿元；完成高新技术产值40亿元，高新技术企业申报成功15家；完成规上企业研发投入1.16亿元，完成技术合同登记55份，总金额1.38亿元。辖区建成交付的商务楼宇8栋，完成租售面积22.25万平方米，总体租售率96.82%，入驻楼宇企业396家，其中新引进楼宇企业51家。举办“政企晚餐会”，开展“百名干部联千企”专项行动，问题解决率100%。新增“四上”单位5家，新增市场主体2593家，净增数1131家，完成“个转企”10家。

【项目建设】2022年，四方坪街道推进大屋山农民安置房、丝茅冲消防站、万科半岛国际、海洋半岛三期等8个重点项目，总投资4.0792亿元。其中，政府类投资项目6个，总投资2.46亿元；社会投资项目2个，总投资1.62亿元。化解丝茅冲一期、二期44户独栋面积差异矛盾，清理核实地块未销国土证118本，不动产权证138本；完成丝茅冲一期项目结算；完成丝茅冲三期项目协议签订、备案、销户、拆除、结算，正在土地挂牌出让。

【城市管理】2022年，四方坪街道排查安全隐患房屋259处，全部完成整改。完成自建房省级APP房屋信息录入655条，完成经营性自建房的安全鉴定581处，整改上级交办安全隐患房屋四批次505户。开展违章搭建等乱象集中整治行动，拆违23处，面积5006.32平方米。开展“六个到位、六个严格”环境卫生大提升行动，整治背街小巷1.8万余平方米，清理牛皮癣3000余处。全年开展垃圾分类宣传及演练活动216次，完成垃圾厢房建设14个，湿垃圾、可回收物收运量达标。全年处理城管数字化案卷8161条，网格化案卷1902条。推进9个老旧小区改造和2个既有小区品质提升项目建设，完成30条街巷综合整治提质，辖区市容环境得到全面提升。

【民生保障】2022年，四方坪街道全年召开招聘会1场，现场达成就业意向20余人。全年累计新增就业人员1062人，再就业人员1521人，困难再就业人员188人。处理国家平台欠薪线索104条，结案率100%，完成各项就业指标。全年为31名残疾人申报辅具53件；发放残疾人“两项补贴”3059人次、金额69.76万元。扶残助学9人、金额2.8万元；办理无房证明、无公租房证明17户；特困医疗救助32人次、金额17.68万元。街道享受低保政策253人，特困供养10人，困境儿童38人。全年困难帮扶51户、金额9.88万元，发放低保2161户次3279人次、

2022年12月14日，开福区四方坪街道原胜利村“算大账”工作收益分配开启

（四方坪街道 供图）

金额193万元；办理最低生活保障边缘家庭认定31户70人。新建养老服务场所3家。

【综合治理】2022年，四方坪街道开展燃气领域消防安全隐患专项整治行动，排查燃气供应站1家，燃气使用单位314家，排查治理安全隐患298处，安装燃气浓度报警器129处。开展高层建筑重大火灾风险专项整治，排查居民经营性用房580户，整治存在消防安全隐患242户，全年开展消防安全"敲门行动"2600余次，发送宣传资料6000余份。建设电动车停放充电场所16个，充电车位906个，停车位913个。全年化解信访遗留问题14个，调处各类矛盾纠纷191起，婚恋家庭纠纷9起，调处成功率100%。启动原胜利村拆迁遗留问题收益分配工作。

【社会事业】2022年，四方坪街道辖区内有文化馆（站）1个，文化活动中心9处；公共图书馆（室）10个，建筑面积1700平方米，藏书3.5万册；有左岸春天、才子舞蹈艺术等群众性艺术团体3个；建成雅雀湖、先福、左岸、胜利、四方社区公园5个。截至2022年年底，辖区内有幼儿园12所，在园幼儿2034人，专任教师328人；小学1所，在校生2276人，专任教师121人，小学适龄儿童入学率100%；初中1所，在校生1688人，专任教师138人，初中适龄人口入学率100%，小升初升学率100%，九年义务教育覆盖率100%。有体育场地8个，运动场5个，游泳池2个，智慧社区健身中心3个。有专业卫技人员48人，其中副主任医师3人，执业医师12人，全科医生15人，执业助理医师3人，注册护士21人。2022年，全街出生人口104人，其中男孩51人，女孩53人，性别比96.23%，符合政策生育率98.11%。全年办理一孩生育服务证77本，二孩生育服务证37本，三孩生育服务证4本。

【四方商贸城常态化管理"二十四条"出台】2022年10月，四方坪街道制定出台四方商贸城常态化管理"二十四条"，并成立领导小组，统筹做好四方商贸城党建引领、安全生产、食品安全、疫情防控、社会治理、自建房整治、经济发展、城市管理八个方面的工作，完善市场管理人员、相关管理制度及配套设施，全面加强人防、物防、技防，多措并举推动市场综合管理，打造长沙网红夜市新名片。

【"政企同心聚合力·共谋四方新篇章"晚餐会举办】2022年6月30日，开福区四方坪街道首期"政企同心聚合力·共谋四方新篇章"晚餐会举办。辖区16家重点企业、12位区直部门负责人及区企联点干部参加。区政府副区长邹畅，区政协副主席胡海飞出席。晚餐会上，辖内16家企业负责人就简化汽车补贴申领程序、企业融资需求、人才用工等问题与相关区直部门、街道深入交流，并在现场得到答复。2022年，四方坪街道落实开福区"百名干部联千企"服务活动，走访企业60家，收到企业诉求42条，解决诉求22条，未解决的问题建立"一企一册"台账，明确问题清单责任人及联络员，及时跟踪问题处理进度，推进问题的解决。

（蒋馥蔓）

芙蓉北路街道

【概况】芙蓉北路街道东起京广铁路，毗邻开福区浏阳河街道，西至湘江东岸，与岳麓区观沙岭街道遥遥相望，南抵浏阳河，与开福区新河街道相邻，北濒捞刀河，与开福区秀峰街道一水相隔，总面积3.45平方千米，辖江滨、欣城、福城、凤亭、金泰路、江湾、盛世路7个社区居民委员会。2022年末，芙蓉北路街道辖区总人口7.64万人，其中常住人口6.07万人，流动人口1.57万人。

【街域经济】2022年，芙蓉北路街道完成财税收入2.82亿元，辖区纳税1000万元以上重点财税企业有顺天集团、青竹湖建设、长沙银行开福支行、世纪金源购物中心等。完成全年固定资产投资额13.78亿元，完成规模工业总产值3.3亿元。全年市场主体净增1826家，完成"四上"服务业企业营业收入1.96亿元，同比增长12.1%。优化营商环境，建立"高位推动、领导联点、督查督办"三大运转机制，结合"百人联千企""晚餐会"等活动，开展企业走访调研活动，与企业建立良好的沟通与反馈机制，做好企业的政策宣讲员、发展服务员。深化"三圈一带"夜经济特色，即以农安小区十号地为核心的"餐饮美食圈"、以世纪金源购物中心为核心的"夜间消费圈”、以江湾社区关公广场为核心的“休闲购物圈”和以沿江风光带为核心的“文化娱乐带”，江滨美食街获得全市“特色街区”称号，丰富和带动夜间消费和夜间就业。引入东方京朔（北京）商业管理有限公司，投入1200万元，结合国潮元素打造“湘江市集”网红街区。芙蓉北路街道在全区率先打造企业管理服务软件“芙蓉北路街道企查查”，解决楼宇企业迁入迁出、楼宇招商、漏征漏管户等管理难题，完善街道对企业分布、分类、分析等信息台账。

2022年7月11日，开福区芙蓉北路街道盛世路社区组织学生开展“八一”慰问送关怀·致敬最可爱的人主题活动　　（芙蓉北路街道 供图）

【民生保障】2022年，芙蓉北路街道有低保户34户、45人，累计发放低保资金28.55万元、节日补贴6840元；特困供养人员4名，发放供养金3.22万元、节日补贴520元。享受优抚补助人员34人，享受伤残抚恤金39人，各项优抚优待政策均落实到位。新增就业人数893人，失业人员实现再就业人数970人，就业困难人员再就业人数126人，组织失业人员参加市、区人社部门现场招聘会2次。全年大病救助1人、救助金额1573元；临时救助6人、救助金额1.32万元；为孤儿、事实无人抚养儿童3人发放生活补贴3.47万元，困境儿童助学28人、金额2.75万元，困难帮扶69人、金额7.96万元。全街登记持有二代残疾证的人员237人，全年累计发放残疾人“两项补贴”33.67万元。全年办结“12345”热线投诉案件3341件，办结率和满意率均为100%。完成北国风光小区、澜北湾小区、世纪春天小区等老旧小区提质改造，推进水韵花都小区、湘江世纪城小区等老旧小区提质改造。

【城市管理】2022年，芙蓉北路街道成立湘江世纪城北一路综合治理办公室，组织专人每天对路面流动摊贩、占道经营行为开展整治，道路两厢环境秩序明显改善。以“百街千巷”4条整治道路为重点，向周边延伸整治，开展综合整治行动15次，对农安小区及湘江世纪城临街商户占道、店外经营整治200余次，车辆乱停乱放整治5100余次，对“门前三包”责任制履职不到位的门店督促整改80次。每周组织环卫、物业、志愿者等开展环境卫生大清扫活动，累计出动环卫水车1000余台次，清扫人员1万余人次，清洗路面、立面10万平方米，清理堆物800余车。街道以交通问题顽瘴痼疾整治、“一盔一带”、“一站二看三通过”等为宣传工作重点，在社区、学校、重点单位设立交通安全宣传橱窗、板报20处，悬挂横幅80余条，印发各类宣传资料1万余份，开展宣传活动5次，通过电子屏、微信群等宣传300余条。组织志愿者对辖区4座桥梁、5.8千米沿江、沿河堤岸线开展禁捕禁钓行动，劝离垂钓人员800余人次，开展“放生鱼苗，共护母亲河”活动，华声在线、新湖南等媒体进行报道。

【综合治理】2022年，芙蓉北路街道树立“大安全”理念，做好各领域安全生产工作：成立工作专班，对辖区自建房安全隐患进行整治，摸排自建房1148栋，按照市级标准查出隐患111处，拆除违章广告招牌24个，整治违规经营单位27家，整改“格子间”5处，整治楼顶违规亭棚、种菜等违规行为22处，拆除违章建筑

34 处，完成 1148 栋自建房图斑数据的核实和录入；召开燃气热力安全隐患排查整治工作推进会，开展燃气安全隐患排查整治行动，整改燃气安全隐患门店 244 家、居民用户 104 户、燃气报警器 161 户，拆除违规包裹外管网燃气管道门店 12 家；开展消防安全“敲门行动”，走访企业、住户 3.7 万户，发放宣传资料 2.65 万余份；针对不同行业、特定人群、重要时间节点，开展消防安全、防灾减灾、交通安全、燃气安全等安全生产教育和培训 50 余次，全年未发生重大安全事故，高层住宅消防工作经验获得区消安委推介。全年化解信访遗留问题 7 件、办理产权证遗留问题 40 户。打造江滨社区公园禁毒宣传园地。

【清廉巡回宣讲活动启动】2022 年 3 月 8 日，开福区芙蓉北路街道以“为清廉建设贡献‘她力量’”为主题的清廉宣讲活动在江滨社区启动。全街妇女代表 50 余人参加活动。活动以微视频《家风世泽长》拉开序幕，江滨社区纪委书记代表宣读“为清廉建设贡献‘她力量’”倡议书，号召全街妇女积极行动，拧紧“自律弦”，勤吹“廉洁风”，传承“好家训”，争当清廉家风的宣讲员、监督员、守门员，构筑拒腐防变的坚固堡垒，营造风清气正的干事创业氛围；区纪委监委“清廉开福”宣讲员马玲做弘扬清廉家风微宣讲，通过古今故事和身边事例讲述家风、家教、家训对一个人乃至整个社会的影响。活动现场还播放因家风不严、家教缺失发生的典型案例警示片。

【“整治 + 管理”推进街巷环境综合整治提升】2022 年，开福区芙蓉北路街道以“整治 + 管理”，开展“百街千巷”环境综合整治工作，在保障路段环境、秩序基础上，依据街巷自身特点，充分挖掘街巷的环境自然资源与历史文化资源，推进“百街千巷”环境综合整治提升。街道制定“百街千巷”环境综合整治提升工作实施方案，成立“百街千巷”环境综合整治提升领导小组，落实辖区单位、物业公司、保洁公司、临街门店责任，推进辖区欣彤路、网船班路、金龙路、沐霞路 4 条街巷综合整治，拆除违章广告招牌，整理街巷空中线缆“蜘蛛网”，确保街巷立面整洁干净；修补街巷路面、破损地砖，更换围栏护栏，设置隔离墩，确保居民出行安全。优化提升辖区环境秩序，巩固文明城市创建成果，街道与辖区各门店签订“门前三包”责任书、承诺书，并将责任牌悬挂上墙，签订率、知晓率、参与率均为 100%。

【工作督查】2022 年 7 月 5 日，长沙市人民政府副市长周志凯、市政府副秘书长张跃先一行到开福区芙蓉北路街道督查网船班小区自建房安全隐患排查整治工作。督查组一行实地查看网船班小区自建房整体情况，详细询问房屋建设时间、建筑整体结构以及房屋是否用作经营等情况，并对检查中发现存在的用电用气安全、消防设施配备不全、应急照明设施配备不齐、私自增加隔墙、私自违法加层等问题提出整改指导意见。随后，督查组一行现场听取芙蓉北路街道关于网船班小区自建房安全隐患排查整治工作的进展情况汇报。周志凯强调：各单位要按照省委、省政府和市委、市政府关于安全生产工作的部署要求，汲取安全事故教训，举一反三，紧盯各类自建房存在的风险隐患，落实整改，遏制各类重大安全事故的发生。

（金思雨）

洪山街道

【概况】洪山街道地处开福区东南部，东部与长沙县湘龙街道相邻，东南部与开福区月湖街道接壤，西南部濒浏阳河与开福区四方坪街道隔河相望，西部与开福区浏阳河街道毗连，北部临捞刀河与开福区捞刀河街道隔河相对。洪山街道辖区总面积 9.05 平方千米。2022 年末，洪山街道常住人口 6.5 万余人，辖洪西、金鹰、洪山桥、洪雅 4 个社区居民委员会。2022 年，洪山街道被评为长沙市“真抓实干加强基层治理优秀街道”“信访工作‘三无乡镇街道’先进单位”。

【街域经济】2022 年，洪山街道完成财税总收入 6.5 亿元，完成规模以上工业企业总产值 9.43 亿元，完成固定资产投资 31.55 亿元，完成限上社会消费品零售总额 16.7 亿元，同比增长 11.2%；完成其他营利性服务业营业收入 197 亿元。新增“四上”企业 20 家，累计 82 家，新增市场主体 1601 家，“个转企”7 家。制作投放惠企政策“一码通”，开展“百名干部联千企”和“晚餐会”活动，

2022年5月9日，洪山管理局组织专业拆迁队对局属综合楼楼顶违章建筑进行拆除
（洪山街道 供图）

解决企业困难118项，协助42家企业申报经济发展奖励1121万元。

【项目建设】2022年，洪山街道启动长沙大学周边配套服务区（西地块）用地项目征收工作，征收房屋21栋，其中合法房屋19栋26户、公房1栋，违章1栋，征地面积1.3公顷，征收房屋建筑面积1.28万平方米，涉及拆迁人口25户、85人。启动联合餐厨垃圾技改地块项目，征地面积3.18公顷，项目内无合法拆迁人口。推动恒大雅苑七期、合能枫丹宸悦、保利和光尘樾项目建设。完成广电节目生产基地、长沙学院新建弘昱学生宿舍、东原栖湘花园、骏豪雅园建设项目。

【城市管理】2022年，洪山街道做好湖南汽车展览会暨长沙市汽车消费节、2022中国新媒体大会等20场次重大节会市容环境保障工作，开展“爱家园·周五大清扫”等集中清扫活动60余次。全年拆除违规招牌80余处，清除门店橱窗贴纸372余处，清理规范店外经营750余户，取缔流动摊贩550余个，查处人行道乱停乱放车辆5800余次，清理社区大件垃圾900余车。开展安全生产大检查和自建房、燃气及消防等“百日攻坚”专项行动，实现森林防火“特护期”火警火情“零发生”。开展安全生产大检查628次，约谈企业19家。开展“打非治违”执法行动765起，罚款35万元。受理“12345”政务热线平台工单4156件，办结工单4114件，回访工单4014件，按时办结率100%，满意度99.09%。

【民生保障】2022年，洪山街道全年城镇新增就业873人，失业人员实现再就业628人，就业困难对象再就业63人；申报社保补贴144人，金额71.09万元；城乡居民养老保险累计参保894人。全街有低保户5户、13人，累计发放最低生活保障金7.01万元；特困供养1人，发放特困供养资金1.17万元；发放高龄补贴38.47万元；大病救助1人、救助金额6000元。开展城市特殊困难群体帮扶工作，全年累计帮扶31户，发放帮扶资金4.8万元。完成妇女“两癌”筛查274人，发放计划生育奖扶资金89.81万元；全年完成义务无偿献血216人。完成重点民生项目23个，推进月畔湾、学府华庭2个既有小区品质提升工作，多层老旧小区加装电梯23台，推进学府华庭、163家园二次供水改造，完成恒大雅苑41、42、43栋电力“临改永”项目。

【综合治理】2022年，洪山街道接待来信4件、来访24件、网上投诉69件，实现及时受理率100%、按期答复率100%、群众满意率98.3%。化解区级交办的征拆类信访遗留问题2件、重复信访件1件，化解成功率100%。利用短信平台发送防范电信诈骗提醒1.97万人次，在小区醒目位置悬挂反电信诈骗宣传横幅40条，印制反电信诈骗宣传海报1000余份。全年调处各类矛盾纠纷351起，涉及金额500余万元，调解成功率100%。落实重点行业领域安全管控措施，做好重点人员的安置帮教转化工作，全街吸毒人员61人，强戒3人，社戒社康3人，社区矫正22人，刑满释放42人，实现管控率100%，未发生人员脱管失控情况。优化“二化三中心”（“二化”即基层治理网格化、信息化，“三中心”即综治中心、网格管理中心、应急指挥中心）阵地建设，完成综治中心建设，面积200平方米。

【长沙大学周边环境整治提质】2022年，洪山街道以自建房排查整治“百日攻坚”专项行动为契机，按照“拆迁”与“提质”双管齐下的工作思路，对长沙大学周边实施综合整治。5月，街道排查发现长沙大学西南片区周边有18栋砖混结构的居民自建房，建成时间40余年，存在不同程度的安全隐患。洪山街道组织70余名干部按“三包一”要求上门入户，将调查信息整理形成“一户一册”，并关停存在安全隐患的门店30家，拆除违法建筑11处、300平方米。6月，洪山街道按照开福区委、区政府和金鹰片区指挥部的部署要求，成立长沙大学周边配套服务区用地项目（西地块）洪山街道分指挥部，对存在严重安全隐患的居民自建房实施整体拆迁，拆除房屋20栋、1.18万平方米。同时，对洪西小学及存在较大安全隐患的3栋集体产权房屋实施提质改造。打通街区消防通道，增设室外消火栓、安装监控设施和停车出入管理设施，升级更换老旧失修的地下管道和化粪池，增加亮化照明设施，总提质面积2.2万平方米。通过综合整治，彻底消除长沙大学周边安全隐患、改善学校周边环境、完善商业配套，区域整体品质明显提升。

【恒大雅苑小区电力改造项目竣工】2022年8月，洪山街道恒大雅苑小区41~43栋“临电”改“永电”项目竣工，240户居民家中装上新电表，实现足不出户便能手机续费，用上“放心电”。洪雅社区恒大雅苑小区41~43栋自2019年5月交房后一直使用临时电，停电、跳闸情况频发，存在较大安全隐患。2022年，洪山街道组织星电集团、城北供电所、恒大地产、金碧物业、居民代表召开协调会议10余次。为打消居民将电费交给金碧物业被恒大总部挪用的顾虑，街道对电费进行监管，欠缴电费全部收集到位并全部交到供电公司，协调恒大开发商调配资金200万余元保障电改项目。

（范 娟）

月湖街道

【概况】月湖街道位于开福区东南部，北靠319国道，毗邻月湖公园，与开福区洪山街道搭界；东面与长沙县接壤；西、南面濒浏阳河，南与芙蓉区、西与开福区四方坪街道隔河相望。辖区总面积6.56平方千米。2022年末，辖区总人口4.27万人，其中常住人口3.12万人，流动人口1.15万人。街道辖溪水湾、舟桥路、鸭子铺、马栏山、朝阳、月湖6个社区居民委员会。2022年，月湖街道统计站被评为长沙市“五星”统计站。

【街域经济】2022年，月湖街道完成财税总收入13亿元，完成社会消费品零售总额5.92亿元，社会消费品零售总额和财政税收完成总量列全区各街道第一，全年完成固定额投资53亿元，完成建筑房地产业产值5.1亿元，完成其他营利性服务业产值22.62亿元，完成楼宇去化面积3.5万平方米。全年新增市场主体639家，其中引进税收超50万元、注册资金超1000万元的重点企业16家，总数位列全区各街道第一。新增“四上”企业28家、高新企业19家。

【城市管理】2022年，月湖街道推进“百街千巷”环境整治、农贸市场周边环境整治等一系列专项整治行动，城市管理品质明显提升。全年处置城管数字化案卷3724件，处理“12345”市民投诉300余条，按期结案率、满意率均为100%。垃圾分类以“减量化、资源化、无害化”为目标，在马栏山和月湖社区更换分类垃圾桶500个，全年完成厨余垃圾收运2500余吨，印发各类宣传手册5000余份，悬挂横幅30余条，确保辖区垃圾分类全覆盖。办理环保类案件19起，处罚金额3.66万元，月湖小区亚丁路成功创建“绿色餐饮示范一条街”。开展自建房排查整治“百日攻坚”专项行动，街道成立拆违工作小组，拆除财富名园、马栏山金海岸重建地、溪泉湾小区等各类违章建筑6000平方米。落实交通安全和燃气安全管理责任制，发放张贴“戴帽工程”“燃气使用安全”等宣传资料1万余份，悬挂横幅20余条，对辖区液化气站点进行常态性巡查，全年燃气类办案数15起，处罚金额1.56万元。坚持“河长”日常巡河制度，清理河滩垃圾，落实各项防汛抗旱工作部署。

【民生保障】2022年，月湖街道低保户11户，保障人口13人，特困供养人员3人，其中长沙市第二福利院

2022 年 11 月 2 日，月湖街道溪水湾社区开展家庭微党课——“我是主讲人”第三期，学习贯彻党的二十大精神 （月湖街道 供图）

1 人，散居特困 2 人，全年累计发放保障金 13.33 万元；重度残疾人 114 人，发放残疾人“两项补贴”30.97 万元。全年临时救助 4 户，救助金额 7680 元，城市特殊困难群体帮扶 63 户，发放帮扶资金 13.77 万元。全年药物救助在册精神病人 48 人，救助金额 6.08 万元。全街享受高龄津贴老人 354 人，其中 80~89 岁老人 325 人，90~99 岁老人 29 人，发放高龄津贴 33.05 万元；全年 80 岁以上老人参保 338 人，60~80 岁困难老人参保 75 人。全年新增灵活就业及企业人员参保 2865 人，城镇居民医疗保险新增 560 人，居民养老保险生存认证 1020 人。城镇职工医保追缴 9 人，金额 4283 元。处理国家欠薪平台投诉线索 158 条，区平台投拆线索 28 条，为 326 人追回欠薪 407 万元。

【综合治理】2022 年，月湖街道围绕创建“平安月湖”推进街道综治工作规范化建设，形成以街道综治为龙头，各职能部门为依托，街道、社区干部为基础的上下联动的综治防控体系。集中组织开展社会治安重点整治、消防安全整治，排查各类安全隐患和矛盾纠纷。全年签订安全生产责任书 1000 余份，开展消防安全生产演习 10 余次，开展“打非治违”等专项行动 100 余次，检查企业、生产经营单位 300 余家；建立长效机制，做好综治信访工作，全年化解信访遗留问题 16 个。协调解决绿地 V 岛、月湖郡等在建项目农民工讨薪、业主维权等事件，开展居民自建房、打击传销、禁毒、反电信诈骗、高层建筑消防安全等领域专项整治行动，维护辖区安全稳定。

【社会事业】2022 年，月湖街道城镇新增就业人数 993 人，失业人员再就业 938 人，其中就业困难对象再就业 126 人。扶持大学生就业 12 人。城镇登记失业率 0.85％。办理失业人员登记 746 人，申请社会保险补贴 544 人，补贴资金 130.96 万元。举办创业培训班 3 场，培训人数 105 人。全年完成孕前优生健康检查 44 对（夫妻），办理生育服务证 204 本，其中一孩生育服务证 97 本，二孩生育服务证 104 本，三孩生育服务证 3 本。全年发放计划生育奖励扶助金 31.76 万元。街道以食品安全示范城市创建为契机，加强餐饮门店、流通领域、小学、幼儿园食品安全管理，开展食安“护苗”和“护老”行动，对辖区农贸市场、各生鲜超市进行专项整治，对农兽药残留、私屠滥宰等进行专项检查，整改规范食品生产销售门店 15 家。

【“政企联心·共话发展”晚餐会暨百名干部联千企专场活动】2022 年 6 月 22 日，开福区月湖街道在兴旺科技大厦举办“跟党一起创享幸福，党建聚合力，文创展辉煌‘政企联心·共话发展’”晚餐会暨百名干部联千企专场活动。开福区委副书记、区长高伟，马栏山视频文创园党工委副书记、管委会主任易鹰等领导出席。区政府办、区发改局、区财政局、区工信局、区优化营商环境协调事务办、区商务局等部门负责人及辖区 19 家重点企业负责人参加。该活动旨在搭建政企活动交流平台，加深了解、增进友谊、共谋发展。月湖街道是马栏山视频文创产业园核心区域的承载街道，截至 2022 年年底，辖区市场主体 6500 余家，其中文化科技类在辖区企业存量中占比 80%，兴旺大厦投入使用，中广天泽、动漫大厦、聚恒总部等 22 个重点楼宇建设稳步推进，乐田智作等一批文创平台建成，文创产业集聚效应逐步凸显。

【鸭子铺路全线竣工通车】2022年6月26日，月湖街道鸭子铺路全线竣工通车。鸭子铺路东至栏山路，西接东二环，全长1.5千米，路幅宽46米，双向8车道，道路设计车速为每小时60千米。道路两厢布局有芒果马栏山广场、中广天择总部基地、马栏山创智园、马栏山人才公寓和长沙实验小学马栏山文创学校等重大产业基地和公共配套项目。道路两厢绿带建有童趣雕塑，提升景观带颜值，使鸭子铺路成为马栏山片区的交通主轴、产业走廊、景观大道和文化街区。鸭子铺路全线通车，将极大便利马栏山片区东西方向交通，同时将为带动园区产业发展、增强经济辐射能力，实现园区、城区、景区、校区、社区合一，助力马栏山打造具有全球影响力的数字视频产业链基地和媒体融合新地标。

【区首个居民自筹自建“红色影院”开播】2022年11月12日，开福区月湖街道舟桥路社区马栏山金色溪樾小区首个居民自筹自建家园里的“红色影院”开播。舟桥路社区马栏山金色溪樾小区党支部、业委会通过小区居民自筹，将“红色影院”引入楼栋，让小区党员群体不出小区就能观影。“红色影院”以主题党日制度与“一课一片一实践”（组织党员上台讲“微党课”、观看党员教育片、开展社会实践活动）活动为重点，循环为辖区党员群播放爱国主义影片，营造爱国、爱党、友爱邻里的良好氛围，丰富居民精神文化生活。

（巢锦帆）

浏阳河街道

【概况】浏阳河街道位于长沙市开福区中心腹地，东至东二环，与开福区洪山街道相邻；西至芙蓉北路，与开福区芙蓉北路街道接壤；南濒浏阳河，与开福区伍家岭街道隔河相望；北至捞刀河，与开福区捞刀河街道毗连，辖区总面积6平方千米。2022年末，浏阳河街道有家庭总户数42821户，总人口99270人。街道辖毛家垅、双河、陈家渡、史家坡、福元路、海棠湾6个社区居民委员会。2022年，浏阳河街道被评为“湖南省安全发展工作示范街道”。

【街域经济】2022年，浏阳河街道全年完成财税收入3.5亿元；完成固定资产投资46.5亿元，新增入库项目24个；完成其他营利性服务业营业收入1.31亿元；完成限上商贸社会消费品零售总额9252.9万元，同比增长34.3%；新增“四上”企业16家，全街规上企业总数43家，净增市场主体1320户，主要经济指标居全区各街道前列。浏阳河街道作为全国第五次经济普查试点单位接受国家统计局调研，长沙市“乡镇街道三星级统计站”通过验收。召开福元路商圈建设研讨会，成立区级福元路商圈建设工作领导小组，推动产业发展，润和国际广场、五矿·芒果芯域建成开业，润和彩虹PARK被评为“2022年长沙市夜间消费示范街区”。在全市、全区首开“政企联心·共话发展”晚餐会，举办房地产销售、新能源汽车招商专场活动，解决企业“急难愁盼”问题41个，争取纾困暖企资金54.5万元，引进“三类500强”企业2家、总部企业4家、重点税源企业10余家。

【项目建设】2022年，浏阳河街道实施重点项目全周期管理服务，强化要素保障，维护施工环境，完成环宇石英砂厂棚改征收项目扫尾清零，并办理结算交地，其中西地块26.23公顷挂牌出让，以10.38亿元摘牌。史家坡学校、前进小学、颐辰逸家、龙湖春江天玺一期二组团、珠江好世界公寓等项目完成建设并竣工验收，投入使用或交房。腰塘路、家园路、万科锦程苑等项目启动建设。珠江好世界商业项目进入装修扫尾阶段。“137”地块项目（揽江一品）启动临建建设、土方外运。完成牌头岭小区2栋北侧边坡整治，启动陈家渡菜地泵站建设。对史家坡南片、洪山公园、省建六公司等待拆迁区域进行摸底调查，推动项目立项启动。

【城市管理】2022年，浏阳河街道按照城市管理“四精五有”要求，严管严治街区环境。全年拆除违章建设22处，整治违规广告招牌30处，清理架空管线890米，处置违停车辆503台，劝导店外经营、占道经营308次；设立临时夜宵规范摊点，通过集中管理、公司运作模式，解决卫生状况差、油烟和噪声扰民、堵塞交通、污染环境等问题；组织开展涉农片区和城乡结合部废品站点专项整治行动12次，收缴废品站点物品15车，处罚金额3500元；实施陈家渡路、家园路、洪山东路、环球东路综合整治，完成人行道整修2261平方米、车行道路面修补225平方米、绿化修整4195平方米、亮化照明维修25处、附属设施修缮50处，知行路提质改造和珠江郦城垃圾厢房接受全市观摩拉练，并获得长沙市人民政府市长的肯定。加强垃圾分类工作，可回收数据从三类上升到一类，组织开展垃圾分类演练活动40余次。持续打好蓝天、碧水、净土、静音保卫战，全街309家餐饮门店全部安装油烟净化设施，其中安装并正常使用油烟在线监控设备的31家，重点聚焦11家建筑工地、1家建筑垃圾中转站、1家再生物资回收公司和5处沙石堆积场，开展“三值两巡”，全年覆盖裸露地块面积8.18万平方米，查处乱倒渣土车辆33台，处罚1.6万元，查处出入工地污染路面车辆38台，处罚1.95万元；制止露天焚烧80余起。开展国控站点周边环境执法行动100次，督促整改问题180个，整改回复上级交办问题97件。严格落实河长制，街道、社区两级河长巡河208人次，劝离多杆垂钓人员80人次。

【综合治理】2022年，浏阳河街道落实安全生产“十五条硬措施”，推进“一日三巡”，全年巡查4106人次，发现隐患问题1437处并整改到位，取缔存在安全隐患液化气站2家，3家环保油使用单位整改停用，辖区瓶装液化气停用，辖区未发生较大以上安全事故。处理食品安全投诉83条，取缔黑作坊4个。加强消防安全专项整治，新建小区电动车充电场所23个，对232栋高层建筑逐一排查，举办应急演练32场，火灾事故起数同比下降55%，区交办4个重大火灾隐患单位全部整改到位，重点整改双河湾公寓，制定整改方案和预案，成立4个小组，实施8个方面的消防安全专项整治，完成硬件设施改造并通过竣工验收。摸排自建房609栋，拆除危房16栋、面积7326平方米，其中9栋D级危房整栋拆除，列入隐患整治台账的28处房屋整治到位，363栋经营性自建房完成整治任务。全年拆除危房、违章46处，面积1.37万平方米，特别是铁路三角叉区域，违建体量大、历时久、情况复杂，街道按拆迁模式组建工作专班，做细居民和租户思想工作，连片拆除铁路沿线违章10栋3000平方米。深化平安街道建设，完善社会治安防控体系，开展扫黑除恶、禁毒、反电信诈骗、整治非法传销等行动，打击违法犯罪，确保辖区社会稳定。

【民生保障】2022年，浏阳河街道完善公共服务体系，落实“帮代办”“全岗通”“24小时自助政务服务”，提高“街道吹哨、部门报到”实效。办理“12345”热线工单2173条，处置率100%，市民满意率99%。新增就业686人，登记失业率3.12%，举办专场招聘会2场。全街低保户41户70人，特困5户5人，残疾人245人。关注困难群体，申请临时救助2户，为1名孤儿、1名低保家庭子女申请慈善助学金1.6万元，发放特殊困难群体帮扶资金37户、金额5.43万元。办好民生实事，通过“群众点单、政协委员接单”方式，实施陈家渡路交通秩序优化及周边环境提质；通过筹集社会资金，实施洪山家园二期工程自主提质改造。成立农民工工资支付工作专班，班子成员联系辖区13个项目，帮助农民工追回薪酬800万元。推进五矿春和景园二期、珠江好世界物业管理与服务标准化小区创建，实施万科城、心伽泊既有小区品质提升。

【润和彩虹PARK开业】2022年4月29日，浏阳河街道“福元路商圈”消费节暨润和彩虹PARK开业启动仪式举行，开福区城北增添消费新地标，并由此启动“福元路商圈”消费。润和国际广场·润和彩虹PARK位于“福元路商圈”的“西大门”，总建筑面积26万平方米，是开福区政府授予的首个“长沙市开福区夜间经济示范街区”。该商业体结合周边居民消费需求，规划定位为中高端的沉浸式购物街区，打造具有创新性和功能性的社交欢聚场，其中彩虹PARK特色街区“酒街串巷”国潮主题街，将美食、文化、场景、体验等进行有机融合，“云仔”IP主题街将消费场景拟人化，升级城市消费体验，打造标志性的街区建筑、沉浸式的消费场景、新潮感的购物体验。

【“一日三巡”安全治理机制创新】2022年，浏阳河街道为解决安全治理工作巡查时间固定、巡查区域盲区、巡查方式单一、巡查效果流于形式等问题，整合监管力量，创新“一日三巡”安全治理机制。坚持“白天+晚上”“干部+专家”“线上＋线下”全天候、全覆盖巡查，全年巡查4464人次，整改安全隐患问题1531处；坚持每周班子会议调度、每月专题讲评，对重大风险隐患挂牌督办，并实行“巡查数据一天一汇总、工作进展一周一通报、风险隐患一周一交办、重点部位一月一走访”。开展消防、燃气、自建房等领域排查整治“百日攻坚”专项行动，约谈问题企业25家，停用醇基原料使用企业4家，整治存在安全隐患自建房28栋，完成心伽泊小区消防硬件设施改造已完成，推进安全隐患整改到位。

【浏阳河街道被评为“湖南省安全发展工作示范乡镇（街道）”】2022年，浏阳河街道被湖南省安全生产委员会评定为“2022年度湖南省安全发展工作示范乡镇（街道）”。2022年，浏阳河街道立足源头治理，深化条块整合，创新“一日三巡”监管模式，在“权责制”上下功夫，健全安全发展体系；在“点线面”上下功夫，夯实安全发展根基；在“防援救”上下功夫，凝聚安全发展合力，未发生安全责任事故，火灾事故同比下降65.52%，交通事故同比下降300%，创建工作成效明显，是开福区首家创建的“湖南省安全发展工作示范街道”。

（曾令文）

秀峰街道

【概况】秀峰街道位于开福区西北部，南至捞刀河，与开福区芙蓉北路街道隔河相望；北至三环线，与开福区青竹湖街道相连；西临湘江，与岳麓山隔江遥对；东接开福大道，与开福区捞刀河街道毗邻。辖区总面积21.5平方千米，辖宿龙桥社区、戴家河社区、兴联社区、秀峰山社区、新大塘社区、竹隐社区、鹅羊山社区、湘民社区、湘荷村9个社区（村）居民委员会。2022年末，辖区总人口9万余人。2022年，秀峰街道被评为长沙市公共机构生活垃圾分类示范单位、长沙市基层人力资源和社会保障平台标准化建设优秀街道等。

【街域经济】2022年，秀峰街道实现财税收入3.98亿元；完成固定资产投资86.62亿元，完成其他营利性营业收入4.87亿元；完成限额以上社会消费品零售总额133.43亿元，同比增长16.6%；完成规模以上工业总产值1.05亿元，规模工业增加值同比增长0.01%。全年楼宇去化1603平方米，其中商务楼宇去化1603平方米；全年新引进企业4家，高岭商贸城新增招商面积5.73万平方米，中升一汽丰田、达美一汽大众4S店入驻，宝之杰名车、长城欧拉、广汽埃安、长城皮卡、比亚迪、捷尼赛思等将近30个汽车品牌签约。

【项目建设】2022年，秀峰街道启动长益复线补征、春涧路地块东幅地块、高冲路东地块等6个项目征拆程序，“1094地块”配套项目植基路、鹅羊路发布二公告；扫尾项目14个，其中完成结算并交地项目7个、结算暂未交地项目2个、剩余5个项目待扫尾结算，在建安置项目2个，可安置指标1085个。

【城市管理】2022年，秀峰街道推进“蓝天保卫战”工作，做好在建工地、秸秆垃圾焚烧、餐饮油烟、露天烧烤、散煤治理、燃放烟花爆竹等相关工作。在开福大道沿线、湘江北路母山防汛基地等路段，对各类渣土车违法违规行为进行集中整治，办理渣土类案件80余个，累计办案金额12万余元；对辖区内非法经营烟花爆竹门店进行地毯式排查，检查门店30余家，劝导制止违规燃放烟花爆竹行为20余起，暂扣烟花8箱；组织城管办、社区（村）对辖区内的黄土裸露情况进行全面摸底，覆盖裸露50余处，面积20万余平方米。开展自建房屋安全排查整治“百日攻坚”专项行动，对摸排判定结构隐患的179栋房屋，按照“改、停、封、拆”分类处置的原则，拆除12栋，封闭及围挡23栋，维修加固22栋，隐患整改率100%。推进垃圾厢房建设工作，建设垃圾厢房11处，有8个厢房通过市级验收；湘民社区、戴家河社区通过市级垃圾分类达标社区验收合格；开展垃圾分类宣传活动50余次，发放各类宣传手册2万余份，开展垃圾分类督导演练活动30余次，垃圾分类设施覆盖率100%。对主次干道、重点区域违法占道摊点进行全面整治，整治占道摊点430余次，店外经营及门前堆物620余处。全年清理私搭乱建27处，拆除违章建筑4087平方米，整改安全隐患299处，处置“12345”市民热线平台、区长信箱、市长信箱、问政湖南等城市管理投诉1000余条。

【民生保障】2022年，秀峰街道有低保户80户、140人，全年发放低保金额101.08万元，发放优抚对象、参战人员补贴、节日慰问等优抚款77.07万元，临时救助6人次，发放救助金1.64万元，城市特殊困难对象帮扶43人次，帮扶金额13.08万元，享受高龄津贴1746人次，发放津贴58.53万元，发放残疾人“两项补贴”2108人次。城乡居民养老保险参保人数4926人，缴费金额60.46万元，60岁以上领取待遇人数1406人。城乡居民医保缴费1.4万人，缴费金额384万元，城乡居民养老、医保保险参保率实现全覆盖。城乡困难居民医疗救助9人次，救助金额4.71万元，精神病人住院救助5人次，药物救助28人。办理公共租赁住房1户。城镇新增就业924人、失业人员再就业1089人、就业困难人员再就业131人，办理失业人员就业创业证653本，认定就业困难对象84人，为748名就业困难人员办理社保补贴244.75万元，为99名高校毕业生提供就业服务。全年开办创业培训班4个，培训230人。全年发放农村奖扶金7.68万元、特扶金40.404万元、奖扶扩面资金14万元，发放独生子女保健费13.38万元、企业退休职工和无业居民计生一次性奖励1.64万元、春节慰问金3.7万元。为102对夫妻进行免费孕前健康筛查。

【综合治理】2022年，秀峰街道将打击防范电信网络诈骗作为综合治理工作的重点，以“抓预警防范、抓宣传教育、抓源头治理”的工作方式动员部署，结合“五零”社区、平安小区创建以及“吹哨报到”等工作，推动反诈防诈宣传进社区、进小区、进学校、进单位，印制并发放宣传资料4万余份，开展宣传培训讲座12场次，全街电信诈骗案发率同比去年下降21%。化解信访遗留问题23件。排查并整改消防安全隐患110处，创新快递网点加入消防宣传“敲门行动”志愿服务，全街59个快递网点的快递员兼职平安志愿者，“敲门”送平安，该做法得到长沙市应急管理局通报表扬。开展高层建筑安全隐患排查整治行动，发现并整治隐患145处。全街道在册吸毒人员91人，其中社区戒毒2人、社区康复3人，均录入长沙市吸毒人员网格化信息平台，并定期监测，无涉毒人员脱管情况。2022年，秀峰街道未发生较大的安全事件及群体性事件，辖区平安稳定。

【社会事业】2022年，秀峰街道全年办结“12345”政务热线工单5615笔。开展“吹哨报到”活动，解决钱隆国际小区3号、7号栋备案证未能及时办理问题；依法拆除被列为全区重大安全隐患的极目楚天小区热炼星城健身会所违建游泳池。成功盘活兴联社区长期闲置的“两安用地”108号地块，集体经济组织成员实现现金收益分配，保障群众合法利益；针对农安小区停车难问题，戴家河社区引进专业物业服务机构对农安小区进行停车管理，解决小区停车难问题，并为集体经济实现创收，发挥组织生活馆和开福家风馆两大党建阵地作用，提质升级街道“一站到幸福”人大代表联络站，打造政协工作室以及“廉心亭”，办好群众关注的实事，让廉洁家风走进居民群众家中。打造长沙市首个103号令拆迁安置小区翠隐佳苑党群活动中心；推进“党建聚合力”工程，解决电单车棚建设、交通顽疾整治、红色物业小区创建等基层治理难题；打造“秀峰红·炬合力”党建联盟品牌，并发布“秀峰红”文化地图。全年在新闻联播、《长沙要情》、《湖南日报》、《长沙晚报》、红网、“学习强国”等媒体宣传报道401次。

【“保护湘江环境、共建和谐家园”区域共建志愿服务活动】2022年4月21日，开福区秀峰街道组织开展“保护湘江环境、共建和谐家园”区域志愿服务活动。社区党员、辖区单位志愿者、热心市民等100余人参加。活动中，志愿者深入湘江秀峰街道段，分组捡拾草丛白色垃圾、打捞岸边河道漂浮物。同时，向社区居民发放宣传资料，动员社区力量共同参与“河湖长制”工作，提升辖区居民保护湘江母亲河的意识，让更多人成为河流保护的行动者、绿色生活方式的践行者。

（李子文）

捞刀河街道

【概况】捞刀河街道地处开福区东北部，东部与长沙县搭界；南部濒临浏阳河，由西向东依次与开福区浏阳河街道、洪山街道隔河相望；西部由南向北，依次与开福区秀峰街道、青竹湖街道毗连；北部与开福区沙坪街道相邻，辖区总面积41.5平方千米。2022年，捞刀河街道辖捞刀河、金竹河、高源、高岭、中岭、楚家湖社区，凤羽村、白霞村、罗汉庄村9个社区（村）居民委员会。2022年末，全街人口4.3万人，其中户籍人口3.03万人，流动人口1.27万人，户籍人口中农业人口2.2万余人，农户总数7000余户。

【街域经济】2022年，捞刀河街道完成财税收入2.56亿元；完成固定资产投资45.68亿元；完成工业总产值5.83亿元，同比增长6.3%；完成社会消费品零售总额2.02亿元，同比增长1.1%；完成建筑业产值84.95亿元，同比增长8.6%。截至2022年年底，市场主体实有数6660户，企业实有数2434户，净增个体户488户，实现“个转企”5户；“四上”企业总数36家，其中建筑业11家，商贸业7家，规模工业企业8家，房地产企业7家，规模服务业3家，新增“四上”企业5家。重大招商引资项目花之谷.动趣王国项目建成开业，该项目被湖南省文化和旅游厅纳入首届全省旅游发展大会长沙市8个实地考察项目之一，“五一”期间实现营业额2万元，“十一”期间实现营业额4万元。开展“百人进千企”“政企晚餐会”活动，走访辖区企业54家，收集问题41个，解决问题37个，解决率90.2%，为企业申请上级奖励资金187.4万元。

【项目建设】2022年，捞刀河街道纳入续拆扫尾项目18个，完成14个项目扫尾清零，分别为苏托垸安置地项目（38户、7.38公顷）结算交地；高岭市民广场项目内8栋建设年代久远的板房、3个塔吊、3栋房屋拆除；中岭生产发展用地项目袁某某老屋、中岭饭店全部倒房清零；中岭四号地（含高岭路、工农垸补征）项目房屋全部倒房清零；高岭组团社保融资用地（5个地块）及长铜路、桂月路项目（115户、24.37公顷）全部清零交地。2022年，捞刀河街道启动新项目5个，分别为长沙市公共卫生救治中心原址改扩建工程；谊信路扩征项目，全部完成签约清零；高岭社区“两安”地块项目，征地12.78公顷，涉及拆迁房屋10户，完成签约9户，迁移坟墓295座；沙河城四期补征项目，涉及代拆1户，完成结算办理；中星路地块项目，涉及拆迁房屋21户，完成签约17户。

【城市管理】2022年，捞刀河街道开展垃圾分类宣传活动146次，收运厨余垃圾4559吨，建成垃圾分类厢房14个；处理数字化平台案卷2162条，开展周末大扫除340次，清理垃圾堆物1000余处；整治违规广告72处，拆除桥下空间私搭乱建15处，拆除历史违章建筑112处，面积3.55万平方米，拆除新建违章建筑8处，面积705平方米；整改煤气安全隐患问题站点69处，关停燃气站点3家，发现并查获黑站点2处，处罚燃气站点6家，罚款5300元。全年组织环境整治执法行动150余次，对23个工地开展巡查管控，整改问题85个；整改餐饮油烟问题26个，整治清退“散乱污”企业22家，查处露天焚烧案件及各类渣土违规案件137例，罚款21.5万元，其中3起执法案例被长沙市蓝天办评为典型案例。继续实行渣土违规行为有奖举报机制，查扣违规渣土车87台次，发放举报人奖励9.95万元。开展交通专项整治行动138次，督促不按规定佩戴安全头盔电动车驾驶人观看警示教育片238人次，签订交通安全承诺书238份，开展道路安全隐患排查，整改安全隐患20余处，安装波形护栏178米，单柱式反光镜6个，单柱式标识标牌10个。全年国土图斑问题整治168处，坑塘水面图斑问题14处完成整改；完成耕地恢复27.78公顷，超额完成上级下达的任务。

【民生保障】2022年，捞刀河街道享受城乡居民低保的困难居民291户522人，累计发放保障金216万余元。全街特困供养人员46户48人，累计发放保障金38.5万余元。全年受理申报困难群众医疗救助14人次，发放医疗救助款3.51万元；困难居民办理临时救助15人，救助金额1.79万元；符合政策的290名残疾人“两项补贴”56.3万元，为辖区13名考上高中、大学的困难学生发放助学金6.5万元；帮扶困难群体101户，发放帮扶资金14万元；困境儿童助学95人次，发放助学款9.15万元。辖区60岁以上老人4735人，其中80岁以上老人528人享受高龄补贴，累计发放高龄补贴18万余元。新建街道综合性居家养老服务中心，新增老年人托养床位80个。全年组织线上专场招聘会2次，城镇新增就业585人次，失业再就业311人次，就业困难对象再就业77人次，新增农村劳动力转移就业90人次。开展各类技能培训300人次。受理核查农民工欠薪投诉66余次，为300余名农民工追回薪酬700万余元。核实并整改社会保险基金疑点数据43条，追回资金1.41亿元。

【综合治理】2022年，捞刀河街道登记在册吸毒人员140人，其中社区戒毒（康复）人员10人，强制隔离戒毒11人，社会面有吸毒史人员119人，建档立卡，未发生脱管失控情况。街道成立反电信诈骗工作领导小组，制定专项工作实施方案，开展反电信诈骗宣传活动，发放“致居民的一封信”8000余份、宣传资料7000余份，张贴宣传海报1200余份，出动宣传车90余次。受理网上信访件105件，办结91件。全年召开森林防火专题部署会议15次，组织开展森林消防应急演练2次。街道与各村（社区）签订森林防火责任书，村（社区）与农户签订森林防火承诺书2400余份，全年未发生较大的消防安全事故。开展自建房安全排查整治“百日攻坚”专项行动，排查自建房6157栋，完成房屋安全鉴定4932栋，拆除有安全隐患房屋33栋，面积8625.82平方米，完成省级平台数据录入工作。

【东二环凤羽段桥下空间整治】2022年9月，捞刀河街道联合驻街城管执法中队、安监、市场监督管理所、区拆控违办对东二环凤羽段桥下空间开展综合整治。东二环凤羽段位于苏托垸内，苏托垸有外来务工人员1万多人，主要是菜农户。由于桥下空间面积较大、交通便利，该区域或被菜农户、小摊贩占用摆摊，或被用于存放架管建材，或被用于堆放垃圾杂物，环境又脏又乱，安全隐患突出。捞刀河街道以“六个到位，六个严格”推进城区市容环境全域提升达标工作为契机，联合各级相关部门，分类施策对桥下空间进行整治，消除安全隐患：开展联合执法行动20余次，拆除违法建设6处，面积800平方米，拆除活动棚1处，拆除围挡1000余米，清退桥下空间使用主体6家，小摊贩10余家，没收液化气罐5瓶，移交相关部门处置，并将6家取得有效合同的桥下空间使用主体报区城管局备案。

（刘 恋）

沙坪街道

【概况】沙坪街道地处开福区东北部，东部、北部与长沙县搭界，南接开福区捞刀河街道，西连开福区青竹湖街道，总面积47.5平方千米，是开福区面积最大的街道。2022年，街道辖中青社区、大明社区、沙坪社区、钟石社区、茶子山村、檀木岭村、汉回村、竹安村、双塘村9个社区（村）居民委员会。2022年末，全街人口总数为23460人，其中常住人口19151人、流动人口4309人。出生人口130人，人口自然增长率2.46‰，男女性别比106.35∶100。2022年，沙坪湘绣小镇被评为省级地理标志产品保护示范区，沙坪湘绣街区被评为长沙市市级非遗街区示范点，沙坪街道被评为全市信访工作“三无街道”先进单位，沙坪街道退役军人服务站被评为2022年度长沙市“五优”退役军人服务站等。

【街域经济】2022年，沙坪街道全年完成税收3.2亿元，完成规模工业总产值39.4亿元，完成固定资产投资额40.8亿元，完成限上社会消费品零售总额1.4亿元。辖区有模工业企业47家，在库项目10个，限上社零企业7家，限额以上商贸业企业28家，新增“四上”企业14家；沙坪湘绣小镇景区全年接待游客25万余人次，汉回景区全年接待游客24万余人次。

【项目建设】2022年，沙坪街道全年铺排项目37个，征地面积222.67公顷。其中续拆项目13个，涉及房屋312户、948人，征地面积42.37公顷，完成荷莲路、大安路、谊信路、汉回村小竹坡地块等6个项目结算，腾地11.69公顷；推进商飞二期、沙卫西安置用地、白沙河水系等9个项目32.03公顷结算工作；完成13个续拆项目交地。新启动项目6个，征地面积21.43公顷。在建施工项目18个，其中基础设施类项目5个，分别为棒冲路、荷莲路、大安路、自安路、沙坪智慧停车场等。产业类项目13个，分别为鹏杨教学、中巨机械、商飞、湖南融湘、依汛诺、高铁时代、大明天福超市、天力管业、深国际二期、东鹏、金六谷、毓华物流、精创天工等，在建项目建设有序推进。筹备启动项目24个（社会民生项目8个，占比22.32%，基础设施项目11个，占比41.28%，产业项目5个，占比36.4%），征地面积180.3公顷，涉及房屋729栋、2236人，正在进行项目启动前期工作。

【城市管理】2022年，沙坪街道全街拆除违法建筑37处，面积5190.5平方米，其中新违建8处，面积1476平方米，历史违建29处，面积3714.5平方米。开展垃圾分类宣讲活动3次，垃圾分类主题宣传活动2次，组织垃圾分类志愿者活动50次。督促整改辖区内建筑工地问题19处，渣土问题1处，道路扬尘污染112处，其他工地问题71处，治理裸露黄土面积6.39万平方米。查处“三车”（渣土车、垃圾运输车、混凝土搅拌车）扬尘污染问题156件，开展“蓝天保卫战”环境污染整治行动102次，治理开展城市管理综合执法行动96次，周末卫生大扫除活动48次，处置城管数字化案卷与网格化案卷1899条，促进全街市容环境提标提档，街区秩序井然有序。辖区内原有燃气供应站点8家，其中因证照不齐被关停2家、存在非法导气责令关停1家、因库房无产权属危房责令关停1家。截至2022年年底，辖区有燃气站点4家。

【综合治理】2022年，沙坪街道完成竹安村、茶子山村等6个美丽屋场达标型、示范型项目建设，申报开福区村级公益事业财政奖补项目9个，累计申请奖补资金109.2万元，助力乡村振兴建设。全年申报各级乡村工匠8名，新型职业农民4名。整改环境问题图斑220处，整改率100%。对全街700余座沼气池进行

2022年4月29日，沙坪街道组织开展湘绣作品大赛。图为各参赛企业绣工在湘绣文化广场进行现场刺绣比武（沙坪街道 供图）

排查，下发安全宣传资料200余份，发现问题50余处，全部整改到位。组织对全街4000余座农户厕所进行排查，整修改建175座。全年巡河420余次，下达整改工作函1份，交办问题全部整改到位。完成檀木岭小微水体示范区市级审核工作，创建成功竹安小微水体示范区和双湖撇洪渠美丽河流示范区。全年种植水稻324.4公顷，蔬菜等其他农作物127.6公顷，治理耕地抛荒面积100公顷。全年开展防火队员设备使用培训2次，森林防火演练5次，新增小型防火站1处。开展危险化学品、烟花爆竹、自建房、消防、醇基燃料、道路交通、特种设备等重点行业领域专项整治行动，对存在安全生产风险隐患，且整改不到位的生产经营单位，责令停产停业整顿18处，关停无证照非法生产经营窝点3处。开展“戴帽工程”专项整治102次，查处违规电动车、摩托车1102辆。开展醇基燃料专项整治，排查餐饮门店、企业发现使用醇基燃料企业、门店26家，全部完成改用替代燃料。全年接待来信来访110人次，调处矛盾纠纷47起。全街社区矫正对象9人，其中社区戒毒康复对象3人，开展禁毒宣传活动2次，发放禁毒宣传单资料2万余份。

【民生保障】2022年，沙坪街道全街城乡居民低保181户、353人，全年发放低保资金222.22万余元。全街特困供养人员92户、97人，发放保障金107.05万余元，为59人次因病住院特困人员办理免费住院治疗。帮扶低收入人群和突发事件导致生活陷入困境的人群147人，发放帮扶资金25.95万元。对1名孤儿、2名事实无人抚养儿童发放救助资金4.01万元。全街登记在册精神病人84人，累计发放药物救助400人次，办理精神病人入院治疗20人次。领证残疾人492人，对其中203名重度、低保残疾人发放“两项补贴”56

万余元。组织专场招聘会10余次，全年新增就业1265人次，城镇登记失业率控制在3.5%。

【党章党规讲习所成立】2022年2月25日，沙坪街道党章党规讲习所在茶子山村挂牌成立。沙坪街道党章党规讲习所旨在开展党章党规党纪学习教育，加强全街干部职工思想淬炼、党性修炼、作风锤炼。当日，沙坪街道纪工委书记李启源以《严守党章党规，争做合格党员》为主题，结合《中国共产党纪律处分条例》及党员干部违纪违规典型案例，为党员群众讲授第一堂廉政党课。

【首届沙坪湘绣作品大赛举行】2022年4月29日，长沙首届沙坪湘绣作品大赛在开福区沙坪街道举行，17家沙坪湘绣企业和湘绣工匠代表参加比赛。通过作品征集、评审，评选出50幅作品在沙坪湘绣小镇展览，其中30位女绣工同绣《千里江山图》深受市民游客好评。

【沙坪街道运动会举行】2022年11月12日，沙坪街道“献礼二十大·奋进新百年”运动会在沙坪实验小学举行。开福区委常委、宣传部部长张红民出席开幕式并宣布运动会开幕。街道机关、村（社区）、驻街企业等单位组成的22支拔河队伍、30支跳绳队伍、32支飞镖队伍参加比赛，长沙市雅高彩印有限公司代表队、中青社区代表队和街道财政所代表队分别获得拔河、跳绳和飞镖项目的第一名。

【省老干部大学首个社区支教基地在沙坪街道成立】2022年12月12日，湖南省老干部大学开福沙坪支教基地在沙坪街道沙坪社区揭牌。沙坪支教基地是湖南省老干部大学在全省的首个社区基地，湖南省老干部大学校长郭文等领导出席揭牌仪式。在揭牌仪式上，湖南省老干部大学副校长许刚表示，省老干部大学建开福沙坪支教基地是学习贯彻中共二十大精神的重要实践、是为老年人办实事的务实之举、是推进区域老年教育均衡协调发展的创新之举，省老干部大学之所以建开福沙坪支教基地，就是为提升沙坪地区文化养老水平、丰富农村老年人晚年生活。

（莫晶）

青竹湖街道

【概况】青竹湖街道地处开福区北部，东临沙坪街道，西濒湘江，南抵秀峰街道和捞刀河街道，北靠龙飞岭与望城区桥驿镇相连，东北部毗邻长沙县北山镇，西北部与望城区丁字湾街道隔沙河相望，总面积41平方千米。2022年，街道辖青竹湖畔、金霞新村、新安寺、霞凝港、金盆丘、新太安、植基、天胜、彩霞、霞凝、新源11个社区居民委员会。2022年末，辖区常住人口4.2万人。2022年，青竹湖街道被评为长沙市信访工作“三无”乡镇（街道）标兵单位。

【街域经济】2022年，青竹湖街道完成市、区两级税收6.2亿元；完成工业总产值67.42亿元，同比增长0.3%，占全区完成总量的49%；完成社会消费品零售总额54.06亿元，同比增长6.5%；完成固定资产投资68.9亿元，占全区完成总量的12.13%；完成高新科技产值81.8亿元，同比增长36%。全年新增市场主体411家，新增“四上”企业20家。截至2022年年底，全街市场主体2915家、“四上”企业100家。长重机器有限公司、新亚胜光电股份有限公司被评为国家级专精特新“小巨人”企业。

【项目建设】2022年，青竹湖街道完成续拆和扫尾项目14个，腾地4.8公顷。新启动天井路、霞凝二小、财经学校等征拆项目10个，面积22.87公顷。开展“百人进千企”“政企晚餐会”活动，深入一线解决项目建设难题，地铁1号线北延线、千思装饰、港铁专用线、阳光里等重大项目建设有序推进。

【城市管理】2022年，青竹湖街道紧扣“四精五有”（精准规划、精美建设、精致管理、精明增长；有颜值、有气质、有内涵、有格调、有品位）品质城区建设总体要求，突出市容环境精致管理、垃圾分类、拆违控违、日常考核及“三车三场”管控、燃气安全整治等工作为重点，提升城市管理档次和标准。全年清理各类垃圾500车、阳台（窗台）楼道堆物800处，清洗垃圾分类点等公共设施600余处，拆除各类横幅60条、违规广告30余处；开展餐饮门店燃气安全隐患排查行动24次，完成安全隐患整改110余处；对存在安全隐患的房屋组织拆除行动20余次，拆除隐患房屋41处，拆除面积1.32万平方米。加大闲置地块整治力度，对青竹湖畔闲置地块进行清理整治，平整土地2.3万平方米，铺设草皮2400平方米，抛撒花籽、草籽2万平方米，建设步道600米。全年受理城管数字化案卷2577件，处置率100%。

【民生保障】2022年，青竹湖街道全年实施大病救助23人，救助资金16.31万元；帮扶城市特殊困难群体118人，帮扶资金22万元。完成低保救助217户，帮扶特困供养对象43户。全年申报慈善助学7名，困境儿童教育帮扶56人，新增事实无人抚养儿童5人。全年累计对辖区内2245位高龄老人发放高龄补贴74.52万元，完成辖区内486名持证残疾人入户调查，对231名残疾人按月发放“两项补贴”，全年累计发放64.21万元。

【综合治理】2022年，青竹湖街道全年调处各类矛盾纠纷126起，处理网上信访件及来访群众诉求200余件，化解信访遗留问题7件，稳妥处置恒大揽湖苑、恒泰湘壹府延期交房，湘一外国语学校民转公学区划分，曦园、卓尔项目拖欠农民工工资及中运物流公司离退休员工福利待遇等风险。筑牢禁毒防线，联合派出所、司法所、禁毒协会及社区开展毒品问题清查专项整治行动50余次；排查处理铁路安全隐患130余起，其中27起获得湖南省铁路护路联防“一事一奖”。街道社会治安稳定可控。

【森林防火演练】2022年10月21日，开福区委书记罗玉环带队，采取“四不两直，随机抽查”的形式，到青竹湖街道开展森林防灭火应急演练。实战演练随机选取青竹湖街道新源社区张家场组附近山林、沙坪街道大明社区4组附近山林两个点，模拟发生森林火灾并借助风力急速蔓延的火情。在演练过程中，相关街道、社区立即启动应急预案进行处置，街道主要负责人第一时间赶到现场并迅速组织基层应急队伍开展森林火灾扑救工作，森林火灾被成功处置。演练结束后，罗玉环进行现场讲评，同时要求充分认识森林防灭火工作的重要性和复杂性，加强火源管控，把好“入山口”，扫好“防火码”。要加强巡查巡护，确保巡护频次和力度，做到全勤在岗；要加强宣传教育，充分发动群众、组织群众，联防联控、群防群控，加强值班值守，确保应急处置体系运转高效、及时。

【工作调研】2022年7月21日，湖南省美丽乡村建设研究会副会长肖君泽、王唐攀，湖南省生物机电技术学院教授李永兴等一行到开福区青竹湖街道新源社区调研美丽乡村建设工作。座谈会上，社区详细介绍社区美丽乡村建设整体规划与建设现状，专家们各抒己见，以农民富裕富足为向导，以加快农业农村现代化步伐、建设宜居宜业美丽乡村为目的，探讨城郊接合部新源社区未来乡村振兴发展蓝图，共谋推进乡村振兴举措。

（黄贝）

附　录

中共开福区委全会工作报告

在区委六届四次全体会议暨经济工作会议上的讲话

开福区委书记 罗玉环

（2022 年 12 月 26 日）

一、迎盛会、聚合力，砥砺奋进交出满意答卷

2022 年，极不寻常，极不平凡，在中央、省委、市委的坚强领导下，区委常委会团结带领全区上下，坚持以习近平新时代中国特色社会主义思想为指导，弘扬伟大建党精神，按照“疫情要防住、经济要稳住、发展要安全”指示要求，全面落实“三高四新”战略定位和使命任务，抢抓“强省会”战略机遇，踔厉奋发，勇毅前行，致力北强事业，有效应对各类风险挑战，尽最大努力交出了能够做到的最好答卷。

令人振奋的是，我们喜迎党的二十大胜利召开，掀起学习宣传贯彻热潮，忠诚拥护“两个确立”，坚决做到“两个维护”，更加坚定中华民族伟大复兴信念，更加坚定开福发展未来可期。

令人欣喜的是，面对需求收缩、供给冲击、预期转弱“三重压力”，我们走得艰难，但也走得坚定，经济社会发展取得显著成效，入选全国高质量发展百强区、全国市辖区旅游综合实力百强区、中国楼宇经济（总部经济）标杆城区 30 强，获批“一带一路”（长沙）中小企业合作区。

令人鼓舞的是，“强省会”战略带来新一轮重大机遇，马栏山视频文创产业园列入省委“强省会”战略六大平台支撑之一，金霞新城列入全市重点打造的十大片区之一，开福事业宏图愿景其时已至、其势已来。

令人感动的是，面对接踵而至的繁重任务，全区上下夜以继日，攻坚克难，连续作战，以干部默默坚守的最大确定性，应对一切风险挑战的不确定性，无私奉献只为群众幸福安康，辛勤付出只为社会和谐稳定，拼搏奋进只为区域高质量发展，正因为有大家奋斗的身影，幸福开福充满温情、更具质感。

光阴记载足迹，业绩见证奋斗。一年来，我们主要抓了以下工作：

一是喜迎党的二十大，学习贯彻掀起热潮。坚持把迎接服务党的二十大召开和学习宣传贯彻党的二十大精神作为全年工作主线，按照中央、省委、市委要求，认真研究，及时部署，统筹推进。组织开展“奋进新时代 一起向未来”“非凡十年”主题宣传活动，营造了良好氛围。区委常委会带头学习宣传，县级领导带头深入街道、社区、企业宣传宣讲，举办科级干部党的二十大精神培训班，制定出台《关于全面深入学习贯彻党的二十大精神以中国式现代化加快建设现代化新开福的实施意见》，推动党的二十大精神在开福落地生根、开花结果。

二是落实强省会战略，发展质效得到提升。抢抓“强省会”战略机遇，出台专项行动方案，以“双五”工程为抓手，奋力推动高质量发展。金霞新城蓄势待发。制定金霞新城发展规划，组建片区开发领导小组，完成投资 165.4 亿元、开工项目 76 个。产业发展支撑有力。四大主导产业提质扩容，马栏山视频文创产业园引进华为、华太电子 5G 芯片研发中心等头部企业 42 家，获评国家文化和科技融合示范基地；全区集聚物流业及上下游企业 1086 家，物流业营收突破 800 亿元，医药物流继续领跑三湘，视频文创、现代物流两大朝阳产业的比较优势进一步放大。三安光电第三代半导体开福金霞产业园项目成功引进，超精密制造产业园、大飞机地面动力学试验平台等项目加快推进，天创精工实现当年开工、当年投产，长重机器、新亚胜入选国家级专精特新“小巨人”企业，智能制造产业比重稳步提升。长沙银行新金融产业园顺利开工，新增区域性金融总部机构 6 家，过亿元

楼宇达18幢，承办中国品牌节年会、中国城市夜经济峰会等重大展会活动，第三产业迈上千亿台阶。科技创新动能强劲，由湘雅医学院牵头的芙蓉实验室正式获批并启动建设，省级以上科创平台达104家，高新技术企业达535家，实施“开福合伙人”倍增计划，市级以上高层次人才达202人，居区县市第一，信创、“三航”、超精密加工、医药大健康等战略新兴产业蓬勃起势。改革开放持续深化。大城北体制、财税金融、应急体制等改革有力推进，发展活力不断增强；中欧班列（长沙）连续两年发运超千列，稳居全国第一方阵，全区完成外贸进出口额313亿元、增长12%，开放型经济不断壮大。

三是助企纾困兴实体，经济运行稳中有进。坚持以超常规力度和举措全力稳经济大盘，GDP预计增长4.2%，在多重大战大考中，实现经济发展稳中有进、稳中提质。不折不扣落实中央、省、市稳经济政策措施，配套出台纾困暖企稳经济若干措施文件，兑现惠企资金8400余万元，为市场主体减租约2000万元。顺时应景开展促销活动，激发消费活力，全域文旅示范区加快建设，四方商贸城等街区入选全省改造提升试点步行街，潮宗街成功创建AAA景区、获批省级旅游休闲街区，17个商圈入选全市夜间消费示范点。实施优化营商环境三年行动，开展“百名干部联千企”活动，举办“政企联心·共话发展”晚餐会，常态化落实区领导联点重点企业等机制，解决企业各类问题740个，促成1000余家企业融资227.25亿元，净增市场主体1.83万户、总量达14.9万户。构建大招商格局，新引进重点产业项目88个、总投资约287.5亿元。全年共铺排重大项目307个，完成投资420亿元，5个省重点项目、11个“强省会”战略项目超额完成年度任务，项目滚动推进态势不断巩固，带动力、支撑力持续提升。

四是倾注真情惠民生，群众生活保障有序。始终坚持以人民为中心的发展思想，采取更多惠民生、暖民心举措，持续提升人民群众幸福指数。全面加强城市建管，华夏路、文昌阁、陡岭支路城市更新项目有序实施，启动118个老旧小区提质改造，推进30个既有小区品质提升，完成“百街千巷”环境综合整治提升164条。大力推进乡村振兴，创建美丽宜居村庄8个，村级集体经济年收入超50万元的社区（村）达13个。坚决打好污染防治攻坚战，空气质量优良天数达80%以上，“一江四河”国省控考核断面水质优良率保持100%，开福的天更蓝、山更绿、水更清。坚持就业优先战略，新增各类就业人员3万人，城镇调查失业率控制在5.5%以内，紫凤等9个社区（村）入选省级充分就业星级社区，根治欠薪工作获全省表彰，经验在全国推介。完成国有土地征收项目10个、腾地18.73公顷，集体土地征拆项目75个、腾地191.27公顷，新增农民安置房指标3316个，484户拆迁群众实现“安居梦”。全面完成29个省市重点民生实事项目，新增学位6570个、床位500张、车位18659个、梯位190台，一大批群众急难愁盼问题有效解决。

五是全力以赴守底线，社会大局和谐稳定。统筹疫情防控和经济社会发展、统筹发展与安全，出台《关于防范化解重大风险 促进社会大局和谐稳定的实施方案》，确保政治安全、社会安定、人民安宁、网络安靖。成立工作专班积极防范化解房地产项目风险，稳妥处置盛大金禧、君悦香邸等群访事件，胜利村算大账等历史遗留问题成功化解，制定征拆、房地产等8个领域信访矛盾源头治理工作机制，聘任“两代表一委员”、开福好人等20人组成“第三方调研组”，对信访老户进行法律指导、心理疏导、人文关怀，信访总量和重复信访案件实现“双下降”，党的二十大和全国“两会”等特护期均确保了“五个不发生”和“三零”目标。扎实开展安全生产大检查和自建房、燃气及消防等“百日攻坚”专项行动，长沙学院周边自建房得到全面整治，抓实森林防灭火、防汛抗旱等工作，安全生产事故起数、死亡人数实现“双下降”。严格按照上级决策部署，持续优化疫情防控策略，不断完善防控体系机制，以快制快处置多轮散发疫情。落实食品安全“两个责任”机制，扎实推进食品安全创建和药品安全专项整治。常态化开展反恐防暴、扫黑除恶斗争，严厉打击各类违法犯罪，铁腕整治网络电信诈骗、传销等非法活动，连续18年保持全省“平安区县”称号。

六是抓实党建固根基，党的建设不断加强。以“党建聚合力”工程为统揽，深化区域化党建、小区党建，全面提升两新组织“两个覆盖”质量，万达、富兴楼宇党建工作得到省委组织部肯定，卫健领域区域化党建做法在全市推介，基层党组织战斗堡垒作用进一步增强。树立鲜明的选人用人导向，坚持在一线锤炼干部，组织全区1400余个基层党组织、3.2万余名党员积极投身疫情防控、自建房安全整治、信访维稳等急难险重工作，让党旗始终在基层一线高高飘扬。坚定不移正风肃纪，全面建设“清廉开福”，深入开展“强省会 勇担当”作风建设年活动，持续整治“四风”问题，严查群众身边的腐败和作风问题，全面完成六届区委三轮巡察，一体推进“不敢腐、不能腐、不想腐”，风清气正的政治生态持续巩固。

一年来，区委常委会充分发挥总揽全局、协调各方作用，支持人大及其常委会依法履行职能，支持政府依法依规行政，支持政协开展政治协商、民主监督、参政议政，深入开展统一战线工作，加强党管武装工作和群团工作，关心和重视老干部工作。总体来看，开福干部敢担当、重实干、有作为，特别是在共克时艰的日子里，全区各级党组织和广大党员干部顽强不屈坚守，患难与共担当，不辞辛劳付出，一路拼搏，一路奋斗，一路奉献，呈现一心一意谋发展、凝心聚力干事业的良好局面！在此，我代表区委常委会，向全体委员和广大党员干部群众表示衷心的感谢。

风雨多经志弥坚，关山初度路犹长。我们清醒地看到，发展中还存在一些问题和不足：产业发展基础依然薄弱，亩均产出、平米税收等高质效指标还存在短板，缺少大项目、好项目引领带动，综合竞争力横向比较还有差距；金霞新城推进还不够有力，城北配套不足、人气不旺，产城融合还存在差距；一些干部抓经济、抓产业的能力与高质量发展要求还有差距，“躺平”思想和“四风”问题还一定程度存在。这些问题，我们将高度重视，采取有效措施加以解决。

二、观大势、谋大局，凝聚共识坚定信心决心

2023年，是全面贯彻落实党的二十大精神的开局之年、落实“强省会”战略的关键之年，外部环境日益改善，内部条件日趋向好，开福发展迎来重要战略机遇期。

一是从宏观大势看，释放了大抓经济的强烈信号。党的二十大作出系列重大战略部署，极大振奋了全国各族人民的精气神，中央、省委、市委经济工作会议，将稳增长放在更加突出位置，全面深化改革开放的举措更强，提升市场信心的力度更大，中央明确了财政、货币、产业、科技、社会五大政策，财政转移支付力度进一步加大，并强调要坚持真抓实干，激发全社会干事创业活力，让干部敢为、地方敢闯、企业敢干、群众敢首创，力度空前的逆周期宏观政策调节，释放了大抓发展的强烈信号。同时，防疫政策优化，人们对“久在樊笼里，复得返自然”的期盼与渴望十分强烈，长沙作为“十步之内 必有芳草”的网红消费城市，在国家扩大内需战略的加持下，必将迎来旅游消费的井喷式发展。

二是从上级决策看，叠加了支撑发展的政策红利。长九铁路列入国家“十四五”规划，在开福金霞新城建站，将连接南北、贯通东西，成为市域新的铁路枢纽。“强省会”战略在加快打造制造业强市、强化创新引领、深化数字赋能等方面实施一系列重大工程，必将为开福发展带来新机遇。市委确立了在河东四区建设一南一北“两中心”，提出将金霞新城打造为中国式现代化品质一流的长沙综合性新中心，这是市委着眼建设国家中心城市长远目标、新时期城市发展要求、长沙“北进”战略和城市发展格局，作出的重大决策部署，通过建设城市北中心，使其成为承接省市战略的新空间、优化长沙主城格局的新支撑、彰显城市品质的新名片、带动经济增长的新极点，城北发展迎来重大利好，金霞新城进入实质性开发建设阶段。

三是从开福自身看，蓄积了跨越赶超的强劲动能。继2020年习近平总书记亲临马栏山视频文创园考察调研后，开福版图和开福工作越来越被省市领导关心和重视，省委、省政府和市委、市政府主要领导先后多次莅临开福调研指导，推动大飞机地面动力学试验平台等重大项目落户开福。以国防科大、湘雅医院、马栏山视频文创园为代表的科创资源，正加速孵化新兴产业、催化传统产业转型升级、聚集高端人才，高新技术企业、市级以上高层次人才呈现快速增长势头，“要素＋创新”双轮驱动效益日益增强。

基于以上形势分析，区委决定，2023年经济工作的总体要求是：以习近平新时代中国特色社会主义思想为指导，全面贯彻落实党的二十大精神和中央、省委、市委经济工作会议精神，深入落实习近平总书记对湖南重要讲话重要指示批示精神，坚持稳中求进工作总基调，完整、准确、全面贯彻新发展理念，服务和融入新发展格局，着力推动高质量发展，全面落实“三高四新”战略

定位和使命任务，更好统筹发展和安全，全面深化改革开放、大力提振市场信心，把实施扩大内需战略同深化供给侧结构性改革有机结合起来，突出做好稳增长、稳就业、稳物价工作，有效防范化解重大风险，推动体量能级、产业发展、城区品质“三个新跨越”，奋力“强省会”，建设北中心，加速打造强盛魅力幸福和谐的现代化新开福。

区委提出，明年全区地区生产总值增长7%左右，规模以上工业增加值增长8%以上，社会消费品零售总额增长7%，固定资产投资增长7%以上，服务业增加值增长7.5%，进出口总额增长12%、力争15%，地方一般公共预算收入增长6%以上，城镇调查失业率5.5%左右，居民收入与经济增长基本同步。

明年地区生产总值增长确定为7%左右，主要考虑：一是落实“强省会”战略的必然要求。开福作为北部中心城区，市委寄予厚望，理应体现担当，多作贡献，经济增速不得低于全市平均水平。二是实现“打造北中心”的必然要求。只有保持快速稳健的经济增长势头，才能更好推动片区开发、项目落地，为建设北中心创造良好条件。三是引导市场预期的必然要求。政策红利释放，经济呈现加快恢复态势，确立这些目标，兼顾了可能性与可行性，有利于调动干部积极性，也有利于向社会释放积极信号，引导发展预期，提振发展信心。

做好明年经济工作，要认真贯彻中央经济工作会议提出的“六个统筹”、省委经济工作会议提出的“六个坚持”和市委经济工作会议提出的“六个注重”要求，做到“解放思想、项目为王、争先进位、科学统筹”：解放思想，就是要勇于担当发展重大使命，在推动高质量发展中敢为人先、主动求变、创新突破，营造“干部敢为、地方敢闯、企业敢干、群众敢首创”浓厚氛围。项目为王，就是要始终坚持以项目建设为载体，从项目切入，用项目推动，靠项目支撑，以大项目、好项目、新项目，推动产业升级、城市提质、民生改善。争先进位，关键在“争”，核心在“进”，要始终保持干事创业的精气神，与最优者“对标”，与最强者“比拼”，与最快者“赛跑”，以“争”的状态确保“进”的成效。科学统筹，既要抓住“牛鼻子”、重点突破，也要学会“弹钢琴”、系统推进，坚持统筹城乡、统筹发展与安全、统筹经济发展和民生保障，实现经济社会全面协调可持续发展。

三、强省会、勇担当，乘势而上加快建设北中心

深刻领会、认真落实中央、省委、市委对明年经济工作的部署，抢抓发展机遇，聚焦工作重点，以跨越赶超之姿奋力“强省会”，加快建设北中心。

一是坚定不移推进产业转型升级。产业兴则发展兴。坚持把发展经济的着力点放在实体经济上，以产业链条为抓手、以项目建设为关键、以市场主体为支撑，扎实开展产业链攻坚战，不断筑牢产业高质量发展根基。把产业链条作为重要抓手。牢固树立产业链思维，围绕视频文创、智能制造、现代物流、高端服务业四大支柱产业，信创、航空航天航海、超精密材料、医药大健康、智能建造等新兴产业，紧盯“千亿产业集群、百亿链主企业、十亿重大项目”，建立政企共同参与的产业链工作机制，形成一条链、一名链长、一个链主、一个专班、一套机制、一支专家团队的“六个一”工作格局，切入经济工作一线，深入产业链蓝海，精准定位，把握主攻方向，精准招商，补链延链强链，推动产业由“点”到“线”、从“链式”向“集群”跃升。把项目建设作为核心关键。牢固树立“项目为大、项目为重、项目为先”理念，紧盯项目落地率、开工率、达产率，常态化落实项目联点、调度、走访、督办机制，完善前期审批、要素保障、跟踪服务等一揽子体系，确保项目建设有氛围、有质量、有速度、有规模。全年计划实施重点项目281个，总投资358亿元，完成集体土地拆迁腾地200公顷以上，完成国有土地征收500户、8万平方米以上。坚持引企与引资引技引智相结合，发挥专业团队、高层次人才、资管机构、平台运营商、链主企业招商作用，瞄准“三类500强”、细分行业领军企业，招引一批产业配套和关联带动效应强、集聚能力强的优质项目，力争引进“三类500强”企业10个以上。把市场主体作为重要支撑。深入实施市场主体倍增工程，开展优质企业梯度培育行动，加快推进“个转企”“小升规”“规做精”“优上市”，实现市场主体总量扩张、质量提升。全年净增市场主体1.78万户、总量突破16.5万户，新增“四上”企业140家、上市企业1家以上。深入落实稳经济一揽子政策和接续政策，常态化推进区

级领导联点重点企业，定期举办“政企联心”活动，及时帮助企业纾难解困。特别是要最大化释放政策正向激励效应，全力帮扶中小微企业走出困境、提振信心。

二是坚定不移推进改革开放创新。发挥开福自身优势，以改革推动开放，以开放倒逼改革，以创新驱动发展，实现改革开放创新互动并进。强化改革推动力。主动承接好中央、省、市年度改革任务，着眼解决高质量发展中遇到的实际问题，聚焦企业关心、群众关注、基层期盼的难点堵点问题，探索实施一批重点改革。纵深推进“放管服”改革，梳理项目全生命周期服务事项，打造“一件事一次办”升级版，营造更优营商环境。深化国资国企改革、园区体制改革，推动国有资本和国有平台公司做强做优做大，提升企业核心竞争力。深入推进全员绩效考核改革，激发干部内生动力。深化财政预算管理制度改革，重点保障基层有序运转。强化开放带动力。全面拓展对外开放广度和深度，积极融入共建“一带一路”、中非经贸深度合作先行区、长江经济带发展、长株潭一体化发展战略布局。加快“一路两园”国际经贸合作、长沙港霞凝港区三期等项目建设，积极申报中欧班列集结中心长沙示范工程，推动自贸区与金霞协同联动发展。抢抓“一带一路”中小企业合作区建设机遇，积极参与“湘商出海”，大力支持中小企业对外合作先行先试，推动物流业与制造业深度融合发展，助力合作区打造“一地三区”。强化创新驱动力。深入实施科技创新“五大”行动，发挥国防科大、湘雅医院等驻区资源优势，积极争取国家、省、市重大科创项目落地，加快推进一体化智能手术机器人研发、大飞机、芙蓉实验室等重大科创项目、平台建设，抓好月湖文创小镇、军民融合创新孵化基地、开福软件产业园等双创平台运营，优化富兴、湘域智慧、凯乐微谷等双创基地服务，努力孵化一批爆发力强、成长性好的科技型企业。持续实施“开福合伙人”倍增计划，完善人才引进、培育、评价体制机制，坚持区“四大家”领导联系服务人才，给予人才最高礼遇，让各类人才心无旁骛施展才华。完善“专精特新”企业梯度培育体系，引导中小企业向“专精特新、领航企业”方向进阶壮大。支持驻区高校院所和有条件的企业积极参与“揭榜挂帅”，着力攻克一批“卡脖子”关键核心技术。积极探索先进技术成果转化新模式，加强知识产权创造、保护和运用，以新技术创造新产品，以新产品催生新产业，力争高新技术企业突破600家。

三是坚定不移扩大内需。牢牢把握扩大内需风口，做好投资、消费、文旅三篇文章，不断释放内需潜力，推动经济平稳健康可持续发展。全力扩大有效投资。抢抓放量政策红利，通过政府投资和政策激励有效带动全社会投资，鼓励和吸引更多民间资本参与重大工程和补短板项目建设。聚焦制造业、重点领域补短板、新型基础设施三大投资板块，紧盯交通、能源、水利、物流、生态环保、社会民生等重点领域，尽最大努力向上争取更多政策支持、资金支持、项目支持，用好用足专项债。全面激活消费市场。把恢复和扩大消费摆在优先位置，提升传统消费，培育新型消费，扩大服务消费，适当增加公共消费，着力满足个性化、多样化、高品质消费需求。支持住房改善、新能源汽车消费，推动高岭商贸城优化升级。依托伍家岭、北辰、福元路、秀峰等商圈，培育引进更多品牌首店、网红门店，布局精品酒店、品牌餐饮、特色体验店，打造一批具有影响力的核心商业聚集地。注重城市营销，支持四方商贸城、潮宗街、西园北里、滨江美食街打造长红打卡点，加强夜游夜购夜食夜市等消费供给，推动网红经济与实体经济融合。大力发展会展经济，办好品牌会展。发展数字文化产品消费，引进跨境电商消费，建设“数字+”消费产业园区。鼓励引进社区邻里中心、养老站点、品牌连锁、休闲文化娱乐等网点。加快推进文旅融合。编制出台全域文旅示范区建设总体规划，启动实施三年行动计划，加快文旅融合发展步伐。积极创建文旅品牌，推动长沙园林生态园创建AAAA级景区，全力支持省博物馆、烈士公园“馆园”融合，整合沙坪湘绣小镇、汉回民俗文化景区及沿线休闲度假资源共创省级旅游度假区，支持长沙园林生态园及周边作为长沙申办中国国际园林博览会园址。持续推进乡村振兴，提质一批乡村旅游区（点）。丰富文旅产品供给，整合优质文旅资源，打造亲子游、研学游、老年游等特色精品旅游路线，培育文旅融合示范点10个。加强文旅宣传营销，策划举办系列文旅节活动，拓展线上线下宣传渠道，打造更聚人气的开福文旅品牌。

四是坚定不移推进重大片区开发。抢抓“强省会”战略机遇，有序推进重大片区开发建设，全力打造长沙北中心新的增长极。高标准打造金霞新城。树立大片区开发思维，坚持规划先行、配套先行、教育先行、重点项目先行，强化空间统筹、资源统筹、时序统筹、利益统筹，打造中国式现代化品质一流的长沙综合性新中心。当前，市级层面正在面向全球征集“长沙北中心”的规划方案，我们要配套开展产业策划；积极对接推进高岭综合客运枢纽、地铁1号线北延和9号线、北横线、兴联路大桥、长青路、茶江高速、长赣高铁等建设；加快广润福园配套小学、保利北中心配套小学等6所学校建设；加快推动片区开发，启动白霞功能区建设，加快推进关公湖功能区首开项目，完成高岭片区规划调整，加强苏托垸片区环境整治。高品质打造黄兴北路片区。加速推进黄兴北路两厢黄金地段开发，大力发展高端楼宇、特色楼宇、总部楼宇，加速高端业态集聚，催生更多亿元楼宇，与湘江北路、芙蓉中路高端楼宇连线成片，打造“环湘雅、沿湘江”总部经济、区域总部经济核心承载区。高质效打造泛马栏山生态圈。支持马栏山视频文创产业园高质量发展，发挥园区政策叠加优势，依托周边空间资源，大力发展视频文创、软件信息等产业，加速高端人才集聚，推动产业生态、产业模式蝶变升级，打造“两河”沿线泛马栏山生态圈。

五是坚定不移提升城区品质。坚持以“四精五有”为引领，以“五区”建设为抓手，塑造更有温度、更有底蕴、更有品位的现代化都市新风貌。发挥规划引领作用。对标先进城市规划理念，聚焦建设长沙北中心发展定位，立足开福未来人口、经济布局、资源禀赋和承载能力，下足绣花功夫把每一寸空间管好用好，高标准高质量编制好国土空间规划和各专项规划，科学配置生态、生产和生活空间，为引领开福高质量发展画好蓝图。完善城区承载功能。综合考量行政、经济、文化、交通等多方面功能，着力完善空间布局、强化有机联系、促进功能互补，切实提升城区综合承载力。加快推进湘雅路过江通道等重大交通基础设施建设，疏通主动脉、畅通微循环，深化区域互联互通。有序实施陡岭支路、华夏路等片区有机更新，统筹推进老旧小区、危旧房、棚户区、城中村和农安房改造，创建绿色完整居住社区，切实改善城市居民生活品质。深入推进电力“630攻坚”，积极推进5G网络、智能交通、智慧市政等新型基础设施建设，提升城市智能化水平。提升城区管理水平。加强精细化管理，让城区更加清新靓丽、宜居宜业。深入推进生态文明建设，严格落实河（湖）长制、林长制，狠抓突出生态环境问题整改，以更高标准持续打好蓝天、碧水、净土保卫战，共同呵护“绿色开福”。持续做好全国文明典范城市创建工作，深入推进“崇德开福”建设，引领立德修身、明德守礼、崇德向善蔚然成风。深入落实乡村振兴战略，统筹城乡发展，打造城市“田园诗”。

六是坚定不移保障改善民生。始终坚持在发展中保障和改善民生，推动发展成果更多更公平惠及全体人民，让共同富裕更可感知、可拥抱、可获得。大力发展民生事业。强化就业优先导向，健全就业公共服务体系，探索推进基层劳动关系公共服务，持续扩大就业规模、改善就业结构、提高就业质量。健全多层次社会保障体系，聚焦“一老一小”等特殊群体，加强社保医保、社会救助、养老服务体系建设，不断提升普惠性兜底性社会保障水平。办好人民满意的教育，深入实施“卓越”工程，巩固拓展“双减”成果，发挥集团办学效应，着力优化片区教育供给，全区新增学位3400个以上。树立大卫生、大健康理念，健全公共卫生应急管理体系，深入推进“互联网+医疗健康”，加强基层医疗机构能力建设，着力构建更高水平“健康开福”。加快完善物业服务体系，稳妥有序化解房地产领域遗留问题，推动房地产市场平稳健康有序发展。不断创新社会治理。健全党组织领导的“自治、法治、德治、智治”四治相结合的基层治理体系，加快推进社会治理体系和治理能力现代化，着力构建党建引领、共建共享、运转高效的基层治理新格局。深化网格化服务管理，推动社会治理重心向基层下沉，提升区域社会治理效能。坚持和发展新时代“枫桥经验”，推进系统治理、依法治理、综合治理、源头治理，实现矛盾在治理末梢化解、共识在基层一线凝聚。深化“法治开福”建设，一体推进法治城市、法治政府、法治社会建设。筑牢安全底板底线。树牢总体国家安全观，构建“大安全”格局，建设更高水准“平安开福”。深入推进安全体系和能力建设，全力维护意识形态安全、制度安全、网络空间安全，守牢政治安全生命线。优化新的国防动员体制运行，提高国防动员和后备力量建设质量。防范化解政府债务风险，守住不发生系统性区域性金融风险的底线。完善立体化、信息化社会治安防控体系，常态化推进扫黑除恶斗争，铁腕整治网络电信诈骗、非法传销等活动。严格落实安全生产责任制，持续深化重点领域专项整治，坚决遏制重特大安全事故发生。

四、抓党建、转作风，奋楫争先勇创一流佳绩

奋力“强省会”，建设北中心，注定不会一帆风顺，必将面临艰难险阻。我们要切实增强“建功有我”的责任感和“舍我其谁”的使命感，敢于担当、攻坚克难，在新时代新征程中建功立业、勇创一流。

一是要永葆忠诚可靠的政治本色。始终把党的政治建设摆在首位，深入推进习近平新时代中国特色社会主义思想和党的二十大精神走深走实，不断提高政治判断力、政治领悟力和政治执行力，忠诚拥护“两个确立”、坚决做到“两个维护”。严格党内政治生活，坚决执行重大事项请示报告制度，增强党内政治生活的政治性、时代性、原则性、战斗性。持续强化政治监督，稳步推进新一轮区委巡察全覆盖，以抓住“关键少数”来管住绝大多数。发挥党委总览全局、协调各方的领导作用，充分调动一切积极因素，团结一切可以团结的力量，毫不动摇坚持和加强党对一切工作的领导，确保各项工作朝着正确方向扎实推进。

二是要掀起思想解放的头脑风暴。思想是行动的先导。实践表明，现实中的一切问题都能从思想上找到根源，不解决思想观念、思维方式、精神状态上的问题，不发挥主观能动性，跨越赶超、建功立业都将是一句空话。面对进入新发展阶段、贯彻新发展理念、构建新发展格局的时代要求，解放思想既是自身所需，也是形势所迫，要在全区来一场学习的革命、思想的革命、工作的革命，坚决破除思维定式、思想藩篱，以思想大破冰促进行动大突围，真正变“等靠要”为“试闯争”，变“找依据”为“创先例”，变“评论员”为“运动员”。要大力推行对标工作法，在全区迅速刮起一股“对标风”，对标北京学社会治理，对标上海学营商环境，对标深圳学科技创新，对标杭州学智慧城市，在对标中解放思想、转变思路，紧打快拼、跟上时代，全面开创开福新境界。

三是要构筑坚强有力的基层堡垒。牢固树立大抓基层的鲜明导向，以高质量党建的“一颗子”激活基层“一盘棋”。要深入落实“党建聚合力”工程，以区域化党建统筹推进各领域党建，持续提质优化党群服务品牌，筑牢战斗堡垒之基。要统筹推进“两新”组织、社区、学校等重点领域党建，持续整顿软弱涣散基层党组织，推动基层党组织全面进步、全面过硬。要坚持新时代好干部标准，突出“人岗相适、人事相宜，五湖四海、任人唯贤，严管厚爱、秉公用人，履职尽责、奖优罚劣”的用人导向，真正让有为者有位、能干者能上、优秀者优先。要选拔干部到重点一线淬炼，到大战大考火线历练，到吃劲负重岗位磨炼，真正让干部有几把“刷子”、练几门“硬功”，成为行家里手。坚持严管和厚爱相结合，加强对干部全方位管理和经常性监督，落实“三个区分开来”，激励干部敢于担当、积极作为。

四是要巩固风清气正的政治生态。坚持党要管党、全面从严治党，严格落实“一岗双责”，以“清廉开福”建设为抓手，一体推进不敢腐、不能腐、不想腐。始终保持反腐高压态势，紧盯权力集中、资金密集、资源富集等重点领域，以及群众身边的“蝇贪”，以零容忍态度反腐惩恶。锲而不舍落实中央八项规定，坚定不移纠治“四风”，规范小微权力运行。加快构建管根本、管长远、管全局的制度体系，形成用制度管权、管事、管人的全方位监督体系。深化标本兼治，加强新时代廉洁文化建设，教育引导广大党员、干部增强不想腐的自觉，不断巩固风清气正的政治生态。

同志们，担当成就事业，奋斗赢得未来。奋力“强省会”，建设北中心，我们倍感使命神圣而光荣，深知责任重大而艰巨。让我们紧密团结在以习近平同志为核心的党中央周围，勠力同心、加压奋进、跨越赶超，在开启幸福的地方开创新的幸福。

开福区人民代表大会常务委员会工作报告

在开福区第六届人民代表大会第三次会议上的讲话

开福区第六届人大常委会主任 欧干军

（2023 年 1 月 6 日）

2022 年主要工作

刚刚过去的 2022 年，是党的二十大召开之年，也是区六届人大常委会履职的开局之年。这一年，我们在中共开福区委的坚强领导下，牢牢把握“四个机关”定位要求，深入践行全过程人民民主理念，依法履行宪法法律赋予的各项职责，为推动全区经济社会发展和民主法治建设发挥了重要作用。全年共召开区人民代表大会 1 次，常委会会议 9 次，主任会议 24 次；听取和审议“一府一委两院”专项工作报告 21 项，作出决议、决定 7 项；组织常委会组成人员和人大代表开展视察、调研 28 次；依法补选市十六届人大代表 1 名，区六届人大代表 24 名。

一、坚持政治站位与职能定位有机融合，保持一心向党的“人大忠诚”

坚持党的领导是人民代表大会制度的最大优势。常委会始终牢记政治机关属性，坚持从全局的高度把握形势、找准定位、忠诚履职。

以理论清醒坚定思想自觉。落实“第一议题”制度，及时跟进学习习近平总书记重要讲话、重要指示、重要论述，组织党组理论学习中心组、党支部等各类学习会议 34 次，用党的创新理论武装头脑、指导实践、推动工作。深入学习贯彻党的二十大精神，切实把捍卫“两个确立”作为最深刻的政治信念，把做到“两个维护”作为最坚定的政治忠诚。及时学习贯彻中央和省委、市委、区委人大工作会议精神，在学用习近平总书记关于坚持和完善人民代表大会制度的重要思想上持续用力，深刻把握精神实质、科学内涵和实践要求。

以鲜明立场强化政治自觉。始终把坚持党的全面领导作为最高政治原则，旗帜鲜明地贯穿于人大工作全过程、坚定不移地落实到依法履职各方面。区委高度重视人大工作，召开了区委人大工作会议，出台了新时代加强和改进人大工作的意见，为推动人大工作与时俱进、创新发展提供了强有力的支撑和保障。区人大常委会党组充分发挥把方向、管大局、保落实的领导作用，重大事项严格请示报告，换届以来，就人民代表大会的召开、年度监督工作计划的确定、代表学习培训、代表补选等，及时主动向区委请示报告 28 次。

以使命担当增强行动自觉。始终用全局的思维在抓大事、管长远上尽智用力，围绕审查批准计划和预算、加强民主法治建设等重大举措依法作出决议决定，及时把区委的意志主张通过法定程序转化为全区人民的共同行动。始终用同频共振的节拍协力全区重大任务的落实，全体班子成员在四个征拆指挥部担任政委、副指挥长等职务，与此同时，积极参与疫情防控、自建房安全整治、安全生产、信访维稳等重点工作，以实际行动彰显人大担当、作出人大贡献。始终坚持党管干部与人大依法选举任免有机统一，换届以来，共对 1 名区人民政府副区长、32 名政府工作部门局长（主任）、2 名监察委员会委员、3 名人大系统干部以及 6 名法、检两院法律职务人员进行了任命。

二、坚持工作重心与大局中心紧密结合，展现奋发有为的“人大担当”

围绕中心、服务大局，是做好人大工作必须坚持的重要原则。常委会坚持把人大工作放在全局中思考谋划，突出对全区重点工作、民生重点领域、依法治区等方面全过程全领域监督。

聚焦区委决策部署开展监督。2022 年是长沙大力实施“强省会”战略的开局之年，常委会坚持用“高质量”标定监督方向，围绕市场主体培育、高端服务业发展、全域文旅示范区创建、房地产领域风险防范化解等开展视察调研，支持和督促政府在产业提质、项目支撑、招商引资上持续用力。聚焦疫情对区域经济运行带来的冲击和影响，听取和审议国民经济和社会发展计划执行、重大项目投资计划和重大产业项目计划情况报告，组织“一府两院”半年度工作情况通报会，对涉及的经济指标和安排的重点项目开展视察调研，支持帮助政府克服疫情影响，全面完成年度任务。根据区委安排部署，深入开展“金霞新城”建设调研，邀请市社科联第三方专家参加，形成调研成果供区委、政府参考。

聚焦经济平稳运行开展监督。把握稳中求进工作总基调，严格落实《湖南省预算审查监督条例》，加强财政预算审查监督，推进预算联网监督平台建设和运用，审议预算执行情况报告，审查批准决算报告和预算调整方案，逐步实现对财政资金使用绩效和政策实施效果的全过程监督。听取审议年度审计工作报告和审计查出问题整改情况报告，并首次抽取部分被审计单位进行满意度测评，促进审计查出问题得到有效整改。听取审议国有资产管理、政府债务情况报告，督促政府管好用好国有资产，防范系统性债务风险。

聚焦依法治区进程展监督。积极贯彻落实宪法和监察法要求，首次听取和审议区监察委员会专项工作报告，推动监督执纪执法权力在阳光下运行。紧盯法律贯彻实施难点，组织对《中华人民共和国禁毒法》《中华人民共和国城市绿化条例》的贯彻实施情况开展执法检查，协助上级人大做好《中华人民共和国长江保护法》《中华人民共和国非物质文化遗产法》《长沙市湘江流域水污染防治法》执法检查，围绕《长沙市平安建设条例（草案）》立法调研积极建言献策，助力科学立法、严格执法，切实维护法律尊严。强化司法公正监督，组织主任会议成员集中视察区人民法院、区人民检察院工作，并在“两院”设立人大代表联络站，深化对法、检两院工作的监督和支持。关注全民普法，现场视察法治宣传教育阵地，推动形成崇法尚法社会氛围。深化规范性文件备案审查，综合运用各种监督方式，对报备的 6 件规范性文件依法进行了审查。

聚焦民生福祉改善开展监督。高度关注教育优先发展情况，先后就教育“双减”、教育卓越工程建设等进行视察调研，加速推进优质教育均衡化发展。立足基层治理难点痛点，围绕防汛抗旱、环境保护、“百街千巷”环境综合整治提升、智慧开福建设、侨务工作等专题，到一线找问题、查进展，促进政府汇聚更多资源回应百姓需求。坚持把民生小事、难事当作履职大事，围绕基层医疗机构基础设施建设、促进就业、农民工工资支付、校车运行道路安全设施建设等群众切身利益问题，审议支招、问诊开方，推动一项项利民措施转化为一件件可观可感的民生效果。

三、坚持依靠代表与服务代表双向发力，汇聚一心为民的“人大力量”

代表工作是人大工作的基础和活力源泉。常委会充分尊重代表主体地位，创新工作机制，拓展参与平台，以高质量代表工作保障代表为民用权、为民履职、为民服务。

强化保障，让代表履职更有底气。全面抓好代表履职能力提升，通过开展多种形式的学习教育和实践活动，引导全体代表和人大工作者不断深化对人民代表大会制度科学内涵、优势所在的理解和把握。通过办好开福人大微信公众号、《开福代表工作》杂志，及时反映工作动态、工作成效和代表风采，推动代表熟悉常委会日常工作运行与履行法定职权的程序、方法。保障代表活动小组、代表联络站工作经费，落实无固定工资收入代表履职补贴，为代表履职创造良好条件。

完善机制，让代表履职更接地气。坚持把保持常委会与人大代表、人大代表同人民群众的密切联系作为基础性工作来抓，将全过程人民民主贯穿于保障人民当家作主的开福实践中，建立健全代表联络机制，出台“双联”工作方案。一年来，全区各级人大代表接待、走访选民群众 3500 余人次，为百姓解决日常问题 370 余个。加强街道代表联络站“一站一品牌”建设，以秀峰街道“一站到幸福”、浏阳河街道“有话对我扫”、四方坪街道“四方聚力、代表有为”、沙坪街道“乡村振兴”联络站等特色典型为辐射带动，促进代表联络站服务功能和内涵更符合实际、更贴近群众。

畅通渠道，让代表履职更有活力。丰富代表闭会期间活动，组织全国、省、市三级人大代表开展集中视察，进一步拓展知情知政渠道，凝聚发展力量。拓宽代表履职途径，邀请代表列席常委会重要会议，推荐代表参加全区重大活动，注重发挥代表职业特长，根据履职意愿邀请代表参与调研和审议。一年来，共邀请50余名人大代表列席常委会会议，80余名人大代表参与常委会视察、调研等活动。全面深化“聚力强省会、代表新作为”“争当北强火炬手、跨越赶超我建功”等主题活动，始终在服务重大项目建设、推进社会治理、加强疫情防控等方面注入人大元素、发出人大声音、贡献人大力量。尤其是在疫情防控当中，广大代表快速响应、迅速行动、尽己所能，从疫情防控一线到后方物资保障，纷纷发挥自身优势，充分展现了人大代表的责任和担当。

加强督办，让代表履职更有动力。坚持专题会议交办、政府部门承办、人大跟踪督办的办理制度，切实加强对代表议案、建议的督办。听取和审议区人民政府关于代表建议、批评和意见办理情况的报告，要求强化办理责任，完善办理机制，提高办理实效。采取实地视察、听取专项工作报告等方式，对区六届人大一次会议提出的《关于加快推进金安大道（兴联东路）建设的议案》进行重点督办。区六届人大第一、二次会议期间收到的167件建议、批评和意见，闭会期间收到的2件建议，均全部办结，一批事关产业发展、基层治理、民生改善等方面的代表建议有效转化为促发展、惠民生的政策措施。

四、坚持能力建设与作风建设同步推进，树立求真务实的“人大形象”

加强自身建设是做好人大工作的重要保证。常委会坚决落实习近平总书记对各级人大及其常委会提出的“四个机关”建设重要指示要求，全面加强自身建设，切实提升依法履职能力和水平。

与时俱进提能力。坚持把学习教育作为提高履职能力素养的重要抓手，通过定期开展集中学习、举办主题党日活动、开展专题研讨等方式，强化党性锻炼、提升党性修养；积极参加省、市人大组织的学习培训，认真学习宪法、监督法、组织法等法律法规和人大业务知识，提升法律素养、培养法治思维。推进常委会法制化、规范化建设，制定修改常委会议事规则、主任会议议事规则，用务实管用的制度保障各项工作规范高效运转。

持之以恒转作风。紧紧抓住人大代表和人大干部两支队伍，持续加强党风廉政建设，严格执行中央八项规定，把纪律和规矩挺在前面，不断推动全面从严治党在全区人大系统向纵深开展。以“清廉开福”建设为契机，规范视察调研、执法检查、专题询问等履职行为，始终保持人大干部在民主法治建设一线的状态与作为。强化机关日常管理，力戒形式主义、官僚主义，努力营造遵规守纪、担当作为、团结协作的工作氛围。

锲而不舍聚合力。坚持全区人大工作一体推进，新一届常委会班子成员按分工定期赴分管街道开展走访调研，加强对街道人大工作的指导。区人大各街道工委立足实际，组织代表开展视察调研、建议督办、跟踪推进重点民生工程等活动，各项工作迈入“动起来”“活起来”的快速轨道。加强理论研究和信息宣传，加强与“一府一委两院”的联系，自觉接受省、市人大的指导，人大工作整体合力和整体实效不断增强。

各位代表，时序更替，梦想前行。一年来，我们奋进的脚步更加坚实有力，履职的答卷已然务实厚重。新一届区人大常委会班子在继承历届班子好传统、好做法的基础上，务实奋进、担当有为、成效初显。成绩的取得，离不开区委的坚强领导、市人大的悉心指导，离不开“一府一委两院”的积极配合，离不开全体人大代表、人大各街道工委的共同努力、辛勤付出。在此，我谨代表区人大常委会，向所有关心、支持、参与人大工作的各级领导、社会各界人士和全体代表，致以崇高的敬意和衷心的感谢。

在总结工作的同时，我们也清醒地认识到，面对新形势、新任务，工作上还有一定的差距和不足，主要是：在增强人大监督实效、推动高质量发展上力度还不够大；在密切联系群众、践行全过程人民民主上渠道还不够广；在加强自身建设、提升履职能力上措施还不够多。在今后的工作中，我们将拿出更加务实的举措加以改进，不断促进人大工作在深化中发展、在创新中提升。

2023 年主要工作安排

2023 年是全面贯彻落实党的二十大精神的开局之年，也是实施“十四五”规划承上启下的关键一年。今年区人大常委会工作的总体要求是：以习近平新时代中国特色社会主义思想为指导，深入学习贯彻党的二十大精神，全面贯彻落实习近平法治思想、习近平总书记关于坚持和完善人民代表大会制度的重要思想以及中央、省委、市委、区委人大工作会议精神，坚持党的领导、人民当家作主、依法治国有机统一，牢牢把握“四个机关”定位要求，深入践行全过程人民民主理念，不断丰富和拓展人民代表大会制度在开福的生动实践，为推动全区高质量发展提供法治保障，为“强省会”战略实施贡献人大力量。根据上述总体要求，今年区人大常委会的主要工作任务是：

一、践行“新思想”，彰显政治机关鲜明本色

始终高举习近平新时代中国特色社会主义思想伟大旗帜，准确把握新时代的新观点新论断新思想，切实把人民代表大会制度优势转化为治理效能。政治上“同向”。将学习贯彻党的二十大精神作为当前乃至今后的重大政治任务抓紧抓好，进一步坚定人民代表大会制度的初心使命，不断增强忠诚核心、拥戴核心、维护核心、紧跟核心的高度自觉。思想上“同心”。严格执行请示报告制度，自觉做到重大事项提前向区委请示，重点工作主动向区委汇报，重要活动及时报区委支持。工作上“同步”。自觉把人大工作放在区委工作全局中谋划推进，坚持区委对人大工作的领导，确保将区委的主张和意图通过法定程序，转变为全区人民的共同意志。

二、融入“新格局”，彰显工作机关使命担当

全面贯彻新发展理念，主动服务和融入新发展格局，紧扣事关全区高质量发展的基础性、根本性、长期性工作，精心选题、精准发力，在把握大势、服务大局中体现人大责任担当。助推高质量发展。牢固树立大局意识和全局观念，聚焦“强省会”战略实施，深化政府重大项目监督，强化计划执行监督，加强全口径预决算审查监督，强化部门预算和预算联网监督，把监督重点放在推动经济平稳健康发展上。助推高品质生活。顺应人民对高品质生活的期待，健全调研视察、专题询问、执法检查、满意度测评、跟踪督办等工作机制，在助推民生共享、提升群众获得感上下功夫。持续关注教育、医疗、养老、疫情防控、有机更新、文旅融合、乡村振兴、生态环境等工作，打好监督“组合拳”，推动人大监督压力转化为部门改进工作的动力。助推高水平治理。注重加强司法和执法工作监督，以推动法律法规实施为目标开展执法检查，围绕打击治理电信网络诈骗犯罪、打击整治养老诈骗专项行动、湘江流域环境资源保护审判等工作开展视察调研，推动“钉钉子”精神注入监督全过程，更好促进依法行政、支持依法监察、维护司法公正，推动区域治理体系和治理能力现代化。

三、谋求“新作为”，彰显代表机关本质属性

正确把握代表在人大工作中的主体作用，深化和拓展代表工作的内容和形式，确保代表工作生动诠释全过程人民民主建设的价值内涵。把代表工作深化到畅通民意渠道上。把群众呼声作为依法履职的风向标和动力源，持续深化代表联络站“一站一品牌”建设，健全居民参与街道经济社会文化等事项的民主议事协商制度，努力探索接地气、察民情、聚民智、惠民生的具体实现途径，建立常态化、长效化、特色化的代表联系服务群众机制。把代表工作深化到丰富履职形式上。有主题、有计划、有重点地组织代表开展闭会期间活动，邀请更多熟悉相关议题的代表列席常委会会议、参加常委会履职活动，更好地集中代表智慧和力量。更有针对性地组织开展代表培训，通过“请进来、走出去”相结合的方式，多维度提升代表履职水平。深入开展“争当北强火炬手、跨越赶超我建功”代表主题活动，完善优秀代表评选、代表履职等激励约束机制，增强代表荣誉感和责任感。把代表工作深化到强化建议督办上。按照“内容高质量、办理高质量”要求，从严把好建议“提出、交办、办理、督办和办后评价”五道关口，稳步提高建议办成率，提升代表

和群众满意率。持续聚焦《关于加快推进金安大道（兴联东路）建设的议案》督办，通过视察调研、听取汇报等方式，确保议案按期办结，保障代表履职成效。

四、锚准“新定位”，彰显权力机关良好形象

聚焦新定位、新目标，守根本制度之正、创思路方法之新，全面推进常委会“四个机关”建设再上新台阶。以政治建设筑牢履职根基。坚持党的领导，充分发挥常委会党组把方向、管大局、保落实的领导作用，积极发挥代表中党员的先锋模范作用，加强常委会机关党组织建设，自觉扛牢政治机关的职责使命。以制度建设保证规范运行。按照党章党规党纪要求，建立并不断完善党组工作、议事、决策等制度规则，严格落实党风廉政建设各项规定，为人大机关全面规范运行提供制度保障。进一步健全常委会议事制度和审议意见督办制度，完善会议组织和审议表决程序，不断提高常委会议事质量和效率。以效能建设提升工作水平。办好《开福代表工作》杂志和开福人大微信公众号，把中国特色社会主义制度、人民代表大会制度的生动实践展示好、宣传好。积极引导街道人大开展规范化建设，夯实履职基础、增强履职能力，推动全区人大工作更具时代特色、更有创新活力、更富实际成效。

各位代表，时代的使命光荣而艰巨，人民的期待殷切而厚重。让我们更加紧密地团结在以习近平同志为核心的党中央周围，在中共开福区委的坚强领导下，以更加奋发有为的姿态、更加严谨务实的作风，奋力谱写坚持和完善人民代表大会制度、践行和发展全过程人民民主的新篇章，在加快建设强盛魅力幸福和谐的现代化新开福中贡献更多人大力量。

开福区政府工作报告

在长沙市开福区
第六届人民代表大会第三次会议上的讲话

开福区人民政府区长 高 伟

（2023 年 1 月 5 日）

一、2022 年工作回顾

2022 年，极不寻常、极不平凡、极其难忘。一年来，在市委、市政府和区委的坚强领导下，我们坚持以习近平新时代中国特色社会主义思想为指导，深入贯彻党的二十大精神，坚决按照“疫情要防住、经济要稳住、发展要安全”的重要要求，全面落实“三高四新”[1]战略定位和使命任务，大力实施“强省会”战略，扎实推进区六届人大一次会议确定的目标任务，尽最大努力交出了最好答卷。

——经济运行持续恢复稳定向好。全区地区生产总值同比增长 4.2%，规模以上工业增加值同比增长 7%，社会消费品零售总额同比增长 3.5%，地方一般公共预算收入同比增长 0.2%（剔除政策影响），城镇居民人均可支配收入同比增长 5%，成功入选全国高质量发展百强区、全国投资竞争力百强区、全国旅游综合实力百强区、中国楼宇经济（总部经济）标杆城区 30 强。

——疫情防控取得阶段性重大成果。科学精准落实“二十条”“新十条”等疫情防控措施，坚决防止“一刀切”和层层加码，以最强合力、最短时间、最小代价迅速果断处置多轮突发疫情，有力保障了人民群众生命安全和身体健康。

——科技创新能级持续大幅提升。马栏山创智园获批国家级众创空间，芙蓉实验室挂牌建设；长重机器、新亚胜光电入选国家级专精特新“小巨人”企业；金六谷科技联合揭榜一体化智能手术机器人项目，实现省技术攻关“揭榜挂帅”项目“破零”；获批国家第一批知识产权强国建设试点区。

——对外开放水平迈上更高层次。金霞经开区成为“一带一路”（长沙）中小企业合作区核心承载区；长沙新港（三期）铁路专用线全线贯通并接入国铁序列，“公铁水”多式联运立体网络基本建成；长沙新港首迎万吨级货轮，中欧班列（长沙）路线增至 14 条，连续两年发运超过千列，稳居全国第一方阵。

——城市功能品质实现稳步优化。完成 22418 栋自建房“四性”排查，经营性自建房安全隐患阶段性整治任务全面完成，长沙学院周边环境综合整治成效明显；118 个老旧小区改造稳步实施，惠及 3.36 万户，改造体量和投资规模均居全省区县之首；164 个“百街千巷”环境综合整治项目全面完成，知行路、西长街、留芳岭巷等特色美丽街巷更新“蝶变”。

——民生保障加大力度彰显温度。民生支出占一般公共预算支出比重超过 80%，9 家定点医疗机构普通门诊医疗费用实现跨省直接结算，新增学位 6570 个、园位 1295 个、床位 520 张、车位 1.87 万个、厕位 180 个，既有多层住宅增设电梯 190 台，城区农村公交实现全覆盖，根治欠薪工作获全省表彰、经验在全国推介，连续 18 年获评全省“平安区县”，入选全国幸福百强区。

——营商环境赢得市场广泛认可。建立政企互动长效机制，举办 47 场“政企联心·共话发展”晚餐会，230 名干部深入 1062 家企业送政策、解难题、优服务，解决各类问题 740 个；设立“跨域通办”专窗，94 项高频民生事项实现跨省通办；国际贸易“单一窗口”获评全国城市创新典型案例。

一年来，我们重点抓好了六个方面的工作：

（一）全力稳住经济大盘。产业集群不断壮大。智能制造业迈上新台阶，第三代半导体、超精密制造产业园等重点项目成功签约，中国商飞长沙航空产业及研发基地、东鹏特饮等项目进展顺利，比亚迪、天创精工一期等项目投产达效，产业增加值同比增长11%。现代物流业取得新提升，实现营业收入788亿元，其中医药物流业营业收入达365亿元，继续领跑全市，湘通国际铁路港联合获批国家冷链物流骨干物流基地。高端服务业实现新发展，潮宗街、四方商贸城入选全省改造提升试点步行街，大悦城、润和等17处消费场所入选全市夜间消费示范点，长沙银行新金融产业园成功落地，新引进太平人寿等金融区域性总部机构6家，新增税收过亿元楼宇2幢。承接举办第24届中国科协年会等重大会展活动30余场。视频文创业彰显新活力，实现营业收入600亿元、同比增长15%，引进华为、中电港等行业头部企业30家，马栏山视频产业云平台等重点平台加快建设，超高清视频算法研究等重大核心技术加速攻关。以信创、三航、超精密加工及新材料、生物医药大健康为主要方向的新兴产业取得新突破，新引进重点产业项目21个，总产值超290亿元。建成信创产业发展基地，数字技术骨干企业突破100家，实现营业收入18亿元、同比增长119%。园区平台更加厚实。金霞经开区加快推进“千亿级产业”建设，全年签约引进项目109个，其中“三类500强”[2]项目4个、投资50亿元以上项目2个，实现规模工业总产值630亿元、增长20%。马栏山视频文创产业园加速打造“中国V谷”，中广天择总部、马栏山创意大厦等战略项目投产运营，新增企业数量、企业营业收入分别同比增长31%、15%，成功举办2022中国新媒体大会等活动，在国家文化和科技融合示范基地绩效评价中名列前茅。项目建设扎实有效。深化“大招商”机制，成立“8+1”产业[3]招商专班，发布招商引资白皮书和招商云地图，举办重点片区招商推介会，引进重点产业项目91个、总投资超290亿元，新注册比亚迪、修正药业等“三类500强”企业10个。全面实行“六张清单”[4]项目管理机制，307个区重大项目完成投资420亿元，5个省重点项目、11个“强省会”战略项目超额完成年度任务，实现固定资产投资580亿元。高岭组团安置用地、大安统征等75个集体土地征拆项目实现清零、腾地191.27公顷，百善台、三维地块等10个国有土地征收项目签约清零、腾地18.73公顷，黄兴北路S8地块、东风二村二期等19个项目完成结算，汽电、环宇一期等地块成功出让，处置批而未供土地204公顷。

（二）加快创新驱动发展。创新平台提质扩量。“航天之星”长沙创新研究院备案省新型研发机构，成果转化路径初步打通。国防科大高性能集成电路检测平台、大飞机地面动力学试验平台建设顺利推进，天津先进技术研究院长沙分院成功落地，国科锐承获批省智能系统数据链工程技术研究中心，新亚胜、中建西部、仁和环境等5家企业获批省级企业技术中心，智汇开福·湘域创新创业基地、迪英健康获批省级众创空间。新增省级以上科创平台8家、总数达104家。创新主体不断壮大。实施高新技术企业强基工程，评定国家科技型中小企业486家，新认定高新技术企业123家、总量突破530家。湖南广播影视集团获评省长质量奖，友谊咨询、高岭建设获评省长质量奖提名奖。全力推进人才兴区“五五工程”，实施“开福合伙人”倍增计划，出台“加快人才集聚20条”，引进“高精尖缺”人才15名，新认定市级高层次人才37名，高水平创新团队8个。创新生态持续优化。探索建立科技型中小企业信用贷款风险补偿机制，组织137家企业申报省级研发奖补资金2900万元，兑现区级科技创新奖励资金1420万元。万人有效发明专利拥有量达87.18件，居全省区县第二，获批全省知识产权建设强县（区）、省级地理标志产品保护示范区（沙坪湘绣）。完成技术合同成交额33亿元、同比增长72.8%。

（三）释放改革开放动力。重点改革蹄疾步稳。国企改革三年行动顺利完成，区城投集团“三项”制度改革成效明显，金霞发展集团获得双AA+信用评级。农村集体产权和宅基地管理制度改革加快推进，财税金融、园区管理等重点领域改革稳步实施。深化应急管理体制改革[5]，拓展防汛、森林防火、极端天气等智慧管理应用场景，打造多功能综合指挥中心，防灾减灾救灾和应急处置体系更加完善。营商环境更加优化。完善区本级行政权力清单，新增“一件事一次办”[6]政务服务事项50项，水电气工程审批、竣工验收备案实现全程网办。出台“纾困暖企 17 条”，兑现扶持资金 4400 余万元。发放“助商惠民”消费券 450 万元，拉动消费超 4 亿元。大力推进“个转企、小升规、规做精、优上市”，新增“四上”企业[7]150 家，12 家重点企业纳入省拟上市企业培育库，市场主体净增 1.83 万户、同比增长 15.3%，总量达 14.86 万户。对外开放步伐加快。中欧班列（长沙）通达欧亚近 100 个城市，中南陆港集装箱拼箱中心一期建成投产。口岸通关系统提质升级，水运码头集装箱查验设施和集中审像中心投入使用。积极融入 RCEP[8]，“一路两园”[9]国际经贸合作平台项目成功签约。湖南财盛被认定为省级外贸供应链平台示范企业。外商直接投资到位 5979 万美元，外贸进出口总额同比增长 12%。

（四）打造美丽宜居城区。加快片区开发。抢抓金霞新城建设机遇，编制完成金霞新城战略规划初步成果，产业集聚区启动城市设计招标，关公湖、高岭功能区签订合作框架协议，白霞、苏托垸功能区开发前期工作稳步推进。金霞新城年度累计开工项目 76 个、完成投资 165 亿元。提升城区品质。湘雅路过江通道、兴联路大桥、地铁 1 号线北延一期等重点工程加快推进，实施重点区域交通组织优化项目 69 个，拥堵延迟指数全市最低。全面启动华夏、陡岭等片区城市更新，完成既有小区品质提升 25 个、棚户区改造 110 户。鹅秀 110 千伏输变电工程竣工投产，新建 5G 基站 1357 个。拆除违建 10.8 万平方米，集体土地违法用地实现“零新增”。创建垃圾分类市级示范街道 1 个、示范社区 9 个。提速文旅融合。出台全域文旅示范区建设总体规划及三年行动计划，加快湘江、浏阳河、捞刀河“百里画廊”等项目建设，潮宗街成功创建 AAA 级景区，获评省级旅游休闲街区。举办“礼赞二十大・奋进新征程”群众文艺展演、“薪火相传・中国健康跑”等活动，推出 12 条精品旅游路线。“花之谷・动趣王国”建成运营，成为长沙新晋网红打卡地。加强生态保护。中央、省生态环保督察问题高效完成整改。持续打好蓝天、碧水、净土、静音保卫战，有序推进 64 个污染防治项目。加强 $PM_{2.5}$ 和臭氧协同治理，空气质量优良率稳定在 83% 以上。严格落实河湖长制，加强“一江三河”[10]流域综合治理，新改建雨污分流管网 34.8 千米，国省控断面水质稳定达标。土壤环境风险有效管控，声环境质量达到 II 类功能区标准。落实“林长制”，“非法侵占林地”环境问题整治入选全市正面典型案例。推进乡村振兴。全面推行“田长制”，恢复耕地 101.67 公顷，完成粮食播种 1200 公顷。新型村级集体经济持续壮大，收入 50 万元以上的村占比超 40%。特色农业提质增效，农业产业化龙头企业增至 15 家。新改建农村公路 23 千米，创建美丽宜居村庄 8 个。拨付、筹集各类帮扶资金 3000 余万元，帮助城步县、龙山县内溪乡等对口帮扶地区巩固拓展脱贫攻坚成果。

（五）全面提升民生福祉。民生保障有力有效。坚持就业优先，新增各类就业 3 万人，城镇调查失业率控制在 5.5% 以内，紫凤等 9 个社区（村）入选省级充分就业星级社区。深入开展社保、低保、医保基金管理专项整治，坚决守好老百姓的“养老钱”“保命钱”。全力推进“保交楼・稳民生”，13 个项目全面复工复产，1254 套房屋竣工交付。加快实施福鑫美苑、湘粤等 10 个农安房项目建设，新增安置指标 3316 个，484 户拆迁群众实现“安居梦”。区社会福利中心建成投用，新增社区养老中心 32 个、老年食堂助餐点 8 个，幸福桥社区获评全国示范性老年友好型社区。社会事业欣欣向荣。教育强区加快建设，新改建中小学及幼儿园 9 所、靓化提质 35 所，成立北城等 4 个基础教育集团，湘一外国语学校率先全省完成“民转公”。新招聘教师 379 名。“双减”[11]工作经验在全国推介，教育评价改革、校车安全管理工作走在全省前列。健康开福深入实施，月湖、清水塘街道社区卫生服务中心建成投用，浏阳河、通泰街、洪山街道社区卫生服务中心获批湖南省“社区医院”，基本公卫工作全省领先。文体事业精彩纷呈，完成 20 个室外运动场改建，5 个标准化村（社区）综合文化服务中心、3 个图书流通服务站建成投用。社会大局和谐稳定。扫黑除恶、禁毒反诈、涉众型经济犯罪整治等工作纵深推进，刑事案件发案数持续下降，禁毒工作经验在全市推广。严格落实国务院安委会“十五条硬措施”，深入开展自建房、消防、道路交通等多个百日攻坚行动，集中力量整治风险隐患 25253 处，生产安全事故起数、亡人数均下降 29.4%。持续推进食品安全示范创建，放心肉智能监管平台推广运用。涉及 3000 余人的原胜利村“算大账”正式启动收益分配。有效化解重大信访疑难问题 109 个，重大特护期实现“五个不发生”[12]和“三零”[13]目标。其他事业协调推进。迎接省委统计工作督察，反馈问题全部整改销号。全面深化国防动员体制改革，扎实做好兵役征集、民兵整组、人民防空、拥军优抚等工作，军政军民团结局面更加巩固。机关事务、保密、档案、民宗等工作圆满完成，工会、共青团、妇联、科协、工商联、侨联、残联、红十字会、文联、社科联和社会组织等作用有效发挥。

（六）持续增强政府效能。政治建设持续深化。把加强政府系统党的领导和党的建设摆在突出位置，严格落实“第一议题”、理论学习中心组集体学习制度，学懂弄通做实习近平新时代中国特色社会主义思想。第一时间学习贯彻党的二十大精神，区政府班子成员带头深入一线宣讲，以实际行动忠诚拥护“两个确立”、坚决做到“两个维护”。法治建设有效加强。及时向区人大常委会报告、向区政协通报重大事项，高质量办理人大代表建议 169 件、政协提案 60 件。率先在全省实行法律援助案件“点援制”，区政府行政复议中心正式投用，办结行政复议案件 143 件，清理规范性文件 137 件次，审查政府合同 285 份，行政负责人出庭应诉率达 96.7%。主动公开政务信息 2.5 万条，办理区长信箱 380 件、12345 政务热线 9.8 万件。廉政建设常抓不懈。全面落实从严治党主体责任，强化巡视巡察整改和审计结果运用，完成审计项目 31 个、收缴资金 759.9 万元，区本级一级预算单位审计实现全覆盖。加强预算约束和绩效管理，“三公”经费和一般性支出分别压减 19%、5%。查处违纪违法案件 102 起。力戒形式主义、官僚主义，会议、文件、督察分别减少 28%、17%、13%。

各位代表，过去一年成绩的取得，离不开上级党委、政府和区委的坚强领导，离不开区人大、区政协的监督支持，离不开历届政府打下的良好基础，凝聚着全区广大干部群众的辛勤努力，得益于省市各部门、离退休老同志、驻区企事业单位、驻区部队、消防救援队伍和社会各界的关心支持。特别是面对三年来疫情防控的大战大考，广大党员干部闻令而动、冲锋在前，医护人员白衣执甲、舍身忘我，卫健疾控工作人员、公安干警、基层干部、志愿者坚守岗位、不舍昼夜，企业家和个体户坚定信心、守望相助，全区人民团结成“一块坚硬的钢铁”，铸就了一道抵御疫情、护佑生命的坚实屏障。在此，我代表区人民政府，向各位人大代表、政协委员、各民主党派、工商联、无党派人士，向所有关心、支持和参与开福发展的各界人士，表示衷心的感谢并致以崇高的敬意。

各位代表，2022 年是本届政府的开局之年。我们深刻体会到：站位决定方位，必须旗帜鲜明讲政治。始终坚持党对一切工作的领导，深入学习贯彻党的二十大精神，深学笃行习近平新时代中国特色社会主义思想，切实提高政治判断力、政治领悟力、政治执行力，才能不断战胜风险挑战，书写新时代开福改革发展新篇章。格局决定结局，必须融入大局争主动。始终坚持把开福工作放在长江经济带、长株潭一体化等重大国家战略中谋篇布局，在“强省会”战略中找准目标定位，才能在高质量发展赛道上抢占先机、赢得主动。实干决定实绩，必须担当作为抓发展。始终坚持把谋事干事成事作为履职之要、应尽之责，完整、准确、全面贯彻新发展理念，加快推动体量能级、产业发展、城区品质“三个新跨越”，才能在现代化建设中勇立潮头、走在前列。初心决定民心，必须用心用情惠民生。始终坚持人民至上，树牢以人民为中心的发展思想，把增进民生福祉作为发展的出发点和落脚点，解决好群众身边的操心事烦心事揪心事，才能让开福群众的生活更有品质、更加幸福。作风决定作为，必须团结奋斗勇争先。始终坚持科学行政、依法行政，大力弘扬伟大建党精神，全面加强政府自身建设，持续正风提能，才能推动“北强”美好蓝图变成生动现实。

同时，我们也清醒地看到，虽然付出了艰辛努力，但固定资产投资、地方一般公共预算收入等部分经济指标增长未达预期，全区经济社会发展还存在不少困难和短板：综合实力不够强，主导产业能级还不够高，支撑高质量发展的新动能有待进一步提升；财政收支矛盾比较突出，财税收入的增长难以满足持续增加的支出需求；基础设施和公共配套建设还不完善，生态环境保护任务仍然艰巨；民生领域历史欠账还比较多，教育、医疗、养老等公共服务还存在短板；房地产、金融等重点领域矛盾风险突出；形式主义、官僚主义仍然一定程度存在，一些干部工作作风还有待加强。对于这些问题，我们将始终坚持系统思维、问题导向，以更大决心、更强力度切实加以解决。

二、2023年的主要目标和重点任务

2023年是贯彻党的二十大精神的开局之年，是落实“强省会”战略、推动高质量发展、加快建设现代化新开福的关键一年，全区发展进入新的发展阶段，也面临新的战略环境、新的战略任务、新的战略机遇和新的战略要求，我们要保持战略定力，坚持系统观念，树牢底线思维，发扬斗争精神，勇于识变、应变、求变，集中精力办好自己的事情，在率先基本实现社会主义现代化中强担当、走在前，以实干实绩书写贯彻党的二十大精神的精彩篇章。政府工作的总体要求是：以习近平新时代中国特色社会主义思想为指导，全面贯彻落实党的二十大精神和中央、省委、市委、区委经济工作会议精神，深入落实习近平总书记对湖南重要讲话重要指示批示精神，坚持稳中求进工作总基调，完整、准确、全面贯彻新发展理念，服务和融入新发展格局，着力推动高质量发展，全面落实“三高四新”战略定位和使命任务，更好统筹发展和安全，全面深化改革开放、大力提振市场信心，把实施扩大内需战略同深化供给侧结构性改革有机结合起来，突出做好稳增长、稳就业、稳物价工作，有效防范化解重大风险，推动体量能级、产业发展、城区品质“三个新跨越”，奋力“强省会”，建设北中心，加速打造强盛魅力幸福和谐的现代化新开福。

全区经济社会发展的主要预期目标是：地区生产总值增长7%左右；固定资产投资增长7%以上；规模以上工业增加值增长8%以上；社会消费品零售总额增长7%；地方一般公共预算收入增长6%以上；居民收入与经济增长基本同步，税收占财政收入比重、减排任务完成市定指标。

2023年，我们将全面落实“强省会”战略，大力推进高质量发展，重点抓好以下九个方面工作：

（一）着力推动产业转型升级。坚持主导产业和新兴产业“双轮驱动”，持续提升产业基础高级化、产业链现代化水平，筑牢实体经济根基。壮大支柱产业集群。突出智能制造业发展，深度融入全市“1+2+N”[15]先进制造业产业集群，加快第三代半导体产业园、东鹏特饮、依讯诺等项目建设，支持超精密制造产业园、比亚迪等项目扩大产能。抢抓国家智能建造试点城市机遇，大力推动智能建造与新型建筑工业化协同发展，形成产业发展新引擎、新动能，力争智能建造产业规模达170亿元。提质高端服务业发展，聚焦补齐生产性服务业短板，加快长沙银行新金融产业园等项目建设，新引进金融区域性总部机构3家以上，打造金融、医疗器械等专业特色楼宇，去化面积23万平方米以上；依托湖南国际会展中心、北辰国际会议中心，引入更多高端会议和展览项目，聚力打造中部地区高端服务业中心。加快现代物流业发展，推动传统物流产业改造升级，持续深耕医药、粮油、能源、冷链等特色物流，打造铁路冷链物流产业园，加快金六谷科技、融湘电商等项目建设，着力建设国家陆港型物流枢纽，实现产值820亿元以上。推动视频文创业发展，聚焦内容制作、“元宇宙”等重点领域，加快米哈游、创壹信息等项目落地，新引进企业1000家以上。支持传统媒体与新兴媒体融合发展，实现技术突破、内容突破、生态突破。推动新兴产业发展。加快发展以信创为牵引的数字技术产业，依托信创产业发展基地，围绕飞腾长沙、麒麟等重点企业，瞄准基础硬件、基础软件、应用软件、信息安全等领域，引进企业20家以上、投资过10亿元项目1个以上，数字技术产业增加值增长20%以上，在长沙打造新一代自主安全计算系统集群中担当主力。加快发展以航空航天为主核的三航产业，依托大飞机地面动力学试验平台、“航天之星”创新研究院等平台，做大做强航天装备、航天新型动力、大飞机配套装置等细分领域，全力抢占三航产业发展制高点。加快发展以超精密加工及新材料为基础的新型制造业，依托国防科大、超精密制造产业园，聚焦高端光学元器件及高端装备核心部件的研发、设计和制造，加快天创精工等重点项目建成达产，实现产值8亿元以上，打造先进技术产品制造集聚区。加快发展以医疗器械为先行的生物医药大健康产业，依托中南大学湘雅医学院等平台和老百姓、国药等企业，延伸发展医用高级耗材、化学制剂药、生物医药等高附加值新医药和大健康医疗，实现产值259亿元以上。加快“五好”园区[16]建设。推动金霞经开区高质量发展，全面落实“1+2”支持政策，加快“一主一特”产业发展，引进企业100家以上，完成投资102亿元以上，力争亩均税收增长15%。全力支持马栏山视频文创产业园高质量发展，加快中南国际数字出版基地、创梦大厦

等项目建设，实现中广天择总部基地（二期）、马栏山动漫影视大厦等项目投产达效，实现企业营收超700亿元、企业税收40亿元以上。激发市场主体活力。落实落细惠企政策举措，持续开展助企纾困活动，探索建立政府信贷风险补偿机制，健全政企联心晚餐会、网上企业服务平台等常态化沟通机制，依法保护民营企业产权和企业家权益，支持民营企业做优做强。大力弘扬新时代企业家精神，着力构建亲清政商关系，千方百计提振市场信心。组织实施“五经普”。深入实施市场主体倍增工程、规模以上工业企业倍增计划、企业上市“金芙蓉”跃升行动，持续开展“个转企、小升规、规做精、优上市”活动，新增“个转企”116户以上、“四上”企业140家以上、上市企业1家，市场主体达16.5万户。

（二）着力建设科教强区。坚持教育优先发展、科技自立自强、人才引领驱动，不断塑造发展新动能新优势，夯实现代化建设基础支撑。办好人民满意教育。深入推进“教育强区”战略，深化义务教育“双减”、新时代教育评价等改革，规范民办教育发展。启动长沙财经传媒职业技术学院建设，完成2所中小学校新改建、新增学位3400个以上。大力实施卓越工程，招聘教育人才350名以上，卓越名师、卓越校（园）长数量增长10%以上。加强师德师风建设，注重教师心理疏导和人文关怀，切实减轻教师负担。建设科技创新高地。全力支持芙蓉实验室、5G高新视频重点实验室建设，运营好开福软件产业园、山河生物医学技术孵化中心等双创平台，加快航天一院湖南创新总部和产业基地、湖南先进技术研究院中试基地、长沙国际数学研究院等项目落地。推进潇湘科技要素大市场开福工作站建设，构建区级科技成果转化服务平台。强化企业科技创新主体地位，推动规上工业企业研发机构和研发活动实现全覆盖，加强知识产权全链条保护，新增高新技术企业70家以上。激活人才动力引擎。持续推进人才兴区“五五”工程，深入实施“开福合伙人”倍增计划，全面落实人才政策“升级版45条”，大力引进“高精尖缺”人才，不断强化人才落户、住房、子女教育等服务保障，新认定行业领军人才10名以上、创新型高层次人才30名以上、中初级骨干人才1000名以上，把各方面优秀人才集聚到“北强”事业中来，奏响人才兴区的时代乐章。

（三）着力深化高水平改革开放。坚持改革不停顿、开放不止步，打造更高水平的改革开放高地。激发重点改革新动力。深化园区亩均效益改革，加大低效项目盘活力度，盘活低效用地200亩以上。进一步深化区属国有企业改革，强化国有企业及其负责人综合绩效考核管理，推动完善现代公司治理模式和市场化经营机制，加快向市场化建设管理平台、专业化产业服务平台、集成化资源运营平台转型。实施城管系统作业维护改革，持续提升城市管理效能。统筹抓好财政预算管理、农村集体产权等重点领域改革。抢占开放融通制高点。深度融入“一带一路”、长江经济带、RCEP、中非经贸深度合作先行区等国家重大战略，加快长沙新港（三期）等基础设施建设，全力打造多式联运示范工程。加快建设中欧班列集结中心示范基地，全年开行量力争达1100列。发挥中南国际陆港集装箱拼箱中心集拼集运功能，打造一般贸易和跨境电商区域物流集散地。全力争取金霞纳入自贸区协同联动区，深化“一带一路”（长沙）中小企业合作区建设，加快推动“一路两园”国际经贸合作项目。加大力度吸引和利用外资，外商直接投资额增长9%以上。全力推动外贸稳规模、优结构，新引进生产型外贸企业4家以上，外贸进出口总额增长12%以上。打造营商环境升级版。聚焦个人、企业、项目三个全生命周期，大力推行并联审批、联合评审等工作机制，实现企业开办全程网办，“双随机、一公开”监管覆盖率100%。全面落实市场准入、负面清单、公平竞争、社会信用等制度，放宽企业准入门槛，降低企业生产经营成本和制度性交易成本。持续推动产业链、创新链、人才链、资金链、供应链“五链”深度融合，加快构建与现代化产业体系相适应的一流产业生态。

（四）着力实施扩大内需战略。牢牢把握扩大内需这个战略基点，全方位挖掘和释放内需潜力，主动服务和融入新发展格局。持续恢复扩大消费。围绕打造国际消费中心城市先行区，促进黄兴北路、芙蓉中路、北辰三角洲、万达等商圈升级，打造潮宗街、西长街等新消费场景，加快长沙“北中心”商圈建设，提振汽车、家电、成品油等大宗商品消费，支持住房改善、养老服务、教育医疗体育服务等消费。紧扣沉浸式、潮流化、年轻化消费，大力发展夜间经济、网红经济，支持快乐购、小芒电商、知花知果等平台做大做强，培育挖掘消费增长极。加强消费市场监管执法和信用体系建设，营造放心舒心的消费环境。全力扩大有效投资。把招商引资作为第一抓手，建好用好四大产业招商平台，大力提升招商引资全周期服务水平，力争引进“三类500强”企业10个、投资过10亿元项目6个以上。加强综合立体交通网、地下管网、新能源、片区开发、城市更新等领域项目包装，积极争取上级资金。坚持“一切围绕项目转、一切聚焦项目干”，强化重大项目全周期管理和服务，确保重大项目整体数量、单一体量、投资总量、建设质量“四量”齐升，区级重点项目完成投资350亿元以上。完成城市征收8万平方米以上、农村征地拆迁200公顷以上。积极盘活存量资产，加大闲置土地、批而未供土地处置力度。推动文旅全域融合。健全工作机制，推动全域文旅示范区三年行动计划落地见效。制定革命文物保护利用规划，完成部分重要革命文物提质保护，支持湖南博物院、烈士公园融合发展，用好中共湘区委员会旧址、船山学社等红色资源，打造红色旅游特色品牌。实施同仁里、茶馆巷等历史建筑群修缮，推进潮宗街创建国家级旅游休闲街区、省级示范步行街，打造古色湖湘文化特色走廊。推动长沙园林生态园创建AAAA级景区，沙坪湘绣小镇联合汉回景区等周边文旅资源创建省级旅游度假区，支持露营、房车等旅游新业态发展，培育一批精品民宿，打造绿色生态旅游新地标。高水平办好首届旅发大会，培育10个文旅融合示范点，吸引更多游客畅游开福。

（五）着力打造精美品质城区。坚持人民城市人民建、人民城市为人民，对标“四精五有”[17]要求，努力把城市建设得更加宜居、更具韧性、更有智慧。高起点规划建设金霞新城。坚持规划先行，优化空间发展格局，以科学完善的顶层设计引领新城建设。坚持配套先行，积极争取长九高铁在开福金霞设站，启动茶江高速征拆建设，提速兴联东路（金安大道）、长青路等项目建设，实施重大基础设施项目128个、年度投资120亿元以上。坚持项目先行，加快推进关公湖功能区首开项目，启动白霞功能区开发，推进苏托垸功能区规划建设。坚持教育先行，加快广润福园、保利北中心等配套学校建设，加快打造中国式现代化品质一流的长沙综合性新中心。高标准完善城市功能配套。全力支持兴联路大桥、湘雅路过江通道等项目建设。推进华夏、陡岭等片区城市更新，完成棚户区改造2.6万平方米、社区城中村改造4个。实施“百街千巷”巩固提升工程，稳步推进老旧小区改造189个、既有小区品质提升20个。新改建站厕19座，增设既有多层住宅电梯120台。新辟、优化公交线路9条，新增停车位1.05万个、5G基站1000个。高水平加强城市管理。聚焦“六个到位、六个严格”[18]，强化主次干道重点部位、重点时段管理，突出整治乱搭乱建、占道经营等顽疾，拆除违建10万平方米以上。健全生活垃圾分类全链条监管机制，完善可回收物资源化利用体系，补齐园林垃圾处置终端。推进道路交通安全管控全息图建设，持续优化重点区域交通组织，有序推动停车位纳入智慧停车系统。持续提升市民文明素养和城市文明程度，为全市争创全国文明典范城市贡献开福力量。高质量推进乡村振兴。落实“田长制”，严守耕地红线，保持粮食种植面积稳定。着力完善农村基础设施，持续推进农村厕所无害化改造，新改建农村公路20千米，建设农村公路安防工程30千米，打造小微水体示范片区1个。推动“房地一体”确权登记，加强违法用地管控，力争实现“双零”目标。持续壮大农村集体经济，新增农业龙头企业2家，集体经济收入过50万元村达20个。争创市级美丽宜居村庄5个。持续巩固脱贫攻坚成果，携手城步、龙山县内溪乡等对口帮扶地区迈出共同富裕新步伐。

（六）着力推动绿色低碳发展。深入践行“绿水青山就是金山银山”理念，推进生态优先、集约节约、绿色低碳发展，擦亮高质量发展生态底色。加快发展方式绿色转型。积极培育节能环保、资源循环利用、清洁能源等绿色产业，推进园区向绿色化、低碳化、安全化、循环化发展。严控高耗能高排放低水平项目，淘汰落后产能，化解过剩产能，确保单位地区生产总值能耗、二氧化碳排放量双下降。倡导绿色低碳生活方式，大力发展绿色交通，新增新能源汽车充电桩500个，打造绿色完整居住社区4个，积极创建国家生态示范区和“两山”实践基地。持续深化污染防治攻坚。深入开展中央、省、市环保督察问题整改“回头看”，确保交办问题全部清零。严格“六控十严禁”[19]，加大移动源、面源、工业源污染管控，深化工业企业废气治理，力争空气质量优良天数达305天以上。深化“河湖长制”，强化湘江干流入河排污口排查整治，启动金竹河、楚家湖水环境治理修复，加快临山撇洪渠雨污分流整治，巩固黑臭水体治埋成果，国省控断面水质优良率保持100%。加强危险废物和医疗废物收集处理，严格管控土壤污染风险。理顺噪声污染监管职责，加大噪声污染治理力度。深入开展生态保护修复，落实“三线一单”[20]生态环境分区控制体系，建立健全生态保护补偿制度机制。稳妥推进碳达峰碳中和。制定实施碳达峰碳中和行动方案。全面落实“林长制”，持续开展复绿、增绿、补绿等行动，实施公园绿化项目4个，林木覆盖率达36.7%。加快智慧电网建设，推动省委、顺达220千伏输变电工程和中山110千伏变电站建设。扎实开展“双碳”试点示范，推进一批标志性“双碳”项目建设。积极建设“无废城区”，让绿色发展成果惠及更多开福群众。

（七）着力提升人民幸福指数。坚守为民初心，加强普惠性、基础性、兜底性民生建设，在高质量发展中促进共同富裕。实施就业优先战略。扎实推进“五创联动”[21]创业带动就业示范行动，把促进青年特别是高校毕业生就业工作摆在更加突出的位置，打造退役军人创业基地，多措并举促进农民工、零就业家庭等重点群体就业，新增各类就业2.6万人，城镇调查失业率控制在5.5%以内。持续保持根治欠薪高压态势，加强灵活就业和新就业形态劳动者权益保障，探索建立基层劳动关系公共服务体系。提高社会保障水平。深入实施全民参保行动，确保常住人口社保参保率持续提升、医保参保率达95%，持续巩固社保、低保、医保基金管理专项整治成果。新增居家养老服务中心18个、老年食堂助餐点6个、养老床位150张，夯实“15分钟养老服务圈”。完善社会救助体系，更多关爱帮扶残疾人，规范托育机构市场管理。加强未成年人保护综合治理，积极参与女性友好型城市、全国青年发展型城市建设，构建全龄友好型城区。坚持“房住不炒”定位，扎实做好保交楼、保民生、保稳定工作，支持刚性和改善性住房需求，筹集保障性租赁住房2105套，新开工安置房面积112万平方米，新增安置指标9619个。推动健康开福建设。落实医防协同、医防融合机制，加强重大疫情防控救治体系和应急能力建设，抓好老年人和患基础性疾病群体的防控，全力保健康、防重症，确保顺利度过流行期。深入实施卫生健康服务能力高质量发展三年行动，完成区疾控中心、区妇幼中心实验室建设，推动区妇幼中心、沙坪街道社区卫生服务中心搬迁运行，新改建伍家岭、望麓园等街道社区卫生服务中心。推动区域医疗资源共享和专科联盟建设，健全分级诊疗制度，争创全国基层中医药工作示范区、国家级健康区县。办好“幸福向北”全民健身节系列活动，完成15个智慧社区健身中心（室外运动场）建设，打造“15分钟体育健身圈”。加快文化繁荣发展。深化全民阅读活动，优化基层文化服务供给，打造标准化村（社区）综合文化服务中心5个，建设中岭图书馆分馆，完善公共数字文化资源库，推动文化站点公共数字文化服务网络互联互通。

（八）着力提高安全发展水平。牢固树立总体国家安全观，更好地统筹发展和安全两件大事，建设更高水平的平安开福。精密筑牢安全防线。加强应急管理体系和能力建设，持续推动“十五条硬措施”落实落细，巩固提升安全生产三年行动成果，聚焦道路交通、建筑施工、自建房、高层建筑、燃气、消防等重点领域，持续深化风险隐患排查管控整治，重拳出击开展打非治违，压实企业主体责任，确保生产安全事故起数、亡人数双下降，坚决遏制较大以上安全生产事故发生。严格落实《湖南省居民自建房安全管理若干规定》，不断完善房屋安全隐患常态化巡查和全过程监管机制，积极推进农安房公共安全提升工程，及时启动D级危房改造。防范化解重大风险。紧盯非法集资、网络借贷等违法活动，强化摸排预警，严格依法打击，牢牢守住不发生系统性风险底线。防范化解政府债务风险，强化政府性项目决策和立项管理，严禁违规举债、虚假化债，坚决遏制增量、化解存量。深入整顿和规范药品、化妆品、医疗器械经营秩序，积极创建省级食品安全示范区。加强社会基层治理。健全“五社联动”[22]机制，争创市级和谐社区5个，打造湘民社区“做靓社区”创新实验点[23]，探索城乡社区治理新模式。扎实推进党建引领、法治建设、人文关怀、智慧服务、联动治理进小区，不断加强和规范物业小区管理。建设现代公共法律服务体系，深入开展法治宣传教育，提升社会治理法治化水平。维护社会和谐稳定。全链条打击整治黑恶、电诈、“盗抢骗”等违法犯罪，打好打赢新一轮禁毒人民战争，全面推广“警律协同”治理模式，持续推进新时代县域警务工作，不断完善社会治安防控体系。坚持和发展新时代“枫桥经验”[24]，巩固深化信访积案化解第三方调研、重点领域信访矛盾源头治理机制成果，构建矛盾纠纷多元预防调处化解新格局。全力支持国防和军队现代化建设，积极做好退役军人服务保障，不断加强民族宗教、外事侨务、对台事务、史志档案、老龄老干、机关事务、关心下一代等工作，大力支持工会、共青团、妇联、工商联、残联、侨联、科协等群团组织和社会组织参与社会治理。

（九）着力加强政府自身建设。坚持为人民服务、对人民负责、受人民监督，创新行政方式，提高行政效能，建设让人们满意的服务型政府。把政治建设摆在首位。坚决把讲政治的要求贯穿政府工作全过程、各领域，学深悟透党的二十大精神，忠诚拥护“两个确立”、坚决做到“两个维护”，自觉在思想上政治上行动上同以习近平同志为核心的党中央保持高度一致。把法治建设当作基石。以法治政府示范创建为抓手，严格落实重大行政决策程序和行政执法“三项制度”，强化合法性审查，完善行政复议与行政应诉工作机制，全面提升政府各项工作法治化水平。依法接受区人大法律监督、工作监督，自觉接受区政协民主监督，高质量办好人大代表建议和政协提案。主动接受司法、审计、群众、舆论监督，深化政务公开，持续办好12345政务热线。把能力建设引向深入。加强干部思想淬炼、政治历练、实践锻炼、专业训练，不断提振斗争精神，持续增强“八项本领”[25]、提高“七种能力”[26]。坚持真抓实干、求真务实，健全清单化部署、台账化管理、项目化推进、常态化督导的闭环工作机制，确保件件有落实、事事有回音。把清廉建设作为底线。贯彻落实全面从严治党总体要求，深入推进政府系统党风廉政建设和反腐败斗争。锲而不舍落实中央八项规定精神，持续深化纠治“四风”，坚决纠正懒政怠政行为。树牢“过紧日子”理念，加强财政资金绩效管理，严控“三公”经费和一般性支出。

各位代表，奋力“强省会”、建设北中心，我们重任在肩、使命光荣。让我们更加紧密团结在以习近平同志为核心的党中央周围，在市委、市政府和区委的坚强领导下，在区人大、区政协的监督支持下，勠力同心、创新实干，踔厉奋发、勇毅前行，奋力谱写以中国式现代化全面推进中华民族伟大复兴的开福新篇章。

名词解释：

1.“三高四新”：即打造国家重要先进制造业高地，具有核心竞争力的科技创新高地，内陆地区改革开放高地；在推动高质量发展上闯出新路子，在构建新发展格局中展现新作为，在推动中部地区崛起和长江经济带发展中彰显新担当，奋力谱写新时代坚持和发展中国特色社会主义的湖南新篇章。

2. 三类500强：即世界财富500强、中国企业500强和民营企业500强。

3.“8+1”产业：即智能制造、现代物流、高端服务、视频文创、信创、三航、超精密加工及新材料、生物医药大健康等主导和新兴产业，开放型经济。

4.“六张清单”：新开工项目清单、未开工项目清单、已复工项目清单、未复工项目清单、应竣工项目清单、项目问题清单。

5.“三项”制度改革：即劳动、人事、分配制度改革，建立与市场经济体制及现代企业制度相适应的市场化劳动用工、干部人事、收入分配管理体系。

6.“一件事一次办”：“一件事”是指企业、群众需办理的一个事项，既可以是单独的“一件事情”，也可以是需到多个部门办理的“事”或多件相关的“一揽子事”，经过梳理整合、流程再造后，变成企业、群众眼中或窗口统一办理的“一件事”。“一次办”是指一次告知、一次表单、一次联办、一次办好，线上一次登录、一网通办，线下只进一扇门、最多跑一次。

7.“四上”企业：即规模以上工业企业、资质等级建筑业企业、限额以上批零住餐企业、规模以上服务业企业。

8.RCEP：区域全面经济伙伴关系协定(Regional Comprehensive Economic Partnership)，

即由东盟十国发起，邀请中国、日本、韩国、澳大利亚、新西兰共同参与（“10+5”），通过削减关税及非关税壁垒，建立15国统一市场的自由贸易协定。

9.“一路两园”：依托中老铁路，以老挝万象市现代农业产业园、湖南省长沙金霞经济开发区及省内相关产业园区为基础，共同建设国际经贸合作新平台。

10.“一江三河”：湘江、捞刀河、浏阳河、沙河。

11.“双减”：即减轻义务教育阶段学生日常作业的负担和校外培训的负担。

12.“五个不发生”：不发生跨地区串联聚访、不发生集体进京上访活动、不发生大规模集体事件、不发生极端恶性事件、不发生负面舆情炒作。

13.“三零”：零非访、零事故、零舆情。

14.“双五”工程：即“五区建设”和“五个十大”，其中“五区建设”为做大城区、做强园区、做优片区、做实县区、做靓社区（村），“五个十大”为“十个重大城市片区”“十个重大引领性产业项目”“十个重大科技创新标志性项目”“十个重大基础设施项目”“十个重大民生项目”。

15.“1+2+N”先进制造业产业集群：“1”即1个工程机械世界级产业集群，“2”即先进储能材料、新一代自主安全计算系统2个国家级先进制造业集群，“N”即先进计算、生物医药和高端医疗设备、智能网联汽车、功率半导体和集成电路、显示功能器件、智能终端、人工智能、节能环保及新能源装备、现代种业、新型合金等N个省级先进制造业集群。

16.“五好”园区：即规划定位好、创新平台好、产业项目好、体制机制好、发展形象好的园区。

17.“四精五有”：“四精”即精准规划、精美建设、精致管理、精明增长。“五有”即有颜值、有气质、有内涵、有格调、有品位。

18.“六个到位、六个严格”：即重点区域清洗到位、背街小巷环境维护到位、城乡接合部综合整治到位、闲置地块常态化管控到位、建筑工地文明措施到位、桥下空间精细管理到位；严格责任落实、严格采集交办、严格督查通报、严格拉练考核、严格依法执法、严格问责问效。

19.“六控十严禁”：“六控”，即控尘、控煤、控车、控油、控排、控烧。“十严禁”，即严禁渣土车、混凝土搅拌车、运砂车等各类车辆带泥上路，严禁违法倾倒渣土，严禁工地裸露黄土，严禁重污染天气下土石方施工，严禁燃烧散煤，严禁燃放烟花爆竹，严禁露天焚烧垃圾，严禁露天烧烤，严禁露天焚烧秸秆，严禁拖拉机等高排放车辆进城。

20.“三线一单”：生态保护红线、环境质量底线、资源利用上线和生态环境准入清单。

21.“五创联动”：创业培训、创业担保贷款、创业孵化基地、创业活动、创业补贴联动的服务体系。

22.“五社联动”：社区、社会工作者、社区社会组织、社区志愿者、社会公益慈善资源联动。

23.“做靓社区”创新实验点：以党建为引领，以居民需求为导向，以“五社联动 幸福邻里”工作机制为抓手，以助老、助小、助困为重点，完善服务设施，提高服务质量，增强治理能力，打造先进典型。

24.“枫桥经验”：浙江省绍兴市诸暨市枫桥镇干部群众创造形成了具有鲜明时代特色的“党政动手，依靠群众，预防纠纷，化解矛盾，维护稳定，促进发展”的枫桥经验。

25.“八项本领”：学习本领、政治领导本领、改革创新本领、科学发展本领、依法执政本领、群众工作本领、狠抓落实本领、驾驭风险本领。

26.“七种能力”：政治能力、调查研究能力、科学决策能力、改革攻坚能力、应急处突能力、群众工作能力、抓落实能力。

政协长沙市开福区委员会常务委员会工作报告

在政协开福区第六届委员会第三次会议上的讲话

政协开福区第六届委员会主席 蔡 冰

（2023年1月4日）

2022年工作回顾

2022年，是党和国家发展进程中具有重要里程碑意义的一年，也是开福极不寻常、极不平凡的一年。这一年，我们坚定信心、同舟共济、共克时艰，全力尽职履责，突显效果。一年来，区政协常委会在中共开福区委的坚强领导下，始终保持“永远在一线”的干事激情和创业氛围，团结带领政协各参加单位和全体政协委员，深入学习贯彻中共二十大精神，紧紧围绕区委决策部署和战略目标，树牢“一线”意识、确立“一线”标杆、保持“一线”状态、强化“一线”担当，在助力区委疫情防控、经济发展、安全稳定、民生实事上做到了履职有担当、落实有抓手、工作有成效，在政协事业创新发展上开新局、迈大步、上台阶，以实干实绩交出了政协在政治之年的优异答卷。

一、担当作为在一线，展现六届政协服务大局的高度

1. 讲政治，强担当。区委有号召，政协有行动、有落实、有成效。区政协按照区委决策部署，积极参与各项中心工作，始终做到与区委思想上同心、行动上同步、目标上同向。主席会议成员带领各委室，全力以赴奋战在经济发展、项目建设、安全稳定、片区征拆指挥部和各联点街道等工作任务第一线。在疫情防控工作中，政协机关干部全员上阵，第一时间奔赴一线，全力参与、统筹调度各联点街道和全区隔离场所的防疫工作；广大政协委员“疫”不容辞，同心抗“疫”，向防疫一线捐赠物资近300万元，出色完成了区委交办的疫情防控任务，并在实战中总结形成了《打好“隔离”这张防疫关键牌》工作经验，得到了市政协和区委主要领导的批示和肯定，省政协《湘声报》专题报道《温情守护“隔离关”——开福政协人的担当与行动》；在履职成效上，开福政协作为全市唯一区县，荣获省政协云履职运用先进单位，吴丽、甘培虎、王婧静等委员荣获政协云履职运用先进个人。

2. 重学习，强理论。始终把政治理论学习作为首要政治任务抓紧抓实。政协党组和主席会议、政协全会和常委会、工作例会和推进会、机关党支部和工会等会议，第一时间传达学习习近平总书记重要讲话精神、《关于加强和改进新时代市县政协工作的意见》、各级重要会议精神和决策等专题学习60余次。特别是二十大精神学习贯彻，要求深入思考、撰写体会、研讨交流，通过委员活动、委员工作室、委员读书群、线上宣讲等途径，在政协系统迅速掀起学习宣传贯彻热潮，做到了“人人读原文、个个谈体会、件件抓落实”，确保二十大精神入脑入心、走深走实。

3. 抓党建，强保障。建立健全党建工作责任制，实行政协党组统一领导，一把手负总责，分管领导具体负责，重点落实好政治理论学习、党风廉政建设、意识形态等方面的工作。不断加强政协党的建设工作，在充分调研的基础上，与区委组织部研究制定《区政协推进落实党建工作“两个全覆盖”实施方案》，按照有关程序和要求选举产生了6个功能型党支部，构建起以政协党组、机关党支部、功能型党支部、临时党支部为主体的立体

式、全覆盖、纵深化政协党建工作新格局，为政协履职提供了坚强的组织保障。

4. 严作风，强服务。严格落实全面从严治党主体责任，党员领导干部以学习、贯彻、遵守、维护党章为重点，把初心和使命转化为锐意进取、开拓创新、埋头苦干、真抓实干的实际行动，巩固和发展好区政协风清气正的政治生态；不断提升政协机关服务能力和水平，开创工作新局、拉高工作标杆、提高执行效力，推动政协工作全面提速提质提效，打造让区委放心，组织满意、委员满意、人民满意的模范政协机关。

二、咨政建言在一线，展现六届政协参政议政的厚度

1. 精准协商议政，服务党政所需。充分发挥政协专门协商机构作用，围绕党政所需协商议政。组织40余位政协委员全程参与江湾片区学位增扩、胜利村算大账等重大事项的协商议政，成效显著。《告别脏乱差，燃旺烟火气——区政协围绕党政决策助力四方商贸城华丽蜕变》被省政协《湘声报》头条报道。在长沙学院周边自建房整治工作中，政协委员、区直部门、街道社区、居民群众，借助协商平台，共商解决之策，提出的意见建议被区政府采纳，形成专题报告上报市政府研究，得到市委、市政府大力支持，并向全市政协系统推广。

2. 精准组织调研，助力文旅融合。根据区委点题，与省、市政协开展“促进文旅融合发展，打造全域文旅示范区”同主题调研。为形成高品质的调研报告，区政协成立了主席会议成员带队、42个相关部门和16个街道参与的调研组，历时9个月，先后赴区内园林生态园、世界之窗、湖南博物院、烈士公园等地，市内宁乡市、雨花区等地调研，对广州市番禺区、成都市锦江区、宁波市宁海县等地进行函调，召开研讨交流座谈会20余次，邀请民进中央经济委员会副主任、正和岛首席经济学家王林等10余位行业专家教授和省、市部门领导为调研报告问诊把脉，并组织召开专题议政性常委会，广泛征求意见建议。调研报告得到玉环书记、高伟区长高度肯定，为区域经济发展注入了新动力、增添了新活力、拓展了新空间。调研报告获评全省政协系统优秀调研报告一等奖。

3. 精准视察建言，破解发展难题。围绕区政中心工作任务，精心组织开展“社区卫生服务中心建设”“农民保障性住房建设”“优化营商环境工作”“我区养老服务工作”“法治政府示范区创建工作”“自建房危房整治和安全隐患整治工作”等6个主席会议视察，通过前期调研、现场查看、征求意见和协商议政，分别形成视察建议报告呈报区委和区政府决策参考，提出针对性意见建议60余条，促进了一大批区域经济发展痛点、难点问题的办理。

4. 精准督办提案，全面提质增效。进一步加大提案督办力度，要求各承办单位认真规范工作流程、完善工作要素、务实办理举措、抓实工作环节，推动提案办理从“软要求”变成“硬约束”。全年，共收到委员提案125件，立案61件，其中A案42件。聚焦群众最关心、最直接、最现实的热点问题，选取6件作为重点提案，由区领导领办，主席会议成员两轮督办，推动提案办理工作提质增效。

5. 精准献计进策，争创一流佳绩。通过深入调研、集体研修、专家培训等有效举措，提高撰稿能力，提升稿件采用率。其中，龙友军委员撰写的《关于实施汽车操作按键中文标识的建议》、邓海斌委员撰写的《疫情背景下基层治理急需从政府独唱向政府、市场、社会合唱转型》和《莫让数字化基建成为基层的沉重负担》3篇社情民意信息被全国政协采用，《加快推进湘绣产业发展》等9篇被省政协采用，《关于保障隧道内行车安全的建议》等6篇被市政协采用，开福区政协荣获全市反映社情民意信息工作一等奖，邓海斌、龙友军等委员荣获全市先进个人。

三、凝聚共识在一线，展现六届政协勠力同心的广度

1. 共同思想基础更加坚实。充分发挥统一战线组织的优势和作用，广泛凝聚各界共识，画最大同心圆。8月份，组织召开区情通报会，让委员知情明政，有针对性地建言资政，更好地履行职能。9月份，组织召开各界人士中秋茶话会，区委玉环书记出席并作重要讲话，在交流工作中让党外人士更加统一思想、坚定信心、振奋精神、务实工作，确保在区委的领导下，强队伍、促履职、增团

结，巩固了多党合作和政治协商的基本政治制度。

2. 协商民主制度更加完善。牢牢把握民主监督的特点，从具体问题入手，找准问题症结，商以求同，协以成事，提高民主监督实效。全年，对区人民法院、检察院、交警大队派驻“形象监督员”，对市场监督管理局派驻“民主监督员”共计 43 名。在市场监督管理局专项民主监督中，坚持以专业队伍人员缺乏、专业技术检测手段不足等 13 个问题为导向，逐条逐项推动解决，让协商式监督发挥“硬作用”；在“我区 2019—2021 年招商项目落地见效情况”民主评议工作中，梳理出项目履约偏低、投产达效偏低、带动效应不强等主要问题，在认真分析原因的基础上，提出协商建议 9 条，帮助各相关单位改进工作作风，提升服务水平。

3. 党派履职成效更加凸显。坚持把各民主党派、工商联放在政协履职的“第一方阵”，积极为各界人士政治参与搭建履职平台。邀请民主党派和社会各界人士共同参加重点履职工作和重大履职活动，形成大联合调研、大联合攻关、大联合监督的合力。今年，党外人士参与撰写提交的提案共计 96 件、立案 52 件，提交的社情民意信息共计 93 条、采用 9 条，为助力开福经济高质量发展作出了突出贡献。

4. 助企纾困力度更加务实。针对企业存在的实际困难，由一名主席会议成员、一名办委主任、一名区直部门负责人和一名工作人员持续跟踪问效，为企业办实事、解难题。全年，主席会议成员走访联点企业及委员企业 80 余次，召开协商调度会 50 余次，协助解决马栏山二九创演园、华英实业、雷邦环保、联合餐厨等企业在规划审批、办公用房、融资困境、闲置土地等方面的问题 60 余个。积极响应区委号召，参加联点街道“政企联心 共话发展”晚餐会，以及高层次人才走访等活动，用实打实的帮扶赢得口碑，用心贴心的服务换得真情。

四、社会治理在一线，展现六届政协履职为民的深度

1. 筑牢服务民生的“桥头堡”。制定下发《委员工作室工作经费和人员分配实施方案》，分期分批对 21 个委员工作室进行提质增效。全年，依托委员工作室接待来访群众 1380 人，收集民情民意 551 条，通过微协商、微监督解决具体问题 266 个；围绕民生实事，召开基层协商会议 60 余场次，解决“留芳岭社区居家养老中心建设”“浏河村巷 37 号临时停车场改建”“陈家渡交通微循环”等民生问题 32 个；贯彻落实省、市政协“委员活动日”要求，以“喜迎二十大 委员在行动”为主题，组织开展读书、助学、帮扶等履职活动 20 余场次，参与委员 300 余人次，为民办实事 41 件。“健康之家”和“同心”委员工作室获评第二批湖南省示范性政协委员工作室，在全市优秀政协委员工作室评比中开福独占 4 席。

2. 搭建服务民生的“连心桥”。落实习近平总书记“政协委员要更好联系和服务所在界别的群众”指示精神，引导政协委员在乡村振兴、产业合作、城乡共建、居民健康等方面搭建服务民生的连心桥。9 月 4—6 日，在区委玉环书记带领下，包括 6 名政协委员在内的调研组赴城步开展乡村振兴对口帮扶工作。9 月 16 日，区政协组织开展 2022 年“爱心助学”活动，对 100 名乡村品学兼优的困难学生扶贫解困，25 名政协委员现场与学生结成对子，进行精准帮扶。9 月 18 日，在沙坪社区举办“健康之家”委员工作室助力乡村振兴启动仪式，开展“三送五进三诊”（送医、送药、送技，进社区、进农村、进学校、进企业、进家庭，坐诊、义诊、巡诊）活动，让乡村群众在家门口享受优质的医疗健康服务。

3. 打造服务民生的“惠民站”。年初，在六届政协委员中发出“双百帮扶”倡议，共收到委员自愿捐款 37.43 万元，春节集中走访慰问 100 户困难家庭和残障人士，发放慰问金 10 万元；赴城步乡村振兴对口帮扶，捐赠现金 15 万元；“爱心助学”活动捐赠现金 9 万余元。同时，广大政协委员发挥各自行业优势及居民现实需求，在社区牵头组织开展为民服务活动，彰显社会担当。全年，牵头组织开展“环保微公益”“大爱无疆，暖心助残”“河畔她职场”“眩晕防治”“小小检察官”“红色文化进江湾”“爱心助学彩虹桥”“老年食堂美食节”等主题活动 400 多场次，受益群众 10 万余人。

各位委员，各位同志，过去一年区政协所取得的工作成绩，离不开中共开福区委的高度重视和坚强领导，离不开区人大、区政府及全区各级组织和社会各界人士的关

心关爱和鼎力支持，更凝聚了全区政协各参加单位和全体政协委员的智慧、汗水和心血。在这里，我代表区政协常委会表示衷心的感谢，致以崇高的敬意。

回顾过去一年的工作，我们清醒地认识到，对照党政所需、群众所盼、政协所能，我们的工作仍然存在一些不足：专门协商机构的作用发挥不够充分，协商成果转化有待进一步提升；部分委员履职尽责的主动性、自觉性还需要进一步提升，等等。区政协常委会将坚持以问题为导向，锻长板补短板，不断提升服务中心大局的能力和水平，以政协工作高质量发展助推区域经济社会高质量发展。

2023 年工作思路

2023 年是全面贯彻落实党的二十大精神的开局之年，是六届政协续写新时代政协事业发展新篇章的关键之年。区政协工作的总体思路是：以习近平新时代中国特色社会主义思想为指导，在中共开福区委的坚强领导下，全面贯彻落实党的二十大精神，深入贯彻习近平总书记关于加强和改进人民政协工作的重要思想和对湖南重要讲话的指示精神，完整、准确、全面贯彻新发展理念，牢牢把握“汇智聚力，建功开福”的工作主线，大力弘扬团结、民主两大主题，认真履行政治协商、民主监督和参政议政三大职能，广泛凝聚委员共识，充分发挥政协优势，为开福经济社会高质量发展和全面建设现代化新开福贡献政协智慧和力量。

一、坚持党的领导，在坚定政治方向中体现政协站位

始终把讲政治摆在第一位，以高度的政治责任感和使命感，把学习贯彻落实党的二十大精神作为今后一个时期首要的政治任务，持续在政协领导班子、全区各级政协组织和广大政协委员中深入开展二十大精神的学习宣讲活动；坚定不移地贯彻落实中央、省、市、区委的决策部署，始终做到区委的重点在哪里、政协的履职就开展到哪里，人民的期盼在哪里、政协的参政议政就着眼在哪里；切实提高政协机关干部和政协委员的政治三力（政治判断力、政治领悟力、政治执行力），积极投身全区经济发展、项目建设、民生福祉、安全稳定、营商环境等主战场，推动政协工作更好地服务区域各项事业发展需求。

二、凝聚磅礴力量，在服务中心大局中彰显政协担当

着力加强协商议政。根据区委点题，举全力组织开展专题协商调研；聚焦区政中心工作和民生热点问题，组织开展“社区长者助餐服务体系建设”“园林生态园周边环境整治”“金霞新城生活配套设施建设”“复合型人才培育工作”“‘双减’政策后的教育工作”5 个主题会议视察，形成视察建议报告。发挥民主监督作用。继续对区直部门或某项具体工作开展协商式民主监督，继续向区人民法院、检察院、交警大队派驻“形象监督员”。围绕政府债务化解、资产盘活、开源节流、遗留问题等方面，对洪山管理局、区财政局、金霞发展集团、区城投集团开展民主监督；围绕支持民营经济和民营企业发展壮大，对“民营企业政策帮扶情况”开展民主评议；围绕重大产业招商项目投产达效，组织“招商项目落地见效情况”民主评议工作“回头看”，推动上一年度民主评议成果落地落实。深化凝聚共识工作。落实习近平总书记“重要阵地、重要平台、重要渠道”的指示精神，为党外人士履职创造更好更优的条件，在建言资政和凝聚共识上双向发力。邀请各民主党派、工商联、知联会等社会各界人士及社会组织，参与政协组织的重大协商视察调研活动，为助力开福经济发展跑出“加速度”聚合力。

三、厚植民本情怀，在增进民生福祉中展示政协温度

推动协商民主方式多样化。按照“协商于民、协商为民”的整体要求，做实政协协商与基层协商的有效衔接，坚持让人民群众成为协商的主体，把协商的平台放到社区、放到企业、放到学校、放到居民楼栋；落实各级经济工作会议精神，进一步加大对委员企业特别是民营企业的帮扶力度，利用政协协商议事平台，推动各相关区

属部门支持民营企业发展。推动委员工作室履职多样化。按照“一室一特”和“十有”要求（有固定场所、有委员队伍、有召集人员、有管理主体、有工作制度、有工作计划、有常态化履职、有工作台账、有工作总结、有良好成效），加强委员工作室标准化、规范化建设，实现常态化、高质量运行。推动委员服务群众多样化。发挥委员面向基层、贴近群众的优势，鼓励委员在工作岗位、居住社区等就近就地服务群众，并结合“双百帮扶”“爱心助学”“乡村振兴”等活动载体，为全区困难群众慷慨解囊、雪中送炭，践行为民初心。

四、锻造过硬本领，在履行职责使命中提升政协形象

贯彻落实各级党的建设工作会议精神，发挥政协党组在政协组织中把方向、管大局、保落实作用，充分发挥党员委员在政治引领、发扬民主、凝聚共识、合作共事、廉洁奉公等方面的先锋模范作用；持续强化两支队伍建设，提升政协机关干部政治把握、调查研究、联系群众、合作共事的“四种能力”，打造“懂政协、会协商、善议政，守纪律、讲规矩、重品行”委员队伍，以过硬的作风树立新时代政协委员良好形象；坚持以抓纪律为重点、以抓学风为手段、以抓服务为宗旨、以抓队伍为保障，准确把握新形势下政协工作的新特点，创新工作机制、规范协商程序、完善议政形式，使政协工作更具活力、更有特色、更富成效。

“一元复始，万象更新。”各位委员、同志们，新的思想、新的起点、新的思路，孕育新的希望；新的征程、新的任务、新的要求，期待新的作为。让我们在中共开福区委的坚强领导下，认真贯彻落实中共二十大精神，携手并肩，和衷共济，同心同德，为谱写中国式现代化新开福贡献政协智慧和力量。

统计资料

表 5　　中共长沙市开福区委 2022 年发文一览表

文　号	文件名
开发〔2022〕1 号	中共长沙市开福区委关于印发《中共长沙市开福区委常委会工作规则》的通知
开发〔2022〕2 号	中共长沙市开福区委关于加强新一届区委班子建设的决定
开发〔2022〕3 号	中共长沙市开福区委关于印发《开福区“十四五”法治建设规划》的通知
开发〔2022〕4 号	（密级，略）
开发〔2022〕5 号	中共长沙市开福区委关于转发《政协长沙市开福区委员会 2022 年工作要点》的通知
开发〔2022〕6 号	（密级，略）
开发〔2022〕7 号	中共长沙市开福区委关于设立中共长沙市开福区烟草专卖局党组的通知
开发〔2022〕8 号	中共长沙市开福区委长沙市开福区人民政府关于印发《区委宣传部、区司法局关于开展法治宣传教育的第八个五年规划（2021—2025 年）》的通知
开发〔2022〕9 号	中共长沙市开福区委长沙市开福区人民政府印发《关于贯彻落实强省会战略的行动方案（2022—2026 年）》的通知
开发〔2022〕10 号	中共长沙市开福区委长沙市开福区人民政府印发《关于做好 2022 年“三农”重点工作全面推进乡村振兴的实施方案》的通知
开发〔2022〕11 号	中共长沙市开福区委印发《关于在全区开展党建“六大行动”深入推进“党建聚合力”工程实施方案》的通知
开发〔2022〕12 号	中共长沙市开福区委印发《中共长沙市开福区委关于全面深入学习宣传贯彻党的二十大精神以中国式现代化加快建设现代化新开福的实施意见》的通知
开发〔2022〕13 号	中共长沙市开福区委长沙市开福区人民政府关于印发《开福区“开福合伙人”倍增计划》的通知
开发〔2022〕14 号	（密级，略）
开发〔2022〕15 号	（密级，略）
开发〔2022〕16 号	中共长沙市开福区委关于设立中共长沙市开福区科学技术协会党组的通知
开发〔2022〕17 号	中共长沙市开福区委长沙市开福区人民政府印发《关于全面推行田长制严格耕地保护的实施方案》的通知
开发〔2022〕18 号	（密级，略）
开发〔2022〕19 号	中共长沙市开福区委关于认真学习宣传贯彻党的二十大精神的通知

表 6

开福区人大常委会 2022 年发文一览表

文 号	文件名
开常发〔2022〕1 号	长沙市开福区第六届人民代表大会常务委员会关于表彰“争当北强火炬手，跨越赶超我建功—— 人大代表在行动”主题活动优秀人大代表的决定
开常办发〔2022〕1 号	关于召开长沙市开福区第六届人大常委会第二次会议的通知
开常办发〔2022〕2 号	关于印发《长沙市开福区人民代表大会常务委员会议事规则》《长沙市开福区人民代表大会常务委员会主任会议议事规则》《长沙市开福区人民代表大会常务委员会主任会议关于宪法宣誓的组织办法》的通知
开常办发〔2022〕3 号	关于印发《开福区人大常委会关于开展“争当北强火炬手，跨越赶超我建功”代表主题活动的实施方案》的通知
开常办发〔2022〕4 号	关于报送 2021 年度行政事业性国有资产情况的报告
开常办发〔2022〕5 号、6 号、7 号、8 号	关于召开长沙市开福区第六届人大常委会第二次会议的通知（代表、邀请全程参会、列席人员、邀请参会人员）（因会议改期，作废）
开常办发〔2022〕9 号	关于召开长沙市开福区第六届人大常委会第三次会议的通知
开常办发〔2022〕10 号	关于印发《长沙市开福区第六届人民代表大会常务委员会 2022 年工作要点》的通知
开常办发〔2022〕11 号	关于召开长沙市开福区第六届人大常委会第四次会议的通知
开常办发〔2022〕12 号	关于印发《开福区人大常委会开展〈中华人民共和国禁毒法〉执法检查工作方案》的通知
开常办发〔2022〕13 号	关于印发《2022 年“司法公正长沙行”活动实施方案》的通知
开常办发〔2022〕14 号	关于召开长沙市开福区第六届人民代表大会第二次会议的通知（代表）
开常办发〔2022〕15 号	关于召开长沙市开福区第六届人民代表大会第二次会议的通知（邀请全程参会人员）
开常办发〔2022〕16 号	关于召开长沙市开福区第六届人民代表大会第二次会议的通知（列席人员）
开常办发〔2022〕17 号	关于召开长沙市开福区第六届人民代表大会第二次会议的通知（邀请参会人员）
开常办发〔2022〕18 号	关于召开长沙市开福区第六届人大常委会第五次会议的通知
开常办发〔2022〕19 号	关于召开长沙市开福区第六届人大常委会第六次会议的通知
开常办发〔2022〕20 号	关于开展“双联”工作的通知
开常办发〔2022〕21 号	关于印发《开福区人大常委会开展〈中华人民共和国城市绿化条例〉执法检查工作方案》的通知
开常办发〔2022〕22 号	关于印发《关于贯彻落实 2022 年“乡村振兴长沙行”活动实施方案》的通知
开常办发〔2022〕23 号	关于召开长沙市开福区第六届人大常委会第七次会议的通知
开常办发〔2022〕24 号	关于召开长沙市开福区第六届人大常委会第八次会议的通知
开常办发〔2022〕25 号	关于召开长沙市开福区第六届人大常委会第九次会议的通知
开常办发〔2022〕26 号	关于召开长沙市开福区第六届人大常委会第十次会议的通知
开常办发〔2022〕27 号	关于召开长沙市开福区第六届人民代表大会第三次会议的通知（代表）
开常办发〔2022〕28 号	关于召开长沙市开福区第六届人民代表大会第三次会议的通知（邀请全程参会人员）
开常办发〔2022〕29 号	关于召开长沙市开福区第六届人民代表大会第三次会议的通知（列席人员）
开常办发〔2022〕30 号	关于召开长沙市开福区第六届人民代表大会第三次会议的通知（邀请参会人员）
开常人发〔2022〕1 号	关于提请决定黄伟斌等职务任免的议案
开常人发〔2022〕2 号	关于骆炬等职务任免的通知
开常人发〔2022〕3 号	关于黄巍等职务任免的通知
开常人发〔2022〕4 号	关于廖耀群职务免去的通知
开常人发〔2022〕5 号	关于杨柳艳等职务任免的通知
开常人发〔2022〕6 号	关于王爱云等职务任免的通知
开常人发〔2022〕7 号	关于江璜任职的通知
开常人发〔2022〕8 号	关于陈亚萍任职的通知
开常人发〔2022〕9 号	关于汪涵等同志职务任免的通知

表 7

开福区人民政府 2022 年发文一览表

文 号	文件名
开政发〔2022〕1 号	关于开展 2022 年民兵组织整顿工作的通知
开政发〔2022〕2 号	关于印发《长沙市开福区人民政府重大行政决策程序实施办法》的通知
开政发〔2022〕3 号	关于印发《长沙市开福区 2022 年真抓实干督查激励实施方案》的通知
开政发〔2022〕4 号	关于开展全区居民自建房安全隐患大排查大整治的通告
开政发〔2022〕5 号	关于金霞经济开发区财政管理体制的通知
开政发〔2022〕6 号	关于长沙开福城投集团有限责任公司定向债务融资工具的股东决定
开政发〔2022〕7 号	关于印发《长沙市开福区全民健身实施计划（2022—2025 年）的通知
开政发〔2022〕8 号	关于印发《长沙市开福区国家知识产权强县（市、区）建设试点县（市、区）创建实施方案（2022—2025 年）》的通知
开政办发〔2022〕1 号	关于对 6 家重大火灾隐患单位实行挂牌督办整改的通知
开政办发〔2022〕2 号	关于对 4 家重大火灾隐患单位实行挂牌督办整改的通知
开政办发〔2022〕3 号	关于印发《优化营商环境促进市场主体高质量发展三年行动实施方案（2022—2024）》的通知
开政办发〔2022〕4 号	关于成立开福区落实长沙市创建国家生态园林城市工作领导小组的通知
开政办发〔2022〕5 号	关于印发《开福区落实长沙市创建国家生态园林城市行动计划（2021—2023 年）》的通知
开政办发〔2022〕6 号	关于对 5 家重大火灾隐患单位实行挂牌督办整改的通知
开政办发〔2022〕7 号	关于对 6 家重大火灾隐患单位实行挂牌督办整改的通知
开政办发〔2022〕8 号	关于对 2 家重大火灾隐患单位实行挂牌督办整改的通知
开政办发〔2022〕9 号	关于成立伍家岭街道征收指挥部的通知
开政办发〔2022〕10 号	关于印发《长沙市开福区政府投资信息化建设项目管理暂行办法》的通知
开政办发〔2022〕11 号	行政规范文件管理工作的通知
开政办发〔2022〕12 号	关于公布规范性文件制定主体的通知
开政办发〔2022〕13 号	关于印发《开福区计划生育协会改革方案》的通知
开政办发〔2022〕14 号	关于对 3 家火灾隐患单位实行挂牌督办整改的通知
开政办发〔2022〕15 号	关于印发《开福区人民政府领导干部 2022 年度安全生产工作任务清单》的通知
开政办发〔2022〕16 号	关于印发《长沙市开福区疫苗质量安全事件应急预案》的通知
开政办发〔2022〕17 号	关于对 7 家重大火灾隐患单位实行挂牌督办整改的通知
开政办发〔2022〕18 号	关于印发《长沙市开福区新增 50 件“一件事一次办”政务服务事项的实施方案》的通知
开政办发〔2022〕19 号	关于印发《开福区创建全国基层中医药工作示范区实施方案》的通知
开政办发〔2022〕20 号	关于调整长沙市开福区中医药工作协调领导小组的通知
开政办发〔2022〕21 号	关于对 4 家重大火灾隐患单位实行挂牌督办整改的通知
开政办发〔2022〕22 号	关于对 2 家重大火灾隐患单位实行挂牌督办整改的通知
开政办发〔2022〕23 号	关于印发《长沙市开福区行政许可事项清单（2022 年版）》和《长沙市开福区人民政府承接部分市级下放行政许可事项目录》的通知
开政办发〔2022〕24 号	关于对 3 家重大火灾隐患单位实行挂牌督办整改的通知
开政办发〔2022〕25 号	关于印发《开福区养老机构综合监管实施办法》的通知
开政办发〔2022〕26 号	关于印发《长沙市开福区推动卫生健康事业高质量发展·打造区域卫生健康服务高地三年行动计划（2022—2024 年）》的通知
开政办发〔2022〕27 号	关于印发《长沙市开福区推动卫生健康事业高质量发展·打造区域卫生健康服务高地三年行动计划（2022—2024 年）任务分解表》的通知

表 8

开福区政协 2022 年发文一览表

文 号	文件名
开政协党组〔2022〕1 号	关于召开区政协党组班子党史学习教育专题民主生活会的请示
开政协党组〔2022〕2 号	关于召开政协长沙市开福区委员会第六届委员会第二次全体会议的请示
开政协党组〔2022〕3 号	关于贯彻落实区委伟峰书记调研政协工作指示精神的情况报告
开政协党组〔2022〕4 号	关于召开政协长沙市开福区第六届委员会第二次全体会议的请示
开政协党组〔2022〕5 号	关于成立开福区政协各专委会党支部批复
开政协党组〔2022〕6 号	关于政协各专委会党支部选举结果的报告
开政协党组〔2022〕7 号	关于区政协第六届委员会领导工作分工安排及报备工作的请示
开政协党组〔2022〕8 号	关于召开政协长沙市开福区第六届委员会第三次全体会议的请示
开政协办〔2022〕1 号	关于召开开福区政协六届第二次常委会议的通知
开政协办〔2022〕2 号	关于召开政协长沙市开福区第六届委员会第二次全体会议的通知
开政协办〔2022〕3 号	关于支持政协委员出席全会的函
开政协办〔2022〕4 号	关于邀请出席政协长沙市开福区第六届委员会第二次全体会议开幕式、闭幕式的通知
开政协办〔2022〕5 号	关于列席政协长沙市开福区第六届委员会第二次全体会议的通知
开政协办〔2022〕6 号	关于印发《2022 年重点履职工作方案》的通知
开政协办〔2022〕7 号	关于召开长沙市开福区第六届委员会第二次全体会议的通知
开政协办〔2022〕8 号	关于支持政协委员出席全会的函
开政协办〔2022〕9 号	关于邀请出席政协长沙市开福区第六届委员会第二次全会会议开幕式、闭幕式的通知
开政协办〔2022〕10 号	关于列席政协长沙市开福区第六届委员会第二次全体会议的通知
开政协办〔2022〕11 号	关于召开开福区政协六届第四次常委会会议的通知
开政协办〔2022〕12 号	关于召开开福区政协六届第五次常委会会议的通知
开政协办〔2022〕13 号	关于召开开福区政协六届第六次常委会会议的通知
开政协办〔2022〕14 号	关于召开长沙市开福区第六届委员会第三次全体会议的通知
开政协办〔2022〕15 号	关于支持政协委员出席全会的函
开政协办〔2022〕16 号	关于邀请出席政协长沙市开福区第六届委员会第三次全会会议开幕式、闭幕式的通知
开政协办〔2022〕17 号	关于列席政协长沙市开福区第六届委员会第三次全体会议的通知
开政协〔2022〕1 号	政协委员履职管理与考核办法
开政协〔2022〕2 号	关于加强反映社情民意信息工作的办法
开政协〔2022〕3 号	政协长沙市开福区委员会关于吴宇等同志职务任免的通知
开政协〔2022〕4 号	关于区委、区政府领导领衔重点提案的请示
开政协〔2022〕5 号	关于区政协六届委员会领导分工、分片联系街道联络处及“一办六委”对口联系单位的通知
开政协〔2022〕6 号	关于江湾半岛片区学习建设的建议（向区委）
开政协〔2022〕7 号	关于江湾半岛片区学习建设的建议（向区政府）
开政协〔2022〕8 号	关于我区社区卫生服务中心建设的视察建议（向区委）
开政协〔2022〕9 号	关于我区社区卫生服务中心建设的视察建议（向区政府）
开政协〔2022〕10 号	政协长沙市开福区委员会关于我区农民保障性住房建设的视察建议（向区委）
开政协〔2022〕11 号	政协长沙市开福区委员会关于我区农民保障性住房建设的视察建议（向区政府）
开政协〔2022〕12 号	关于区优化营商环境工作开展的视察建议（向区委）
开政协〔2022〕13 号	关于区优化营商环境工作开展的视察建议（向区政府办）
开政协〔2022〕15 号	2022 年区政协综合性社区居家养老服务工作视察（向区委）
开政协〔2022〕16 号	2022 年区政协综合性社区居家养老服务工作视察（向区政府）
开政协〔2022〕17 号	法治政府建设示范区创建工作会议视察（向区委）
开政协〔2022〕18 号	法治政府建设示范区创建工作会议视察（向政府）
开政协〔2022〕19 号	政协长沙市开福区委员会委员工作室考核办法
开政协〔2022〕20 号	关于自建房危房整治和安全隐患整治工作的视察建议（向区委）
开政协〔2022〕21 号	关于自建房危房整治和安全隐患整治工作的视察建议（向区政府）

组织机构及负责人

中共长沙市开福区委员会

书记　谢伟峰（2022 年 3 月止）
罗玉环（女，2022 年 4 月任）
副书记　高　伟
晏成方
常委　张春雄
肖雄伟
张红民
蒋　君
易文斌
郭　峻（女）
张胜良
张贻龙（2022 年 6 月止）
刘建元（2022 年 6 月任）

开福区人大常委会

主任　欧干军
副主任　李　扬
朱旭东
谭树茗
陈志兴
王　硕

开福区人民政府

区长　高　伟
常务副区长　蒋　君
副区长　张胜良
陈魁昱
孙铁龙
邹　畅
王乐君
廖紫君（女）
易海威
江　璜
（女，挂职，2022 年 10 月任）

二级调研员
刘新兰
任新良
乐俊旺
陈世伟
梁文胜
刘志勇
谢　勇
王宗飞
刘树林
曹　亮

政协长沙市开福区委员会

主席　蔡　冰
副主席　焦　灿
林永红（女）
鲁碧君（女）
王中柱
胡海飞（2022 年 5 月任）

开福区纪律检查委员会

开福区监督委员会
纪委书记、监委主任　肖雄伟
纪委常务副书记、监委副主任
刘修平
纪委副书记、监委副主任
许文杰
纪委常委、监委委员　刘　科
彭　庆
叶胜宇
谭　娟（女）
纪委常委　张再军
任洁琳（女）
监委委员　黄　粮
陈广益
办公室主任　王　俊
党风政风监督室主任、党风廉政室主任
肖　霓
信访室主任　庄晋华
案件监督管理室主任　何端泉
第一纪检监察室主任　谢孟杰
第二纪检监察室主任　陈　浩
第三纪检监察室主任　刘亚武
第四纪检监察室主任　周向东
第五纪检监察室主任　胡　明
纪检监察干部监督室　唐　琴（女）
案件审理室主任　吴辉勇
驻区委办纪检监察组组长、区直属机关工委委员（兼）　冯丹璐（女）
驻区政府办纪检监察组组长
龙文彪
驻区政法委机关纪检监察组组长
梁　棵
驻区工会机关纪检监察组组长
廖莺燕（女）
驻区教育局纪检监察组组长
陆跃宁
驻区住建局纪检监察组组长
刘鸿冰
驻区财政局纪检监察组组长
罗　丹（女）
驻区农业农村局纪检监察组组长
朱绪英（女）
驻区城管局纪检监察组组长
沈　璋

马栏山视频文创产业园

书记　邹犇淼
主任　易　鹰（2022 年 1 月任）
副主任　蹇桂军
胡朝晖
纪工委书记、监察工委主任
浣　琳（女）
办公室主任　刘　飞
副主任　李彦洁（女）

石 媚（女）
产业发展局局长 邵 将
副局长 韩 哲（女）
李劲松
经济合作局局长 黄 韬
副局长 杨柳珊（女）
开发建设局局长 陶祝明
副局长 陈 锚
财政金融局局长 李铁钊
副局长 田 平（女）
行政审批服务局局长 陈 铭
行政审批服务局副局长 罗欣灿
纪工委副书记、监察工委副主任
饶 敏（女）
机关党委专职副书记 喻茂良

长沙金霞经济开发区

书记 黎 明
主任 朱 江（女）
副主任 曾 理
杨 智
黎 琴（女）
青竹湖生态（科技）产业园党工委书记
吴正豪
青竹湖生态（科技）产业园党工委副书记、管委会主任、开福新区党工委（筹）书记 宋奇志
金霞保税物流中心党工委书记
裴文欢（女）
金霞保税物流中心党工委副书记、管委会主任
侯凌新
金霞经开区纪工委书记 陈晓成
开福高新区办公室主任
胡仕勇（2022 年 4 月任）
金霞经开区办公室主任
罗 坚（女，2022 年 4 月任）
罗海嵩（2022 年 4 月止）
金霞经开区机关党委专职副书记
王宇州（2022 年 3 月任）
金霞经开区企业党委专职副书记
王宇州（2022 年 3 月止）
金霞经开区招商合作局局长
吴新辉（2022 年 4 月止）
金霞经开区经济合作局局长
周桂平（2022 年 4 月任）
金霞经开区开发建设局（行政审批服务局）局长
王 璀（2022 年 4 月任）
金霞经开区规划建设局局长
王 璀（2022 年 4 月止）
金霞经开区营商环境工作局局长
刘展宏（2022 年 4 月任）
金霞经开区社会事务局局长
刘展宏（2022 年 4 月止）
金霞经开区财政金融局局长
张迎霞（女，2022 年 4 月任）
金霞经开区财政分局局长
张迎霞（女，2022 年 4 月止）
金霞经开区产业发展局（安全生产监管局）局长
张文华（2022 年 4 月任）
金霞经开区产业发展局局长
张文华（2022 年 4 月止）
金霞经开区纪工委副书记、兼监工委副主任
曾好斌（2022 年 3 月任）
金霞经开区纪检监察室主任
曾好斌（2022 年 3 月止）
金霞经开区办公室副主任
肖承邵（2022 年 2 月任）
金霞经开区经济合作局副局长
胡 果（女，2022 年 6 月任）
金霞经开区招商合作商副局长
胡 果（女，2022 年 6 月止）
金霞经开区产业发展局（安全生产监管局）副局长
申云峰（2022 年 4 月任）
熊向阳（2022 年 4 月任）
金霞经开区产业发展局（安监局）副局长
申云峰（2022 年 4 月止）
熊向阳（2022 年 4 月止）
金霞经开区开发建设局（行政审批服务局）副局长
刘 三（2022 年 4 月任）
金霞经开区规划建设局副局长
刘 三（2022 年 4 月止）
金霞经开区营商环境工作局副局长
苏湘杨（2022 年 4 月任）
金霞经开区社会事务局副局长
苏湘杨（2022 年 4 止）
开福高新区管理办公室副主任
粟贵文（2022 年 4 月任）
常 灿
（女，2022 年 4 月任）
青竹湖生态（科技）产业园招商合作局副局长
粟贵文（2022 年 4 月止）
青竹湖生态（科技）产业园社会事务局副局长
吴智勇（2022 年 4 月止）
青竹湖生态（科技）产业园产业发展局局长
周崇文
青竹湖生态（科技）产业园招商合作商副局长
龙 琮（女）
青竹湖生态（科技）产业园社会事务局副局长
王文辉

长沙市洪山管理局

书记　李　智
局长　杨兴高
副书记　黄忠球
　尹显亮
　周春雷
副书记、副局长 尹志伟
副局长　陈　茂
纪委书记　刘　莎（女）
办公室主任　袁　露（女）
建设管理科科长 吴华东
办公室副主任　艾先进
　孙万海
建设管理科
副科长　罗科军
　郭正泉
　徐　辉
社会事务科副科长
　左建辉
经济发展科副科长
　魏二龙
财务科副科长
　李江平
　刘盼佳

长沙金霞保税物流中心

书记　裴文欢（女）
主任　侯凌新
副书记、兼副主任
　吴新辉（2022 年 3 月任）
副主任　杨　丹（女）
　肖　亮（女，2022 年 4 月任）
　李　燕（女，2022 年 3 月止）
纪工委书记、监察工委主任
　欧文兵
经济合作局局长
　凌洁茹（女，2022 年 3 月止）
办公室主任
　李　蓉（女，2022 年 4 月任）
　凌洁茹（女，2022 年 3 月止）
纪工委副书记、监察工委副主任
　吴智勇（2022 年 3 月任）
产业发展局（安全生产监管局）局长
　廖湘平（2022 年 4 月任）

长沙园林生态园

书记　宾小东
主任　樊　伟
副主任　胡佐胜
　陈　迪
　裴杰华（2022 年 2 月任）

开福区委办公室

主任　易文斌
常务副主任　周玲利（女）
副主任　刘　波
　刘　畅
　李朝理
　喻　军
　（2022 年 1 月止）
区委国安办专职副主任、区委办副主任（兼）　陈　刚
　（2022 年 5 月任）
接待服务中心主任　刘雪莲（女）
区直机关工委常务副书记、离退休工委委员（兼）
　尹红霞（女，2022 年 2 月任）
　张志成（2022 年 2 月止）
纪检组长、区直属机关工委委员（兼）
　冯丹璐（女）
区机要局副局长、兼区委保密委员会办公室专职副主任
　刘掩扉（女，2022 年 2 月任）
　董湘芬（女，2022 年 2 月止）
区委深改办专职副主任
　唐　丹（女，2022 年 2 月任）
　朱洁桃（2022 年 2 月止）
区委督查室主任
　朱洁桃（2022 年 2 月任）
　徐　葱（2021 年 7 月止）
区委政研室专职副主任　康路良
区直属机关党员教育服务中心主任
　李　阳
区档案馆馆长　王伟华
副馆长　任少文
　陈鑫敏（女，2022 年 3 月任）
　常　灿（女，2022 年 3 月止）

区委组织部

部长　郭　峻（女）
常务副部长　黄　颖
　（女，2022 年 4 月任）
　杨柳艳
　（女，2022 年 4 月止）
副部长、基层党建办主任　陈　俐
副部长、绩效办主任
　樊思源（2022 年 10 月止）
离退休工委专职副书记　陶劲凯
“两新”工委书记　丁　磊
纪检组组长　冯丹璐（女）

区委宣传部

部长　张红民
常务副部长　李亚雄
副部长　易海军
　彭　葳
新闻中心主任、区直属机关工委委员（兼）袁金桃（2022 年 1 月任）
　李　香（女，2022 年 1 月止）
未成年人思想道德建设工作中心主任
　罗　银（女）
文明办专职副主任　张婷婷（女）

区委统战部

部长　　晏成方
常务副部长　　王　凤（女）
副部长　　甘培虎
　　罗小红（男）
　　莫　琳
侨联主席　　成　娟（女）

区委政法委

书记　张春雄
副书记　谢跃明
　罗　毅
　黄卫国
　浣花媛（女）
　汤伟平（2022 年 10 月止）
纪检组组长　　梁　棵
政工室主任　　向　华
委员　　唐艳彬（女）
　　方雄辉

区委编办

主 任　戴紫艳（女）
副主任　浣　赛（女）
　郭朝军
　黄　意（女,2022 年 3 月任）
机构编制电子政务中心主任
　肖　琴（女,2022 年 3 月任）

区委网信办

主任　刘桐开（女）
副主任　阳超斌
　徐小妹
　（女, 2022 年 1 月任）
　周　严
　（女, 2022 年 1 月止）

区委巡察办、巡察组

区委巡察工作领导小组
组长　肖雄伟
副组长　郭　峻（女）
成员　刘修平
　黄　颖（女）
　许文杰
　陈　俐
　周海燕（女）
区委巡察工作领导小组办公室
主任　周海燕（女）
副主任　张孟辉
　孙斌彬
区委巡察工作小组
组长　易松柏（2022 年 10 月任）
　张　燚
　方　硕
　艾延灿（2022 年 10 月止）
副组长　孙杨克
　汤叶峰
　杨　晓（男）

区人大及其常委会工作机构

二级巡视员　　许振勤
二级调研员　　王颂交
　　李光华
　　袁剑英（女）
　　罗伟明
　　吴劲松
　　王建兵
　　李炳庚
　　李正元
　　（女,2022 年 9 月止）
三级调研员　　周桂林
常委会办公室
主任　　张　华
副主任　　刘水清（女）
　　谭银花（女）
选举任免联络工作委员会
主任　　缪　舜
副主任　　周剑兰（女）
　　袁　灿
　　（女,2022 年 3 月任）
预算工作委员会
主任　　陈朝晖（女）
副主任　　王湘虹（女）
　　易　文
　　（2022 年 2 月止）
民族华侨外事委员会
主任委员　　刘小鸥（女）
监察和司法委员会
主任委员　　周朝旭
　　方云南
　　（2022 年 11 月提名）
法制委员会
主任委员　　周朝旭
　　方云南
　　（2022 年 11 月提名）
财政经济委员会
主任委员　　陈朝晖（女）
教育科学文化卫生委员会
主任委员　　宋　娜（女）
环境与资源保护委员会
主任委员　　陈　新
农业与农村委员会
主任委员　　杨　奔（女）
社会建设委员会
主任委员　　周　砾（女）
　　刘　斌
　　（2022 年 11 月提名）

区政协办公室及各委

秘书长　刘洪斌（2022 年 10 月止）
　汤伟平（提名 2022 年 10 月）
办公室主任　　王众思
副主任　　张　华（女）
　　肖跃华

委员学习联络委
主任　　　　　周庆辉（女）
提案委
主任　　　　　陆学龙
经济科技和外事委
主任　　　　　易献明
农业农村和人口资源环境委
主任　　　　　贺　滟（女）
文教卫体和文史委
主任　　　　　刘　曦（女）
社会法制和民族宗教委
主任　　　　　刘　川

区人民法院

院长　　吴　欣
副院长　文继光
　　　　谌晓宇
　　　　周　舟（女）
　　　　胡继红
　　　（女，2022年12月任）
党组成员　　　朱　礼
执行局局长　　艾文博
政治部主任　　黄　宇
　　　　　　（2022年12月任）
　　　　　　胡继红
　　　　　　（女，2022年12月止）
审判委员会专职委员　佘志明
　　　　　　　　　　刘　悦

区人民检察院

检察长　　杨　赞
副检察长、党组成员
　　　　简绍恒
　　　　廖耀群（2022年1月止）
　　　　黄　石（2022年12月任）
　　　　曾广军（2022年12月止）
政工室主任　　郑　凯
检察委员会专职委员
　　　　　　王亚军
　　　　　　盛　杰

区人民政府办公室

主任　　毛　毅
副主任　李　智（兼）
　　　　颜康明
　　　　赵红胜
　　　　杨建波
　　　　陈怡礽
　　　　刘鹏举
　　　　李长春
　　　　袁亮军
　　　　杨　旦
政府督查室主任　　卓宁波
政府研究室专职副主任、区优化营商环境协调事务中心主任、区发展研究中心主任　　宁利君
纪检组组长　　龙文彪

区发展和改革局

局长　　刘　斌（2022年10月止）
　　　　樊思源（2022年10月任）
副局长　申　波
　　　　朱　群
　　　　李志强
　　　　伍　勇
　　　　史讯文
　　　　毛　丹
“两型”办主任
　　　　宁双飞（2022年3月止）
重点办主任　　李展鹏

区教育局

局长　　龙　舟（女）
副局长　周　宇
　　　　谭广林
　　　　王　平
　　　　陈银芝（女）
主任　　毛建高
纪检组长　陆跃宁

区科学技术局（科协）

局长　　　李红权
科协主席　侯瑜芳（女）
副局长　　梁　景（2022年1月止）
　　　　　彭华放（2022年1月任）
　　　　　张明蓉（女，2022年1月止）
　　　　　刘　斌（2022年1月任）
　　　　　杨　艳（女）
科协副主席　　郑晟晖

区工业和信息化局

书记　　黄　伟
局长　　李少林
副局长　王雄球（女）
　　　　陈　铭
　　　　陈放明
　　　　吴冬良（2022年2月挂职）
　　　　章异新（2022年2月止）
党组成员　黄　杰（2022年2月止）

区民族宗教事务局

局　长　潘　格（2022年1月任）
　　　　彭　超（2022年1月止）
副局长　夏大石
　　　　彭　意（2022年1月任）
　　　　邓森森（女，2022年1月止）

区民政局

局　长　任功胜
副局长　吴群辉（女）
　　　　黄　拉
　　　　刘　玄（女）
　　　　雷志勇
党组成员　肖文中（2022年2月止）

生活无着人员救助站站长 陈艳云
社会救助事务中心主任
张云飞
（2022 年 2 月任）

区司法局

局长 王 海
副局长 胡 容
政工室主任 张 纲
副局长 周 严
（女，2022 年 2 月任）
彭 娜（女）
邹小华
（女，2022 年 1 月止）

区财政局

局长 徐路明
副局长 严 霞（女）
王晓莉（女，2022 年 2 月任）
李银华
宁小群（女，2022 年 1 月止）
纪检组长 罗 丹（女）
总会计师 魏 宏（2022 年 2 月任）
王晓莉（女，2022 年 2 月止）
财政统发工资中心主任 高 萍（女）
财政事务中心主任 罗 明
财政评审中心主任 曾立志
国库集中支付中心主任
李佳玲
（2022 年 2 月任）
汤 杰
（2022 年 2 月止）

区人力资源和社会保障局

局长 杨柳艳（2022 年 4 月任）
黄 颖（女，2022 年 4 月止）
副局长 周 惠（女，2022 年 1 月止）
李印龙
满一斐（2022 年 1 月任）
柳义军
高成亮
社会保险服务中心主任
孔 飙（2022 年 1 月止）
周红云（2022 年 1 月任）
就业服务中心主任
夏 颂（女）

区住房和城乡建设局（人民防空办公室）

局长、人防办主任 张雄伟
副局长 黎伟军
尹志伟（2022 年 1 月止）
熊更姣（女，2022 年 1 月止）
罗向好（女）
彭 聪（2022 年 10 月任）
党组成员 明国强（2022 年 1 月止）
刘 杰
周 波
陈雪娅（女）
纪检组组长 刘鸿冰
总工程师 李 兵
人防办专职副主任 任 凭（女）
城市建设监察大队长 赵 威
建筑工程质量安全监督站站长
黄毅胜
住房保障服务中心主任 吴数硕

区交通运输局

书记 黄伟斌（2022 年 1 月任）
局长 彭 超（2022 年 1 月任）
骆 炬（2022 年 1 月止）
副局长 孙顺勇
蒋向阳
刘 平（女）
刘伏云（2022 年 1 月任）
肖林生（2022 年 1 月止）

区农业农村局

局长 贺华勇
总工程师 邹双七
副局长 范 卓
副局长 张 颖（女，2022 年 1 月任）
陈伏明（2022 年 1 月止）
纪检组长 朱绪英（女，2022 年 1 月任）
袁 晖（女，2022 年 1 月止）
农办副主任 李 浩
动监所所长 张磊琪（2022 年 1 月任）
张 兴（2022 年 1 月止）

区商务局

局长 宋明明（女）
副局长 傅驰景
姚 晶
朱妮莉（女）
吴学军

区文化旅游体育局

局长 陈 迎（女）
副局长 郭云建
尹华聪
阎 慧（女）
文 琼（女，2022 年 3 月任）
陈鑫敏（女，2022 年 3 月止）
文化馆馆长 刘 戈
图书馆馆长 冯 霞
（女，2022 年 2 月任）
刘宇舟（2022 年 2 月止）

区卫生健康局

书记 张金华（女，2022 年 10 月任）
局长 方云南（2022 年 10 月止）
副局长 晏 强（2022 年 8 月止，
2022 年 11 月任）
邓应荣
曲立秋（女）

林　玲（女）

红十字会常务副会长　曹群良（男）

党组成员　易　娟（女）

区审计局

局长　潘建军

副局长　姜喜瑜

唐宇翔

肖亚琴（女，2022年2月任）

总审计师　肖亚琴

（女，2022年2月止）

郑立雄

（女，2022年2月任）

政府投资审计中心主任

郑立雄

（女，2022年2月止）

方　艺

（女，2022年2月止）

区退役军人事务局

局长　张　澜

副局长　李　虔

彭一举

彭　清

秦文兵（2022年1月任）

区退役军人服务中心主任　章　欢

区应急管理局

局长　贺伟毅

副局长　李晓庆（女）

刘正伟

欧阳丹（女）

总工程师　龙志福

党委委员　祖　向

政工室主任　袁润良（2022年1月任）

陈贻勤（2022年1月止）

区应急事务中心主任

焦金浩（2022年1月任）

袁润良（2022年1月止）

区市场监督管理局（知识产权局）

局长　骆　炬（2022年1月任）

黄雅晖（女，2022年1月止）

副局长　黎　军

宋世平

谷任光

沈　剑

邓恒阳

刘利军

王登攀

吴　韬

宋蔚峰（2022年1月任）

综合行政执法大队副大队长

王阳娟

黄海花

市场监督管理综合行政执法大队副

大队长　杨　林（2022年1月任）

区统计局

书记　王　湘（女）

局长　胡海飞

副局长　肖小冬

胡纯洪

谢　桦（女）

统计普查中心主任　周启元（女）

区城市管理和综合执法局

局长　杨知强

副局长　胡　丹

李晓峰

雷　鸣

尹洪辉

安小龙

纪检组长　沈　璋（2022年2月任）

曹桃平

（女，2022年2月止）

区城市管理综合执法大队

大队长　杨知强

教导员　曹　雄

副大队长　唐国胜

廖国强

蒋灵虎

王晓文

胡　剑

区市政设施维护中心

主任　陈　峰

副主任　戴晓金

郭天仆

吴智敏

胡林辉（2022年1月任，挂职园林生态园）

区园林绿化维护中心

主任　周继元

副主任　符仕君（女）

黄世亮（2022年2月任）

陈　越

吴建红（2022年2月止）

区市容环境卫生维护中心

主任　何世林

副主任　苏建钧

敖　沙

谭　宏

胡海浪

区行政审批服务局

局长　彭　震

副局长　邓继龙

李　万

周飞跃（2022年1月任）

刘春勇（2022年3月任）

罗　洋（女，2022年1月止）

政务服务中心主任 李 婕（女）

区信访局

局 长 李 智
副局长 唐立志
刘伏云
陈 茂
左建辉
凌高雄（2022年1月）
尹业龙（2022年10月）
孙万海（2022年1月）

区医疗保障局

局 长 沈继红（女）
副局长 朱海平
何 斌
彭佳颖

区城市人居环境局

局 长 王开文（2022年10月任）
易松柏（2022年10月任）
副局长 吴胜军
王 特
周 巍
征收办主任 谢新飞
征收办副主任 邓 霜（女）
谢慧敏（女，2022年2月任）
高晓红（女，2022年2月止）

区委党校

校长 晏成方
常务副校长 蹇敦波
副校长 胡晓峰
彭建如
办公室主任 黄 展（女）

区机关事务中心

主任 邱自力
副主任 彭 斌
姚 芳（女）
罗冰莉（女）

区征地服务中心

主任 曹 希
副主任 李 艳（女）
周 文

区金融事务中心

书记 王晓阳（2022年1月任）
主任 易德乾
副主任 罗海嵩（2022年3月任）
李思思（女）
王 红（女）

区数据资源中心

主任 张金华（女，2022年10月止）
副主任 舒海进
杨 伟（女）
姜 源（女，2022年1月任）
李小芳（女，2022年3月任，挂职）

区物流与口岸服务中心

主任 刘玉娥
副主任 张胜辉
胡晓宇
黄 佳（女，2022年2月任）
黎家乐（2022年2月止）

区公共工程建设中心

主任 肖 杨（2022年10月止）
副主任 薛宏杰
谭 鑫
李 嶷
徐 辉
彭 意（2022年1月止）

区现代服务业发展中心

主任 刘家伶（女）
副主任 刘 芊（女）
何 静（女）
谭 林

湖南金霞发展集团有限公司

董事长 范晓军
总经理 刘伟平
副总经理 杨启军
纪委书纪 张正军
监事长 黄 维
副总经理 陈 建（女）
刘赛辉（女）
尹 超（女）
易建辉（女）
文 杰（女）
陈 亮

长沙开福城市建设区属国有企业投资有限公司

董事长 刘勇红（2022年2月任）
王晓阳（2022年2月止）
总经理 吴建军（2022年2月任）
刘勇红（2022年2月止）
副总经理 刘红南
姜 慎
马 浩
张 杨
漆雅蓝（2022年2月任）
监事长 杨铃达
纪委书记 宁 帅

区总工会

主席 王辉君（女）
副主席 张仕敏
李 香（女，2022年1月任）

王晓红（2022年1月止）
纪检组组长　廖莺燕（女）

共青团开福区委员会

书记　胡恒帅
副书记　陈素婷（2022年2月任）
李真谛（挂职）
左天炬（兼职）
彭弈韬（兼职）
陈　瑶（兼职）
尹竹非（2022年2月止）

区妇联

主席　甘　芳（女）
副主席　蔡惠君（女）

区残联

理事长　莫红宇（女）
副理事长　李树平
曹　妍
（女，2021年1月任）
唐春华
（2021年1月止）

区工商联（总商会）

主　席（会长）　鲁碧君（女）
党组书记（常务副主席、副会长）
甘培虎
副主席（副会长）　刘日欣
副主席（副会长）、秘书长
袁玉宝

区侨联

侨联主席　成　娟（女）

区公安分局

局长　陈魁昱
政委　杨　忠
副局长　苏泗元
陈　功
郭　刚
肖方宏
张哲辉（2022年2月止）
佘朝晖（2022年2月任，2022年8月止）
副局长、政工室主任　刘卫平
副政委、纪委书记　李　成

区税务局

局长　谭　卫
副局长　陈仕斌
田晞由
李　栋
张　勇
杨　乐（2022年5月任）
范建革（2022年7月止）
纪检组长　易　舸

区自然资源和规划分局

局　长　丁旭明
副局长　贺念虎
黄　宏
尹　忠
张伏根
陈　立（2022年2月止）
党组成员
幸松柏（2022年10月止）
行政执法大队大队长　李志强
行政执法大队副大队长　孙银华

区交警大队

大队长　胡新宇（2022年3月任）
何志华（2022年3月止）
教导员　邓　钦（2022年3月任）
胡新宇（2022年3月止）
副大队长　黄红社
邓嘉晖
李仕生（2022年5月任）
沈　冲（2022年5月止）
周智文（2022年11月止）

区消防大队

大队长　肖玉华
教导员　刘　洪

区生态环境分局

局　长　熊　鹏
副局长　李鹤群
胡　为
刘　声

望麓园街道

书　记　陈红升
主　任　陈思含（女）
副书记　陈　磊
人大工委主任　余松柏
（2022年1月任）
莫　琳
（2022年1月止）
副主任、政协联络处主任　何爱民
副主任　任新臣
黄永忠
汤　杰
（2022年1月任）
组织委员　陈　锂（2022年1月任）
罗　芬
（女，2022年1月止）
人大工委副主任　戴　佳（女）
纪工委书记　袁　烨

清水塘街道

书记　文琬莹（女）

主任　曾　嵘
副书记　肖军群（2022年1月任）
黄　巍（2022年1月止）
人大工委主任　孙艳文（女）
副主任　廖连兵
荣佳平
副主任、政协联络处主任、宣传委员
陈　阳
康　斌（2022年2月任）
纪工委书记　吴丽芳（女）
人大工委副主任　陈　军
组织委员　周　娟
（女，2022年1月任）
袁　灿
（女，2022年1月止）

湘雅路街道

书　记　黄长科
主　任　谢俊灿
副书记、政法委员　杨贵忠
人大工委主任　曹　宇
副主任、政协工作联络处主任、宣传委员　陈芝社
副主任　粟拱华
侯胜台
范治东
纪工委书记　王启蒙
组织委员　周莎莎
（女，2022年1月任）
徐小妹
（女，2022年1月止）
人大工委副主任　刘　韧

伍家岭街道

书　记　黄雅晖（女，2022年任）
黎琴（女，2022年1月止）
主　任　陈友俊
副书记　范文波
人大工委主任、政法委员
甘浩文
纪工委书记　秦立泓
副主任　李良军
谢险峰
侯佳乐
副主任、政协联络处主任　金星刚
组织委员、宣传委员　杨秋华（女）
人大工委副主任　江乐然
（女，2022年1月任）
周莎莎
（女，2022年1月止）
城管执法中队长　叶　盛（挂职）

新河街道

书　记　肖　杨（2022年10月任）
梅文辉（2022年10月止）
主　任　赵潇枭（女）
副书记、宣传委员　杨　剑
人大工委主任　盘剑华
副主任、政协工作联络处主任
封新跃
副主任、武装部部长、政法委员
聂义平
吴　怡（女）
欧阳庆
才　源
纪工委书记　李　珊
组织委员　张宇虹（女）

东风路街道

书记　曾　亮
主任　彭　礼
副书记、副主任、政协联络处主任、武装部部长、政法委员　常　青
副书记、宣传委员　龙海波
人大工委主任　胡　蓉（女）
副主任　马雄辉
高小军
徐金刚
刘胜昔（2022年2月任）
纪工委书记　王律策
组织委员　金青山（女）

通泰街街道

书记　张　武
主任　王开文（2022年10月止）
副书记　吴展鹏
副书记、人大工委主任
杨夏女（女、汉族）
副主任　毛善永
副主任、政法委员　周可佳
刘宇舟（2022年1月任）
陈素婷
（女，2022年1月止）
刘江宇
（挂职，2022年1月止）
副主任、政协联络处主任、武装部部长　魏先科
纪工委书记　李　维（女）
组织委员、宣传委员　胡溶容
人大工委副主任
谢文强（2022年1月任）
刘胜昔（2022年1月止）

四方坪街道

书记　杨　佳
主任　孟天知
人大工委主任　周　强
副书记　董　鹏（2022年1月任）
副主任　黄格男
副主任、政协工作联络处主任
谭闳心

副主任、政法委员　罗战湘
李　玲（女）
成亚伶
（女，2022 年 1 月止）
纪工委书记　滕双春
组织委员、宣传委员
黄思敏
（女，2022 年 1 月任）
张　颖
（女，2022 年 1 月止）
人大副主任　曾昭武

芙蓉北路街道

书记　胡　芳
主任　王　丹
副书记、宣传委员　李东海
人大工委主任　黄　巍
（2022 年 1 月任）
黄伟斌
（2022 年 1 月止）
纪工委书记　龚莎莉（女）
副主任、政协联络处主任、政法委员
雷元喜
人大工委副主任　张　磊
副主任 李　丹
唐爱民
尹竹非（2022 年 1 月任）
组织委员 左慧琴
（女，2022 年 1 月任）
蔡蕙君
（女，2022 年 1 月止）

洪山街道

书记　尹显亮
主任　谭尚丰
副书记 杨　昕（2022 年 1 月任）
人大工委主任　陈　逍（女）
纪工委书记　唐伟胜
副主任、政协联络处主任
古　波
副主任 朱有元
黄思敏（女，2022年1月止）
人大工委副主任　段立新
蔡民仕
苏　毅（女）
组织委员、宣传委员
卢异平（女，2022 年 1 月任）
袁　露（女，2022 年 1 月止）

月湖街道

书记　黄忠球
主任　任　伟
副书记 罗　坚
（女，2022 年 3 月止）
人大工委主任　黄　筠
纪工委书记　刘晓健
副主任　李东文
周志格
范理玲（女）
副主任、政协联络处主任、人大工委副主任　彭利元
闵　蓊（女）
组织委员、宣传委员　苏天添

浏阳河街道

书记　周春雷
主任　李铜强
副书记、副主任、政协联络处主任、宣传委员
贺　喜（女，2022年1月任）
人大工委主任　徐　葸
副主任、政法委员
隆井江
袁　波
贺迎春（2022 年 1 月任）
杨　龙（2022 年 1 月任）
刘学峰（2022 年 1 月止）
纪工委书记　严许锋
人大工委副主任　阳　洁（女）
组织委员　叶　奎（2022 年 1 月任）
陈怡礽（2022 年 1 月止）

秀峰街道

书记　殷建锋
主任　李建波
副书记、副主任、政协工作联络处主任、政法委员
谢建阳（2022 年 1 月任）
人大工委主任、宣传委员
邵凤清（女）
纪工委书记　罗　军
副主任　刘　丹（女）
李　亮
龚平彰
杨　斌（挂职）
胡献华
（挂职 2022 年 1 月任）
谢建阳（2022 年 1 月止）
组织委员、 谢刚毅

捞刀河街道

书记　易福龙
主任　李宏波
副书记 易建威
副书记、政协联络处主任
尹红霞（女，2022 年 2 月止）
刘学锋（2022 年 3 月任）
人大工委主任　谢含滋
副主任 谢　俊
黄艳红（女）
人大工委副主任

张　兴（2022年3月任）
易　清（2022年1月止）
纪工委书记
黄文健（2022年3月任）
董　鹏（2022年2月止）
副主任　黄　兵
组织委员、宣传委员、政协工作联络处主任　吴　宇

沙坪街道

书记　邓宜春
主任　马子房
副书记、政法委员
伍　毅（2022年2月任）
人大工委主任　陈　焰
副主任　王科林
杜卫峰
杨科军
刘江宇（2022年2月任）
副主任、政协联络处主任
周先觉
组织委员、宣传委员
黎佳乐（2022年2月任）
满一斐（女，2022年2月止）
纪工委书记　李启源

青竹湖街道

书记　吕宏凯
主任　严　禹
副书记、政法委员　周　密
人大工委主任　郑雄健
副主任　余　彬
副主任　刘　丰
副主任、政协工作联络处主任
陈羊城
黄　杰
纪工委书记　兰　涛
组织委员、宣传委员　袁　萍（女）
人大工委副主任　严　湘（女）

民革开福区工委

主委　宋　娜（女）

民盟开福区工委

主委　贺　滟（女）

民建开福区工委

主委　顾　涛

民进开福区工委

主委　彭　超

农工党开福区工委

主委　谷任光

致公党开福区工委

主委　胡海飞

九三学社开福区工委

主任　章异新

开福区党外知识分子联谊会

会长　李　嶷

索引

说明

一、本索引把年鉴的条目(特载、大事记、人物、统计资料、附录除外)用主题分析方法,按汉语拼音字母顺序排列。

二、类目、专稿标题用黑体字表明。

三、索引名称后的阿拉伯数字表示内容所在的页码。

D

H

J

K

L

M

N

P

Q

R

S

T

V

W

X

Y